黑格尔哲学

刘永佶 著

中国社会科学出版社

图书在版编目（CIP）数据

黑格尔哲学 / 刘永佶著 . —北京：中国社会科学出版社，2017.2
ISBN 978-7-5161-9894-0

Ⅰ.①黑… Ⅱ.①刘… Ⅲ.①黑格尔（Hegel，Georg Wehelm 1770-1831）—哲学思想—思想评论 Ⅳ.①B516.35

中国版本图书馆 CIP 数据核字（2017）第 036557 号

出 版 人	赵剑英
责任编辑	戴玉龙
特约编辑	张丽影
责任校对	许桂英
责任印制	王　超
出　　版	中国社会科学出版社
社　　址	北京鼓楼西大街甲 158 号
邮　　编	100720
网　　址	http：//www.csspw.cn
发 行 部	010-84083685
门 市 部	010-84029450
经　　销	新华书店及其他书店
印　　装	北京君升印刷有限公司
版　　次	2017 年 2 月第 1 版
印　　次	2017 年 2 月第 1 次印刷
开　　本	710×1000　1/16
印　　张	32.75
插　　页	2
字　　数	410 千字
定　　价	98.00 元

凡购买中国社会科学出版社图书，如有质量问题请与本社营销中心联系调换
电话：010-84083683
版权所有　侵权必究

序
对《矛盾，然而是事实——
黑格尔逻辑学批判》的自我批判

《矛盾，然而是事实——黑格尔逻辑学批判》是我在1975年春夏写的手稿，也可以说是第一部学术性"书稿"（但不是第一部以书的形式写的稿本，1972年春插队时曾因我们组织的"学哲学小组"从高潮到低落而陷入沉思。为了探讨其原因，写过十几万字对所在生产队及当时农民情况的分析，也分了章节，对我自己来说算是以书的形式写的第一本稿子）。当时压根就没想过要出版，只是想以书的形式对1974年秋上大学以来读黑格尔《逻辑学》（包括《小逻辑》和已译为中文的其他黑格尔著作）的总结。当时的大学正按毛主席的教育思想搞"教育革命"，我学的专业是政治经济学，虽然课都得去上，但因课程中的书已经读过，所以上课时坐在后排，按自己计划系统地读黑格尔的书，而下午和晚上都没有课，政治活动也尽可能逃开，因此读书和写作的时间几乎是全天候的。

读黑格尔的书，是对个人思维能力的挑战，也是对自尊心的考验。虽然以前几年也认真读了几本哲学书和"经典著作"，但初读《小逻辑》则无异于天书，我的笨办法是写笔记，几乎全书都抄，但总似懂非懂，有时一天也读不过十页。我感到屈辱，也正是这种屈辱感迫使我决心读懂它。几个月时间，把《小逻辑》读了三遍，写了四个笔记本，也因有所理解而欣慰。这段时间几乎完全沉迷于黑格尔，记得有一天夜里十二点多从教室回宿舍，路上一个人也没有，也没路灯，只有保定城外两派为了示威放空枪的声响（虽有派仗，但城里的治安是相当好的），我边走边思考黑格尔，仿佛觉得自己脉搏的跳动与他的逻辑、地球的转动都合拍了。这种奇异的感觉至今仍能记起。读过《小逻辑》，脑袋似乎开了窍，也加强了我弄懂黑格尔的兴趣，于是读《逻辑学》《哲学史讲演录》《历史哲学》《法哲学原理》等已译成中文的书，并参阅马克思、恩格斯、列宁的相关著作，以及苏联和中国学者研究黑格尔的著述。到1975年春，就形成了对这段时间读书作总结的想法，拟了个提纲，边写边改。非常感谢河北大学经济系政治经济学教研室的齐洪、周铁、刘英等老师，他们不仅鼓励我读书，还把教研室钥匙给了我，这样就有了一个相当好的读书写作环境。大概用了五六个月时间，完成了这本《矛盾，然而是事实——黑格尔逻辑学批判》的稿子。初稿完成后，又认真读改了一次，并把需要继续研究的问题记下——这部稿子是用无格的16开白纸写的，按记笔记的习惯，每页右边都留三厘米左右的空白，供修改和记想到的问题。四十年来所写的书稿大多数都在几次搬迁中丢失，唯独这部稿子一直放在书桌抽屉里，纸已由白变黄，总想拿出时间系统认真地修改，直到去年夏写完《中国政治经济学方法论》，才着手做这件事。但当我阅读旧稿，却不能再按原体系修改了，而是决定重新写这本关于黑格尔哲学的书稿。其中主要原因，就在于旧稿不仅只对黑格尔逻辑，更在于当时的观点和思路都需要否定。

《矛盾，然而是事实——黑格尔逻辑学批判》，书名取自列宁这段话："黑格尔逻辑学的总结和概要。最高成就和实质，就是辩证的方法——这是绝妙的。还有一点：在黑格尔这部最唯心的著作中，唯心主义最少，唯物主义最多。'矛盾'，然而是事实！"[①] 而这部书稿的"绪论"也就从解读列宁的这段话开始。黑格尔是客观唯心主义者，这是苏联教科书的定论，但列宁又为什么说黑格尔的《逻辑学》"这部最唯心的著作中，唯心主义最少，唯物主义最多"呢？这是列宁和所有认同恩格斯"两大阵营"说的人都不能解答的问题，列宁在这里也是在谈自己的疑惑，但当时的我却以为他得出了高妙深奥的结论，反复思索做了这样的理解："不论哪一种哲学体系，都是唯心主义和唯物主义的对立统一，黑格尔哲学当然不能例外。又都是辩证法与形而上学的对立统一。主要的矛盾方面决定其是唯心的还是唯物的，辩证的还是形而上学的。"（"绪论"。引此稿话语，都只标注章节）并认为黑格尔逻辑学实际上是建立在唯物主义（即对客观事实的科学认识）基础上，却对人的认识"做了唯心主义的解释"（"绪论"）。在不能怀疑"两大阵营"说的情况下，这或许是可以自圆其说的一种理解吧。当时并不明确，一个哲

[①] 列宁：《黑格尔逻辑学摘要》，《列宁全集》第38卷，人民出版社1963年版，第253页。

学观念是不可能由两个对立的观点构成,更不可能用"多"与"少"来界定其性质。虽然如此,而《矛盾,然而是事实》也就由此起笔。全部书稿由绪论和十章构成,第一章"承认物质世界——为了更彻底地否认它"(手稿中另有标着第一章的稿子,标题为"拿大顶的力士——论黑格尔的'概念'",我想不起为什么有两个第一章了);第二章"建筑在不可知基础上的'可知论'";第三章"到底是真理,还是谬误";第四章"客观唯心主义的辩证法";第五章"对立同一——矛盾";第六章"黑格尔关于质与量及质量互变的思想";第七章"否定之否定——概念的圆圈式发展";第八章"黑格尔客观唯心主义辩证法的范畴论";第九章"关于逻辑、认识论、本体论三者一致的思想";第十章"辩证逻辑的创建及其与形式逻辑的关系"。

现在读这部四十一年前写的手稿,自觉亲切,它是我研究黑格尔哲学的开始,是萌芽,但又是必须否定的,这只能由我自己进行批判,要点有:

一 预设一个真理并以它为靠山和根据批判黑格尔的逻辑学

这是苏联教科书派的基本做法,它首先预设"马克思主义哲学"为真理,对于一切非"马克思主义哲学"都要以这个真理为根据和标准进行批判,发现其与真理符合与不符合处,进而证明真理的正确。对于黑格尔逻辑学,则还要说明它虽然有错,却也为真理提供了一个必要来源。我的这部旧手稿,基本思路也是如此。虽然马克思本人对黑格尔逻辑学的评论并不多,但也有一些要点可以倚仗,更多的是从

"马克思主义者"恩格斯、列宁的论断及苏联教科书中去找根据，自己所做的，就是将这些作为根据的论断与黑格尔的著作联系起来，并加以演绎推论。这种做法在当时苏联和中国的学者中是通行的，现在中国的一些黑格尔研究者依然如此。我作为初学者依从这种做法，虽有外部原因，但也是没有主见的表现。

二　在进行批判之先就已有结论，并以结论作为前提进行演绎性批判

这是上一点的展开。关于黑格尔，苏联教科书派早已下了定论，即"客观唯心主义者"，而唯心主义就等于错误，因而所有依此定论对黑格尔逻辑学的研究或批判，都已经先有了结论，我们所要做的，不过更具体地指出它如何错，错在哪里，错的特点，即与其他唯心主义者相比有哪些区别，以及他的错有什么影响。当然，也要"一分为二"，找出其中某些合理的成分，但这种合理不能超出结论和前提。这样做，似乎让人为难，但相对说来又是容易的，只要把握先验结论并以它作为前提，再仔细阅读黑格尔著作，就可以进行演绎性批判了。

三　不是按黑格尔的理念和逻辑，而是按外人的观点和逻辑解读和批判黑格尔

依从苏联教科书所制约的学术环境，对黑格尔的解读，是以马克思、恩格斯、列宁等"经典作家"的观点和逻辑为依据，而非从黑格尔本人的著作中归纳其观点和逻辑来探讨他的哲学观念、方法论和学说体系。这样在主体我与黑格尔哲学之间设立了一个媒介，如同由媒人介绍对象，按他的说词理解对方，而非自己去认知。而且环境也不许可你有自己的认知，只能以媒人的说词为依据。应当承认，"经典作家"对黑格尔的论断有相当深刻之处，也对理解黑格尔著作有所启示，但他们毕竟不是黑格尔本人，因各种条件的限制，有些论断是与黑格尔的观点和逻辑有偏差的，如果据此解读黑格尔，不仅会走偏路，更增加思维的困难。现在想来，初读黑格尔时的诸多纠结，都与这一点有关。比如列宁说黑格尔的逻辑学"这部最唯心的著作中，唯心主义最少，唯物主义最多"，就是列宁囿于恩格斯的"两大阵营说"而说的，是他思维矛盾的体现，而同样囿于"两大阵营说"的当时的我，思维矛盾和困境就更多了。如果不突破"两大阵营说"，不摘去挂在黑格尔哲学上的"客观唯心主义"标签，列宁这段话就永远不可理解，而对黑格尔的误读也会一直持续。再如马克思说："在黑格尔看来，思维过程，即甚至被他在观念这一名称下转化为独立主体的思维过程，是现实事物的创造主，而现实事物只是思维过程的外部表现。"① 恩格斯后来又进一步说黑格尔是"承认创世说"，并且采取"比基督教那里还要混乱而荒唐的形式"，这就界定了苏联教科书派关于黑格尔哲学性质的基本点，苏联及中国的学者也就从"创世说"来评判黑格尔哲学，甚至说他的绝对精神概念就是上帝，至今仍有人这样解读黑格尔。我在这部旧手稿中，也是依从恩格斯这个论断的，第一章"拿大顶的力士——论黑格尔的'概念'"，就是从"概念决定着思维和客观世界的本

---

① 马克思：《资本论》第一卷，人民出版社2004年版，第22页。

质"（第一章）论说黑格尔的概念的。至今依然能忆起当时思维中的困惑，而这困惑就是由于不依黑格尔本人理念和逻辑解读黑格尔造成的。

四　依苏联哲学教科书的框架安排书稿体系

苏联教科书大体是三块，一是唯物主义，二是辩证法，三是历史唯物主义。这个框架成了中国人编写"马克思主义哲学"教科书的基本模式，至今仍未跳出。我这部批判黑格尔逻辑学的书稿，也就先批判他的客观唯心主义，再按教科书的辩证法"三规律"加范畴论来安排体系。这样，黑格尔逻辑学自身的体系就被打碎，进而可以很方便地按对立统一、质量互变、否定之否定"三大辩证法规律"及随之而来的"辩证法范畴"来取舍黑格尔的话，并据"唯物主义辩证法"加以评判。这种做法，似乎很有条理，但却不能依黑格尔逻辑学的体系来把握他的理念和逻辑，其作用，也主要是在证明"经典作家"和苏联教科书比黑格尔正确与高明，而对其中丰富的内容和应当接受的启示，却因此弃而不顾。也正是认识了这种做法的荒唐，所以本书的主干部分是依黑格尔哲学体系写作的。

五　只重视逻辑学，对黑格尔的其他著作注意不够，从而不能把握黑格尔体系，也就不能正确理解他的逻辑学

苏联教科书有一个说法，黑格尔的唯心主义体系的外壳中包含辩证法的合理内核，应打破体系外壳取其内核，而他的辩证法主要体现于逻辑学中，因此对黑格尔的研究往往集中于逻辑学。我写这部手稿，也受此影响。当时《自然哲学》和《精神哲学》尚无中文译本，也是一个外部原因，但《精神现象学》已有中文译本，我也没有认真关注，只是参照了《哲学史讲演录》《法哲学原理》《历史哲学》等汉译本，因而对黑格尔哲学的缘起和体系都没有系统把握，这样对逻辑学的理解也就不免偏颇、狭隘。比如关于概念运动，黑格尔在《精神现象学》中从感性确定性开始探讨的实际是从具体到抽象的概念运动，也是他关于概念形成的系统探讨，但由于没有对《精神现象学》的高度重视，因而也就发现不了这个关键点。而《自然哲学》和《精神哲学》论证的是从抽象到具体概念运动的主干部分，也没有认识到。这样只针对《逻辑学》及《哲学史讲演录》《历史哲学》而理解的概念运动，其局限性也就可想而知了。

六 对黑格尔概念运动的理解，虽有局限，却是这部手稿写作中的主要收获

贺麟译《小逻辑》是我读黑格尔的入门书，但写此手稿时，针对的却主要是杨一之译《逻辑学》。这两个本子最为明显的特点，也是让我最为费力的就是概念运动，这部手稿中写的最多的内容也在这里。虽然如上面所说没能把握黑格尔体系及其概念运动全过程，但概念运动在辩证法中的核心地位还是理解了，这直接体现于我1976年写作的《资本论的逻辑》中。《资本论的逻辑》初稿成于1977年初，后三次大改，历经十一年于1987年由江苏人民出版社出版。该书的写作与成书，一个重要原因是明确概念运动为《资本论》逻辑的核心和主体（后将"主体"改为"主干"）。依循概念运动解读《资本论》，是此书写作的内在架构，也是我思路运行的原则。而这一点就受益于对黑格尔概念运动的理解。当然，对黑格尔哲学体系和概念运动理解的局限，也体现于对《资本论》概念运动的理解，突出的就是关于从具体到抽象的概念运动，由于对黑格尔《精神现象学》的忽视，没能把握他概念运动这一进程，而当时苏联和中国学者对《资本论》的方法只谈从抽象到具体，这样做正好如马克思所说是一个"先验结构"，而《资本论》的抽象概念剩余价值又不可能是先验的，应有一个从具体到抽象的概念运动过程，才能说明剩余价值概念的形成。这个问题是在读马克思的几部经济学手稿时得以解决的，如果在读黑格尔时就关注概念从具体到抽象的运动，对《资本论》逻辑的理解就顺当得多。同样关于《资本论》从抽象到具体的概念运动的理解，也因没有读《自然哲学》和《精神哲学》而比较困难，好在马克思的思路明确，对这一部分的写作还算顺利。而对《资本论的逻辑》中概念运动的理解又对理解黑格尔的概念运动和体系是必要的前提了。

以上是对《矛盾，然而是事实——黑格尔逻辑批判》的自我批判，四十多年过去了，当年读黑格尔，总觉得他是一个老先生，而今我比他去世时的年纪还长了几岁，但还未觉得自己"老"，也不再觉得他"老"了，特别是读他关于自由精神和时代精神的满怀激情的言语时，常将我们的一句歌词"革命人永远年轻"，改成"自由人永远年轻"！

自由的精神就在于不断的否定。

刘永佶

2016 年 6 月 10 日

目 录

序　对《矛盾，然而是事实——黑格尔逻辑学批判》的
　　自我批判 ………………………………………………………（1）
引论　哲学：从人生和社会矛盾中概括时代精神，
　　　探究人性升华之道、法 ………………………………………（1）
　　一　哲学的性质与主体、主义、主题、主张 ……………………（1）
　　二　时代精神：历史演进的社会主要矛盾的集中体现 ……（9）
　　三　人性升华之道、法：制度变革的主义与方法论 ………（20）
　　四　续道更法，探讨现代精神 ………………………………（29）

第一章　黑格尔的时代与他对时代精神的思辨 ……………（42）
　　一　资本的兴起与革命 ………………………………………（42）
　　二　德国社会变革与黑格尔对变革的拥护 …………………（46）
　　三　绝对精神是时代精神的根据和前提 ……………………（51）
　　四　黑格尔的时代精神——理性资本主义 …………………（59）

第二章　理性资本主义的哲学观念和方法论 ………………（71）
　　一　哲学史上并没有"唯心主义阵营"，黑格尔更不是
　　　　"客观唯心主义者" ………………………………………（71）

二　早期物质主义的物质本体论及其经验知性方法论……（77）
　　三　康德对本体论的否定及其批判知性方法论的局限……（83）
　　四　黑格尔从主客体统一确立人的主体性……………（95）
　　五　理性物质主义……………………………………（101）
　　六　以自由精神原则论证理性资本主义………………（109）
　　七　思辨辩证法………………………………………（118）

第三章　绝对精神：理性的自由意识发展集合……………（130）
　　一　绝对精神并非先验的，而是自由意识与对象统一的
　　　　概念运动的集合…………………………………（130）
　　二　主体与客体统一的始点：感性确定性……………（138）
　　三　知觉与知性………………………………………（145）
　　四　自我意识：生命与自由…………………………（155）
　　五　理性………………………………………………（165）
　　六　精神………………………………………………（178）
　　七　意识的宗教和概念化的上帝……………………（195）
　　八　绝对知识：绝对精神概念的规定………………（204）

第四章　绝对精神的概念规定与运动……………………（211）
　　一　《逻辑学》绝对精神概念系统的生成……………（211）
　　二　存在论——自在或潜在概念的规定……………（219）
　　三　本质论——自为存在和假象概念的规定………（224）
　　四　概念论——自在自为概念的规定………………（233）
　　五　方法是内容的灵魂和概念………………………（248）

第五章　绝对精神的自然化………………………………（255）
　　一　绝对精神外化的自在存在——从绝对精神

论证自然 ………………………………………………（255）
　二　自然的理性，理性的自然 …………………………（263）
　三　物质及其观念的体系——力学 ……………………（270）
　四　自然的个体性——物理学 …………………………（279）
　五　自为存在的个体性——有机物理学 ………………（289）

第六章　绝对精神经主观到客观的统一而自为存在 ………（304）
　一　精神自由：对其异在的扬弃而自为存在 …………（305）
　二　自在的或直接的主观精神：灵魂或自然精神 ……（314）
　三　自为的或间接的、在关系或特殊化中的精神：意识 …（322）
　四　作为自为的主体在自己内规定着自己：精神 ……（329）
　五　直接的作为个别的自由意志：抽象的法 …………（338）
　六　主观意识的法：道德 ………………………………（344）
　七　实体性的意志及其现实性：伦理 …………………（350）
　八　自在的绝对精神的具体直观和表象：艺术 ………（369）
　九　绝对精神在绝对宗教中显示自己本身：启示的宗教 …（381）
　十　绝对表象内容和形式的必然性的认识：哲学 ……（392）

第七章　绝对精神在世界历史和哲学史中的实现 …………（399）
　一　绝对精神具体化的自由精神是世界历史的原则 …（400）
　二　以自由精神原则的实现规定世界史的历程 ………（409）
　三　哲学就是哲学史：逻辑与历史统一 ………………（429）
　四　自由思想的历史演进 ………………………………（439）
　五　哲学史和世界史的演进——现代精神的证明
　　　与必然 ………………………………………………（469）

第八章　黑格尔哲学的价值与启示 …………………………（476）

一　资本的精神，理性的资本 …………………………（476）

二　哲学研究应当顺应和导引社会变革 ………………（482）

三　理性统率认识全过程 ………………………………（488）

四　以概念运动为核心和主干 …………………………（493）

五　精神的历史，历史的精神 …………………………（497）

跋 …………………………………………………………（504）

引　论
哲学：从人生和社会矛盾中概括时代精神，探究人性升华之道、法

"哲学"一词，从西方引入中国不过百余年，由于西语无文字界定，歧义颇多，学者所宗派系不同，就有了关于哲学的不同规定。哲学作为一门学科列于众学科之首，其性质的规定也就成了从事此学科研究的首要问题。而规定哲学性质，就要明确其主体人的生存和发展的社会矛盾，探讨历史的规律和阶段，进而规定哲学在人类生存和发展中形成的学识中的地位。据此，我认为哲学是人类生存和发展的社会矛盾集中体现的时代精神的概括，是对人性升华进程中道和法的探究。哲学的演化是社会历史发展的集中体现，不同历史阶段都有其特殊矛盾，占主导地位的阶级或社会势力与被统治阶级或群体的矛盾是其主要矛盾，哲学观念和方法论就是社会主要矛盾的概括，它也就是这个阶段的时代精神的规定，因而历史演化的哲学也就有了主体、主义、主题、主张的区别与矛盾。

一　哲学的性质与主体、主义、主题、主张

哲学作为一门科学大体上是在欧洲文艺复兴运动中形成的，虽

然哲学史家也把此前的一些思想家的著述称为"哲学",但彼时并无哲学这一专门学科,哲学史家是依其对哲学性质的认识而评论历史上思想家著述的。几百年来以哲学名义的论著多如牛毛,哲学家也分成诸多派系,但对哲学性质却各说各话,没有从总体一般性的规定。

与只有感性并依感觉反应而行为的动物不同,人在感性的基础上还能对感觉的现象进行思维,以至形成概念,由此认知事物及其与人的关系,认知并构造人与人之间的关系,更重要的是思想的交流和积累。人不仅由遗传基因而有生物的共性,更因思维而达致意识的总体性,意识是个体以总体意识为前提的感受和思考,是以个体意识对总体意识的扩充和提升,人由思维而结成意识的共同体,并在这个共同体中生存、交往、发展。意识集合于语言和记录语言的符号(文字是其最高形式),进而形成世代传续的不同层次的对特定事物和关系相对独立的学科,其中最为抽象的学科就是哲学。哲学是对各具体的以特定事物和关系的学科的总体性概括,也是各具体学科认知相互关系并协同发展的导引,进而通过各具体学科而作用于个人意识和社会生活的各环节。

哲学的性质由其在人类总体意识形态中的地位决定,包括抽象性和总体一般性、历史性和民族性。

哲学的抽象性是其在人类总体意识形态中地位的直接体现。哲学的抽象既是相对各具体学科而言的,也是它方法论的特殊性。人类的意识形态分为抽象和具体的若干层次,哲学处于最为抽象的层次,并以抽象的思维概括各具体学科的成果,力求探讨其中的总体一般性。从这个意义上说,哲学的抽象性和总体一般性是统一的,总体一般性是从研究成果形式对哲学性质的规定,即哲学的观念、方法论和体系都带有总体一般性,从人类社会总体意识和矛盾的规定中构建自己的概念体系。

表面看来，哲学的抽象性和总体一般性与历史性和民族性是相排斥的，其实不然，正是在历史性和民族性中体现着抽象性和总体一般性。哲学研究及其观念、方法论、体系，是在历史演化的各民族思想家的著述中存续的，它们对总体一般性的抽象性表述，体现着当时历史条件下本民族的特殊性，是本民族社会矛盾和意识形态对人生和社会关系及物质条件认识的集中概括。哲学史是以对总体一般性规定的逻辑进展为内容的，在哲学史上占有地位的哲学观念、方法论和体系，也是当时比较发达的民族社会矛盾和意识形态的抽象规定。欧洲近代自然神论就是正创建集权国家的意大利、荷兰、英吉利、法兰西等民族社会矛盾和意识形态的概括。而物质主义又是英吉利、法兰西、德意志等民族资产阶级要求社会变革的阶级意识的概括。至于被西方思想界设计出来并无充分历史资料的"希腊哲学"，也是被设想为已经强盛、庞大的"希腊民族"社会矛盾和意识形态的概括。虽然因为史料缺乏，"希腊哲学"的可信性并不充分，但设计者却相当确定地将它归入人类历史发展的前列。而被黑格尔等哲学家排除于哲学史之外的"中国哲学"，则确切地体现着在人类历史上领先的汉民族从封建领主制向集权官僚制转化的社会矛盾和意识形态，欧洲则是在约一千年后才开始这个进程。当然，并不是只有先进的民族才有哲学，但只有在人类历史某个阶段居先进地位的民族的哲学才可以列入世界哲学史，而落后民族的哲学因其社会矛盾和意识形态而只能处于从属地位，而这又是其落后的重要原因，该民族社会矛盾和意识形态要发展，必须在哲学上发生变革，作为社会矛盾和意识形态变革的导引。

哲学的民族性是历史的，是人类总体一般性存在和作用的标志。本民族的哲学是历史性的，这种特殊的历史性与世界哲学史的一般性是统一的。哲学史的逻辑是以各民族和人类总体的矛盾演进为根据的，哲学观念、方法论和体系所集中概括的，也是该民族当时发展中的矛盾，既有历史的、民族的特殊性，也体现着人类发展的总体一般性，是总体一般性发展阶段的必然表现。因此，历史的民族性的哲学才能在导引本民族发展的同时，对其他民族有启示意义，并为其他民族吸收和借鉴。而世界哲学史下一阶段可能体现于另一民族的哲学，但它又必然也必须继承前一阶段由另一民族性的哲学所体现的总体一般性，由此形成历史的逻辑和逻辑的历史。

对于哲学历史的逻辑，现代实证主义者是极力反对的，波普等"科学哲学家"强调，人类社会并不存在一般性的发展规律，哲学也只是对现实问题的实证或证伪性考察，由于社会现象和事件具有不可重复性，哲学及社会科学的对象是不带有规律性的，它的任务只是认知具体的、个别的问题。哲学是不可能有历史的逻辑和按逻辑的发展的，也无所谓对前人观念和方法的继承与演进。根本不存在世界性的总体一般性，也没有历史阶段性。至于民族性，他们是在实证的意义上予以部分认可，即哲学可对具体国家民族的现实问题有所认识，但绝不同意其本身包含总体一般性，也不承认它会对其他民族有所启示，并在历史进程中的其他民族哲学中存续和发展。总之，哲学只是对当下具体问题的认知，由于问题本身就没有联系和规律，哲学也就不可能有体现规律的逻辑和历史。这是以物质为世界本体，而本体又不可知的观点的极端表现，在科学主义者与全部实证主义者看来，人只是自然物质这个本体的一种存在形式，人的主观意识只是物质反映力的表现，因而只能对具体的、个别的现象有所认知，妄谈人类社会总体性规律和哲学的逻辑历史，从根本上违反了物质本体论，因而是要坚决克服的。

实证主义或"分析哲学""科学哲学"，虽然它在英美被视为现代主流哲学，其实不过对二三百年前康德及早期物质主义观念和方法的不合时宜的固守，由于它对自然科学方法论的具体探讨而有一定价值，但对于哲学性质和哲学发展的认识，它不仅已是外行，更是无能为力的。历史是人类的演进过程，历史规律不可能由人类历史演化中某一阶段才出现的观念（上帝、天命、物质）来决定，虽然信崇这些观念的人会据其观念来设定历史规律，但这样的"历史规律"只能证明其信从的观念，并不能取代历史的发展，而当某观念的历史条件消失，其"历史规律"也随之消失。因而，规定人类历史规律，不能以某历史阶段出现的以人之外的上帝、天命、物质等为本体，先于人的存在来界定，而应以人的存在和发展为主体，将历史规律视为人类社会矛盾的本质联系及其趋势的规定。这一层"分析哲学"家是不明白的。不过，也应当感谢波普等人的"历史主义批判"，它从另一个角度提示我们：坚持本体论，不论是以上帝，还是以物质为本体，都不可能真正认识哲学的性质，只有以主体论否定本体论，才能明确哲学性质并发展哲学。而这又要求我们规定哲学的主体、主义、主题和主张。

从总体一般性论，哲学的主体是人，是在认识并改造自己和自然物质进程中历史演化的人，在历史进程中，哲学的主体则是不同历史阶段某民族（或部族）的居支配地位的阶级，这个阶级是在此历史阶段社会矛盾的演进中起着主导作用，它的阶级意识集中体现于哲学观念，导引着社会制度和体制的变革，在制度变革后成为制度的理论基础，并随该制度的没落而没落，以至被新兴阶级意识形态的哲学观念和方法论所否定。而新的哲学观念和方法论在否定以前哲学观念和方法论的过程中，也有效地继承并发展了其中的总体一般性成分。哲学的阶级主体是基础，不可能整个阶级都是哲学家，而是由代表该阶级总体利益的哲学家个体进行专门研究，这些哲学家首先要能够从社会矛盾中发现其演化的方向，并以适当的方法认知本阶级在此历史阶段的地位和作用，概括本阶级的利益和意识。纵观哲学的历史，成为不同阶级哲学主体的阶级，分别是奴隶主、封建领主、官僚地主、资产阶级、劳动者阶级。原始社会尚无阶级，其氏族意识还是初级的"集体表象",集中表现为崇拜自然物的图腾。奴隶社会出现于部族,各部族中居统治地位的氏族首领以诸神崇拜为基本观念。封建领主是部族联盟的统治者,以他们为主体的意识形态强调上帝这一个神的绝对统治,因而表现为上帝主义。严格说,图腾、诸神崇拜和上帝主义还都不是哲学观念,但它们却是哲学观念的历史前提或萌芽形态。以天或自然对上帝的否定所形成的天命主义或自然神论,是哲学观念的第一个环节,这首先是在中国春秋、战国时期形成并延续两千余年的天命主义,它是官僚地主阶级意识形态的集中概括,其宗旨就是论证集权官僚制取代封建领主制,进而主导取代部族联盟的民族大一统。欧洲则是在中国实行集权官僚制一千多年后才开始否定封建领主制,并以自然神论取代上帝主义,其民族也在此期间形成,其主体是国王、官僚和商业资本家。继自然神论出现的物质主义,其主体是已经成为阶级的资产阶级,物质主义则是资产阶级主导的雇佣劳动制的哲学观念,它在英吉利、法兰西、德意志等民族主导了社会和意识形态变革。而资本雇佣劳动制中的雇佣劳动者阶级,也在其代表马克思的努力下,创建了以本阶级为主体的新的哲学观念和方法论原则,但由于其继承者并不清楚哲学主体与主义的内在统一,仍将资本主义的哲学观念物质主义作为"马克思主义"或社会主义的哲学观念,不仅滞缓了马克思开创的劳动者阶级为主体的新哲学的发展,更从基本理论和原则干扰了社会主义变革运动。

哲学的主义是主体阶级意识形态的集中概要性规定,如奴隶主阶级意识集中概括为诸神崇拜,封建领主阶级意识集中概括为上帝主义,官僚地主阶级意识集中概括为天命主义,国王、官僚、商人阶级意识集中概括为自然神论,资产阶级意识集中概括为物质主义。主义与主体是内在统一的,并不存在跨阶级主体、跨历史阶段的哲学上的主义。虽然如此,作为居统治地位的剥削阶级主体意识的哲学观念，却有一个共同点，就是从人之外寻找其主义的根据，或诸神或一神，或天命或物质。现代劳动者阶级意识集中体现的哲学观念，必须否定这种从主体之外寻找主义根据或基本概念的做法，而从主体自身寻找根据并作为基本概念，这个根据就是劳动，劳动是现代劳动者阶级意识所集中概括的哲学的基本概念。

哲学的主义是随历史的社会矛盾的演进而变换的，是社会制度变革的要求和体现，同时也体现了人类文明和意识形态的发展。从崇拜自然物的图腾到人与自然物合体的诸神，再到一神上帝，以至具有神性的天命或自然，进而概念化的自然物质，这一系列哲学观念的演变，不仅是人类社会关系变革的表现，也是人对自身和外部自然认识提升的集合。而以劳动为根据的现代劳动者阶级的哲学观念即劳动主义，则是马克思所说的人类脱离"史前时期"的要求与导引，是劳动者素质技能和社会地位提高的集中体现。总体上说，人类已有哲学的基本观念，它们的主义，就是图腾、诸神崇拜、上帝主义、天命主义（自然神论）、物质主义、劳动主义，它们分别在一定历史阶段作为特定阶级主体意识的集中概括而主导对社会矛盾的认识和处理，并因社会矛盾的演变而更替。在这些大的主义范围内，还会因区域、语言及研究者个人的情况而出现局部、细节上的差异，因而会有小的主义或观念，但都在基本点上从属于大的阶段性主义。那些宣称自己是超脱时代、国度的哲学从业者，往往自以为把握了宇宙间的绝对、普遍真理，但这不过是他们不懂哲学而导致的一种幻觉。

哲学的主义是有其历史阶段性和主体阶级性的，但这不等于它们在历史上是完全分立、隔绝的。不论历史的哪个阶段也不论阶级主体的差别，在其特殊性中都有贯穿着一般性或共性，都是人类在演化中以思维对所处社会矛盾集中体现的时代精神的概括，因而在特殊性的差异同时，又有内在的统一性和连续性。在后的主义规定其时代精神过程中，也要批判地传承在前的主义中的一般性合理成分，由此构成哲学史的发展规律。

作为历史发展的哲学观念的集中概括性规定的主义，具体化于其主题和主张。主题即研究的主要问题，是由主义支配的目的和对象的集合。不同历史阶段特殊的主义受其主体利益和意识的制约，形成了其特殊的主题，以展开主义并规定和论证主体的阶级利益及其所面对的社会矛盾。虽然已有各种主义的哲学都忌谈主体阶级利益，以诸神、上帝、天命、自然神、物质等为本体，来阐述神意、上帝旨意、天命、自然的神性、物质运动规律，但在内容上都不可避免地显露出阶级主体的利益导向。在大的历史阶段中，还有若干小的阶段及不同的民族的哲学，以至个别的哲学家，其主题在具体层面上也都有所差异，这是历史性和民族性的体现，但归总起来，又都与其总的主义内在统一着。从历史上各阶段、各民族哲学的主题中，可以发现其中的共同性，就是以其主体阶级利益和意识为依据，探讨当时特殊的人生和社会矛盾，以维护主体阶级的统治。这是当时历史阶段时代精神的体现，也是这些哲学能在历史上出现并有其地位和价值的根本原因。至于那些对主体阶级利益的掩饰，不过是其阶级统治的需要。而不需要掩饰自己阶级利益的现代劳动者主体，则应明确其哲学的主题就是探讨现代社会矛盾，规定其所体现的时代精神。

哲学的主张是主题的延伸，即在主题所揭示社会矛盾及其中体现的时代精神基础上，探讨并提出解决矛盾，实现所认知的时代精神导引的社会和意识形态变革。历史上出现的哲学，都是社会矛盾激化，旧的制度和体制与提高了素质技能并要求提高社会地位的劳动者尖锐冲突，导致统治阶级内部矛盾和分化，以及族际、国际矛盾激化条件下，社会变革势在必行的要求与体现，虽然不同阶段、民族及个别哲学家因其具体主题的差异，所提主张也有区别，但总体上都是关于社会矛盾解决的思路。由统治阶级中分化出来，或由原来处于统治者与劳动者之间的"中间势力"，尤其是近现代自觉站在劳动者阶级立场的思想家们，开始探讨社会变革的途径。他们的目的贯彻于其主题，并在主题的研究中探讨矛盾的解决，即形成主张。主题和主张是相生共长的，体现于哲学观念、方法论和体系中。从逻辑上说，主题对社会矛盾的规定先于解决矛盾的主张，但在哲学家的著述中二者则是统一的，甚至有先提出主张，再论主题予以证明。而时代精神也就体现于主题和主张的统一中。由于切实而深刻地认知了社会矛盾和其解决的必然性，因此历史出现的哲学家们都在一定程度把握了其时代精神，并以阐述和实现时代精神为使命。孔丘创立儒家道统确立天命主义，耶稣创基督教形成一神的上帝主义的过程，都体现着这种使命感，而近代欧洲自然神论者和物质主义者，都因理解到时代精神而展现"理直气壮"的意志，黑格尔则明确论证并号召践行时代精神。马克思作为自觉的劳动者阶级的代表，承继并发展了黑格尔关于时代精神的基本理念，在系统规定资本主义社会矛盾的基础上提出了以无产阶级革命解决这个矛盾的主张。孟轲说的"浩然之气"，都体现于历代创新性哲学家的意志和思想中，他们也因其主题和主张中贯彻时代精神而对历史的进步起到了应有的作用。哲学的性质与发展就表现在这些创新性哲学家的思想中。

二 时代精神：历史演进的社会主要矛盾的集中体现

"时代精神"作为一个哲学范畴，是黑格尔提出来的。他认为时代精神是绝对精神在人类历史不同时期的体现，而绝对精神则是主观精神与客观精神的统一，是自然与人类社会演进的主导。时代精神的提出，是人类思想史上一个重大突破，也是黑格尔思辨辩证法的特点之所在。然而，黑格尔却在将传统的从人之外探寻世界本原的本体论归入以人为本的主体论的同时，将人的本质规定为意识，进而从意识的演进来探讨绝对精神及其阶段性的时代精神。他的思辨辩证法，不仅使绝对精神玄奥、烦琐，更没有明确其时代精神概念的内涵。

哲学的主体是人，它的对象也是人。以人为对象，在研究人生存和发展的矛盾时，涉及作为必要条件的自然物质和经人改造了的物质资料。这简单明了的道理，在以前的哲学家那里却不清楚，而是将人之外、人之前的"形而上"的神、上帝、天命、物质作为世界的本原或本体，认为哲学就是对这些本体的探讨。所谓本体论、认识论和逻辑学三部分的说法，就是由此而来的。其中本体论是核心和目的，认识论和逻辑学只是手段。康德否定了本体论，指出上帝和物质这些被作为本体的概念不过思维的产物，是不能以感性认知和经验证明的"幻相"。黑格尔继续了康德的思路，他以对人思维的系统辩证，说明了人的自由意识的理性主观精神与客观精神统一而形成的绝对精神主导世界。从此以后，欧美主流哲学已不再谈本体论，只有苏联教科书及其在中国的追随者还在坚持物质本体论。这也是中国哲学不能发展的重要原因。

马克思早在19世纪40年代，就明确地指出以往哲学家们的局限：

> 哲学家们只是用不同的方式解释世界，而问题在于改变世界。[①]

[①] 马克思：《关于费尔巴哈尔的提纲》，《马克思恩格斯选集》第一卷，人民出版社1972年版，第19页。

这是从目的对哲学主体的规定。改变世界的主体是人，而人也是世界的主体。哲学就是要规定人的世界——即人生及其物质条件的统一所构成的矛盾规律，探讨改变世界，即解决矛盾的途径。

奉神、上帝或天命、物质为世界本体者，虽然其所依从的本体各异，但有一点是共同的，就是他们所尊依的本体都是人之外的，也是决定、主导人类命运的。人或者是上帝所造万物中之一物，或者由天命设计和支配，或者依从物质规律而生存。总之，人不是本体，也就不是主体，他们虽有意识，但这只是上帝或天命、物质规律的要求和体现。哲学作为人意识的一种形式，只是为依从而认知本体的手段。不论哪种本体论，都只设定了人类固定而有限的存在，但人类却不断突破其设定的局限而发展。这在历史上是以本体的更替为标志的：上帝取代诸神，天命取代上帝，物质取代天命。而每一步发展，也都证明了在先的本体论的错误，同时也证明了本体论的错误。人类演化到今天，不是再要以一种新的本体论取代物质本体论，而是在哲学上明确本体论的历史局限性及其终结，进而确立人主体论。

康德、黑格尔之后西方代表统治势力的主流哲学虽然不再谈本体，也不谈本体论，在解脱了"神学的婢女"地位之后，却自动做了自然科学的跟班，实证主义、实用主义、科学主义、技术主义等等都只是跟在自然科学后面从逻辑上做些术、技的论证。只有代表劳动者势力的费尔巴哈和马克思才继续人的主体性的探讨。费尔巴哈虽然强调人的主体性，但他用理性和"爱"对人主体性的论证不仅过于理想化，也使其主张的社会变革空想化。马克思则从劳动者立场论说社会矛盾和变革，进而指出劳动在人社会存在中的首要地位，为明确人的主体性和劳动者的主体地位奠定了基础。由于马克思并未展开论证人的主体性和他的基本哲学观念与方法论，因而其后继者或由于思辨能力，或由于利益需要而将"马克思主义哲学"

归结于物质本体论，从而阻碍了人的主体性探讨，并扭曲了以劳动者为主体的社会主义理论、运动和制度。

虽然现代西方主流哲学家（权且尊重其自我定位）不再谈本体论，但物质本体论却随资本统治的深化和扩张而主导着今天的世界，这些哲学家的根本依据，或其总体界限，仍是物质本体论。历时已经八年的经济大危机仍没有结束的希望，人类向何处去又成为了时代性课题。理解和依循马克思的基本思路，探讨并明确人的主体性，进而规定哲学的性质和地位，是我们必需的选择。

人作为高级、特殊的动物，是以其意识认知并支配存在的，其特殊性在于有意识地改造自然和服务于人的劳动与交往，由此满足需要、维持生存和发展。人的存在以劳动、需要、意识、交往为要素，其中劳动是核心要素。人虽然有其特殊性，但仍有动物的一般性，并以自然界为生存和发展的条件。人的主体性是其特殊性和一般性的统一，其中特殊性是主要和主导方面，它集中体现于劳动，劳动是人特有的活动方式。正是由于劳动，人才有了意识，并形成交往，而人的需要也主要由劳动来满足并加以改造。人的劳动有相当一部分是以自然物为对象的，是以对自然和对人的需要的认识结合而有意识地运用体力和智力对自然物的改造。另一部分是直接作用于人的，即服务劳动，它也要有对服务对象及其需要的认识，并和改造物的劳动一样，使用工具和具备相应技能。劳动的社会化构成生产过程，生产方式和生活方式的统一，是经济生活，在经济基础上形成了社会关系，形成了政治和文化，由此构成人的社会总体存在。社会总体存在是所有个体存在的集合，也是所有个体存在的必要形式和条件。社会中个体的交往必然形成矛盾，个体之间的利益冲突和相互制约，构成协调机制和制度，当制度不能协调人的矛盾时，就会出现社会变革，因此改变人的相互关系，以适应生存和发展。

哲学是从总体上对人生存和发展的社会矛盾的研究，它集合并概括各种具体学科对人的经济、政治、文化及自然条件的研究成果，集中探讨各历史阶段的矛盾，并根据其主要矛盾规定时代精神。

社会矛盾的根据和出发点，在于人生存的四要素，其中劳动是核心，这四要素在不同时代、不同程度的发展，形成人生和社会的众多矛盾，其中基本的矛盾，就是劳动者素质技能和社会地位的矛盾，在历史演进的各个阶段这个基本矛盾体现为特殊性的矛盾，并贯彻于社会各个层次。人类社会就是在基本矛盾及其各具体矛盾的演进中发展的，其标志，就是劳动者素质技能的提高和由之展开的争取提高社会地位斗争的成果。据此，我将人类历史分成这样几大阶段：（一）原始社会。以家族和氏族为社会存在形式，家族和氏族成员的地位是按其辈分和能力确定的，但将族外人视为敌人、猎物、食品；（二）奴隶制社会。在氏族基础上按血缘结成联合体（胞族），进而由某一氏族联合体为主占据相对固定领地形成部族，俘获的外氏族人不再杀死吃掉，而是作为奴隶，强制其劳动和繁殖。奴隶与牲畜一样没有任何权利，他们的所有权或是归占统治地位的氏族集体所有，或是归氏族首领及部分个人所有——这种情况下奴隶及其也是奴隶的子女可以买卖。奴隶和本氏族平民是主要劳动者，由于被强制进行劳动，素质技能有所提高，并不断展开争取人的地位的斗争。（三）封建领主制社会，部族扩展为部族联盟，部族首领为封建领主，拥有对其领地和人口的所有权，奴隶被释放为农奴，虽无人身权和土地所有权，却有独自耕作领主配给的小块土地的使用权，其生产物除交贡赋之外可以作为自己的生活资料，农奴有家庭，单独抚育子女，因而生产积极性和素质技能都有所提高。（四）集权官僚制社会。部族联盟兼并为民族国家，除皇帝或国王外，取消世卿世禄和人身依附，实行职官制，主要劳动者是农民，他们人身权名义上属于皇帝，有相对多的人身自由，并拥有国家均配或个人购买的土地占有权，以及从地主那里租来的土地使用权，生产品交税、租之后归农民家庭消费，具有较高的生产积极性，素质技能明显提高并得以发挥。（五）资本雇佣劳动制社会。是在民族国家基础上建立的由资本所有者与雇佣劳动者对立统一的社会。雇佣劳动者是主要劳动者，他们拥有人身权和劳动力所有权，出卖自己劳动力使用权给资本所有者，由其支配、组织进行社会化生产。雇佣劳动者按劳动质和量取得劳动力使用权价格，素质技能得到较快提高和发挥。（六）民主劳动社会。废除资本私有制，实行劳动公有制，全体公民都从事劳动，拥有平等的人身权和劳动力所有权，以及对公共占有的生产资料的所有权和政治民主权，为劳动者素质技能提高和发挥提供充分条件。

由于地球上各区域条件的差异，并不是所有地区都依次经过上述各历史阶段，其中比较典型的是中国和欧洲。中国在前四个阶段的发展都是充分的，其中奴隶制是"氏族集体所有制"，即由本部族民统治地位的氏族集体所有，在夏、商两代约一千年，而秦朝建立的集权官僚制则是农业文明时期最早也最先进的社会制度，通行两千余年，但也因此而延滞了向资本雇佣劳动制的转化，现代中国革命建立了初级民主劳动社会，并在近年一定范围引入资本雇佣劳动制。欧洲的奴隶制大体在古罗马时期，与中国相比，其特点是奴隶主的"个人私有制"，其封建领主制从公元5世纪到15、16世纪，大约一千年，而随后开始的集权官僚制却很短暂并且不充分，有三四百年时间，在英、法等国实行，大体上相当于中国的战国时期，随后即被资本雇佣劳动制取代。资本雇佣劳动制在欧洲发起并得以充分发展，并由其中雇佣劳动者阶级代表率先提出民主劳动制的设想，以此为号召的变革运动也在局部实行了其主张，成为劳动者素质技能提高和文明发展的内在原因。

人类所经历的历史阶段，以原始社会最长，据考古材料证明，有上百万年，而有文字记载的历史是从奴隶制社会开始的，有三四千年，主要经历四个阶段。我对历史阶段的划分，是从劳动者主体立论的，依据就是劳动者的素质技能和社会地位的矛盾。所谓时代精神，是指各历史阶段社会主要矛盾的集中体现，是从最高思维层次对社会主要矛盾及其大趋势的概括。不论是否将这种概括称为哲学，只要进行了这种概括，就属于哲学范畴，欧洲人将神学与哲学截然对立、分割，是有其历史原因的，但这不妨碍基督教的《圣经》及其前有关诸神的神话从最抽象思维，即哲学层次对社会矛盾的反映。除原始社会的图腾，奴隶制社会以来的时代精神分别由诸神、上帝、天命、物质集中概括。这四个社会历史阶段，都是阶级社会，劳动者都是被统治的对象，而作为其时代精神标志的四种形式，也都体现着当时的阶级矛盾。

人类社会的发展以提高劳动者素质技能和社会地位的努力为内在动力。劳动者素质技能表现为生产力，劳动者社会地位表现为生产关系和社会关系，社会主要矛盾就集中于对劳动者及其素质技能所体现的生产力的控制上，由此而形成阶级、阶层、集团和经济、政治、文化的矛盾。历史上的哲学家，面对的都是针对其所处时代的特殊主要矛盾，但他们又都不清楚历史的特殊矛盾与一般矛盾，因而所论大都是一般性的世界本原、本体，只有黑格尔才用辩证法区分了历史上的一般与特殊，但他以精神发展对历史阶段的区分则玄奥不明，马克思理清了历史与逻辑的统一，为我们界定历史阶段和时代精神提出了基本原则。

依据对历史阶段的划分，可以对应地规定其时代精神在哲学层次上的概括。

原始社会各氏族崇尚图腾，即以某一对本氏族有重大作用和影响的自然物为崇拜、敬畏的对象，其意识体现为"集体表象"和"互渗性"（见列维-布留尔《原始思维》）。这是人超脱动物界而形成的初级哲学意识，将自己生存与自然界某物相统一，并确立了本氏族的共同意识，以此聚合氏族成员，是原始社会的时代精神，导引着原始人缓慢提高素质技能。

诸神是在图腾意识的基础上，由结成氏族联合体进而构成部族的奴隶制社会的时代精神。诸神是部族分立的表现，不同部族有不同的神，将本部族某一杰出首领神化，与旧时图腾相结合，神不仅可以运用强大的自然力，还有高超的智慧。这种人与自然力结合的神，成为部族的象征，不仅威慑其他部族及奴隶，更可以聚合本部族成员。神是统治者意识的体现，也是其处理社会矛盾，尤其是与奴隶之间矛盾的思想武器。神的意志就是奴隶主的意志，也是本部族存在的精神。以诸神取代图腾，是历史的进步，也是人确立主体性的第一步，作为时代精神，主导并制约着奴隶制社会生活和发展。

上帝是诸神的集中与否定。以上帝一神取代诸神，是奴隶制社会矛盾演化的结果，其主要原因，是奴隶和平民素质技能提高与其社会地位的矛盾。奴隶们要争取做人的权利，而平民也因与作为奴隶主的统治者矛盾激化而要求变革，他们共同形成了对诸神的否定，开始崇拜一个共同的神——上帝。上帝是人及万物的创造者和主宰，所有人在上帝面前都应当是平等的。与之相应，部族间的兼并和部族联盟的形成也是上帝取代诸神的原因。上帝主义成为宗教，它以社会矛盾和人类达到的对人生与自然的认识为基础，以较高的思辨力构建了一个理性思想体系，它也可以称为哲学体系，西方哲学史研究将上帝主义排斥在外[①]是不能系统把握哲学史的。上帝主义在犹

---

① 黑格尔在《哲学史讲演录》中反复论说了宗教与哲学的本质差别，强调不能将宗教，主要是基督教纳入哲学史研究，这不仅是与他《精神现象学》的主旨相反，也使他的哲学史缺了一个主要内容，只能从没有历史根据的"希腊哲学"开始，而"经院哲学"部分又不能不论上帝，由此自相矛盾。

太教中产生，后演变出基督教、天主教、东正教和伊斯兰教。上帝主义在形成期是相当先进的，显示了时代精神的特征，导引欧洲奴隶和平民的斗争，促成部族联盟和奴隶制向封建领主制的转变。较欧洲早出千年的中国的上帝主义却没有形成宗教，在完成从奴隶制向封建领主制的变革之后，就被天命主义取代，而欧洲的上帝主义却演变成庞大系统的宗教组织，并成为封建领主制的重要组成部分，上帝主义成为封建领主制度的哲学基础，并通过政教合一来实施对民众的直接统治。至此，上帝主义的时代精神性质已从进步变为保守和反动。

天命主义产生于中国，它在历史和逻辑上都是对上帝主义的否定，即对周取代商时上帝观念的否定。由于中国的特殊条件，上帝主义并未形成宗教，而且与天（上帝即天帝、天上的帝）相连，因而到春秋时就被天命主义所否定，这在欧洲文艺复兴后自然神论取代上帝主义的过程中也有反映。天命主义在中国的形成是以劳动者素质技能提高促成农业文明的发达为基础的，诸侯之间的竞争和兼并也阻止了上帝主义变成宗教。中国的封建，是在以周天子为首的大部族联盟中进行的，一开始就有"天下"总体的框架。诸子百家都是士、儒阶层的代表，他们据天命而倡导的社会变革与诸侯争霸竞争的需求又有一致性，因而能够兴起并形成思想变革运动。这是人类思想史上第一次理论的创新过程，其内容之深广，思辨程度之高，只有欧洲近代的启蒙运动才可以与之相较。天命主义是这场思想变革运动的基本哲学观念，也是变革后两千余年集权官僚制的哲学基础。天命主义集中概括了发达农业文明条件下对人生、社会和自然条件的认识，认为人生和自然（天、地）是由普遍规律主导并支配的，这个规律既是自然的"道"（"道法自然"），又具有意志（"天命"），它展示为"阳阴"、"五行"，并贯彻于人生、社会和自然界。虽然诸子对天命的规定有所差异，但基本观念是一致的，并以此展开了各自关于社会矛盾及变革的探讨，形成人类最初的道、法、术、技学识系统，并引导集权官僚制和民族国家的建立。作为集权官僚制的哲学观念，天命主义规定了这个制度的基本原则和架构，并成为此制度延续的精神支柱。不过，其作为时代精神原有的变革性随制度的巩固而消失，其保守性日益突出，严重阻抑着社会制度的变革。

在中国已经没落的天命主义，却在欧洲人否定上帝主义的过程中发挥了积极作用。与中国春秋、战国时期诸侯争霸兼并进而大一统主要依靠发展农业增加实力不同，欧洲从12、13世纪开始的诸侯争霸和兼并，主要靠发展工商业，实行重商主义，由此形成与国王联盟的资产阶级，其共同利益在于废除封建制度，建立集权专制的民族国家，因而也就要求以新的哲学观念取代上帝主义。为此而展开的文艺复兴运动形成了受中国天命主义影响，并依托编造的"古希腊哲学"的自然神论，结合刚刚开始的自然科学研究，否定基督教的上帝主义。自然神论名义上并不否认上帝，但认为上帝只是精神和原则，它创造万物并体现于万物之中，并非人格的神，而是自然的神，不会，也不该由教会来代表它行使对人类的统治和教导。自然神论在几百年的时间内成了欧洲社会变革的时代精神，主导了几个大国集权专制制度的建立及其资本工商业的发展。

欧洲的自然神论并未取得天命主义在中国那样的地位，由于其集权专制尚未走向全面系统的集权官僚制就被资产阶级革命所推翻，这个国王和早期商业资本家阶级共同利益所集合的哲学观念就被物质主义所取代。物质主义是工业资本家为主的新兴资产阶级利益的集中体现，是资本主义的哲学观念。作为新的时代精神，它主导着资本主义理论体系的建立和资本主义运动，进而贯彻于资本主义制度中。

从形式上看，物质主义比自然神论只是去掉了神性，比天命主义只是去掉了"命"的观念。但问题绝非这么简单。物质主义是新的时代精神，它是人类哲学史上又一次大的革命，它以资产阶级为主体，以自然科学成果为论据，通过对封建的、专制的社会制度的批判，形成了一套概念体系。其基本观点是：世界是物质的，物质是自然的，是按其规律运动的，自然界和人类社会都受物质运动规律支配，人应当认知、依循物质运动规律。据此，它将作为资本主义基础的财产所有权说成自然权利，以自然权利构建的法律是自然法，资本主义制度是自然权利和自然法的要求与体现，因此要取代专制集权和封建制度。以物质主义为基本观念构建的哲学和社会科学体系，引导资产阶级和市民、农民、农奴展开社会变革运动，并成为资本雇佣劳动制社会的时代精神，随着资本的全球化，物质主义已成为全人类的精神主宰，并由此走向保守和没落。

资本雇佣劳动制之前的社会，劳动者虽然是社会主要矛盾的一方，但一直是次要矛盾方面，他们是社会变革的内在动因和动力，却未在变革后的社会上升为主要矛盾方面。其原因在于劳动者素质技能虽有所提高，但尚未从自在的阶级转变为自为的阶级，没有统一的阶级意识和相应的组织，因而其时代精神都是以如何统治劳动者为基本内容。资本主义的时代精神以物质主义为基本观念，这是资本所有者阶级意识的集中反映，但其自然物质和自由竞争的观点，却也承认了劳动者的人身权，社会化工业生产使劳动者在协作中得以联合，在有组织地争取提高社会地位的斗争中，形成阶级意识，进而要求概括其阶级利益和成为社会主体的哲学观念。马克思早在19世纪40年代就认识到这个问题，初步提出了以劳动为基本概念的"真正的人道主义"，并展开于政治经济学研究，虽未能系统，但为劳动者阶级哲学观念确立了基本原则。由此而建构的社会主义理论，指导了一个多世纪的社会主义运动，并在苏联和中国建立了初级社会主义制度。虽然因理论和组织等方面的缺陷，初级社会主义制度未能取代资本主义制度，却也充分证明劳动者阶级为主体的社会变革已成历史大趋势。物质主义为基本观念的时代精神已经没落，劳动主义作为社会主要矛盾次要方面劳动者阶级意识的概括，正在逐步形成并必然取代物质主义成为新的时代精神。

人类的历史可以概括为时代精神更替的历史，而时代精神只能是特定历史阶段社会主要矛盾的集中概括，不论是否有哲学之名称，只要是人类思想的最高、最抽象层次的探讨，就是哲学。为此必须将西方的基督教的上帝主义和中国的天命主义都归入后来才有名称的哲学，并由此来界定哲学的性质。这是人的本质和特殊性所决定的，也是人性升华的必然要求。作为人类思想的抽象层次，哲学探究的是人性升华之道、法。

三　人性升华之道、法：制度变革的主义与方法论

人生和社会矛盾的演化过程集中体现于人性升华。人性就是人的特殊性，包括社会性、主体性、思想性、目的性、创造性。人性以动物一般性为前提，也是对动物一般性的否定。人性升华以劳动者素质技能和社会地位的提高为内容，是以劳动创造物质财富、改造动物一般性，发展人性的过程。这个过程以时代精神集中概括的思想和学识为主导，人的思想和学识因矛盾的错综复杂总体上可以分为道、法、术、技四个层次。

道、法、术、技的区分，在中国的春秋战国时已现端倪，这四个字分别代表一个范畴，不仅有明确的界定，且诸子各家也往往专注某一二层次，如道、儒两家侧重道、法，法家虽以法为名，但重在探讨术，术家、兵家、纵横家等也以术为专长，还有农、医等家侧重技。这只是相对而言，各家著述，往往四个层次都要涉及，只是专注点有不同。唯墨家对四个层次都做了探讨，并有建树。从这

里可以看出中国古代思想、学识之发达,也显示了文字在思想发展中的作用,这是以拼音符号为记录工具的西方人所不可比的。黑格尔在他的《哲学史讲演录》中贬低汉字,进而将中国排斥于哲学史之外,恰是其不识汉字所导致的悲哀。

诸子百家的思想、学识,导引了人类从封建领主制向集权官僚制的伟大变革,而集权官僚制两千余年的统治,却阻滞了思想、学识的发展。从汉武帝刘彻采纳董仲舒建议,以儒家学说为制度的基本理论和统治的指导思想,之后历朝历代的统治者都在坚持,并作为荐举、科举为官的依据,看似注重道、法,却不仅使道、法层次的探索陷入停滞,进而保守,更将术、技层次贬低、压制,尤其对自然和技能的研究一直被视为末技,延缓了经济发展,阻碍着社会变革。而在农业文明严重落后的欧洲,在上帝主义之道统治了一千多年后,却随着重商主义而形成了文艺复兴、宗教改革和启蒙运动,在道、法、术、技四个层次上全面探索,互相促动,取得丰硕成果,不仅展开了制度变革,更促使农业文明向工业文明转化。这一历史进程,使道、法、术、技四个层次都有了明确、充实的内涵,也为对它们进行分析,并综合其系统提供了必要条件。

道。本义为路、道路。《说文解字》:"道,所行道也。"衍义为规律、道理、学说、道义、谈论等。老聃及道家将道视为万物本原和运行规律。从道字本义可以明确道是人走出来的,也是供人行走的。老聃将道说成万物本原和规律,对道的探讨和论证是最高、最抽象的学识。我们不认为有先于天地的"非常道",但认为人生及社会矛盾有规律,自然物质运动也有规律,对人生和社会矛盾及其人的能力与自然条件的物质运动规律的探讨,可以用"道"来表示。

法。本义为刑。《说文解字》:"法,刑也。平之如水,从水;所以触不直者,去之,从去。"衍义刑法、法律、法则、方法、法度、做法。我们这里主要取其方法之义,即研究方法的学识。法是对道的探索理解、展开，进而又是对术、技的总体性概括。

术。本义为邑中路，古字为"術"。《说文解字》："术，邑中道也。从行，术声。"衍义为途径、方法、技艺、策略、学术、学业。术与法相通，都有方法之义，术往往指专业的方法，如战术、医术、艺术等。我们将术规定为法的展开和具体化，是对某门类技艺的概括。

技。本义为技巧。《说文解字》："技，巧也。从手，支声。"衍指技艺、技能、本领。《礼·王制》："凡执技以事上者，祝、史、射、御、医、卜及百工。"《汉书·艺文志·兵技巧》："技巧者，习手足，便器械，积机关，以立攻守之胜者也。"汉陆贾《新语·道基》："民弃本趋末，技巧横出，用意各殊。"技是人具有的生存技能，从学识角度论则是对这些技能的专门研究，以推广和精进各种技艺。古代人们交往不便，技往往以言传身教在小范围交流，现代经济和传媒发达，各种技的专门研究日益深入。

道、法、术、技是内在统一的，其区分是逻辑上的，并非各层次有不同的对象，划分为各自的"领域"，而是对人生和社会关系及人的能力与自然条件的不同层次的研究，其区别在抽象的程度，其统一在抽象与具体的关系。现代科学众多学科看似繁杂，但都可以归入这四个层次，由此在总体上把握其系统。

道、法、术、技作为学识和方法，是人类历史的结晶，是人本质发展和人性升华的体现。人类历史就是人性不断升华的进程，从个体论，每个人都在为自己的生存和利益而活动，不论从事哪种活动，掌握和运用什么技能，以及技能的程度，都是以个人为主的，但正是这个体活动的技能，体现了人总体的经验和知识，而人与人之间的交往和世代的延续，必然使这些经验和知识相互交流和传授。与动物的本能不同，人的技能是人本质要素的集合。人存在的四要素中劳动是核心，在劳动基础上的交往、意识和需要共同构成人的本质和生存。人的基本技能就是劳动的技能，进而是生活的技能，其他技能都是劳动技能的转化或异化形式。技能的形成，不仅是体能的使用，更是意识的体现，经验和知识就是在意识中的记忆、总结。意识中的理性活动将个体经验和知识比较、分类、归纳、分析、综合，逐步形成概念和技层次，以至术、法、道层次的学识体系，并由一部分人专门从事研究。

道、法、术、技四层次是相互贯通、制约和促进的。具体层次是抽象层次的基础，抽象层次是具体层次的概括和原则。由于研究者中个体的差异，以及社会各方面条件的限制，这四层次的贯通会遇到不同阻滞，出现时间上的偏差，但人类意识的总体性，总会克服这些阻滞，使道、法、术、技四层次有机统一，相互促进。

现代条件下，道、法、术、技四层次都有专门学科在研究。在这众多学科中，哲学属于最抽象的学科，主要研究道、法两个层次。工程类学科，以技层次研究为主，兼顾术层次探讨。社会科学中针对经济、政治、法律、社会、文化、历史等大的学科，如政治经济学、政治学、法理学、社会学、文化学、历史学等等，也以道、法层次为主，但在不同时期有所偏重。自然科学中研究自然界基本构成和运动规律的学科，如理论物理学、理论化学、生物学、天文学等，都属道、法层次，但侧重于法层次的研究。研究术层次的学科是道、法学科的具体化，如经济学中的金融学、财政学、国际经济学等，以及法律学中研究各专门法，如民法学、宪法学、刑法学等。管理类学科大都属于术的层次。自然科学中现归入"理科"的二类学科，也大都属于术层次。

人类思想学识的发展，是人性升华的内容，人性升华集中于社会制度的变革，人类学识四层次也都在制度变革中发挥其应有的作用。哲学对道、法两层次的研究，探讨制度变革的根据和原则，即主义和方法论。

欧洲近代是哲学蓬勃发展的时期,哲学对制度变革的主导作用得以充分展示,但由于封建和专制势力的打压,哲学家们不得不采取将哲学"玄化"、一般化,以至将哲学与神学隔离,除法国大百科全书派敢于直面宗教之外,大多数哲学家都在不反抗上帝权威的同时,把哲学与神学划清界限。这样做,在当时是一种必要的方式,但却也模糊了哲学的性质与主题,以致有人将哲学定位于脱离时代的一般性的关于世界本原、思维与存在关系、精神与自然关系,以及人的思维能力和认识过程的研究,并将自古以来全部哲学分为"唯物主义和唯心主义两大阵营"。甚至说"唯物主义历史观"结束了历史领域的哲学,"辩证的自然观"使自然哲学成为"不可能",哲学只是研究思维过程本身的规律的学说。欧美诸国的资本统治确立以后,所谓主流哲学家们完全放弃了对制度的研究,为了"哲学"的存续,也为了自己的饭碗,转而退于技、术层次研究之后,成为自然科学的跟班。

必须抛开对哲学性质和主题的这些认识,从哲学是时代精神的概括这个基本点,来探讨哲学的地位和作用。

哲学并不是凭空产生的,人类社会也不需要、不可能产生一门高高在上,脱离时代,不顾人生和社会矛盾的玄奥、空洞的哲学。哲学是抽象的,是在具体的术、技层次基础上的抽象,即使关于诸神、上帝的崇拜与信仰,也是源自人生和社会矛盾。

将宗教与哲学隔离,说成两个不同领域,这个不得不采取的策略,是欧洲近代哲学兴起的必要手段,造成哲学观念和方法论的内在缺陷,这在黑格尔的哲学史研究中突出地表现着。他以逻辑与历史统一原则对哲学史的研究,本来具有方法论上的积极意义,但却不包括诸神崇拜和上帝主义,而其所依据的"古希腊哲学"的资料,大都是文艺复兴前期据说从"阿拉伯文献"中译编的,其可靠性很难认定。而其中"亚里士多德著作"的庞大体系和丰厚的内容,很难让人相信产自基督教之前落后的希腊部族时代，更让人难以理解的是，如此庞大系统的哲学和科学体系，竟对当时的社会没有任何影响，以致在基督教的经文中没有半点反映。更为重要的是避开基督教，却将经院哲学这个"神学的婢女"列入哲学史。如果"古希腊哲学文献"真是后人伪造的，那么黑格尔的哲学史就是从经院哲学开始的，而"古希腊哲学"则是文艺复兴以后批判基督教的论据了。①

人的思想和学识都只能来自人生和社会矛盾，哲学作为人性升华道、法层次的探讨，从人类社会形成时就已开始，最初的图腾，已经体现了原始人探求人生和自然关系的努力。到诸神崇拜时，各部族信奉的神，不仅是部落的标志，也是生存行为的指引，已初具道和法的意思。神是人与自然力的结合，从神性来规定人性，表明人已认识到自身与自然物的区别和联系。不论祭拜和向神请教（卜、筮），都有一般性和特殊性的关系在内。神又是奴隶制的象征，神的不可侵犯正是奴隶主权威的体现。从这个意义上说，诸神崇拜也可看成诸神的主义，而对神权威的论说和相关仪式中体现的原则，就是其方法论。

明确而系统地探讨道、法，并论证主义和方法论的，是上帝主义。虽然西方的基督教比中国的天命主义要晚出，但在逻辑上它却与在中国被天命主义否定的上帝处于同一环节，因而我们将上帝主义放在天命主义之前。上帝主义是一个道、法系统，其制度性相当突出。从最初犹太教中所体现的要求否定部族诸神，争取人身平等

---

① 对于"希腊哲学"，我早就对它与基督教的关系有困惑。近年何新《希腊伪史考》提出对古希腊的质疑，值得关注。考据是很专业的工作，何况没有文字只有拼音符号的欧洲，如何回答这个质疑，还不得而知。我这里还是从逻辑与历史关系谈个人的看法。

的思想，到成为部族联盟的封建领主制取代奴隶制，进而又被改造成封建领主制统治的主义和方法论。上帝主义就是封建主义的哲学观念，其方法论就是对上帝的论证，它体现在教会统治程序之中。至于经院哲学的唯名论、唯实论，不过是其方法论的辅助。作为主导欧洲思想和学识一千多年的道、法，上帝主义及其方法论绝非简单的神秘迷信和说教，它是有深刻社会内容并起过巨大历史作用的。它以人格化的上帝来规定人性的观念，作用于从变革奴隶制度到维护封建领主制，上帝主义与欧洲这个历史阶段的文明程度、劳动者的素质技能和社会地位、社会存在形式等都是相当的，只要去掉其神秘色彩，或用俗世的制度和社会矛盾来解读这些神秘，就可以认知其主义和方法论的意义。

天命主义比上帝主义更进一步地体现出其道、法层次，明确其制度变革和维护制度的主义和方法论的作用。黑格尔按他的标准，不仅认为基督教的上帝主义不属于哲学史，更将"中国哲学"（他认为只能算作国家宗教的"宗教哲学"）也排除于哲学史。中国的春秋战国时期虽没有哲学的名称，却有人类首先形成的系统哲学思想。诸子百家历时几百年对道、法的探讨，形成了第一个哲学系统。不论以黑格尔的"自由原则"，还是"唯物与唯心两大阵营"的列队标签方式，都不可能认知中国古代哲学体系的深厚系统。不妨将诸子百家的著述与比之晚几百年的基督教圣经相较，以天命主义、中庸之道、圜道论为主义和方法论的道、法，从天命规定人性，从而摆脱了人格化的神对人的控制，不仅取消了神怪迷信，而且对人生和社会矛盾及其自然条件的认知，都远远超过仍以上帝为神圣的基督教。更重要的是，诸子之道、法，集中探究制度变革，提出了相应的主义和主张，并作用于对封建领主制的变革，进而成为集权官僚制的理论基础。诸子道、法集合为儒家道统，黑格尔称之为"国家宗教"，不如称之为"国家哲学"更为准确。儒家道统的名义是天命主义，具体为集权官僚主义，方法论为中庸之道，在人性升华进程中起到了重要作用，而对它的固守又阻抑了人性的进一步升华。其进步、兴盛、停滞、保守、没落的过程，是中国两千多年的社会主要矛盾的集中体现。

欧洲文艺复兴中出现的自然神论可以归入天命主义，它将人格的上帝自然化，并主张国家民族和集权专制主义，其在社会变革中的地位和作用与天命主义在中国是相似的，但由于上帝主义不仅是封建领主制的理论基础，更以教廷和教会系统实施直接统治（包括"什一税"和教会的审判制），文艺复兴的思想家们不敢公开批判上帝主义，否定封建领主制，只能借所谓"古希腊哲学"来修正上帝主义，在将上帝自然化的基础上，提出其关于社会变革的主张，这包括：一是将封建割据的部族联盟集合为民族国家；二是确立国王的权威，实行集权专制；三是实行重商主义，发展工商业。这些主张是国王和商业资本家的利益目标，也与农奴要求解放的愿望相适应。自然神论作为社会变革的主义和方法论，成为这一时期促进人性升华的道与法。

资产阶级在重商主义政策的扶植下迅速发展，在从商业资本向工业资本转化的进程中，不仅经济实力大增，而且要求实现新的由资本主导的社会制度，由此而引发了物质主义对自然神论的否定。物质主义是资产阶级利益的集中体现，是资本主义的哲学观念。自然神论产生于文艺复兴，物质主义产生于启蒙运动。物质主义既是在自然神论的基础上，对上帝主义的彻底否定，也清除了自然神论中所残余的上帝主义因素。物质主义从对社会矛盾和自然的科学研究出发，认为物质是自然的，自然界和人都也是物质的。物质运动有其规律，人作为物质的一种特殊形态，其存在也要依循自然的物质规律，即自然法。自然法赋予每个人以自然权利，其要点就是保护生命和所有物质财富，由此而建立经济、政治制度。物质主义主导了欧洲的资产阶级革命，这场革命是人性升华的又一个重要阶段，人的本质和人性不再是由上帝和天命决定的，而是物质的、自然的，因而也是自由的。因此而形成的制度变革的主义就是资本主义，其制度就是在财产所有权基础上建立的由资本主导、雇佣劳动的制度。其方法论曾有三个阶段，一是经验知性方法，二是知性辩证法或批判的知性方法，三是理性的思辨辩证法，对研究社会矛盾和自然现象的具体科学进行概括，并进行思辨，黑格尔的思辨辩证法是其最高阶段。这三个阶段的方法论确立并展开了物质主义基本观念，建立了对人、自然、社会经济、政治、文化的系统理论，成为资本主义运动和制度的指导思想。虽然资本统治制度确立以后，资产阶级哲学家认为制度变革的主义和方法论已没有利用价值，转而跟在自然科学后而整理术、技，但其道、法已具体化于制度和社会生活的各环节和层面，成为人性进一步升华的障碍。

物质主义作为资本主义的哲学观念，它对人类的影响超过以往的任何哲学观念，随着资本的全球化其作用已达全世界。盛极必衰。资本主义对全人类的统治，使人性升华到一个阶段，也使人生和社会矛盾升至一个新高度，但资产阶级取得统治地位后却要保守、固化这个制度，从而阻抑人性的升华。历史不会因此而终结，作为资本雇佣劳动制主要矛盾次要方面的雇佣劳动者阶级在工业生产方式的发展中不断提高素质技能，形成组织和阶级意识，并有其思想代表从理论上概括，以形成主义和方法论，成为人性升华的新道、法，导引对资本主义及其制度的否定。从马克思提出其以劳动为基本的"真正的人道主义"至今，已有一百七十年，这期间劳动者在社会主义旗帜下展开了不屈不挠的斗争，并建立了初级的社会主义制度。临近20世纪末，苏联解体宣告了苏联模式的失败，但劳动者还是这个世界文明的主体，他们还在提高素质技能的同时，要求成为社会的主体。总结、分析苏联模式的教训和缺陷，承继马克思的基本观念和原则，概括现代劳动者阶级意识，研究新的人生和社会矛盾，形成以劳动者为主体的劳动主义和实践辩证法，为人性的进一步升华，结束资本主义社会这个"人类史前期"的最后阶段，是哲学历史和逻辑的必然。

四 续道更法，探讨现代精神

人类社会的制度是在不断变革中演进的，哲学对道、法的探寻也是随人生和社会矛盾的否定逐步发展的。以往绝大多数哲学家都愿意宣称自己发现了世界的本原、本质和本体，诸神崇拜者、上帝主义者、天命主义者及物质主义者都是如此，并都宣布其前人规定的世界本原、本质、本体是错误的，同样也都被后人认定其观念是错误的。否定贯穿于概括人生与社会矛盾的最抽象思想层次的哲学的历史，虽然当事者往往将自己的观念说成绝对真理，并把前人的观念说成绝对错误，但历史上的否定是辩证的否定，后人都在一定程度上改造、继承了前人特殊观念中的一般性合理因素，这与人类社会制度变革中对以前制度的一般性成分有所继承和改造是统一的。

哲学随社会变革而变革，哲学变革既是社会变革的体现，又是社会变革的重要内容和导引。哲学变革也是质变和量变的统一，在大的历史阶段所形成的总体性的主义和方法论，是这个历史阶段时代精神的概括，也是人类社会生存和发展的道、法，在此阶段的不同区域或国家，以及不同时期，在总体主义和方法论的范围内，会出现量的变化，即具体的主义和方法论的改变，由此充实总体主义和方法论。而当旧的社会制度因劳动者素质技能提高并要求提高社会地位而进行革命性变革时，作为制度的哲学之道、法也会发生质变，新的主义和方法论取代旧的主义和方法论，并开始新的量变过程。人类的哲学史就是这样演进的。新的主义和方法论要继承在前主义和方法论的一般性因素，但并不是继续在前的主义和方法论。质变中对以前哲学主义和方法论的继承，是人及其社会的一般性的体现，而前一历史阶段的特殊性却不能因一般性的传续而存在于后一历史阶段，这是制度变革和道、法更新的要求与体现。一些人出于社会或认识的原由不承认哲学主义和方法论的质变，而是强调特定区域或人种自古而今以后都只有一种主义和方法论，它不可能质变，只有量变。中国的"新儒家"、"新道家"等均持此观点，他们认定中国这块地域和人种天然就应以儒或道为哲学上的主义及方法论，否则中国就不成其为中国，中国人也就不是中国人了。而亨廷顿的《文明的冲突》也据古代的基督教、伊斯兰教、儒教等界定现代人类的文明圈，并以此界定现代世界秩序。这种否认哲学主义和方法论质变的观点，既不能如实探讨哲学史，更不利于研究现代社会矛盾和变革，或许只能对那些因既得利益而维护其道统和宗教的人或集团有其用途。

　　哲学是有民族性的，时代精神体现于在本历史阶段先进民族（含早期的部族）的社会矛盾集合的民族精神之中。这在已有的哲学史得到充分证明：上帝主义主要体现于变革奴隶制，实行封建领主制的以色列和欧洲的部族联盟；天命主义主要体现于变革封建领主制实行集权官僚制的以汉民族为主干的中国；而欧洲的意大利、英吉利、法兰西等民族形成中以自然神论为其哲学观念，其要旨也是变革封建领主制，实行集权官僚制，与天命主义是相同的，但又有其历史和民族的特色；物质主义作为资产阶级意识的集中概括，是变革封建领主制和集权官僚制的哲学观念，出现于欧洲的英吉利、法兰西、德意志等民族国家。物质主义是比较成熟、系统的哲学观念和体系，它的民族性中所体现的时代精神在近代世界各民族的变革发展中得以充分展示，以至有人忽略其民族性。而当以物质主义为哲学观念的资本主义贯通全世界，并陷入不可克服的尖锐矛盾和危机，在哲学观念上对它的否定也就开始了，这就是马克思所开创的以现代劳动者阶级为主体，以劳动为核心概念的劳动主义。劳动主义的一般性更为明显，但并不能否认其民族性，在民族已成为人类基本社会形式的现代，哲学的发展依然受民族国家的制约，并体现各民族的特色。劳动主义是现代劳动者阶级意识的集中概括，这在全世界都是相同的，但在不同的民族国家，又有其特点。中国的、英国的、欧洲和拉丁美洲诸国，劳动者阶级都在根据其国内具体矛盾而进行着以劳动社会主义为总理念的社会变革，这种变革在总体上是统一的，但又有各自的特殊性，为此也就要求各国劳动者的思想代表，注重本民族精神，在民族精神中贯彻现代精神，为现代人类变革探寻新道、法。

哲学的主义并不都体现于以"哲学"为名的学科和著述中，在"哲学"出现之前，宗教承担着对社会道、法的探究和论说。哲学与宗教并不是相排斥的，尤其曾在欧洲封建领主制社会占统治地位的基督教，其上帝主义就是封建主义的哲学观念，它所规定的道，是封建领主制的理论根据。[①] 早期物质主义把批判的矛头指向上帝主义，其对上帝主义的否定（物质主义也批判自然神论，主要指其对上帝主义的否定不够），是哲学发展的必要环节。而黑格尔将哲学与宗教分成两个领域，却又在体系中将宗教作为哲学的一个环节，虽说可以避开那些不懂思辨的教士们的指责，但不免给后人研究哲学史和哲学设下诸多障碍。排除这些障碍，从哲学是对人生和社会矛

---

① 那些脱离社会矛盾以宗教形式出现的"玄论"，如"佛教"，其创始者释迦牟尼以消极避世来对待社会矛盾，将"空"、"无"作为基本概念，他及其后继者由此构建了庞杂玄奥的佛学体系，甚至形成了教派，但终因不能探讨社会发展之道法，而在印度消失，只能在中国依附儒家道统而在术、技层次有所作为，既非哲学，亦无宗教之实际内容。而惠能所创"禅"术，虽还依托"佛"名，但实质已大变。存于西藏的"密教"，则非佛教。

盾的研究，其目的是从社会主要矛盾概括时代精神出发，不仅可以准确地反思哲学的历史，更是从事现实哲学研究所必须依循的原则。

哲学并不是超脱现实矛盾对"世界本原"、"本体"，以及"思维与存在关系"、"精神与自然界关系"的抽象议论，更不存在从古至今而后相贯通的两种一般性哲学观念的"斗争"。哲学史上所出现的观念和方法论，都是其时代社会主要矛盾的概括，也是当时的人类思想所达到的最高层次。从后人的观念看它们是错的，但在当时却是合理的，其规定的道，选择的法，也是当时社会矛盾的体现。只有当社会矛盾发展了，其观念和方法论的错误才得以显现，才有新的观念和方法论产生。哲学观念的否定，发生在历史两大阶段的更替中，是社会主要矛盾演变的表现，新的哲学观念作为变革势力意识的集中体现，是社会变革及变革后建立的制度的基本根据和途径的规定，即其道。为了规定和展开道，就必须进行法的探讨。新的道、法取代旧的道、法，在否定中承续了道、法的一般性，并在导引制度变革的进程中，促进了人性升华。

作为道的哲学观念集中概括于社会制度及其变革的主义中，哲学的法，即其方法论则作用于规定和论证其道，即主义的过程，进而探讨变革、建立、维护制度的途径与方式，同时指导具体的社会和自然科学研究的术、技。

物质主义者以自然物质来规定其基本观念，对社会的认识要以对自然的规定为依据。自然物质是一般，人及其社会是特殊。这对于物质主义的主体资产阶级来说，恰是其利益的要求，其利益的核心是财产所有权，以物质是自然的，自然是物质的观点推导出所谓自然法和自然权利，进而论证对物质财产的自由竞争，也就为资本主义的制度化确定了基本原则。从资本主义论，其哲学基本观念和社会观是一致的。但对以劳动者为主体的社会主义来说，依然坚持物质主义基本观念，并将自然物质说成一般，将人类社会说成特殊，却又不能承认自然法和自然权利，甚至还要否定财产私有制，难以自圆其说。苏联教科书恰是因此而自相矛盾，其所坚持的物质主义基本观念不可能，也不应该成为社会主义的哲学观念，不是正确指导社会主义运动和制度之道，其法也不能从方法论上有效论证和推行社会主义。也正因为苏联模式包含着道、法两层次的缺陷，将属于术、技层次的经济增长提升为道，以发展生产力来规定社会主义本质和目的，将行政集权体制作为基本制度形式，忽略进而限制劳动者的个人权利，阻抑了其素质技能提高和发挥。其建立之初的积极性消失之后，也就陷入自身缺陷导致的矛盾之中。

苏联模式的失败，既不等于社会主义运动的终结，更不能证明资本主义将按"自然规律"永世长存。人毕竟不是自然物，以物质主义为哲学观念的资本主义只是人性升华进程中的一个环节，就像以上帝主义为哲学观念的封建主义和以天命主义为哲学观念的集权专制主义会被资本主义所否定，进一步的人性升华必然会以新的哲学观念为基础的社会主义否定资本主义。马克思率先发起了这个否定，他的基本观点和原则是承担这种否定的新社会主体劳动者利益的集中体现。由于未能认知、展开和充实马克思的基本观点和原则，导致社会主义理论、运动和制度的严重缺陷，从而滞缓了对资本主义的否定。

资本主义的矛盾不仅未因苏联模式的失败而消失，反而在其猖狂的全球化进程得以充分暴露，其哲学观念和方法论也愈来愈不能为资本主义矛盾辩护，不能成为其摆脱危机，避免灭亡命运的道、法了。大体上自黑格尔以其理性论证了资本主义之后，英、法、德、美等国的资产阶级都取得并巩固了统治地位，其变革的先进性消失，代之而起的是保守和维护其统治的辩护性、保守性，再也不需要探讨社会变革的道、法，只是要求强化统治和增加利益的术、技。因此所谓"主流"哲学家,也就从原来的变革倡导者换成了职业哲学家,在其阶级主体不要求,甚至限制对制度矛盾研究的情况下,也就顺势将研究转向术、技层次。对这些哲学家来说,传统哲学研究的是上帝、物质和精神,而前二者在现代都因科学的发展失去了哲学上研究的价值。由于不清楚哲学的性质和地位,导致他们在主题上的迷失。至于精神,他们也采取脱离人生和社会矛盾的方法而转向纯心理研究,与此同时,在经过一段时间的苦恼之后,又将对物质的研究转为跟随自然科学和技术科学,为之进行实证的术、技性分析,即所谓"分析哲学",其中又分为若干派系和阶段。其切实的地位,应是自然科学方法论,或语言逻辑学,只是针对自然科学和技术科学的论述逻辑和语言分析做一些表层研究。不能说这种研究没有价值,但却脱离了哲学的性质和主题。至于非主流的现象学者和存在主义者,则在极力避免和批判黑格尔的总体性思辨——他们其实并未读懂黑格尔——的前提下,强调现象和个体存在的复杂性、具体性,虽然并无社会变革的大意志,却也在一定意义上弥补了物质主义的一些缺陷,尤其是萨特的存在主义,突出了个体存在的地位,具有反威权的现实性,对于道、法探讨还是有一定价值的,但毕竟未能成为黑格尔之后又一大道、法系统。以法兰克福学派为代表的"西方马克思主义",在批判苏联教科书的教条主义方面是有重大贡献的,并努力发掘黑格尔哲学中的辩证因素,但由于不明确社会变革的大目标,因而不能切实理解黑格尔关于"时代精神"和马克思革命的人道主义真谛,未能创造性地论证现代精神并探讨变革之道、法。

资本主义在人性升华进程中起到相当大的促进作用,提高了劳动者素质技能和社会地位,劳动者第一次具有了法律规定的人身权和据此而争得的政治权利,并可以自由地出卖劳动力使用权以谋生。物质主义主导的资本主义废除了各种世袭特权,使每个人都拥有平等的人身权和财产所有权，虽然财产所有权所保证的巨大财产差异又使社会分为资本所有者和雇佣劳动者两大阶级，但废除封建特权对人类的解放作用，比起天命主义主导的集权专制主义的民族国家取代上帝主义主导的封建主义部族联盟，以及一神的上帝主义主导的封建主义及其部族联盟取代诸神崇拜的奴隶制主义及其部族对立，都要更加充分和明确。但人性升华不会就此停止，资本主义内在的矛盾，财产所有权所导致的少数不劳动者统治大多数劳动者所引发的社会冲突，劳动者素质技能的提高和成为社会主体的要求，成为人性进一步升华的动因和动力。

奴隶制社会以来，劳动者就是生产主体和文明主体，但一直未成为社会主体。劳动者素质技能的提高使他们要求相应的社会地位，由此而形成的社会矛盾和社会变革，是人性升华的内容。已有的社会变革虽然逐步提高了劳动者的社会地位，但劳动者尚未成为社会主体。资本主义所促成的社会进步使劳动者拥有了基本的人身权，正是依据这个权利，几百年来劳动者展开了争取提高劳动力使用权价格和民主权的斗争，由此凝聚了阶级意识，从自在阶级上升为自为阶级。虽然历经曲折，但劳动者阶级的势力日益增长，为人性进一步升华的社会变革集聚了力量。

与以往的社会变革不同，现代社会变革不仅是以劳动者为主体，更以劳动者成为社会主体为目标。劳动者阶级意识集中概括的哲学观念，不可能也不应该是资产阶级意识集中概括的物质主义，而是劳动主义，其方法论是实践辩证法，二者的统一构成人性升华新阶段的道与法，由此对现实社会主要矛盾的规定，就是现代精神。现代中国作为已建立初级社会主义制度的国家，我们劳动者的思想代表有责任根据中国和世界社会变革的需要，探讨劳动主义，为认知和依循现代精神而发展，锻造新的中华民族精神而努力。

劳动主义与物质主义及天命主义、上帝主义、诸神崇拜等旧哲学观念的本质区别，一是从人而非人之外的神或物来确定核心概念；二是集中概括了占人口绝大多数的劳动者的阶级利益和意识，是群众的主义，而非"精英主义"；三是将人的生存和发展作为目的，而将物质财富的生产作为手段；四是明确、直接地从规定社会主要矛盾来探讨现代精神，而非像以前的哲学家那样隐晦、间接地涉及社会主要矛盾；五是以变革人的社会关系和制度作为人性升华的途径。

劳动主义哲学观念要求与之相适应的方法论，即实践辩证法。以实践辩证法论证劳动主义，进而具体探讨社会矛盾，规定社会变革的主义和方法。由此可见，劳动主义及其实践辩证法是哲学史上的革命，它是全方位的，从主体到性质到目的到主义、主题、主张，进而观念和方法论到全部体系，都是对物质主义及所有旧哲学的革命。这场革命的根本，在于劳动者主体素质技能的提高和成为社会主体的利益，在于现代劳动者已形成阶级意识。劳动主义和实践辩证法是现代劳动者阶级意识的概括，也是现代劳动者阶级意识的核心和进一步充实发展的主导。

劳动主义和实践辩证法作为现阶段人性升华之道、法，是历史的哲学观念和方法论的革命，但革命并不是割断历史，而是历史的继续。物质主义及其方法论是劳动主义和实践辩证法的历史前提，也是批判、否定、继承的主要对象。

物质主义作为上帝主义和自然神论的否定，是随资本和资产阶级的发展而演变的，大体经历了四个阶段：一是确立物质为世界本原、本体的基本观念，批判上帝主义和自然神论，否定以其为哲学基础的封建、专制制度，形成资本主义的社会观及经济观、政治观、文化观，方法论是以经验为依据的知性归纳法和演绎法。代表人物是英国的霍布斯、洛克和法国的狄德罗、梅特里、爱尔维修、霍尔巴赫等。二是从知性认识论和辩证法对物质主义基本观念的修正，物质主义出现以后受到贝克莱等上帝主义者从认识论角度提出的质疑，对此，休谟和康德深入探讨了人的认识能力和认识过程，并明确对象的客体性和物质性，发展并修正了知性物质主义。三是黑格尔从思辨辩证法对物质主义的充实。黑格尔对康德的研究不满意，认为其只是从知性来谈方法，并将主客体截然对立，他从理性即思辨辩证法探讨主客体统一的绝对精神，不仅论证了自然物质的存在，也论证了人的意识认知自然物质的逻辑进程及其真理性，进而又对人及社会关系进行了系统规定。黑格尔长期被视为"客观唯心主义者"，实际上他用思辨辩证法对理性物质主义的系统论证，恰是物质主义的最高阶段。四是在物质主义基本观念的前提下所形成对自然科学在术、技层次的跟踪研究，主流为统称为"分析哲学"的实证主义、实用主义、科学主义、技术主义等，这个阶段从19世纪中叶至今，在基本观念和方法论，即道、法两层次并没有什么进展。还有现象学、存在主义等非主流派系，尝试做一些新探讨，但大体上仍属于物质主义范畴。至于苏联教科书所坚持的"辩证唯物主义"，并不属于作为资本主义主流哲学观念的物质主义，应另当别论。

现代劳动者为主体的劳动主义哲学观念，作为对人性进一步升华之道、法的探讨，在对物质主义道、法的否定中，包括对其中一般性合理因素的批判性改造和吸收，这主要是针对物质主义第一、二、三阶段，尤其是黑格尔的思辨辩证法及其论证的理性物质主义。概括说有如下几点：

其一，在批判物质主义从物质规定世界本原、本体观点的同时，承认这个观点在历史上的进步意义，在明确世界是人为主体的世界，劳动是人的世界中本质因素的核心的同时，从物质自然性和自然的物质性中探讨人生和社会的自然物质条件；批判其从物质本体论规定人本质和人性，以动物"丛林法则"规定人社会关系和行为的错误，在承认人的物质一般性前提下，明确并突出人的特殊性及其对物质一般性的改造，从劳动规定人的生存和发展，探讨自然条件对人的制约和人对自然条件的合理利用。

其二，认真分析批判黑格尔理性物质主义的思辨辩证法，改造吸收其关于人认知能力、过程的辩证规定。黑格尔也许是被人误解最多的哲学家，他的基本观念被说成是"唯心主义"，他的思辨辩证法被视为脱离实际、排斥经验的臆造。后来坚持知性物质主义的人们因为读不懂黑格尔玄奥系统的辩证法，就任意评说。实际上黑格尔的思辨辩证法尽管有各种缺陷，却是哲学史上关于法层次探讨最为丰富、系统的方法论，它所论证和展开的理性物质主义达到物质主义的最高水平。从劳动主义对之进行批判和改造，对于充实实践辩证法是必要一环。我们说的"更法"，主要就是对黑格尔的思辨辩证法的否定而形成实践辩证法。

其三，对物质主义社会观及经济观、政治观、文化观的批判和吸收。物质主义从物性规定人性，确定了同属于物质的人在自然权利上的平等，这比上帝主义从神性规定人性，人由上帝界定其地位和权利的观点，无疑是一大进步。进而又从自然权利推论社会契约、市民社会和国家，并由此论证资本主义制度。物质主义的经济观是"唯生产力论"，将经济发展的目的片面规定为增加物质生产力，并强调只有以个人财产所有权为根据的资本制度和自由竞争才能保证生产力的增加。据此论证资本雇佣劳动制的合理性和必然性。物质主义的政治观是以财产所有权为依据的"民主"——实为财主或资主，以保证财产所有权和资本关系。物质主义的文化观是以个人财产所有权为中心的个人主义，突出人的个体依据财产所有权的存在与地位，强调个性自由，并由此而形成价值观、思想和道德。

一些人不知根据什么硬说物质主义的社会观是"唯心主义

的"，是与其基本观念或自然观相对立的。遍读物质主义者的著作，也找不到这种说法的证据。而物质主义者以财产所有权为核心所形成的社会观及具体的经济观、政治观、文化观，恰是以物质的自然性为依据的，由此否定了以上帝为依据的封建领主财产等级制，其进步意义是伟大的，促成了资本雇佣劳动制和工业生产方式与文明。劳动主义是资本雇佣劳动制主要矛盾的次要方面雇佣劳动者阶级意识的基本观念，雇佣劳动者阶级是在资本雇佣劳动制中生长起来的，他们对物质主义社会观是切身感受的。雇佣劳动者与资本所有者之区别，就在没有作为资本的财产所有权，只有人身权所体现的劳动力所有权，为了生存不得不出卖劳动力所有权派生的使用权给资本所有者，以取得劳动力的使用所创造价值中的一部分，而另一部分则作为剩余价值归资本所有者。劳动者的社会存在是以劳动为根据的，他们的哲学观念也以劳动为核心，其社会观是以劳动力所有权为基点展开的。对于物质主义社会观，则要批判其以财产所有权为基本依据的观点，从中揭示关于个人权利及社会关系的一般性，从劳动规定人本质和人性，突出劳动是人本质的核心要素，是个人权利和社会关系的根据，是人性升华的原因和动力。在此基础上，则可以改造物质主义社会观及其经济观、政治观、文化观中所体现的有助人性升华的一般因素，如在明确劳动者素质技能是社会生产力发展根据和确立劳动者社会主体条件的前提下，吸收其经济观关于生产力发展的思想；在以人为本位，确立以人身权为依据的民主观的进程中，批判其以财产所有权为依据的"民主"观的同时，可以吸取其中的自由、平等因素；在批判其个人主义文化观的以财产所有权为依据的基础上，吸收其个人主义中的个性自由等因素，纳入劳动主义文化观，以保证劳动者个人的权利、自由和社会主体地位。

哲学的否定是批判继承的过程，从诸神崇拜到上帝主义，从上帝主义到天命主义（含自然神论），从上帝主义和自然神论到物质主义（这是西方近代哲学的特点），都是哲学观念的否定，也是对人性升华之道、法的探求。每一次否定，都确立了新的哲学观念和方法论，而其中又都继承了以前哲学观念和方法论的一般性合理因素。这就像人行走的道路的拓宽、延长一样，都会以从前的道路作为前提。现在的高速公路和铁路，是古代人不可想象的，但它却是原始人踩出来的小路径千万年演变的结果。说起诸神或上帝，在今天非宗教信徒的思想中只是荒谬、迷信，但它们恰是几百年前欧洲人观念的核心，至今仍有人相信它。而物质主义，随资本全球化已成当今世界的主导观念，不论信与不信，都得按它的观念行事，就像几百年前欧洲人按上帝主义行事一样。

否定物质主义的力量不是外来的，就在物质主义及其主导的资本主义制度矛盾中。当物质主义否定上帝主义，确定物质是自然的，是世界本原和本体，进而论证人是物质的一部分，是按自然规律、秩序而存在时，它的目的是削除封建领主贵族及专制君主的特权。这是平民和农奴的共同利益和愿望，并极大地促进了人性的升华。而当物质主义主导的社会变革确立了以财产所有权为核心的资本雇佣劳动制产生了新的特权，即比贵族特权具有更大势力的资本的特权以后，其社会主要矛盾的另一方，只拥有劳动力所有权和出卖其使用权的自由的劳动者，又势必会按人性升华的大趋势来探讨以自己为主体的制度变革之新道、法，这一过程对物质主义一般性合理因素的批判继承只是必要的环节，但绝非全部或者主要内容。劳动者为主体的社会变革之新道、法，人类的现代精神，是在概括现代劳动者利益和阶级意识、规定现代社会主要矛盾的进程中得以发现并充实的，对物质主义及天命主义、上帝主义等观念一般合理因素的继承，只是必要的借鉴或改造利用其有用的材料。就像在蒸汽机火车的铁路上修筑高速铁路，必须破坏原路，重新奠基、拓宽、取直、扩远，旧路被改造为新路之后已不复存在，但它的向度和可用之材被否定地包含于新路中。而劳动主义作为现时代精神的哲学观念，由它规定的新道、法，也只是人类进步过程的一个阶段，必然会被更新的概括下一阶段时代精神的哲学观念和道、法所否定。

第一章
黑格尔的时代与他对时代精神的思辨

黑格尔是人类思想史上继孔丘、耶稣之后能够系统认知其时代精神，探讨社会变革道、法的思想家。他所处的时代是德意志民族从封建领主制向集权专制，进而向资本雇佣劳动制过渡的时代，他继续从英、法两国开始的启蒙运动的大思路，以思辨辩证法论证了理性物质主义，进而提出了资产阶级总体阶级意识理想性的概括——理性资本主义。虽然资本的积累和扩展因资产阶级的国度、阶层、集团的矛盾，并不可能按他的理想行事，只是在一百多年后罗斯福和凯恩斯的市场经济体制中部分地实现。而唯利是图的资产阶级早就忘记了黑格尔的理想，他也不可能得到孔丘、耶稣的信徒那样两千多年的信奉。好在他的思辨辩证法启迪了马克思，并通过马克思影响了毛泽东，从而在新的时代精神的探讨和社会变革中存续。

一 资本的兴起与革命

黑格尔是有相当强烈时代感和使命感的哲学家，在《精神现象学》的序言中他写道：

> 我们这个时代是一个新时期的降生和过渡的时代。人的

精神已经跟他旧日的生活与观念世界决裂,正使旧日的一切葬入于过去而着手进行他的自我改造。事实上,精神从来没有停止不动,它永远是在前进运动着。但是,犹如在母亲长期怀胎之后,第一次呼吸才把过去仅仅是逐渐增长的那种渐变性打断——一个质的飞跃——从而生出一个小孩来那样,成长着的精神也是慢慢地静悄悄地向着它新的形态发展,一块一块地拆除了它旧有的世界结构。只有通过个别的征象才预示着旧世界行将倒塌。现存世界里充满了的那种粗率和无聊,以及对某种未知的东西的那种模模糊糊若有所感,都在预示着有什么别的东西正在到来。可是这种逐渐的、并未改变整个面貌的颓毁败坏,突然为日出而中断,升起的太阳就如闪电般一下子建立起了新世界的形象。①

这个新生的"小孩"就是资本。

虽然黑格尔在他的著作中很少提到资本这个概念,但他的全部著作却都是围绕资本展开的——他以其思辨辩证法系统论证了资本的理性和理性的资本。

黑格尔生存的时代,正是欧洲历史上的大变革时期,经历了一千多年由上帝主义主导的封建领主制的部族联盟遭到双重挑战:一是素质技能有所提高的农奴要求废除对领主的人身依附,并不断起义进行斗争;二是诸侯国间的兼并和争霸,领主们为了保住和扩大自己的统治地位,就必须增强军事和经济实力,强势而有作为的领主认识到,增强经济实力只能靠发展商业,首先在意大利,进而葡萄牙、西班牙、荷兰、英吉利、法兰西、德意志竞相实行重商主义政策。这样就势必与封建的部族壁垒和上帝主义的教义、教皇、教

---

① 黑格尔:《精神现象学》上卷,商务印书馆 1979 年版,第 7—8 页。

会发生冲突。强势的领主与商人结成统一战线，在一些城市实行自治性特区，形成以商人为主的市民社会，逐步解放农奴以适应商业手工业发展，并缓解内部矛盾。随着经济实力的增长，不断兼并周边弱小部族，形成几个势力较强的大领主制王国，它们相互争霸，扩展势力范围。其形势与中国春秋时相仿。政治、经济上的变革必然引起文化上的变革，文化变革又进一步导引政治、经济的深入变革。重商主义与文艺复兴、宗教改革汇成一股洪流，冲击并不断消蚀上帝主义主导的教会系统，以至封建领主制度。

这场变革的进一步演化，导致民族国家的出现，大体从十五六世纪开始，几个大的王国相继废除了内部的封建领主制，建立了初级的集权官僚制。此时的欧洲类似中国的战国时期，几大王国都在努力发展工商业以壮大实力，在相互对抗的同时，又竞相利用其航海技术向全世界寻找市场和占领殖民地，由此进一步促进了资产阶级的发展。与前一时期商人资本尚需国王保护，因而与国王结成统一战线不同，发展了的资产阶级越来越感到新建立的集权官僚制对其进一步发展的束缚，要求建立以自己主导的新制度。资产阶级与国王代表的集权专制势力矛盾激化，导致冲突不断。而农民、手工业者也参与到资产阶级主导的变革阵营，形成强大反抗集权统治的社会势力。欧洲不成熟的集权官僚制只存在三四百年，与中国的战国时期差不多，但由于实行重商主义政策而导致的资产阶级与这个制度的矛盾，并没有沿着秦吞六国，建立大一统皇朝，进一步巩固、系统集权官僚制的逻辑发展。[①] 欧洲各国内部的矛盾，导致资本所聚合并驱动的资产阶级以各种方式展开革命，建立资本主义制度。标

---

① 欧洲大一统逻辑后来在拿破仑那里得以继续，他的征战是以建立欧罗巴帝国为目标的，但由于法国资产阶级势力尚不足担此大任，而以失败告终。至于今天的欧盟，似乎有形成统一国家的趋势，但绝不是集权官僚制社会了。

志性的革命，先是16世纪末17世纪初的尼德兰革命，继之17世纪中期的英国革命，进而18世纪末的法国革命。

资产阶级的革命是以资本的迅速增殖、积累并从商业向工业转化、扩张为基础的。初期商人资本还不从事生产，主要在流通领域活动，因而集权官僚制还可以为之提供必要条件，但作为工业资本，不仅要投资办企业，要雇佣工人，形成资本雇佣劳动关系，还需要自由竞争和扩大再生产，这些都是新型的经济关系，是与集权官僚制相冲突的。经济上的矛盾导致政治和文化的变革，资产阶级要求增加乃至掌控政治权利，以适应其日益增殖的资本发展的需要，与此同时，资产阶级的思想家则从经济、政治矛盾中探寻社会变革的根据和途径，形成了声势浩大、影响深广的启蒙运动。

启蒙运动是文艺复兴运动的继续和否定，是人类思想史上伟大的文化革命。文艺复兴的目的是以集权官僚制取代封建领主制，以国家民族取代部族联盟，在哲学上是以自然神论否定上帝主义。文艺复兴的使命基本实现，但自然神论以改良方式对上帝主义的否定，却不能为集权官僚制提供坚实的哲学基础，远达不到中国天命主义的系统，而其仍保留的对上帝不同程度的承认，不仅是对封建势力的某种妥协，又导致其体系内在的矛盾：既然否定人格化的上帝，又何来上帝创造人与自然？上帝造出人与自然之后为什么要具体化于人与自然之中，而不是保持人格化存在？怎么能够证明上帝造人与自然，以及它又具体化于人与自然之中？世界的本体到底是上帝还是自然？这些矛盾是自然神论者所不能克服的。自然神论者还未来得及修正自己体系的缺陷，就在启蒙运动中被物质主义所取代。

物质主义是启蒙运动在哲学上的集中体现，也是资本主义启蒙运动进一步发展的基本观念。与自然神论者不同，物质主义者根本不承认上帝的存在，他们以经验知性方法论将人不可感知、经验的上帝驱逐出人类意识。把可感知、经验的所有物体（包括人）都称作物质，进而将物质规定为世界的本质和本体。他们认为，物质是自然形成的，自然界是物质的。自然规律支配着物质世界的运动，人生及社会关系是由自然规律体现的自然法决定的，人的自然权利是基本权利，任何特权和专制都是对自然法的违背，也是对个人自然权利的侵犯，必须废除封建特权和专制，在遵依自然法而确保个人的自然权利的基础上建立新的社会制度。从英国到法国再到德国，众多思想家从不同角度和层次对物质主义的基本观念、方法论乃至社会观、经济观、政治观、文化观进行连续研究，探讨资本的兴起及以资本为主体的革命的道、法，并形成了以哲学为主导的近代社会科学、自然科学体系。

以资本主义为旗帜的革命，在三四百年的时间里，从经济到政治到文化，形成一股浩大的洪流，涤荡着欧洲刚建立的集权官僚制和封建领主制的残余，创建了资本雇佣劳动制度。这是人类社会矛盾的新阶段，也正是这场大革命，为工业文明的发展扫清了道路。虽然资本雇佣劳动制是保证资本对劳动的压榨和控制的制度，但它毕竟废除了封建特权和集权专制，使劳动者拥有了人身权和劳动力所有权，劳动者在提高素质技能的进程中，利用这些基本权利展开争取经济利益和政治权利的斗争。人性在资本的兴起和革命中得以升华。

黑格尔生活于资本兴起和革命的历史时期，这是他作为哲学家的幸运和机遇，他深切体会到了时代精神，在探讨时代精神的进程中，从思辨理性论证了资本的主义和方法论。

二 德国社会变革与黑格尔对变革的拥护

黑格尔是欧洲人，是欧洲的德意志人。他在世的时候，德意志还不是一个民族国家，部族联盟依然存在并阻抑了资本的发展，相比英、法等国，其落后是显而易见的。在邻国法国大革命的促动下，德意志内部的变革势力被激发，社会变革成为德意志能否发展，甚至能否存续的大课题。与已经建立初级集权官僚制的英、法两个民族国家不同，德意志社会变革的目标不仅要建立资本主义制度，还要形成民族国家。这本应分两个阶段的变革目标要在同一变革进程中完成，是德意志社会变革的特点，也是黑格尔等变革思想家必须解决的难题。黑格尔毕生都在思考这个难题，并形成了他将两个目标统一或折中的途径。而这也是人们对他的思想性质、观点、方法、体系产生不同理解的原因。

德意志，在黑格尔生存的年代还远未像英吉利、法兰西两国那样成为一个民族国家，而是由松散部族联盟所构成的地域名称，虽然号称"王国"（也只有在这个意义上，才可用"德国"一词），但国王的权利只在维系王国的称号。由几十个王、公、侯名义的部族内部又分成若干"容克"领主，以及大量骑士领地，由实行军事封建制的普鲁士王国为霸主。农奴仍是主要劳动者，他们分属于大大小小的领主，"承包"小块土地的使用权，不仅承担沉重的贡赋，还要向王、公纳税，并服兵役和劳役。直到1795年法国大革命波及德意志，在法军占领的莱茵地区，才由拿破仑将其16个小部族组成莱茵联盟，开始废除一部分封建特权。1806年普鲁士与法国的耶拿之战失败后，普鲁士才被迫宣布废除农奴制，但并未切实改变封建领主制，直到1815年，反法联军战胜拿破仑，维也纳会议重构欧洲版图时，德意志联邦还是由34个封建小邦和4个自由市组成。德国对封建制度的变革，直到1848年革命后才有较大进展。而此时黑格尔已逝世十几年了。

封建领主制严重阻滞了德国工商业的发展和资本关系的形成。此时的英国，已经进入以蒸汽机为动力机的工业革命时期，法国及荷兰联省共和国等国的工业也有较大发展，而德意志基本上还是以农业、手工业为主。各邦之间、邦与城市、城市之间仍保持着关卡税，货币和度量衡也不统一，严重障碍着商业流通。而农业由于保留封建领主制，农奴的劳动积极性不高，生产力水平很低。虽有少数工商业资本家，但其中有的是从领主贵族转化而来，其经营带有浓重的封建色彩；出身平民者，则不能不依附于领主贵族，不能独立经营和自由竞争。这种情况使德意志的经济支离破碎，既不能形成统一的内部市场，更无力与外国竞争。

英、法等国的民族统一与资本主义的发展，不仅威胁到德意志的生存，更严重刺激了德意志人的思想。自以为在文化上优越的德意志思想家们，不甘落后，甚至要超过英、法两国的思想家。这不是阿Q式的"精神胜利"，以莱布尼茨、康德、黑格尔为代表的思想家群体，突出并强化思辨方法，在学习借鉴英、法、荷等国思想家从文艺复兴，特别是启蒙运动以来的研究成果，探求其中体现的社会变革之道、法，力求用德意志人特有的方式更深入地把握时代精神，并以此来导引德国的统一和社会变革。

对于德意志的思想家来说，他们的研究，不仅要受到当时封建制度和教会的限制，更由于其社会矛盾远比已经否定了封建领主制步入集权官僚制的英、法两国复杂，而且他们又没有强大的资产阶级为支撑。康德、黑格尔或许已认识到德国社会变革的目标，但他们都不能以直接、明快的论说表达其主张，因而将主要精力用来构造系统而细致、庞大的哲学体系。正是他们的体系，使德国思想纳入了时代轨道，并走在前列。从他们的体系中，更从当时德国的社会矛盾中，我们可以说，德国思想家和德国所要进行的变革，有统一的双重目标：一是削除部族分立，将松散的部族联盟转变为统一的民族国家，这在英、法等国已经完成的转变在德国还未展开；二是建立资本制度，英、法两国是在由集权官僚制取代封建领主制之后进行资本主义运动并将之制度化的，而德国则要在建立民族国家的同时实行资本制度,也可以说是将两个阶段的变革纳入同一个进程。

民族国家和资本制度在欧洲是密切关联的,是在一些大的王国为建立民族国家过程所推行的重商主义政策奠定基础的,但国王所要达到的集权专制又是与资本制度相冲突的。资产阶级势力的壮大要求废除集权专制,实行以其为主体并主导的资本主义制度。但革命绝不是要废除民族国家,而是要进一步发展民族国家。民族国家作为人类社会存在的高级形式,不仅可以采取集权官僚制的制度,也可以采取资本制度。资本制度要充分利用民族国家来建立和巩固,民族在资本制度下进一步扩大和统一。

对于这样的历史大趋势,黑格尔是深切地认识到了的,他的青年时期,英国工业革命开始,资本制度建立并巩固,法国资产阶级革命大爆发,二者都猛烈地冲击着德国,也强烈地震撼着黑格尔的思想。德国的落后,不仅面临着被拿破仑征战吞并的危险,更使黑格尔感到危机并激发了强烈的责任感。一方面,他从法国大革命看到了社会制度变革的必然性和一般性,他在《历史哲学》中谈到法国大革命时,还称拿破仑为骑在马背上的"世界精神",即现代世界的一般精神。与此同时他也在思考德国依然保持的封建领主制与法国大革命体现的"世界精神"的差距,以及资本制度应成为德国现实的选择和必要出路。黑格尔无疑是个爱国主义者,虽然当时名义上的德国还未成为一个民族国家,但他深切希望德国成为统一而强大的民族国家,他的爱国主义就是基于这种希望的。法国大革命为他的希望提供了依据,这就是自由的资本制度。作为一个学者,黑格尔从法国大革命中读到的最重要理念就是自由,只有为个人自由创造条件的制度形式,才是凝聚德国各部族统一的内在要素。但对于法国大革命中雅各宾派的恐怖方式,他又是反对的。

德意志虽然在经济、政治上落后,但黑格尔作为日耳曼种族后裔，依然保持着思想上的优越感。在《哲学史讲演录》的开讲辞中，黑格尔还对他的学生们强调：欧洲其他国家有教养的人在以热烈和敬重的态度"钻研科学和理智"，但其对于哲学，却"除了空名字外，却衰落了"，"只有在日耳曼民族里，哲学才被当作特殊的财产保持着。我们曾接受自然的较高的号召去作这个神圣火炬的保持者"，而"普鲁士国家就是这种建构在理智上的国家。"为了克服现实社会的浅薄思想，就要"以日耳曼人的严肃性和诚实性来工作，把哲学从它所陷入的孤寂境地中拯救出来——去从事这样的工作，我们可以认为是接受我们时代的较深精神的号召。让我们共同来欢迎这一个更美丽的时代的黎明"①。

　　黑格尔不是资本家，也不是政治家，他所能做的，就是从哲学来思辨他的时代精神和他的国家民族的精神，并以此来引导德国的统一和制度的变革。他的一生都在从事抽象的哲学思辨，他思辨的对象和内容，却又都是现实的矛盾和对矛盾的解决。但由于当时恶劣的社会环境，他在最抽象层次的思辨成果以玄奥语言的表述，却很难让人理解他的本意，以致从当时的统治者到后来某些哲学史的作者，一直认为他是专制制度的拥护者，或是赞许或是批评，他们都歪曲了黑格尔所要表述的真实观点。不错，他在论证国家统一的必要性和必然性，并努力促成并维护民族统一，但他从来没有颂扬过专制，而从各个角度批判专制，包括对中国专制制度的批评和贬低。他理想并加以论证的民族国家，是以资本制度为内容的，是以自由为内在原则的，是建立在个人所有权、社会契约、市民社会基础上的，是自由的实现形式和条件。这在《法哲学原理》中得以系统论证。至于德国削除其部族分立而建立的民族国家应称为"德意志"，而是以原有种族"日耳曼"，或当时最强大部族联盟所组成的

---

① 黑格尔：《哲学史讲演录》第1卷，商务印书馆1959年版，第3页。

"普鲁士王国"来命名,则是一个历史的必然。而黑格尔未能认知种族与民族、部族概念的差异,并不妨碍他对民族国家和资本制度统一的思辨。

也正是这种思辨,使黑格尔的思想与德国的社会变革统一起来,他自觉地站在代表时代精神的资产阶级立场,将自己的主体性与资产阶级的阶级主体相统一。他对绝对精神的系统研究并据此对时代精神的探讨,切中了他那个时代和德国社会矛盾的实际,虽然他没有提出明确的社会变革主张,更没有领导社会变革的运动①,但他关于绝对精神和时代精神的研究,却发现了当时的社会变革和以后社会变革之道、法的基本要素。

三 绝对精神是时代精神的根据和前提

黑格尔是个爱国主义者,他是从发展的意义来爱国的,是从爱国出发思考现实矛盾、探讨矛盾的发展寻求德国统一和变革大趋势的。他认为德国经济和政治的落后和矛盾,就在于未能跟上时代精神的步伐,只有依循时代精神,才有德国的民族统一和发展。

那么,什么是时代精神?又依据什么来规定时代精神?黑格尔还不知道从社会主要矛盾来规定时代精神,但他在剧烈的社会变革中已初步形成了历史阶段性的认识。虽然他没有明确地划分历史阶段,但他清楚地认识到所要变革的制度和变革后建立的制度有质的不同。他所面临并思辨的时代精神,就体现于社会制度的矛盾变革

---

① 近来有人考证说黑格尔曾参加过"共济会",虽然这一点很难确证,但"共济会"当时还是主张实行资本主义变革的组织,黑格尔及其他青年学者参与其活动是可能的。即使如此,他也只能是这个带有神秘帮会性质组织的外围分子。

中。英国已经建立的资本制度和法国的大革命，使黑格尔对时代精神的思辨有了实际的材料。德国远远落后于英、法两国，能否像英、法两国那样也进行变革，是黑格尔所要探讨和论证的。正是在这种探讨中他明确了人类社会是发展的，发展又是有阶段性的，历史的阶段性变革是发展的关键。时代精神不是某一种族、部族、民族所特有的，而是全人类共通的。当时，德国不仅应该，而且必然也要依循时代精神进行社会变革。

时代精神是主导特定历史阶段社会变革和发展的，不同的历史阶段都有其特殊的时代精神，人类的历史就是不同时代精神的更替所主导的发展过程。时代精神是在否定中演进的。之所以有不同时代精神的否定和演进，根据就在于它们都是绝对精神，或者说一般的、总体的精神的展开和体现。

因此，要规定时代精神，就必须规定绝对精神。黑格尔的思辨辩证法也就将绝对精神作为其基本观念，是他概念体系的核心。对于黑格尔的绝对精神概念及由它建立的概念体系，几乎所有哲学家都是持批评态度。继续知性物质主义观念和方法的实证主义、实用主义、科学主义、技术主义等派别，以及谢林、叔本华、尼采等个人意志论者、现象学者、存在主义者，都从各自立场对黑格尔的绝对精神概念进行攻击。不过，这些派别在进行攻击的时候，几乎所有攻击者都未对黑格尔进行深入研究，甚至很少有人系统地读过黑格尔的书，他们对黑格尔曲解、贬低的目的，在于提高自己，并为自己的学说树立一个他们认为可以作为立论出发点的批判对象。

能够重视并研读黑格尔著作的，除西方国家少数"黑格尔学"的研究者外，大概只有苏联教科书代表的"辩证唯物主义"一派了。由于列宁将黑格尔哲学列为"马克思主义的来源"之一，苏联教科派的哲学工作者都要了解黑格尔，这种了解，又都以恩格斯《路德维希·费尔巴哈和德国古典哲学的终结》的有关论断为依据。在这本小册子中，恩格斯将思维与存在、精神对自然界的关系说成是"哲学的最高问题"，并根据对这个问题的基本观点分成唯心主义和唯物主义两大阵营。他在判定黑格尔主张比基督教还要荒唐的"创世说之后"，写道：

> 在黑格尔那里，对这个问题的肯定回答是不言而喻的：我们在现实世界中所认识的，正是这个世界的思想内容，也就是那种使世界成为绝对观念的逐渐实现的东西，这个绝对概念是从来就存在的，是不依赖于世界并且先于世界而在某处存在的；但是思维能够认识那一开始就已经是思想内容的内容，这是十分明显的。[①]

恩格斯这一说法，主导着苏联教科书派对黑格尔哲学的认知。例如，一位中国学者这样写道：

> 他所谓"绝对精神"不是别的，不过是用哲学装扮过的宗教中的"上帝"。宗教直接了当地说"上帝创造世界"，黑格尔则说什么"绝对精神""外在化"为自然，说什么逻辑学是"灵魂"，自然哲学和精神哲学是"应用逻辑学"，等等。黑格尔这种唯心主义产生的认识论根源，就在于他把人的精神、思维夸大了，绝对化了。他把原来是由物质派生出来的精神、思维夸大和歪曲为一种实际上脱离物质、脱离人脑的独立存在的东西，并把它看成是自然

[①] 恩格斯：《路德维希·费尔巴哈和德国古典哲学的终结》，《马克思恩格斯选集》第4卷，人民出版社1972年版，第221页。

和历史的创造主。①

我之所以要抄录上面两段引文，原因在于我最初就是接受了其对黑格尔绝对精神的界说。我是在20世纪60年代末读恩格斯的这本小册子（当时《马克思恩格斯选集》还未出版）时知道黑格尔的，也正是读此书的艰难（大概用了两个月，主要难解处就是有关黑格尔的论述），使我产生了一定弄懂黑格尔哲学的欲求。到1975年春写《矛盾，然而是事实——黑格尔逻辑学批判》时，基本上是依循恩格斯这本小册子（此时已出版汉字本《马克思恩格斯选集》）的观点，并参考苏联学者和中国学者（包括前引文作者）的有关著述。也正是在此书稿写作中形成的怀疑，四十年来一直困惑着我。这种困惑，集中于一点，就是对绝对精神的理解：如果绝对精神是像上帝那样先于世界而存在于世界之外的某处，并不知为什么会心血来潮想要创造出一个世界，进而主宰这个创造物的运行，而它又不像上帝那样是一个神，而仅仅是一个没有主体的思维形成的概念，是一团超脱物质世界的精神，黑格尔作为被绝对精神创造的人类中无数个体中的一个个体，是怎样认知并论证了这创造者和主宰者的？难道是它下达指令，并赋予方法给黑格尔来做这件事的？如果是这样，黑格尔哲学作为"马克思主义哲学"的来源，不正是绝对精神的指令么？难道马克思及"马克思主义者"也都是在执行这个指令？而我之所以要想这些问题，是不是在按绝对精神的指令行事？思路走到这一步，答案也相对清楚了，我知道自己的思维是自由的，想不想这个问题是由自己决定，并没有执行什么绝对精神的指令。再进一步想，黑格尔也并不会那样蠢，

---

① 张世英：《论黑格尔的逻辑学》，中国人民大学出版社2010年版，第29页。

他也知道自己思想是自由的，进而，他的绝对精神概念不可能像恩格斯说的那样先于世界，存在世界之外的某个地方，然后突然冒出来要创造世界。如果绝对精神概念这么荒谬、怪异，它又如何支撑一个庞大哲学体系，而且这个体系启发了马克思去思考他的无产阶级解放的革命学说？

反复的思考和大量阅读，使我认识到：黑格尔不是基督教的经院哲学家，他生活在物质主义已经否定了上帝主义，英、法两国资产阶级革命已经创建资本制度，工业化的进程已经开始的时代，作为一个向往新制度，期望德意志民族国家统一发达的哲学家，他既不想维护封建领主制，也就不可能"用哲学装扮"一个概念来恢复上帝。他所努力探求的，是能够为他所理想的社会变革提供导引的时代精神，为了规定这个时代精神，就要思辨其根据和一般原则。绝对精神概念就是他思辨的结果，也是建立体系的出发点。

绝对精神并不像后人说的那样神秘深奥或荒谬怪异，是这些人因不理解这个概念而形成的批评才使它神秘化了。当我们不去考虑这些批评时，绝对精神也就不难理解了。

绝对精神不是先验的，也不是黑格尔的凭空臆造，而是以感性确定性为根据的思维与其对象统一的过程的结晶。绝对精神概念的规定，是欧洲近代哲学从自然神论到物质主义对上帝主义否定的集中体现，是历史演进逻辑的矛盾的必然。

文艺复兴运动中形成的自然神论是对基督教上帝主义的初步否定，探讨变革封建领主制为集权官僚制之道、法，但由于欧洲这场变革是大领主国王与商人联盟主导的，因而自然神论虽然体现了这个联盟的利益，但不同学者又有所侧重，其中侧重代表商人利益的学者们对上帝主义的否定更为深入，如培根、笛卡尔和斯宾诺莎，他们在依据自然科学成果论证自然神论时，不仅形成了与上帝主义不同的观念，也因仍承认上帝而使自己的学说自相矛盾。随着资产阶级势力的增长及其与国王的集权专制矛盾逐渐激化，其新的思想代表在对自然神论矛盾的分析批判中，提出了新的哲学观念，即彻底清除上帝而以物质为基本观念，形成了物质主义。物质主义克服了自然神论因资产阶级与国王结盟而导致的体系矛盾，明确世界，包括人类社会都是以物质为本体的，都是依循物质的自然规律运动的，上帝既不是人格化的神，也没有在创造世界之后制定了世界运行的规则，只是人们认识中产生的幻觉或意念经人为强制而形成的偶像。世界是物质的，物质是自然的这种哲学观念，集中体现了已从商业转向工业的资产阶级利益和意志，是资产阶级变革运动的主义和方法论，是新的时代精神和人性大升华之道、法。

然而，早期物质主义者的方法论是以对经验的知性归纳和演绎为主的，这种方法论明显带有武断性的缺陷，其所说的物质是世界本体与说上帝不是世界本体，都是以经验为依据，这就给上帝主义者的反击留下了缺口：既然你们用不能经验到上帝而否认上帝是世界本体，那么经验也不能证明"物质"的存在，因为"物质"也只是个抽象概念，人的感觉经验也不能证明"物质"的存在，存在的只是对个别具体事物的感觉，而感觉是心灵的活动，心灵则是上帝赋予人的。心灵的感知是唯一可以证明的存在，其根据就是上帝，而"物质"则因不可被感知而不存在。英国主教贝克莱由此而向早期物质主义的质疑和挑战，使物质主义陷入困境。休谟努力探讨并论证知性是人的基本属性，知性对感觉到的现象材料的思考是有限客体的真实反映。但他不能证明感觉所达不到的本体的物质性。康德进一步从人的主体性考察人的认识能力，强调感性认知的现象经知性思考可以规定其对象的本质。但他也认为人的思维不能认知"自在物"的本体。休谟和康德都在强调人的主体性的同时，排斥或者说放弃了本体论，他们承认人的感性认识所达到的现象是对客体对象物的反映，而知性可以概括现象的本质，但知性也局限于从这些现象概括其本质,但不能认知感性经验之外的本体,不论它们是上帝还是物质概念,进而反对从所谓本体来推论世界的存在。

休谟和康德实质上是对物质主义进行了修正,使物质主义摆脱了因袭上帝主义的本体论传统而陷入的困境,立足于主体认识能力所及的客体对象物,从方法论上将物质主义提升一个阶段。主体人是能动的,客体对象物是由人的认识来界定的,人的思维虽然只能限于其经验所及范围,但却可以用知性规定其本质。这是物质主义的进步,但又留下明显的缺陷:由于将主体与客体对立,而他们所说的主体又是个体人,没有明确进一步从总体人来规定主体,进而探讨总体人的认识,使他们只能形成客体对象本质、规律的相对认识,并不能确定其绝对真理性。这样修正了的知性物质主义并不能成为资本主义完整充分的哲学观念和方法论。

黑格尔是从克服康德体系的缺陷,进一步充实物质主义,完善资本制度的主义和方法论展开他的研究的。他继承康德关于感性和知性对现象的认识是客体对象真实反映的观点,批判了他将主体与客体对立的局限,从感性确定性出发,依次探讨了知觉和知性、自我意识、理性、精神、宗教、绝对知识,得出对绝对精神的规定。黑格尔认为,人的认识以感性为出发点,并以感觉、感知、经验到的客体对象为范围,感性是主体人的基本属性,它是确定的,也是可靠的,从感觉开始,人的主观认识就已包含客体事物,或者说客体事物被纳入人的主观认识中。认识的深化和扩展,也就是对客体事物的现象的本质的不断规定。知性是本质规定的第一步,但还不够,必须进入理性环节。这是黑格尔比康德、休谟知性物质主义的一大进步,他们的认识大都止步于知性,康德虽然提出并论证了理性,但却将它与知性所思考的现象隔开,认为理性是对灵魂、世界、上帝等"现象界"之外的"自在之物"或"超验幻相"的思辨,他认为"超验幻相"是人主观必然性被视为物自身的规定的客观必然性,[①]思辨理性就是要区别主观概念与客观的"物自身"。黑格尔批判了康德将主体与客体、知性与理性分隔的方法论,他认为理性是知性的继续和深化,二者之间以"自我意识"作为中介。理性是对自意识的进一步思辨,并由自我意识扩展为总体意识,或民族的共同意识,理性上升为精神。精神是自我意识与总体意识的统一,每个人在进行理性思辨时,都不止是从个体出发的单独认知,而是总体性认识,是运用和展开总体意识所达到的概念对具体现象的规定,并由此充实总体意识。将人的个体性与总体性统一,是黑格尔在哲学史上的革命性贡献,也是他思辨辩证法的特点之一。从感性到精神这一系列认识,都是以感性的确定性,即感觉到的现象是事物的真实表现为依据和出发点的,而感性确定性又以自然的生命和自然精神——灵魂为基础。因而精神并不仅是主观的,也是客观的。然而,主观精神在形成的历程中,也会出现脱离现象材料的情况,宗教就是在从感性开始的各个环节脱离实际材料而导致的主观精神的异化。由于当时社会条件的限制,黑格尔对宗教不可能直接否定,而是将它纳入精神现象演化的一个环节,说明其形成的原因,进而在绝对精神的规定中予以否定。

绝对精神是自由意识主导的与对象客体统一的精神现象演化过程的集合,是主观精神与客观精神的统一,也是排除了宗教这种精神的异化形态而进入的绝对知识。绝对精神之"绝对",在于主观精神与客观精神的统一,是对这种统一性的肯定性规定,也可以说是精神的绝对性,是精神的相对性——自然精神、主观精神、客观精神等——的集合与概括。而精神不仅是意识、思维活动,也是规律和规则,依循规律的意识,思维本身就包括客体对象,是对客体对

[①] 康德:《纯粹理性批判》,中国人民大学出版社2004年版,第271页。

象的认知，这种认知以感性为范围，逐步从感觉到知觉、知性，形成自我意识，进入理性，并扩展为总体性的精神，只要这些环节都是依循规律的，就可以达到对客体对象本质和规律的规定，为此也就要排除宗教这种异化状态。

绝对精神也就是思维与存在统一的一般规律，它是精神演化达到的最高的抽象概念，它是从具体到抽象概念运动的结果，也是从抽象到具体概念运动的发端，它是对自然界和人类社会的认识，是自然界和人类社会运行的规律的体现。经过《逻辑学》对绝对精神的系统规定，绝对精神展开于《自然哲学》和《精神哲学》，在《精神哲学》的客观精神部分，以及其展开的《法哲学原理》和《历史哲学》（另译《世界史哲学讲演录》），黑格尔以绝对精神为根据和大前提，论证了他所处的那个时代的时代精神——理性资本主义。

四 黑格尔的时代精神——理性资本主义

生活于社会大变革时期的黑格尔是一个平民思想家，关注并拥护正在进行的变革，虽然他所生存的德国经济和政治上都很落后，但富于哲学思想的文化环境促使黑格尔努力从法国大革命和英国资本主义经济制度来思辨他的时代，力求从哲学上规定人类在这个时代的发展规律，进而为德国的社会变革提供理性依据。他以特有的思辨辩证法的概念运动和语言论述了其思想成果，但思辨辩证法的玄奥冗繁体系和德语拼音符号的局限，以及为避开政府和教会双重审查所不得不采取的隐晦手法，使他的著作往往被人曲解或不解，甚至有人指责他是反对变革的，是在为政治专制和宗教进行辩护。当我们知道了黑格尔方法、概念体系、语言及社会条件等特点，就可以理解他从绝对精神对时代精神的思辨，这种思辨深刻而系统地把握他所处历史阶段的主要矛盾，他以时代精神这个概念所规定的，正是启蒙运动的核心观念——资本主义。不过，黑格尔认为以前思想家对资本主义的规定停留于知性程度，他要从理性对之发展，这就是理性资本主义——黑格尔的时代精神。

黑格尔认为，人与动物的区别在意识，人的本质就是意识高度发展所形成的精神。"精神——人之所以为人的本质——是自由的。"① 精神是人类社会性意识，并不是单独主观的，而是主观与客观的统一，是认识的规律和认识到的规律的综合。精神的最高境界，是绝对精神，绝对精神在人类社会具体化为人类精神，人类精神的演进形成历史，历史分为四个阶段：东方世界、希腊世界、罗马世界、日耳曼世界。人类精神在这四个阶段分别体现为时代精神。

> 整个历史进程是精神的一种连贯进程，整个历史无非是精神的实现过程，而这种实现过程是由各个国家完成的；国家就是世界历史在尘世中的实现。真的东西必须一方面在纯粹的思想中，另一方面也在现实中作为客观的、得到发展的体系存在。②

精神的发展，以人的自由意识为标准和根据。精神是自由的，人类精神的实质就是自由精神，自由精神的实现过程就是历史。东方世界作为历史的第一个阶段，只承认"一个人"即皇帝或国王的自由，希腊和罗马世界知道"有些"人是自由的，日耳曼世界知道"全体"人是自由的。相应国家的政体为专制、民主、贵族和君主政体。

黑格尔对世界历史阶段的划分是有缺陷的，没有依据充分的资料，只是以当时他所能看到的材料作为他推论的论据，因而是演绎

---

① 黑格尔：《历史哲学》，上海世纪出版集团2006年版，第16页。
② 黑格尔：《世界史哲学讲演录》，商务印书馆2015年版，第449页。

的，不是归纳的，即从他的绝对精神概念推论人类精神和自由精神，再从自由精神概念推论时代精神，历史只是时代精神的实现。虽然如此，黑格尔毕竟认识到人类社会发展的规律，他的"人类精神""世界精神""自由精神""时代精神"等概念，都是对这个规律的规定。与早期物质主义所说的"客观规律""自然规律"相比，"精神"并不仅仅是客观的、自然的，还是经人的感性确定性开始的一系列认识环节，由理性进行思辨而达到的对规律的规定，理性思辨在适应对象的同时，也对对象进行了界定。精神是主客观的统一，而非一些人所指责的只是主观意识。

"日耳曼"是个种族范畴，黑格尔的"日耳曼世界"是从日耳曼人打破罗马帝国建立欧洲的部族联盟开始的，有一千余年，其间经历了部族联盟的封建领主制在部分国家向集权官僚制的转化，以及集权官僚制向资本雇佣劳动制的转化。这些内容，在黑格尔的历史哲学中都有所描述，他是依基督教的演化将"日耳曼世界"分为三个时期，他所说的时代精神，是宗教改革以后的第三个时期即现代的时代精神，其中又重点探讨18世纪末法国大革命以来所展现的时代精神。对于这个时期的时代精神，黑格尔用"精神开始知道它是自由"的来概括。

黑格尔认为，宗教改革导致以经验为基础的科学，进而引发启蒙运动和科学对迷信的克服，开创了一个新时代。

> 这些普遍性的概念都是建筑在现实的意识上——就是建筑在"自然的各种法则"和正与善的内容上——我们把它叫做理性。认识这些法则的合法性，我们叫做启蒙。启蒙运动从法兰西输入到日耳曼，创造了一个新思想、新观念的世界。"精神"自己的内容在自由的现实中被理解，便是绝对的标准——代替了宗教信仰和"权利"（特别是政

治"权利")的积极法则的一切权威。路德曾经获得了精神的自由和具体的"调和":他胜利地决定了什么是人类永恒的命运,这种命运必须在他自身内发生。但是凡是必须在他自身内发生的东西的内容、凡是必须在他自身内成为活跃的真理——却被路德认为是一种已经定出的东西,一种已经宗教启示了的东西。现在这个原则已经定好,就是这种内容是一种现实的内容,必须是我能够获得一种内在的确信的内容,而且一切的东西必须可以带回到这个内在的基础。①

黑格尔重点考察了法国大革命,虽然黑格尔对"为什么只有法兰西人,没有日耳曼人"实行"实践的真理"这个问题,以启蒙运动对宗教的不同态度做了回答,但可以看出他感到时代精神首先体现在法兰西人而不是他所属的日耳曼人那里的遗憾,但他认为时代精神是人类精神,因而还是对法国大革命进行了理性评判。

黑格尔认为,法国大革命发起于"意志自由"的原则反抗现行的"权利"体系,虽然革命前已经削弱了贵族的权力,他们的特殊权利也被剥夺了,但他们同僧侣阶级仍然保持相当多的权利,比下层阶级有明显优势。这种状况完全违反了"思想"和"理性",是一种完全不合理的局面,道德的腐败、精神的堕落已达于极致,是一个"没有公理"的帝国。压在人民肩上沉重的负担,以及政府"罗掘俱空、无法筹款"来供应国王和权贵的挥霍,是造成民众不满和反抗的第一个动机。新"精神"开始活动,政治压迫逼着人去从事研究探索,并把焦点集中于国家,依据"自由的概念"和"理性"批判专制政府、教会、贵族以及国会所享有并不愿放弃的特权,

---

① 黑格尔:《历史哲学》,上海世纪出版集团2006年版,第412页。

而其对特权的固守又使渐进式改革不能展开，由此引发激烈的革命。"'公理'这个概念，这个思想突然伸张它的权威，旧的不公平的制度无力抗拒它的进攻。所以就有一个同'公理'概念相调和的宪法成立了，一切未来的法律都要根据着这个基础。"① 法国大革命体现着时代精神，也正因此，它变成"世界历史"——向全世界扩展。虽然法国大革命有诸多缺陷和片面性并引发暴力和战乱，但它体现了时代精神的基本原则，黑格尔肯定和赞扬的就是这个基本原则，并探求它向世界扩张的进程及各国的特殊性，尤其是在德国如何既实践时代精神，又避免法国大革命的缺陷和片面性。

时代精神也体现于英国，但由于英国是新教为主导，因而它并没有像法国那样激烈的革命。黑格尔指出，英格兰民族欢迎法兰西的解放，但它"傲然信赖它自己的宪法和自由，"不但不去模仿，反而敌视法国。英国的宪法是若干纯粹特殊权利的复合物，政府本质上属于行政管理性质，即保护特殊阶层和阶级的利益。讲到私有权利和产业自由，英国是"令人不相信地落后"，甚至还保持着长子继承权。议会统治着英国，但议员席位却可以通过购买而得到，而这"正是英国人的所谓自由"。② 就是在"这种完全矛盾和腐败的局面"③ 中，英国却领先发展了工商业，对此，黑格尔给予肯定。

> 英国的物质生存建筑在工商业上，英国人担任了伟大的使命，在全世界中作文明的传播者；因为他们的商业精神驱使他们遍历四海五洲，同各野蛮民族接触，创造新的欲望，提供新的实业，而且是首先使各民族放弃不法横行

---

① 黑格尔：《历史哲学》，上海世纪出版集团2006年版，第417页。
② 同上书，第424页。
③ 同上书，第424页。

的生涯，知道私有财产应当尊重，接待外人应当友善，成立了这些为商业所必要的条件。①

虽然法兰西的大军曾经踏遍了日耳曼，但并未引发革命，而是在法兰西的压迫下暴露了旧制度的许多缺点，本来名不副实的"帝国"消灭了，分裂为若干国家，各种封建义务都被废除，财产和生命自由的原则被认为是基本原则，国家公职"开放给了一切人民"，全体官吏代表政府。既然有了确实规定法律的系统国家组织，君主亲自独裁的事件实质上已无足轻重了。对于日耳曼的评价，黑格尔是有许多忌讳的，虽然说了不少赞美言词，但总体现着法国大革命的影响，并把他的理想作为现实来论说。透过这些言语，可以看出黑格尔的一个基本思路：日耳曼或德国也正在时代精神的导引下进行缓慢的变革，他不希望出现法国大革命那样的暴力和混乱，但希望能依循其自由精神的原则。

在历史哲学中黑格尔探讨了绝对精神展开于人类精神，进而具体化为各历史阶段的时代精神，并揭示了以法国大革命为代表的现代精神的自由原则。在法哲学的研究中，则依从自由精神原则，对他的时代精神进行了系统论证。

黑格尔是从人类总体，从国家民族来研究历史，揭示时代精神的。他的研究，不仅是对历史进程的探讨，同时也继承了从文艺复兴、宗教改革，尤其是启蒙运动以来进步思想家的思想。虽然启蒙运动的思想家们并未明确自己的主义为资本主义，但他们对自由、财产所有权、自由竞争、社会契约、市民社会、国家等概念的连续不断的探讨，实质上可以归结为资本主义，也即他们所寻求的社会变革之道。这种探讨是多层次的，不仅有哲学层次的抽

---

① 黑格尔：《历史哲学》，上海新世纪出版集团2006年版，第425页。

象研究，还有经济、政治、文化层次的具体研究。在黑格尔之前，相关的研究成果已形成若干学说。正是这些学说，指导了英国的政治革命、工业革命和法国大革命。黑格尔是在继承前人已有成果的基础上，以思辨辩证法将资本主义提升到一个新阶段——理性资本主义。

黑格尔认为，启蒙运动所达到的成果，大体上说是处于知性阶段。知性与理性是康德对思维两个阶段的划分，他强调知性是对经验的思考，理性则是针对上帝、世界、精神本质的思考，因为没有经验基础，因而是不能得出真理性认识的。康德的用意在将源于基督教经院哲学的上帝本体论与科学的哲学相区别，黑格尔接受了康德关于感性、知性、理性三阶段的区分，但反对将知性和理性隔离，这不仅是康德方法的问题，也是他及其之前哲学家所达到的认识程度的体现。但他能将二者区分开，已是一个进步，成为黑格尔将二者统一的必要前提。黑格尔并不排斥知性，对于康德以前科学和哲学在知性阶段的成果也予以充分肯定。

> 具备自己的知识和规律的知性，有这样的方面，即它作为启蒙精神转而反对精神中的具体东西，即反对宗教信仰，因为它把自然性的存在当做原则，不论这种存在是具有物理本性的现存东西，还是具有精神本性的现存东西。知性把这个基础，特定的经验当作真的东西，当作一切应当有效的东西的试金石。知性的原则是连贯、同一和关联的原则，知性借助这个原则转而反对宗教，所以〔知性〕是启蒙精神。[①]

---

① 黑格尔：《世界史哲学讲演录》，商务印书馆2015年版，第445页。

黑格尔认为，以知性的原则展开的启蒙运动，在确立了自然规律的前提下，论证了人类社会的自然法和自然秩序，规定了人的生命权和所有权，以及人与人之间交往的契约关系，界定了国家的作用。这些认识是与基督教主导的封建主义和专制主义相对立的，自由精神发展到知性阶段必然引发革命。但由于知性的局限性，导致法国革命和英国变革中的缺陷。哲学必须在知性阶段达到的成果基础上进一步发展，才能充分认知时代精神，指导合理的社会变革和社会制度建设。这也是黑格尔给自己的定位，即突破康德关于个体与总体脱离、知性与理性隔离、主观与客观对立、各思维规定彼此对立的限制，从理性统率、包容、概括知性和感性认识，形成系统的思辨辩证法，进而确立个体与总体、主观与客观、各思维范畴之间的内在统一，由此明确规定时代精神。

依据黑格尔的这种思想，我把他之前启蒙运动所论证的资本主义称为"知性资本主义"，而他所理想并论证的为"理性资本主义"。

黑格尔对时代精神的探讨与论证，是对启蒙运动以来知性资本主义全部成果的进一步抽象，是以理性思辨将其中分立的各概念按从抽象到具体的运动统一起来，形成系统的理性资本主义体系。

资本主义是资产阶级意识的集中概括，是其基本观念，也是资产阶级变革、建立社会制度之道。资本主义萌芽于文艺复兴运动，兴盛于启蒙运动，由众多思想家经几百年时间规定了从基本哲学观念、方法论到社会观、经济观、政治观、文化观的各范畴，导引着资本主义运动，具体化于资本主义制度和社会生活。黑格尔和其他启蒙思想家一样，都在这大变革的时代探讨变革之道，即资本主义，他的整个体系，就是从哲学对理性资本主义的探讨与论证。

知性资本主义从资本家个体角度出发，以自然和自由为基本概念，强调世界是自然的，自然的本质、本体是物质的；人是物质世界的一部分，也是自然的，是按自然规律而生存、活动的，因而是自由的。自由的人有其生命权和对物的所有权，以此规定人格和社会关系，形成社会契约、法律、阶级、阶层和国家。其中核心是个人财产所有权和为争取对财产的所有权而展开的竞争，以及保证个人财产所有权的法律和国家。财产所有权导致资本雇佣劳动的关系，并激发人们为扩大财产所有权的自由竞争，法律和国家就是对资本雇佣劳动关系和自由竞争的保证。黑格尔认同知性资本主义者所提出的基本原则，但认为必须克服其知性方法造成的局限，从资产阶级总体与资本家个人统一的角度，以理性思辨将其各概念统一，使资本主义上升到一个新阶段。

在《精神现象学》从精神的演进中形成绝对精神概念，将主观与客观统一、知性与理性贯通、个体与总体统一，并巧妙而合理地将上帝概念化，归入人意识的阶段性产物之后，黑格尔在《逻辑学》中系统地规定了绝对精神概念，在《自然哲学》中将绝对精神概念具体化于对自然规律的认识，进而在《精神哲学》中探讨了绝对精神在人的主观精神和客观精神中的体现及其统一。他的理性资本主义集中于客观精神部分，对此，他又在《法哲学原理》和《历史哲学》中展开。其他部分，则可以看作对基本观念和必要前提条件的规定，而关于艺术、宗教、哲学史的论述则可以视为必要的补充。

黑格尔的理性资本主义，也是围绕财产所有权来形成人与人的关系，以法律和国家政权保证财产向资本的转化与增殖。但与知性资本主义不同，他更加注重资产阶级的总体利益和意识，这突出的表现就是他对国家的重视。他所说的国家，是资产阶级意志的总体表现，是维护资本所有和增殖财产自由的政治制度保证。自由意志要求法律和国家作为自由实现的条件，以此为社会基本制度，系统地控制、协调社会。黑格尔的理性资本主义与知性资本主义一样，都是由此基本原则进行探讨的。他指出：

> 法的基地一般说来是精神的东西，它的确定的地位和出发点是意志。意志是自由的，所以自由就构成法的实体和规定性。至于法的体系是实现了的自由的王国，是从精神自身产生出来的、作为第二天性的那精神的世界。①

资本主义以人的意志自由为基点，黑格尔认为，自由是法的实体和规定性，法是对人性的界定和改造，从而也就使人的自由与动物的冲动得以区别，在抑制冲动的同时保证自由的实现。《法哲学原理》由抽象法、道德、伦理三部分构成，抽象法的第一环节是所有权，进而是契约和不法，即所有权的展开和维护；道德是"主观意志的法"，是人从主观上对法的认可与依循，其基础仍是所有权，对自己所有权的认知和对他人所有权的尊重，包括故意和责任、意图和福利、善和良心；伦理是抽象法和道德的综合，即现实的社会关系，"个人主观地规定为自由的权利，只有在个人属于伦理性的现实时，才能得到实现"，"也只有在伦理中个人才实际上占有他本身的实质和他内在的普遍性。"② 伦理从家庭到市民社会到国家，是个人自由和权利的展开与实现。其中对市民社会的规定，充分体现了资本主义原则和关系。知性资本主义者将国家与市民社会对立，并把资本家个人与国家对立——显然他们的"国家"概念还停留在封建的、专制的国家，因而主张排斥和尽可能压缩国家对资本关系和自由竞争的干预，黑格尔则主张对国家重新规定，即将之改造为新的

---

① 黑格尔：《法哲学原理》，商务印书馆1961年版，第10页。
② 同上书，第172页。

代表资产阶级意志的国家，因而强调国家是法的理念的完美体现，也是以政治制度对市民社会的治理与协调，国家是一个有机体，是家庭和市民社会的概括，它以抽象法所规定的财产所有权为基本，维持和调节人与人之间的关系。国家同时又是自由精神在伦理中的集中体现，它贯彻着自由精神的目的与理念，制约市民社会及其中各个家庭，它使"整体的利益是在特殊目的中成为实在的"，国家的现实性"是普遍性与特殊性的统一"，特殊性的利益和权利都包含在整体中，"只有在整体中才能得到维持"①。由于黑格尔主张君主立宪，所以他所规定的国家的首要权利是王权，其次才是立法权和行政权。

激进的自由主义者攻击黑格尔的君主立宪观点，但这并不影响他对资本主义的理性思辨和论证，更不等于他思想的保守与反动。对于一个思想家来说，其新的思想体系必然要与旧的统治阶级意识形态相冲突，德国当时的政治专制是相当严苛的，如何避开教会和国王的封杀，是黑格尔一生随时都在考虑的问题。其中宗教和国家政体是最敏感的，黑格尔不得不用大量篇幅承认宗教，甚至说一些恭敬的言语，但却用僧侣们看不懂的思辨逻辑将宗教纳入人的意识进程，把上帝概念化，成为一个哲学术语，而非人格化的神。对于国家政体，他不得不将青年时曾有的共和观点转化为君主立宪，否则他的理性资本主义就不能发表。但黑格尔相当明确地认为，他所理想的国家最重要的应是体现自由精神原则的时代精神的宪法，进而是由平民依能力而非贵族依特权来执掌行政权，保留君主的位子并不影响制度的本质。

    既然有了确实规定的法律和有条不紊的国家组织，那

---

① 黑格尔：《法哲学原理》，商务印书馆1961年版，第280页。

么，留待君主亲自独裁的事件在实质上也就无足轻重的了。一个国家民族能够遭遇性格高尚的君主，固然是一件非常幸运的事情，但是对于一个伟大的国家，因为它的实力在于赋有的"理性"，所以国君的贤与不肖也就成为平淡无奇了。①

---

① 黑格尔：《历史哲学》，上海世纪出版集团2006年版，第425页。

第二章
理性资本主义的哲学观念和方法论

作为近代资本主义运动文化前导的启蒙运动，在反封建、反专制的进程中形成了否定上帝主义的哲学观念——物质主义，同时，构成新时代精神的基础和核心。黑格尔的理性资本主义就是在启蒙运动已有成果的前提下，对时代精神的充实和发展。针对早期物质主义哲学家经验知性方法论导致的局限，黑格尔从思辨辩证法进行了批判，进而提出了理性物质主义，同时回答了以贝克莱为代表的上帝主义残余势力对物质主义的质疑，克服了康德在回答这种质疑时将个体与总体、主体与客体、知性与理性、有限与无限、现实与未来相对立的方法论缺陷。理性物质主义和思辨辩证法也就是黑格尔的理性资本主义的哲学观念和方法论。

一 哲学史上并没有"唯心主义阵营"，黑格尔更不是"客观唯心主义者"

"客观唯心主义"，是苏联教科书对黑格尔哲学观念的定性。然而，什么是"唯心主义"？它在历史上的地位是什么？黑格尔哲学观念既然被定性为"唯心主义"，又怎么会是"客观的"？这些本来都是应当明确的，在苏联教科书学派那里却不甚了了。进而黑格尔的辩证法又被定性为"唯心主义辩证法"。"唯心主义"又怎么能形成辩证法，其关系如何？也是不加说明。由此也就造成对黑格尔哲学观念和方法论的误读。这种误读不仅是对黑格尔的，而且是对整个哲学的，尤其对探讨现代社会矛盾及其变革的社会主义哲学影响极大。

唯物主义与唯心主义构成全部哲学的两大阵营，所有哲学家，都是分属其中一个阵营的。这个观点，是恩格斯提出的，他认为，"全部哲学，特别是近代哲学的重大的基本问题，是思维和存在的关系问题"[①]。紧接着，他又把"思维对存在的关系"与"精神对自然界"的关系等同，并说这个问题是"全部哲学的最高问题"：

> 哲学家依照他们如何回答这个问题而分成了两大阵营。凡是断定精神对自然界来说是本原的，从而归根到底以某种方式承认创世说的人（在哲学家那里，例如在黑格尔那里，创世说往往采取了比在基督教那里还要混乱而荒唐的形式），组成唯心主义阵营。凡是认为自然界是本原的，则属于唯物主义的各种学派。[②]

依照恩格斯的这种说法，苏联教科书派不仅将从古至今的哲学家统统划入两个不同阵营，还将黑格尔标注为"客观唯心主义者"。在他们笔下，唯心主义等于错误、保守，唯物主义等于正确、先进，哲学史就是正确和先进、错误和保守斗争的历史。

恩格斯将哲学基本问题归结为思维与存在的关系，进而等同于

---

① 恩格斯：《路德维希·费尔巴哈和德国古典哲学的终结》，《马克思恩格斯选集》第4卷，人民出版社1972年版，第219页。

② 同上书，第220页。

精神与自然界的关系。存在就是自然界，这是启蒙运动中某些物质主义者的提法。但存在绝非只是自然界，而是人的存在，起码首先是人的存在，自然界只是人存在的基础和条件。至于思维与存在的关系，只是传统哲学的认识论或逻辑问题，而黑格尔、康德以前的哲学家所认定的哲学基本问题为上帝或是物质为世界本原、本体的本体论问题。"精神与自然界"的关系或许是这个问题的又一提法，但恩格斯没有区分其与"思维与存在"关系的差异。至于哲学如何规定人的存在及其社会矛盾，恩格斯并未涉及，似乎哲学家们是超越时代而单纯地探讨思维与存在、精神与自然界的关系，并由此而分成两大阵营。

哲学是从人生和社会矛盾中规定时代精神，探讨社会变革之道、法的抽象科学，是对人类经验基础上形成的各门具体科学的概括。不同的历史阶段有不同的哲学观念和方法论，并对其时代精神进行探讨。从诸神崇拜到上帝主义到天命主义到物质主义，是已有历史上奴隶制社会、封建领主制社会、集权官僚制社会、资本雇佣劳动制社会时代精神的抽象概括，是其主要矛盾的集中体现。

至于"唯心主义"，只是物质主义[①]形成并在启蒙运动中给上帝主义以巨大冲击后，由英国主教贝克莱依上帝主义基本观念对物质主义提出的一种说法或质疑，其"心"是指心灵的感觉、感知，是

---

① 物质主义即旧译"唯物主义"。据德国学者李博的考证，中文"唯物主义"、"唯心主义"两个术语，都是20世纪初从日语转化而来，而日本学者也是以汉字来译"yuibutsu-ron"、"yuishin-ron"为"唯物论"、"唯心论"，后又将二者等同于"唯物主义"、"唯心主义"。不论日本还是中国的学者，都认为用"唯"字可以加强词义。而日本学者 Nishi 则用"Busshitsu-gaku 来表示 Marerismus 物质学"。从概念的词语表示论，"唯"字并不必要，而"物质"与"物"的含义也有差异，"物质"之义又不是"物"一字可以表达的。故本书用"物质主义"代替"唯物主义"，既可以明确其内涵，又与"上帝主义"、"天命主义"对应。

上帝赋予人的认识能力。"唯心主义"只是上帝主义被物质主义否定后的残余表现，严格说并不构成一种"主义"。虽然其对物质主义的质疑引起一定反响，但没有阻止物质主义的发展。休谟、康德为回答贝克莱的质疑而强化了对认识论的研究，黑格尔则在他们研究的基础上，以思辨辩证法克服了康德体系的矛盾，将物质主义提升到理性物质主义阶段。至于唯心主义，黑格尔之后虽也有个别学者从固守上帝主义角度有所论及，但始终没有成为一个学派或"阵营"。而被苏联教科书派归入"唯心主义阵营"的实证主义、实用主义等流派，不过是物质主义从道、法层次向术、技层次的演变。

苏联教科书派将黑格尔称为"客观唯心主义者"，大概是由于黑格尔有"客观逻辑"、"客观精神"两个概念之故。但在做这个界定时，他们可能没有考虑过"客观"一词如果离开了"逻辑"和"精神"，在他们的词典里恰是与"唯心"相对立的，把这两个词接在一起，又怎么能表示黑格尔哲学观念的性质？

黑格尔是强调"客观"，但他的"客观逻辑"、"客观精神"实际上是对客体对象的本质和规律的规定，就如同苏联教科书派所说的"客观规律"。但黑格尔不是像苏联教科书派和早期物质主义者那样先验地预设物质为客观世界的本体、本原，也不认为客观规律是物质这个本体、本原的运动规律，是不经人的认识就已自在规定了的。黑格尔是将"物质"规定为所认知的客体自然对象的一般性或共性。他之所以用"客观逻辑"、"客观精神"，是没有先验预设，而是从感性确定性开始，在感觉和经验的范围内经过知性、自我意识、理性、精神、宗教、绝对知识这一系列自由意识的过程而达到的对客体本质和规律的规定，是人的理性对现象材料的抽象形成的认识，因此是与"主观逻辑"、"主观精神"对立统一的。而当人表述"客观逻辑"、"客观精神"时，已经是理性思维抽象的结果，并不是先在先验的。

与贝克莱否认物质存在相反，黑格尔始终承认物质的存在，但与早期物质主义者不同，他不是先验地、硬性地预设物质为世界的本体，而是以人为认识主体，依据人的认识进程来规定客体。为此，他必须确信人的感性所感知的现象是对象客体的真实反映，人的经验是可靠的，对现象材料的知性和理性思考也是合理的、正确的，这样就可以得到对象客体的本质和规律的认识。与早期物质主义者不同，黑格尔并不是先预设对象客体的规律，更不设想在人的感性、经验范围以外的先验的本体，他认为知性和理性只是针对感性可及的范围。这样，人的主体性就成为第一位的，是主体界定客体，而不是像康德那样设想一个无限大的客体与有限的主体及其有限的认识之间的矛盾，并认为人只能认知有限的事物，不可能超出人的存在和认识范围而规定无限大的"自在之物"。

康德将客体与主体对立、知性与理性隔绝的方法，所起的重要进步作用，就是在认识论上将上帝排除于可知的范围，归入思辨臆造的"幻相"，同时归入"幻相"的，还有"物质"这个概念。这是对早期物质主义者先验地规定物质为世界本体的否定，也是对贝克莱的回答。虽然黑格尔不认为物质是世界本体，但强调人的感性经验和知性认识是可靠的，所认知的那部分客体世界也是真实的。人的认识是有规律的，即主观精神，依循规律的认识也是可以认知对象客体的规律，黑格尔将认知的对象客体规律称为客观精神。黑格尔的客观精神与早期物质主义者所说的物质运动规律是有差异的。早期物质主义者的物质运动规律是先验的、预设的，是认识之前就设定了的本原、本体，而黑格尔的客观精神是人的主观精神所达到的认识，它是客体的，但是是由主体规定的，这种规定已包含主观精神的作用，是认识到的对象客体的本质和规律。主观精神之所以能规定客观精神，就在其理性，理性对知性针对感性感觉的现象、经验的概括进行再思辨。而理性的思辨又要依从客体的现象所显示的规律（黑格尔也称之为理性），并非凭主观臆断。主观精神和客观精神由理性而统一，构成绝对精神。从达到绝对知识阶段的绝对精神再去认识自然界、人类社会和社会意识（艺术、宗教、哲学），就是黑格尔的理性哲学系统，其核心概念是绝对精神，这个系统可以称之为理性物质主义，即在知性物质主义基础上的提升和充实，其方法论就是思辨辩证法。

仅仅从黑格尔强调人的主体性和认识的规律性——他常用"主观精神"来表示，并认为依循规律的认识可以认知"客观精神"——客体规律，而符合规律的主观精神可以规定客观精神，就将黑格尔界定为"客观唯心主义者"，理由是不充分的。与此同时，我们必须考虑黑格尔用德语拼音所写的著述中概念的不确定性，虽然他常自诩德语的这种不确定性适宜思辨，但也确定地给读者，尤其从德语再译成他种语言和汉字的读者造成理解上的麻烦，以至有人将这种不确定性语言的表达误解为思辨辩证法的特点了。

黑格尔强调以理性的思辨可以认知对象客体的本质和规律，绝非反对物质主义，而是对早期物质主义者先验地确定物质为世界本原、本体的观念所遭受的贝克莱从心灵感觉、感知的质疑的回答。康德曾从知性认识论对这种质疑和攻击做了回答，他虽然确定了经验到的现象所反映的对象物质是存在的，但却不能确定经验现象之外的物质，这样仍不能摆脱物质主义因回答不了贝克莱的攻击而陷入的困境。黑格尔从理性思辨对这个问题的回答，可以说是在物质主义范围内的最后回答，物质是自然的，是按规律运行的这个物质主义基本观念，在理性层次上得以确立。与此同时，他也解除了困扰物质主义的本体论传统，确立了主客体的统一，为主体论的形成提供了逻辑前提。

当我们说思想作为客观思想是世界的内在本质时，似乎这样一来就会以为自然事物也是有意识的。对此我们还会感觉一种矛盾，一方面把思维看成事物的内在活动，一方面又说人与自然的区别在于有思维。因此我们必须说自然界是一个没有意识的思想体系，或者象谢林所说的那样，自然是一种顽冥不化的理智。为了免除误会起见，最好用思想规定或思想范畴以代替思想一词。①

　　自然界不能使它所蕴含的理性得到意识，只有人才具有双重的性能，是一个能意识到普遍性的普遍者。②

自然界含蕴的"理性"只有通过人的意识才能得以规定，这个"理性"只能理解为规律，而不能理解为人的思想，思想可以规定它，也只有在同样含蕴理性的人的意识规定的思想范畴中，自然界的理性（规律）才能被人所认知。

二　早期物质主义的物质本体论及其经验知性方法论

黑格尔理性物质主义的进步性，首先体现于克服了早期物质主义者以物质本体论对抗上帝主义的上帝本体论及其经验知性方法论的缺陷。本体论是基督教徒经院哲学论证上帝的基本观念。安瑟尔谟把"上帝存在本体论的证明"作为其终生目标，他强调必须先有对上帝是最为完满观念的信仰，才能理解上帝的存在。他指出，对于信仰上帝的人来说，上帝是存在于心中的，正因为上帝在信仰者心中的存在，上帝也就必然实际存在。而如果要否定上帝的存在，

---

① 黑格尔：《小逻辑》，商务印书馆1980年版，第79—80页。
② 同上书，第81页。

那就等于设想一个比上帝更好的存在,但这就等于将被创造者上升到创造者之上并要裁断创造者了,因此是极端荒谬的。安瑟尔谟的"上帝存在本体论"只有在教会和封建领主的压制下才能被"有信仰"的信徒所接受,虽然经院哲学家中也有人对安瑟尔谟有所批评,但上帝本体论作为经院哲学的基本观念,在上帝主义者那里始终保持下来,并以不同方式进行论证。其所谓认识论,不过是探讨如何认知证明上帝存在和作用,而逻辑则是这种认知证明的思维形式。一直到自然神论阶段,本体论、认识论、逻辑还被作为哲学的三个组成部分,并展开了更为充分的研究。

早期物质主义者所面对的哲学,就是以上帝本体论为核心,以认识论、逻辑为辅助的体系,他们就是在这三个部分展开其对上帝主义和自然神论的批判。其基本点,也就是安瑟尔谟所坚持反对的将被上帝创造的物质"上升到创造主之上",以物质作为世界的本体,而且这个本体是自然的,并不是上帝创造的。早期物质主义者沿用了安瑟尔谟本体论的信仰先于理解、决定理解的预设,首先确定物质的本体存在,进而从经验知性论证这种存在。

早期物质主义虽然不成熟,但作为对上帝主义的否定,他们提出了否定上帝主义的基本观念:世界是自然的,自然是物质的,由此物质主义作为历史上一个阶段的哲学观念得以形成。物质主义是在启蒙运动中形成,并导引启蒙运动的资产阶级意识的集中概括,是资本主义的哲学观念。它大体经历三个阶段:一是早期物质主义;二是休谟和康德的修正的物质主义;三是黑格尔的理性物质主义。从方法论上说,早期物质主义者是经验知性方法论,休谟、康德则是批判的知性方法论,黑格尔是理性思辨辩证法。

物质主义的出现是哲学史上的大革命,是对统治欧洲人思想一千多年的上帝主义的否定。在上帝主义与物质主义之间,有自然神论这个短暂(三四百年)的过渡期或中介。自然神论不否认上帝这个名号，甚至不否认上帝创世说，但认为上帝在创世之后即自然化、泛化于世界，自然的规律即上帝意志的体现，人的意识应从自然现象认知其规律，而不是单纯地信仰人格化的上帝。欧洲自然神论与中国的天命主义有相似处，甚至可以归入哲学史上天命主义这个阶段，不同的是它还承认上帝，并注重对自然现象的研究。自然神论是欧洲部族联盟封建领主制向国家民族集权官僚制转化的哲学观念，是国王代表的专制势力与商人资本家联合的思想基础，但也因这两股势力而导致自然神论者的差异。

自然神论对人格化上帝的否定无疑是一个进步，但它仍然坚持本体论，不过是对上帝本体论做了自然化、泛化的修正，坚持上帝创世或上帝泛化为规律，上帝及其泛化的规律是世界本体，而且是先验的、预设的。

物质主义是从自然神论演化而来，是自然神论逻辑矛盾——上帝与自然的明显对立——不可克服的必然。既然承认上帝创世，就没有世界的自然，而承认世界的自然也就否认了上帝。自然神论者在强大的教会和专制势力监控下艰难地寻找自圆其说的方法，却将矛盾进一步扩大。随着商业资本家势力的增长并向工业资本转移，新的变革运动形成。日益强大的资产阶级不仅反对封建领主制，也反对它支持国王刚建立的集权专制——它已成为资本增殖和积累的桎梏。而在意识形态上这个桎梏集中于上帝本体论——专制君主也以上帝作为其统治的依据。于是，代表新兴资产阶级的思想家也就将矛头指向上帝，他们以经验知性方法论，强调上帝是不可感觉，不可经验的，因而也是不存在的。世界不是上帝创造的，而是自然形成的。自然形成的世界之本体是物质，而非不可经验的上帝。

早期物质主义的代表人物在英国是霍布斯和洛克，在法国是狄德罗、梅特里、爱尔维修、霍尔巴赫。

早期物质主义者的物质本体论是直接针对上帝本体论的，早期物质主义者以物质取代上帝的本体地位，认为世界上的一切都是物质的存在，物质是自然的，具有永恒性、运动性及其必然性、广袤性、多样性。霍尔巴赫的这段话可以看成早期物质主义基本观点的概括：

> 物质是永恒的，自然在过去、现在和未来，永远都在从事于产生、毁坏、制作和改造，遵守着从它必须的存在中所产生出来的种种法则。为要做成一切东西，它只需把在本质上各不相同的元素和物质配合一下就成了。这些元素和物质相吸引又相排斥，相冲突又相结合，相远离又相接近，相凝聚又相分开。自然就像产生种种没有感觉和思维的实体那样，产生着植物、动物、人——这些有机的、有感觉而能思维的实体。所有这些东西，在它们各自的生存期间，就都按照一些不变的，由它们的特性、配合、相似性和不相似性、形状、质量、重量等所规定的法则而活动。这就是我们所看到的一切东西之真实来源；这就是自然如何由于自己的力量而能产生我们亲眼所见的一切结果，以及多样地作用于我们所具有的器官并根据这些器官之被感动的方式我们才能加以判断的一切物体。①

以物质本体论为依据，早期物质主义者论证了关于社会变革的观点，即从自然物质的运动规律推论人及其社会发展。人是自然界的一部分，并非上帝创造，因而每个人生来就因其自然本性而应有其自然权利，由自然权利而构成自然秩序和自然法。现存的按上帝主义所制定的各种法律、特权及由此而构成的社会秩序，都是违背自然规律的，应当予以革除，代之以自然权利、自然法为基础的，

---

① 霍尔巴赫：《自然的体系》（下卷），商务印书馆1977年版，第149页。

符合自然规律的制度和秩序。其核心,是规定并保证每个人的财产所有权和人身权,以此为个人自由的出发点,为增加所有权所保证的财产量展开自由竞争,发展生产,增加财富;依据所有的财产量来规定个人的政治权利,并参与政治活动;文化上则主张以财产所有权和自由竞争为基础的个人主义,强调个人的主体性和自由。

早期物质主义者认为,意识是物质的人特有的功能,并以此为基点形成了其认识论和方法论。霍布斯指出,人的感觉源于外界物体对人体感官施加的压力,是人对外部物质的反应。洛克更为系统地提出了经验主义认识论,从批判笛卡尔"天赋观念论"出发,提出了著名的"白板说",强调一切观念都是由感觉或反省而来,人的知识都是从经验来的。根据经验进行反省和思考,得出对事物的规定,而思考的逻辑主要是形式逻辑,重点在于归纳,由归纳得到的一般性再演绎个别事物。经验知性方法论也会使用分析,但却不能综合。总体来看,早期物质主义者更多地注重意识源于物质这个基本点,并强调经验的作用,因而也被称为"经验主义",其方法论还是比较粗糙、肤浅的。对于经验主义,黑格尔做了这样的评论:

> 在某种意义上,经验主义与形而上学有一个相同的源泉。一方面,形而上学为其界说(包括它的前提和它更确定的内容)寻找根据起见,须从表象里,亦即首先从经验流出的内容里去求保证。另一方面,须知个别的知觉与经验有别,而经验主义者则将属于知觉、感觉和直观的内容提升为普遍的观念、命题和规律。但经验主义者把这类具体的内容抽象化,只有在这种条件下,这些抽象的原则或概念(如物理学中力的概念)在其所从出的知觉印象范围之外,便没有更广的意义和效用,而且除了在现象中即可说明的〔因果〕联系外,也没有别的联系或规律可以认为

是合法的。①

在早期物质主义者那里,并没有关于理性与知性的区别,其知性是与经验密切结合的,是对经验的归纳、分析。其中英国的霍布斯和洛克更侧重经验归纳,法国学者则侧重知性分析。康德虽然对知性和理性进行了区别,但他对早期物质主义方法论的批评还主要限于知性批判。黑格尔则明确地把经验主义方法论界定于知性,而"知性仅能撷拾一些有限范畴"②。但是,经验主义又不能不使用物质、普遍性、无限性等概念,这就造成有限与无限的矛盾,为了解脱这个矛盾,就要做出假设和推论,从而违背其否认超感官事物的前提。

早期物质主义的经验知性方法论是不能论证其物质本体论的。物质本体论是早期物质主义者依从上帝本体论的传统,而以物质概念取代上帝的本体地位,并宣称上帝是不可知觉、经验的,因而是不存在的。但他们也忽略了其所用以代替上帝的"物质",也是一个一般性、无限性的概念,又怎么能证明物质的存在呢?只能用知觉到的具体物来说明,但人的知觉、经验是有限的,所能认知的具体物,并非"物质"概念。物质是抽象的概念,不可能知觉和经验。

早期物质主义者的经验知性方法论在逻辑上基本还是形式逻辑,尤其培根的归纳法对其影响很大,同时进行了初步分析,但只停留在分析,不能综合,只能得出片面的抽象规定,这些片面的抽象规定不能说明具体的事物,更不能证明其物质本体论。

早期物质主义的物质本体论与其经验知性方法论的矛盾,使其在贝克莱以上帝主义的心灵感性论的攻击下陷入困境。这个矛盾的

---

① 黑格尔:《小逻辑》,商务印书馆1980年版,第111页。
② 同上书,第112页。

解决，一是放弃本体论转向主体论，二是在方法上从知性经验论进展到知性辩证法和理性辩证法。这种转化从休谟、康德开始，由黑格尔完成。

三 康德对本体论的否定及其批判知性方法论的局限

早期物质主义者之所以对应上帝主义的上帝本体论提出物质本体论，一方面是因为人类的认识能力尚未达到完全否定本体论的程度，另一方面，也是主要方面，在于新兴资产阶级势力还不够强大，还需要在哲学观念上以一个能够压过上帝的新的世界本体，并据此来论证社会变革的必然性与合理性，以物质驱逐上帝，以物质财产的私人所有权取代封建特权，建立资本主导的社会制度。而其经验知性方法论与物质本体论的矛盾，显示出其物质主义的局限，这种局限被残余上帝主义势力代表贝克莱主教所发现并咬住不放，他以诡辩方式将认识的各个环节割裂，进而将认识与对象隔绝，将心灵与物质对立，用人的感性认识与对象的分隔，来否认对象的物质性，进而强调人的感性认识是来自上帝赋予和控制的心灵，心灵的感知就是世界，存在就是被感知。贝克莱的观点并不构成一个哲学体系，他也没有这个目的，他的观点在于强调心灵是上帝赋予的，上帝是人和世界的创造者。如果把他的观点也说成"主义"的话，就是"心灵主义"，也可以说是"唯心主义"——只有贝克莱本人是"唯心主义者"。按他的观点，"物质"只是一个抽象的概念，是心灵所不能感知的，因而也是不存在的，物质的实体性是"一切妖妄的"无神论系统的基石，移掉了这块基石，其系统的结构也就"只有垮台了"。由此恢复上帝本体论。按照贝克莱的说法，物质主义所主张的社会变革是没有根据的，人类依然要在上帝主义主导的封建领主制中存活。

贝克莱向物质主义者公开挑战：

　　如果您能设想，一个有广延而能被运动的实体，或者（较一般地说）一个观念，或者一个与观念相似的东西，不在能感知它的心内也可存在，那我可以立刻放弃我的主张。至于您所坚持的那些外物组成的系统，则我也可以相信它的存在，纵然您不能给我解释（1）您何以相信物质的存在，（2）纵然您不能指示出它如果存在时有什么功用。只要您的意见稍有一点真的可能性，并且作为您的意见的论据事实上是真的，我就可以承认它是真的。①

贝克莱从上帝赋予人的心灵只能进行感性认识出发对物质主义的质疑和挑战，确实指出了早期物质主义的局限和缺陷，如何回应贝克莱的质疑，也就成了物质主义能否成立并进一步发展的关键。

　　面对贝克莱的挑战，休谟力求从对知性的系统探讨来回应。在《人性论》中，休谟将知性作为人性的首要部分，他认为早期物质主义者，尤其是洛克的经验主义认识论确实有其局限，应在坚持经验主义基本原则的前提下，系统地探讨知性。休谟所说的知性，是感性之上的思维能力和活动，他从观念、观念的起源、观念的组合、抽象、联系等一般规定论起，探讨了时间与空间，重点论知识和概然推断，进而论怀疑主义和其他哲学体系，对贝克莱的挑战予以回应和批判。

　　休谟并不否认外部事物的存在，但他不同意先验地界定其性质，而是要根据对对象的经验和观念来规定其关系，他并不是"不可知论"者，而是主张"未经验不说知"。原因和结果的关系是休谟认

---

① 贝克莱：《人类知识原理》，商务印书馆1973年版，第29页。

识论的重点，他把人类知识的对象分为两类，一是观念的关系，二是实际的事实。几何、代数、三角等是观念，其他科学都是对实际事实的研究，而"关于实际事情的一切理论似乎都建立在因果关系上。"① 与某些哲学史研究者将休谟说成"怀疑主义者"相反，休谟本人是反对怀疑主义的，他明确认定经验、感觉是真实可靠的，"自然借着一种绝对而不可控制的必然性，不但决定我们要呼吸和感觉，而且也决定我们要进行判断。"② "对象的恒常结合既然就是因果的本质，所以就我们对那种关系有任何概念而言，物质和运动往往可以看做思想的原因。"③ 也正因此，他不同意先验地将物质界定为世界本体，而是要依据经验进行知性研究。

休谟可以说是在反击贝克莱挑战中，从对知性认识的系统探讨，修正并发展了物质主义。康德继续了这种修正，集中探讨了辩证的、批判的知性方法论，密切了知性与经验、感性的统一，由此否定了本体论，并探讨了理性思辨，这表明资产阶级意识的提升，但尚未从总体与个体统一的角度，或者说还没给从阶级意识来进行论证，还将主体限于个体人，导致其体系的主体与客体分隔、知性与理性分隔，引发了黑格尔的理性物质主义和思辨辩证法。

康德的哲学观念并不是苏联教科书派所标签的"不可知论"、"唯心主义先验论"，他和休谟一样，也不否认物质的存在，但不满意早期物质主义者先验的物质本体论，他认为单纯而不加验证地宣称物质是世界的本原、本体，与基督教宣称上帝为本原、本体在方法论上是相同的。"物质"和"上帝"都只是并未经证明的"幻相"性概念，是人的感觉和知性所不能认知的。但他坚持认为，人的感

---

① 休谟：《人类理解研究》，商务印书馆1957年版，第27页。
② 休谟：《人性论》（上卷），商务印书馆1980年版，第209页。
③ 同上书，第280页。

觉是对外界物体的反映,

> 有事物作为存在于我们之外的我们感官对象被给予我们,但关于它们就自身而言可能是什么,我们却一无所知,我们只认识它们的显象,也就是它们在刺激我们的感官时在我们里面所造成的表象。据此,我当然承认,在我们之个有物体存在。①

他认为这种物体自身不可尽知,但它们作用于感性,就证明它们是存在的,人的感性对物体的反映形成现象、经验,并经知性而得出范畴。人的认识能力是有限的,因而不可穷尽对物体的认知,但这并不证明它们是不存在的。"把现实的事物(不是显象)变成纯然的表象就是一种事实上卑下的唯心论。"②

康德并不是认为人感觉到的物体是不可知的,而是不能"尽知"、"全知"。在他看来,先验地宣布世界的本原、本体为物质,并不能否定上帝本体论,必须认真系统地考察人的认识能力,以明确世界的可知程度,由此证明上帝主义的错误。他继承了早期物质主义的经验知性方法论,在休谟对知性的系统探讨基础上,形成了知性辩证法或批判知性方法论,并规定了理性这个更高的认识阶段。这样,人的认识就由感性、知性、理性三个阶段构成。

感性——时空观。"通过我们被对象刺激的方式获得表象的能力(感受性)叫做感性。"③ 通过感性,"对象被给予我们",形成直观,

---

① 康德:《未来形而上学导论》,《康德著作全集》第4卷,中国人民大学出版社2005年版,§13,附释2,第291页。
② 同上书,第296页。
③ 康德:《纯粹理性批判》,中国人民大学出版社2004年版,第56页。

直观在知性中思维，产生概念。规定感性要把知性思维的东西，如实体、力、可分性等除去，再把感觉的东西如不可入性、硬、颜色等除去，留下纯直观，这样就可以"发现两种作为先天知识原则的感性直观纯形式，即空间和时间。"① 人只有通过空间和时间这两种主观的感性认识形式，才能感知对象。

知性——范畴论。在感性直观中将感觉到的零乱、混杂的表象进行初步整理后，还要进一步运用知性来加工，使表象带上条理性和规律性，形成科学知识。"对感性直观的对象进行思维的能力是知性。"② 对知性的考察，也是针对"纯粹形式"或"先验形式"，康德称之为"先验分析论"。他指出："我们可以把知性的所有行动归结为判断，以至于一般的知性可以被表象为一种判断的能力。"③ 判断分为判断的量、判断的质、判断的关系、判断的模态，经过各自三个环节的"综合统一"，形成纯粹的知性概念或范畴。由范畴作为"基本概念"，再派生概念，构成"纯粹知性的谱系"或体系。这个概念体系作为知性的"先验框架"运用于感性初步整理的经验材料，进行"先验演绎"，从而规定的显象自然的规律。但这并不是物自身全部的规律。"物自身必然地会在认识它们的一种知性之外固有其合规律性。"④ 知性只能针对物自体被感觉表象的部分来规定其规律。未被表象的部分则只能留待感觉的进一步发现。

理性——先验辩证法。理性是"纯粹思辨"，其对象是知性思维，因而也是先验的辩证法。在论理性时，康德提出了"先验幻相"这个概念。他认为在知性中可能出现经验性幻相，是以想象诱惑判

---

① 康德：《纯粹理性批判》，中国人民大学出版社2004年版，第58页。
② 同上书，第83页。
③ 同上书，第95页。
④ 同上书，第136页。

断力，使判断的主观根据与客观根据发生混乱。经验性幻相是容易识别，并可以消除的。

　　一旦加强了对当前实例的重视，这种幻相就将完全消失。先验的幻相则相反，即使我们已经揭露了它，并通过先验的批判清晰地看出了它的无价值（例如"世界在时间上必定有一个开端"这一命题中的幻相），它也仍然不终止。其原因就在于：在我们的理性（它被主观地视为一种人的知识能力）中蕴涵着其应用的一些基本规则和准则，它们完全具有客观原理的外表，由于它们而导致，为了知性而对我们的概念进行某种联结的主观必然性被视为物自身的规定的客观必然性。①

　　先验辩证法要揭露超验判断所形成的幻相，防止它骗人，但要让它消失，却是做不到的。幻相之所以能够产生，原因在于理性不关涉经验，而只是关注知性，并脱离知性概念包含的内容，只就其形式推论。纯粹理性虽不可以完全消灭人类社会中的幻相，但可以通过辩证推理予以澄清，从而为人们提供一种必要的选择。
　　对于纯粹理性的探讨，是康德在哲学上的一大进步，但也体现了他方法上的问题。

　　纯粹的理性是包含着绝对先天地认识某种对象的原则的理性。纯粹理性的一种工具论就会是能够获得并现实地完成所有的纯粹先天知识所遵循的那些原则的总和。这样一种工具论的详尽应用就会造就一个纯粹理性的体系。但

---

① 康德：《纯粹理性批判》，中国人民大学出版社2004年版，第273页。

由于这一体系要求颇多，且在这里一般来说，我们知识的一种扩展是否可能，以及在什么样的场合是可能的，尚不能肯定，所以我们可以把纯然判断纯粹理性及其来源和界限的科学视为纯粹理性体系的预料。这样一门科学就不能叫做纯粹理性的学说，而是必须叫做纯粹理性的批判，而它的用途在思辨方面就确实只是消极的，不是用于扩展我们的理性，而是用于澄清我们的理性，使它避免失误，这已是收获颇丰了。我把一切不研究对象，而是一般地研究我们关于对象的认识方式——就这种认识方式是先天地可能的而言——的知识称为先验的。①

通过对纯粹理性的探讨，康德发现了上帝本体论——包括它所派生的先验灵魂说（理性心理学）、先验宇宙论（理性宇宙论、先验科学）——形成的逻辑原因。上帝本体论及以它基础的宗教之所以出现，就在于人的思维中纯粹理性阶段能够不依据知性和经验而产生幻相，"没有任何同某个能够与它们相符合地被给予的客体的关系。"② 康德用大量篇幅不厌其烦地对之进行论说，明确了上帝本体论只是主观信仰。

康德还从"逻辑的谓词"的特点说明了上帝本体论形成的原由。"随便什么东西都可以充当逻辑的谓词，甚至主词也可以由自身来谓述：因为逻辑抽掉了一切内容。"③ 但是这样做并不是对概念的"规定"，因为"规定是一个添加在主词的概念之上并扩大了这个概念的

---

① 康德：《纯粹理性批判》，中国人民大学出版社 2004 年版，第 48 页。
② 同上书，第 296 页。
③ 同上书，第 469 页。

谓词。"① 因此，它必须不是已经包含在主词的概念之中的。据此，康德集中分析了安瑟尔谟用"上帝是万能的"来论证上帝是实际存在的"本体论证明"。安瑟尔谟的逻辑是这样的：当我思考上帝时，我是把他作为一切完美性、万能性总和来思考的。而归入一切完美性总和的，首先是存在，"因为没有存在的东西必然是不完美的"。因此必须把存在算在上帝的完美性之内，所以上帝一定存在。这种逻辑的语言把戏，是经院哲学论证"上帝本体论"的主要根据，而迷信上帝的人却从来不怀疑其荒谬。康德从词语与概念的关系指出：

> "是"（sein）② 显然不是实在的谓词，也就是说，不是关于可以加给一个事物的概念的某种东西的一个概念。它纯然是对一个事物或某些规定自身的肯定。在逻辑应用中，它仅仅是一个判断的系词。上帝是全能的，这个命题包含着两个概念，它们都有自己的客体：上帝和全能；"是"这个词并不是此外的一个谓词，而仅仅是以与主词相关的方式设定谓词的东西。现在，如果我把主词（上帝）与它的所有谓词（全能也包括在内）结合起来并且说：上帝存在，或者存在着一个上帝，我并没有为上帝的概念设定一个新谓词，而是仅仅把主词自身连同他的所有谓词，也就是说，把对象设定在与我的概念的关系中。二者必须包含的是同一种东西，所以不能因为我把概念的对象思维成绝对被给

---

① 康德：《纯粹理性批判》，中国人民大学出版社2004年版，第469页。
② 德语"sein"和英语"Being"的翻译成为汉译者很费心思的事。因为没有文字，所以无论德语sein和英语Being，都包含"是"、"有"、"存在"、"真"等意思。译者往往依自己的理解翻译，导致所译成的中文译本很混乱。这在黑格尔著作的不同译本中很突出。我认为，要从原著作者的逻辑对之进行理解，不要限于语言学争议。

予的（通过"它存在"这一表述），就有什么东西进一步添加在仅仅表达可能性的概念上去。①

通过上述分析，康德明确了"上帝存在的本体论证明的不可能性"。他指出，人类理性的进程产生的"先验幻相"，虽无经验依据，却可以提出来。只要人们相信某个必然存在者的存在，或者为了某种需要必须树立一个必然存在者的存在，于是就去找无条件的概念，"并且在本身就是其他一切事物的充足条件的东西中"，即"包含着一切实在性的东西中找到了这一概念。"② 没有限制的大全就是绝对的统一性，并且有一个唯一的存在者或最高存在者的概念，进而推论出最高存在者作为一切事物的始基，是以绝对的方式存在着。从对上帝本体论证明的批判中，康德说明上帝这个概念只是逻辑推论的产物。同样，也不能从宇宙论来证明上帝存在，自然神论也如此。一切神学都是思辨的结果，只能从思辨的逻辑来解释。"如果人们不把道德原则作为基础或者用做导线，那么，在任何地方都不可能有理性的神学。"③ 他所说的"道德原则"，实际上包括阶级意识和社会制度。

康德在论思辨理性时突出了辩证法，即揭示先验幻相的逻辑。他提出四个"二论背反"，即将理性运用知性范畴论证"世界"、"宇宙"时，可以产生两种截然对立的论断，也就是矛盾。但不管正论还是反论，都是先验思辨推导出来的，都没有经验的根据。它们都可以成立，也都是无法证明的。在论证"二论背反"时，康德并

---

① 康德：《纯粹理性批判》，中国人民大学出版社2004年版，第469—470页。
② 同上书，第462页。
③ 同上书，第493页。

非没有倾向性，他实际上是将"正论"看成"独断学说的总和"，而反论则是他所要阐述的观点。这是基于宗教和统治势力的思想管控，不能不采取的一种策略。

康德推进了休谟开始的对物质主义的修正，他在否定上帝本体论的同时，也否定了一般性的本体论，包括物质本体论。但他并不否认人的感性和经验所接触的物质世界的存在，确定了有限的可感觉并由知性进行概念性规定的物质主义，也可以称之为"批判知性物质主义"。并由此对伦理、道德等社会问题发表了见解，提出了关于意志自由和社会变革的"有限"主张。

康德对认识论和逻辑的研究，不是像经院哲学家那样为其本体论提供证明，而是在否定上帝本体论的同时否定了物质本体论，克服了早期物质主义的缺陷。否定了本体论，也就将认识论与逻辑结合为方法，康德开始了这种结合。但是，他的研究还是初步的，有其局限性，这主要表现在将个体与总体、主体与客体、知性与理性、有限与无限、认识与实践相隔离。

康德及其以前的哲学家在探讨认识论问题时，所规定的认识主体都是个体性的，他们都是先设定一个个体来认识主体，再谈与客体对象的关系，所说感性、感觉、知觉、经验、知性及思维的方法与程序，也都是个体的。虽然这个个体离不开社会总体，但他们却没有对总体社会性的认识，而是将社会看成分别存在、各自独立的个人，看不到社会总体在认识过程中的存在与作用。而这也是他方法上只分不合的起因。

从个体主体出发，康德进一步将主体与客体分隔，认为作为对象的客体与主体之间有不可逾越的鸿沟。认识论的研究只能，也只是对人的认识能力和认识过程的探讨，这种探讨虽然要涉及客体，但只限于感性所能感知的客体，限于经验中所包含的由客体对象对感官的"激动"所形成的现象。

康德相信经验到的客体是可靠的、真实的，但主体认知客体对象的能力、方法及其阶段，尤其知性与理性却是分离的。他试图超脱认识过程探讨"纯粹"人的认识能力和方法。但是超脱认识过程的认识能力和方法是不存在的，只有在认识过程中才有认识能力和方法，也只有在研究认识过程时才能研究认识能力和方法。黑格尔曾将康德的这种做法称为"在没有学会游泳以前勿先下水游泳。"[①]这种做法的缺陷在理性与知性的关系上尤为突出。由于追求"纯粹理性"，因而必须排除经验和知性认识的概念，但这样的理性思辨又如何展开？康德也没有能力论说以空为对象的思维，他还要列举理性思辨的问题，但没有对象的问题从何而来？他又不得不违反初衷，将知性范畴及其所规定的概念当作理性思辨的问题，并宣称这些问题只是形式上的，并没有内容，或者说已剔除其中的内容。这样得出的"二论背反"，即矛盾，也就是绝对的对立，达不成统一。康德并不理解对立统一，他只知道同一，如果对立双方不能绝对同一，他就认为其对立也是绝对的。这样，脱离了总体的个体的纯粹理性也就与知性、经验隔绝了。虽然可以用这种方法否定上帝的存在，却不能在经验到的现象中规定其本质和规律。

康德虽然不同意本体论，但却承认"物自体"的客观存在，"物自体"与其对人的感性产生刺激而形成的现象相比，是无限与有限，二者是对立的，即现象只能是对"物自体"的一部分的反映。而人的认识能力也是有限与无限的对立，感性和知性是针对现象材料的，现象的有限决定了知性的有限，人的理性却是无限的，不受现象材料限制，但却不能用于对"物自体"的无限的认知，只能空泛地思辨灵魂、世界、上帝，这种思辨必然地陷于绝对的"二论背反"之中，因而不能消除有限与无限的对立。

---

① 黑格尔：《小逻辑》，商务印书馆1980年版，第118页。

康德先是认为主体人的心灵有两种能力，一是认识能力，二是欲求能力。当他对这两种能力进行批判之后，即写完《纯粹理性批判》和《实践理性批判》之后，发现了二者之间的对立：理性认识与追求自由或满足欲求的实践之间的对立。黑格尔指出："康德否认了理论理性的自由自决的能力，而彰明显著地在实践理性中去予以保证。"① 康德的实践是道德理性，或者说是欲求能力的道德律，是纯粹理性为人的欲求能力制定的规律和命令，意志作为高级欲求力依从道德律，成为自由的意志。但这个道德律却不能用于对象的认知，只能从"实践"用于超感性的自由、善，以及灵魂和上帝，所涉及的只是"应有"而非"实有"。对于由此造成的自然与自由、现象和本体、知识和道德的对立，他虽然在《实践理性批判》中用"人类认识能力与人类实践决定的明慧比配"予以协调，但总觉得不够，于是又用十余年写了《判断力批判》，试图弥合这种对立。他的心思还是用在个体人的心灵能力上，冥思苦想的结果是又找到了一种能力——愉快和不快的情感能力或曰判断力，并把它放在认识能力和欲求能力之间作第二能力，欲求能力则为第三能力。判断力是对愉快和不快的情感能力"立法"的，《判断力批判》包括审美判断力批判和目的论判断力批判。康德认为，通过以合目的性的先天原则对艺术的规定，就可以使知性与理性、自然与自由联结，从而使他的"批判"三部分形成"系统的统一"。

然而，由于康德批判知性方法论中的"分而不合"，特别是个体与总体、主体与客体的分隔，他加进来的"判断力"根本不能弥合《纯粹理性批判》与《实践理性批判》，反而又增加了新的分立，即《判断力批判》与前两个批判的分立，从而也就使其方法论的只分不合更为突出。

---

① 黑格尔：《小逻辑》，商务印书馆1980年版，第143页。

四 黑格尔从主客体统一确立人的主体性

康德的历史作用，在于对人的认识能力的探究，但由于他将主体限于个人并与客体分隔，从而使他对本体论的否定并不彻底，甚至还想建立一种新的形而上学。康德的哲学充分揭示了早期物质主义的局限和缺陷，并试图从主体认识论发展其基本原则，但由于将知性与理性隔离，从而使他努力探索的理性不能应用于客体对象，从而停留在批判的知性物质主义水平。康德从主观上是拥护资本主义的，但由于仍从资本家个体角度出发，他的知性物质主义虽然有批判的、辩证的成分，但也只能和早期经验知性物质主义者一样，作为知性资本主义的哲学观念。康德的学说因其方法上的分而不合，有着诸多逻辑矛盾，如何解决这些矛盾是康德留给后人的主要问题和遗产。

早期经验知性物质主义者的重心，是放在客体上，客体是自然的、绝对的本体，主体人的意识是对客体的反映，而人本身也是自然的、物质的。休谟已将重心转向主体人，人性中的知性规定有限客体形成知识。康德延续休谟思路，仍将重点放在主体，由主体认知客体，但他却将主体与客体分立，人类知识只在主体有限感性认识的知性规定，因而也是不确定的。黑格尔也是从主体来规定客体，但他将主体视为个体与总体的统一，由此克服了主体与客体、知性与理性的分立，将客体纳入主体的意识，强调意识和精神的确定性，从理性规定了主客体统一的精神，从而确立了主体论，避免了先验、预设的本体论的缺陷。

对于认识的主体来说，能够唯一直接确定的就是我的存在，而我的存在又如何确定？笛卡尔的"我思故我在"回答了这个问题。以我的思想来证明我是存在的，或者说，正因为我在思想我的存在，所以我存在。休谟、康德实际上都是从笛卡尔这个命题出发来谈主体性的，不过他们更前进一步，在确定主体存在的同时，还树立了客体对象，要从对客体的知性认识来证明主体的存在。但由于将主体与客体分隔，不仅没有证明主体我的存在，而且对客体的认识也成了不确定的。黑格尔从资产阶级的阶级总体的角度，坚持以主体认识为出发点，并去掉了各种本体论的预设：在这个出发点上，我能确定的，只有我这个意识的主体及可以由我的意志控制的意识进程。但这个主体的存在并不能因为我的自我确定而证明，主体必须展开意识的行程，在认识客体的过程中证明和发展主体。而主体也并非与客体分隔的肉体的存在，而是以肉体为基础的生命的我的意识，意识从感性开始就接触客体，吸纳客体，经知性到理性，意识成长为自我意识和精神。精神的我已是个体与总体的统一，并达到主体和客体的统一。

> 精神就是自己知道自己的精神；它知道自己；凡是是精神的对象的东西就存在，换言之，凡是呈现在精神的表象中的就是真实的绝对的内容。这内容，我们看到，表现了精神自身。同时它不只是自我意识的内容，并且不只是自我意识的对象，而且它又是现实的精神。精神所以是现实的精神，因为它经历过它的本性的三个要素；这种自己通过自身的运动构成精神的现实性。凡是自己运动的东西，这就是精神。精神是运动的主体，同样精神也是运动自身，或者说，精神是为主体所贯穿过的实体。①

实体是黑格尔思辨辩证法常用的一个概念，有人将它解说为本

---

① 黑格尔：《精神现象学》下卷，商务印书馆1979年版，第288—289页。

体或客体，是不当的。实体是主体与客体的统一，是知性和理性的统一所达到的精神或本质规定，也是理性的对象和内容。到绝对知识阶段，自我意识概念化，概念的自我意识获得了普遍性的形式，即得到了实现的观念，这是"一种本质知识，就是一种纯粹的自我意识，而这一种自我意识同时就是真实的对象；因为真实的对象就是自为存在着的自我"①。"真实的对象"也就是实体，而真实的对象就是自为存在着的自我，自为存在的我本身就包含着真实的对象，因为这种包含自我才成为自为存在。概念将自我与他物结合起来，自我在自身内的行动即是一切本质性和一切特定存在的知识，"就是关于这个主体就是实体的知识，和关于实体即是这种对于主体的行动的知识的知识"②。这种知识就是自我意识的自为存在，就是我，"就是这个我，而不是别的我，但它同时直接地是中介了的或被扬弃了的普遍的我"③。我既是个体，又是总体，是个体中体现的总体的我。

由此，黑格尔认为，所有被认识了的东西都是在经验中的，没有什么被认识了的东西不是作为被感觉到的真理，或者在内心被启示的永恒的东西、作为被信仰的神圣的东西，以及其他任何可以说出来的东西而出现的。经验正在于：内容（精神）自在地就是实体，也就是意识的对象。这本身就是精神的实体，就是变成它自在的是某物的过程，并经变化而回复到自己，达到自为存在。"精神自在地就是运动，就是认识的运动，——就是由自在转变为自为，由实体转变为主体，由意识的对象转变为自我意识的对象"④，即转变为概

---

① 黑格尔：《精神现象学》下卷，商务印书馆1979年版，第298页。
② 同上书，第300页。
③ 同上书，第301页。
④ 同上书，第304页。

念的运动。这个运动是向自我回复的圆圈。精神的自我的运动，是自我外在化自己为实体，作为主体，自我又从实体转化为自己，并以实体为对象和内容，并扬弃对象性和内容的差别。

以主体取代本体，并不是排斥客体，也不是否认外界事物的存在，而是由主体来认知、承认外界事物，接受客体。如果没有主体的逐次深化、提升的认知，客体的存在又如何被确定和证明？早期物质主义者所说的那种在主体之先、之外的本体——物质，虽然在概念上可以与上帝相抗衡，但又如何被证明？它是如何在主体之先、之外就被设定，并硬要主体在认识之前就承认它？这一点在苏联教科书派的著述中不仅依然存在，而且比早期物质主义者更进一步地规定了物质运动的规律，在做好这先验的本体论论证之后才涉及人，再谈认识，这与教会宣称上帝为世界本质，造人造物的做法并没有什么区别。黑格尔承继休谟和康德的思路，避开本体论的预设，以人的认识来规定对象，从主体认知客体，这条路线是摆脱早期物质主义本体论缺陷的必由之路。苏联教科书派看不到这一层，他们固守物质本体论，而且为了这种固守，不仅将休谟和康德说成怀疑主义、折中主义、不可知论，更将黑格尔贴上"客观唯心主义"标签，甚至说他在变相推行"上帝创世说"。这不只是对黑格尔的误解（实为不解），更在于固执自己肤浅的、武断的本体论，这种做法既不能发展物质主义，更从基本点上破坏了社会主义的哲学观念。

黑格尔从主体人来规定客体，强调我的认识进程达到的主体我的自为存在与客体自在存在的统一，并不是否认客体的自然性，更不是说主体我的意识决定客体自然，而是将客体的自然存在作为前提，作为意识的对象。他从来不怀疑客体的自然存在，但是如何规定客体的自然存在？进一步说，如何界定客体的范围和内容？早期物质主义者（及后来的苏联教科书派）效仿他们所否定的上帝本体论，将客体的范围说成无限大的物质，以此来抗衡无限大的上帝。

主体人只是由物质自然规律决定的在某一时段形成的极小一部分特殊物质的有限存在，而意识只是人的物质体中更为特殊的物质——大脑的运动形式。这样，无限的客体物质与有限的主体物质及其运动形式意识就形成巨大的反差：仅在客体物质运动的某一时段形成的有限的极小一部分特殊物质的运动形式，如何能够认识无限的客体？黑格尔看到了这个矛盾，为了解决这个矛盾，就要弄清矛盾的症结，这就是先预设一个本体并把本体作为客体，客体先于主体，主体是被动的、有限的，而客体却是主动的、无限的。休谟、康德虽然否认了本体，并将立脚点转到主体这一方，从主体的认识能力来界定客体的范围，但却将主体人的认识能力的层次分隔，感性、知性、理性（休谟还未达理性）之间不能贯通，因而也就不能规定客体的内容。黑格尔则明确地从主体出发规定客体，不仅在其范围，更在其内容。人的认识能力是可以分为层次或阶段的，但这些层次或阶段并不是分隔的，而是统一的。这种统一的根据，就在主体我对自己存在的确定性，在于对我的感性、知性、理性认识能力的确定性，进而是意识、自我意识、精神的确定性，而贯通并统率认识能力和意识各阶段的就是理性。理性不仅是最高的认识能力，更是从感性到知性，从意识到自我意识的集合与概括。理性从感性到知性而生成，进而统率感性和知性。更为重要的是理性已是主体人的个体与总体统一的认识能力，是由一系列社会关系（伦理）而达到的个体的普遍性总体认识能力，或普遍性的总体认识能力在个体思维中的体现。而理性对由感性确定性所感觉到的客体经知性的初步概括的本质性要素的综合，不仅是主体的自我意识和精神，也是客体的精神和理性，即其本质和规律的规定。这种规定是针对客体的，但又是在主体中的，主体与客体在理性和精神中达成统一。主体的理性就是对客体本质和规律的规定，客体的本质和规律就在主体的规定中。只有在这个意义上，才能理解黑格尔所说的："理性是世界的灵魂,理性居住在世界中,理性构成世界的内在的、固有的、深邃的本性,或者说,理性是世界的共性。"① 按苏联教科书派的主客分隔方法,黑格尔这段话正是他作为"唯心主义"的证据。殊不知,黑格尔所说的理性,不仅是人的思维能力,还是由思维能力所规定了的客体本质与规律。黑格尔所说的世界并非先于、外于主体存在的,而是由理性所认知,并以概念规定了的客体,作为其本质和规律的理性也就存在于世界中,是世界的本性。这与苏联教科书派所说的"客观世界规律"相似,不过其"客观世界规律"是先验规定的,而黑格尔的理性则是由感性确定性对客体对象的感觉、知性分析再到理性的认识结果。

> 自然界不能使它所含蕴的理性(Nous)得到意识,只有人才具有双重的性能,是一个能意识到普遍性的普遍者。人的这种性能的最初发动,即在于当他知道他是我的时候,当我说我时,我意谓着我自己作为这个个别的始终是特定的人。其实我这里所说出的,并没有什么特殊关于我自己的东西。因为每一个其他的人也仍然是一个我,当我自己称自己为"我"时,虽然我无疑是指这个个别的我自己,但同时我也说出了一个完全普遍的东西。……我与思维是同样的东西,或更确定地说,我是作为能思者的思维。凡是在我的意识中的,即是为我而存在的。我是一种接受任何事物成每一事物的空旷的收容器,一切皆为我而存在,一切皆保存其自身在我中。每一个人都是诸多表象的整个世界,而所有这些表象皆埋葬在这个自我的黑夜中。由此足见我是一个抽掉了一切个别事物的普遍者,但同时一切

---

① 黑格尔:《小逻辑》,商务印书馆1980年版,第80页。

事物又潜伏于其中。①

黑格尔以个体与总体统一的主体包容、规定客体，从而不仅克服了康德分而不合知性方法的矛盾，更以主体论取代本体论，既否定了上帝本体论，也消除了早期物质主义者先验的物质本体论的缺陷，将物质主义提升到一个新的，也是最高阶段：理性物质主义。

五 理性物质主义

作为社会大变革时代的哲学家，黑格尔以他深刻系统的辩证思维，明确了变革的趋势与方向，意识到变革的主体应是力求改变封建与专制的资产阶级，虽然他并未提出资产阶级这个范畴，也未论及资本主义，但他所阐述的恰是资产阶级的阶级意识。他自觉地以资产阶级为自己的阶级主体，并集中概括了资产阶级意识——资本主义的哲学观念，即理性物质主义。这是他主张的社会变革之道——理性资本主义的哲学观念的主义，是大道中的核心之道。

黑格尔的哲学观念绝非从属于贝克莱为攻击物质主义而提出的唯心主义。实际上，唯心主义，即以上帝本体所赋予、支配的心灵及其感知是唯一的存在这一观念，除其提出者贝克莱主教——他或许可以因此在经院哲学中谋得一个位置——之外，在世俗的哲学家那里并没有像样的追随者。黑格尔是从康德在回答贝克莱的质疑中所遇到的难题和矛盾来进行哲学研究的。他并不想维护上帝主义，而是要在早期物质主义和休谟、康德已有的基础上进一步否定上帝主义——封建主义和专制主义的哲学观念。虽然他不排除上帝这个概念，但他通过对上帝的概念化而将上帝精神化、道德

---

① 黑格尔：《小逻辑》，商务印书馆1980年版，第81—82页。

化，并将宗教与科学隔开，强调只有科学——即哲学——才能认知真理。

黑格尔从他的主体论出发，不仅承认自然界的自在性，而且要通过感性、知性、理性认知并规定自然界的本质和规律，使自然界的自在性达到精神的自为性。在主体与客体的统一中展开的理性，不仅是人的认识能力，也是自然和人类社会的共性。黑格尔从个体与总体统一打通了知性与理性的分隔，从而使理性这个在康德那里不能透过知性，不能达到感性认识到的现象材料的玄奥而空洞的思维能力，以思辨辩证法而成为最高的，也是实在的思维能力和环节，并通过知性、感性而达到客体。他是依循意识从感性确定性开始，经知觉、事物、幻觉、知性、现象、超感官世界等环节转化为自我意识之后，才进入理性的。这个顺序也正是人的认识顺序。认识达到理性之后，不仅在方法上统领着思维和感觉、经验，也包含着从感性开始就纳入意识和自我意识中的对客体对象的认识，理性是在最高层次上对客体的思维，这是确定性的思维，是自我意识的自由行为，也是精神得以形成并主导人们提升自己思想、伦理、道德，进行理性的变革的内在动因。而他所主张的人与社会的变革，与早期物质主义者和休谟、康德在基本点和方向上是一致的，即实行资本主义。他与早期物质主义者和休谟、康德的差别，主要在方法论上，早期物质主义者和休谟、康德的方法论虽有区别，但基本都是知性方法论，黑格尔的方法论则突出理性及理性在认识过程中的统率作用。也是在这个意义上，我将黑格尔的哲学观念定义为"理性物质主义"，他的方法论为理性的思辨辩证法。

黑格尔认为，理性作为感性和知性在意识到自我意识转化中形成的意识形态，不仅是一种认识能力，也是一个逐步演进的过程。从观察的理性，到理性的自我意识的实现，再到自在自为地实在的个体性，理性不仅实现了自我意识到精神的转化，也达到了对客体对象的本质和规律的规定。

理性是对知性已规定的客体对象的范畴的反思，它以自我意识为基础，并确知自己即一切实在的确定性。因此，

> 理性的任务，在于知道真理，在于将意谓和知觉当作一种事物的东西作为概念把它寻找出来，即是说，它要在事物性中仅仅寻找出它自己的意识。因此，理性现在对世界感到一种普遍的兴趣，因为它确知它自己就在世界里，或者说，它确知世界的现在是合乎理性的。它寻找它的他物，因为它知道在他物中所有的不是别的，正是它自身；它只是在寻找自己的无限性。①

理性不是把事物看成外在的，不是从外部认识事物，而是将自我意识作为现实而予以直观，从而发现其自身就是现存着的形象和事物。理性是事物和理性自我意识的本质，当"它已经在它的自身深处找到了理性，那么它就会将理性重新从那里推向现实，以便在现实里直观理性的感性外表，而立即将这种感性表现基本上当作一种概念看待"②。理性是感性和知性认识的集合与概括，理性面对的自我意识已经包括知性所初步规定于范畴中的感性所感觉的事物的现象。理性的认识并不是单独地直接面对事物，而是在知性和感性的基础上，认识已经被规定为自我意识内容的事物，它的任务就是"将事物的感性改变为概念，就是恰恰将它们改变为同时又即是我的一种存在，从而将思维改变为一种存在着的思

---

① 黑格尔：《精神现象学》上卷，商务印书馆1979年版，第182页。
② 同上书，第183页。

维，或将存在改变为一种被思维的存在，并且事实上它肯定事物只作为概念才具有真理性"①。

黑格尔的理性不同于康德的理性，康德是将理性视为感性和知性之外的一种认识能力，他的"纯粹理性批判"，是"就它独立于一切经验能够追求的一切知识而言对一般理性能力的批判，因而是对一般形而上学的可能性或者不可能性的裁决"②。黑格尔则认为理性就是知性的继续思维，它是以知性所达到的认识和知性本身为内容的，而知性又是以感性和经验为前提的，更重要的是，经验到的现象并不是康德所说的只是与客体自在之物有别的现象，而是由感性确定性所确定的自在之物。既然客体是由主体界定的，那么感性所能感觉、经验的对象客体的范围、程度，就是对主体而言的自在之物，或者说由感性确定性所认知了的现象，就是自在之物在主体意识中的存在，意识就是以此为内容，并经过思维将自在之物变成自为之物、为我之物。知性和理性都是思维，康德将思维分为两个隔开的形式或阶段，黑格尔虽然也延续这种形式的区别，但却从目的和内容上将二者统一起来。从内容与形式统一的角度说，知性和理性的区分不仅是没有必要的，而且会人为地制造诸多混乱。黑格尔已经注意到了这一点，他在《逻辑学》中就没有刻意区别知性与理性，但在《精神现象学》中还没有摆脱康德的传统，因此把对思维的研究弄得玄奥复杂，而且他自始至终都没有明确否定这种区分。虽然如此，当他论证统一的思维过程时，往往将理性作为思维的内容与形式，即对经验的抽象。"其实认识就是规定着的和规定了的思维；如果理性只是空洞的、没有规定的思维，则理性将毫无思

---

① 康德：《纯粹理性批判》，中国人民大学出版社2004年版，第184页。
② 同上书，第5页。

维。"① "对经验世界加以思维,本质上实即是改变其经验的形式,而将它转化成一个普遍的东西——共相。所以思维对于其所出发的经验基础同时即开展一个否定的活动;感性材料经过思维或共性加以规定后,已不复保持其原来的经验形状了。对于外壳加以否定与排斥,则感性材料的内在实质,即可揭示出来了。"② 只有思维深入事物的实质,才是真思想。思维不是"主体的私有的特殊状态或行动",而是摆脱了一切特殊性或任何特质的抽象的自我意识。

理性思维并没有改变感性材料的内容,只是改变了它的形式,从其特殊性中发现、规定了一般性。而感性材料是对对象客体的确定性认知,思维对感性材料形式上的否定,即从中抽象出其自有的内在的共性,也是对对象客体的进一步规定。这种规定并没有改变客体对象的自然性和物质性,并不是在理性思维中将上帝或什么外在于自然物质的东西塞进对象中。黑格尔绝对没有像苏联教科书派所指责的"承认创世说",而是从主体论的辩证思维来规定物质这一概念,但不是将物质先验地奉为本体——从这个意义上说,苏联教科书中对物质本体的先验规定和论证,才是在"承认创世说"。究其方法上的原因,就是仍未能摆脱康德对理性、知性、感性的分隔,苏联教科书派受其创始人思想水平的局限,远未达到理性并以理性贯通思维和全部认识活动,他们只是用知性的方法来界定哲学派别("两大阵营"),并用知性来界说黑格尔的"精神"。

在我们继承并否定了黑格尔思辨辩证法之后,关于知性和理性的区别已经没有意义,思维的全过程都可以称为理性(如果愿意称

---

① 黑格尔:《小逻辑》,商务印书馆1980年版,第132页。
② 同上书,第137页。

为知性也未尝不可），而其阶段或环节也不仅两个。但是用知性和理性的区别来评析黑格尔以前和以后的哲学，却仍有价值，因为不仅他以前的哲学家没有达到理性——康德除外，但他将理性与知性分隔；他以后的哲学家也只有马克思掌握了理性，那些"马克思主义者"几乎都处于知性程度。而他们从知性来批判黑格尔时，也就将他们所不明白的理性和精神概念说成"唯心主义"了。

黑格尔并没有否认物质，他只是否定了早期物质主义者先验的物质本体论。他认为，物质是对众多物体的共性或共相的概念规定，

> 与物体对照着说，物质不是一种存在着的东西，而是一种像共相那样的存在或像概念之为存在那样的存在。理性作了这样一个正确的区别。可是当还没有超过本能阶段的理性作此区别的时候，它并没意识到，它利用一切感性存在来试验规律，结果它所扬弃的竟恰恰是规律的感性存在，它也并没意识到，由于它把规律的环节理解为物质，这些环节的本质性已经变成了普遍或共相，而既然称为共相，就可以说是一种非感性的感性存在，一种非物质性的却倒是对象性的存在。[①]

物质作为规定可感知的物体共相的概念，并不是在物体之外、之先单独存在的，而且存在于所有物体中的共同属性，是主体对客体的总体性一般规定。从感性确定性开始，黑格尔就确认对象是存在的，是真实的本质。"不论对象是被知道或者不被知道，它一样地存在着。即使它没有被知道，它仍然存在着；但是如果没有对象，便不

[①] 黑格尔：《精神现象学》上卷，商务印书馆1979年版，第192页。

会有知识。"① "感性确定性的真理的力量现在就在自我之内了，就在我的直接的视、听等等之内了。"② 理性对物质概念的规定，是从感性确定性开始的一系列意识环节对体现于意识和自我意识中的客体对象的经验材料的思维的再思维，是一个不断的抽象过程的集中概括。黑格尔承认物质概念是主体所规定的客体的共性，而主体的意识就是以物质的一般性及其特殊性，以至个体性的存在为对象和内容的。对物质的规定，是在理性阶段做出的，是理性归总、统领知性和感性的统一认识过程的结晶。物质是与理性相对的客体，它与理性的统一，或者说在理性中达到的主体与客体的统一，就是精神。也正是在这个意义上，我认为黑格尔的哲学观念是理性物质主义，在这里物质不是本体，而是客体的基本概念规定。而理性，不仅是主体思维，也是对客体物质的思辨与包容。他的理性物质主义，是否定物质为本体后将物质作为理性的客体的哲学观念，他的体系是从理性思维认识、规定以物质为一般性的客体对象事物的哲学体系。

　　理性不仅是要认识客体对象，理性还要认识和发展主体自己，这二者统一于理性的思辨过程，就是自由精神的实现。理性是自在自为地存在着的真理，是概念的主观性和客观性与普遍性的简单的同一。精神是自我意识经理性环节而达到的更高的意识形态。自我意识的确定性在于，它的种种规定既是对象性的事物本质的规定，又是它自己的思想，"这就是理性，这个理性作为这种同一性不单是绝对的实体，而且是作为知的真理。因为真理在这里是以本身自为地实存着的概念、自我、作为无限普遍性的自身确定性，为独特的规定性，为内在的形式——这个进行着的知的真理就是精神"③。精

---

① 黑格尔：《精神现象学》上卷，商务印书馆1979年版，第73页。
② 同上书，第76页。
③ 黑格尔：《精神哲学》，人民出版社2006年版，第237页。

神的实体是自由，即对于他物的不依赖性，是自己与自己本身相联系，是自为存在的、以自己为对象的实现了的概念。精神的自由就在于这个在它里面存在着的概念与客观性的统一。真理使精神自由，自由使精神真实。

> 精神的自由不单是一种在他物之外，而且是一种在他物之内争得的对于他物的不依赖性，精神的自由之成为现实不是由于逃避他物，而是由于克服他物。精神能够从其抽象的自为存在着的普遍性、从其简单的自相联系里走出来，在它自身里建立起一个确定的、现实的区别，建立起一个不同于简单的自我的他物，因而建立起一个否定物；这种与他物的联系对于精神不仅是可能的，而且是必要的，因为精神通过他物并通过扬弃他物才做到了证实自己是而且实际上是它按照它的概念应当是的那种东西，即对外在东西的观念性，从其异在向自身回复的理念。①

精神的自由并不是从外部注入于精神里的，而是在精神的活动中产生着的，精神概念的发展不过是精神从其一切与概念不相符合的定在形式里的自我解放，"这样一种解放的实现是由于这些形式被改造成为一个与精神的概念完全适合的现实"②。自由精神是这样的理性，它把自己分开，一方面是纯粹的、无限的形式，即无限制的知，另一方面成为与这种知同一的客体。客体不是从外面来到精神，也不是精神不能把握的，所以精神必须在世界中寻找它自己理性的理性，即主观与客观的统一、实存着的概念和实在性的统一。自由

---

① 黑格尔：《精神哲学》，人民出版社 2006 年版，第 20 页。
② 同上书，第 21 页。

精神是正在自知的真理。

自由精神的实现体现于人类历史和哲学的目的与进程，黑格尔哲学的主题就是对这个进程的探讨，而且，整个世界史、哲学史也就是自由精神的体现，按黑格尔的观点，只有形成了自由精神，才有哲学，他据此将中国哲学、印度哲学等排除在哲学史之外，哲学史从以他的标准具备了初级的自由精神的古希腊开始，并在每一阶段都体现着自由精神在矛盾中的演进。而他哲学体系的每个环节，又都以探讨自由精神的演进为内容，从无预设的感性确定性开始的《精神现象学》，通过从具体到抽象的概念运动形成绝对精神概念，也即自由精神的完成形态。以此书为导论和大前提所展开的《哲学全书》中的《逻辑学》，是对绝对精神及其规定的自由精神的一般论证；《自然哲学》则是对自然界的理性探讨，形成自然精神的我或我的自然精神，也即自由精神必要的客体内容的规定；《精神哲学》又返回精神的系统论证，从主观精神到客观精神再到二者统一的绝对精神，这个过程即自由精神在人的主观精神的灵魂、意识、精神中形成，并在客观精神的法、道德、伦理中的实现过程，进而在绝对精神的艺术、宗教、哲学中总体概括。而从属于《精神哲学》的《法哲学原理》《美学》《宗教哲学讲演录》《哲学史讲演录》《历史哲学》等，都是对相应环节的展开，是对自由精神在这些环节中的演进的具体论证。他的思辨辩证法就体现并作用于自由精神理念的形成和实现的全过程。理性物质主义及其思辨辩证法在探讨和论证自由精神的进程中，集合于理性资本主义——自由精神的实现。

六　以自由精神原则论证理性资本主义

资本主义是资产阶级意识形态的集中概括，启蒙运动中欧洲的进步思想家，不论是从哲学，还是从经济、政治、文化所进行的探讨，都是在论证资本主义的合理性及其制度化。他们在研究的角度和具体问题的看法上，受国度和历史、个人学识条件的制约，会产生分歧，但在总体理念上，却是统一的。也正是在统一和分歧的矛盾中，展开了人类思想史上的文化革命，形成并充实、发展了资本主义，促进和主导了以资本主义为理念的社会变革运动及其制度化。

黑格尔是比较晚的启蒙思想家，或者说是晚期启蒙思想家的代表，甚至可以说是最后一位启蒙思想家。启蒙思想从英国发端，到法国达其高潮，德国为其终结，历时二百年左右。启蒙思想和启蒙运动以资本主义为理念，资本主义则以物质主义为哲学观念。启蒙运动的各阶段侧重点是不同的，英国的启蒙思想家提出了早期物质主义，并据此论证了资本主义经济、法律、政治；法国的启蒙思想家进一步发展、明确了物质本体论的早期物质主义，重点引导政治变革运动，即法国大革命；德国启蒙思想是在英、法两国启蒙思想家的带动下出现的，基于其特殊历史条件，主要是在哲学上总结、反思、修正、充实物质主义，由此论证法律、伦理、道德等问题，代表人物为康德、费希特、青年谢林和黑格尔。从这个意义上讲，也可以说黑格尔是启蒙思想的集大成者。他的理性物质主义是从霍布斯、洛克开始的早期英法两国经验知性物质主义到休谟、康德批判知性物质主义演进的概括，也是以物质主义为哲学观念的资本主义从知性向理性演进的必然。这一过程是资产阶级意识的形成和发展的集中体现，黑格尔理性物质主义及以之为核心的理性资本主义，是资产阶级的阶级意识的概括。

黑格尔是从理性物质主义来论证资本主义的。如果说斯密对资本主义的贡献是在政治经济学论证了资本私有制和自由竞争，那么黑格尔的贡献则是在哲学上阐发了自由精神。自由精神包含自由竞争，它不仅是自由竞争的哲学基础，更是以理性从自然规律（精神）、意识、自我意识、法律、伦理、道德对人思想自由和行动自由予以阐发的系统的意识形态。以理性物质主义的自由精神为原则论证理性资本主义，是黑格尔哲学的主题，并贯穿着他的理想和主张。

> 为独立，为自由，为消灭外来的无情的暴君统治的伟大斗争，其较高的开端是起于精神之内。精神上的道德力量发挥了它的潜能，举起了它的旗帜，于是我们的爱国热情和正义感在现实中均得施展其威力和作用。我们必须重视这种无价的热情，我们这一代的人均生活于、行动于、并发挥其作用于这种热情之中。而且一切正义的、道德的、宗教的情绪皆集中在这热情之中。——在这种深邃广泛的作用里，精神提高了它的尊严，而生活的浮泛无根，兴趣的浅薄无聊，因而就被彻底摧毁。而浅薄表面的识见和意见，均被暴露出来，因而也就烟消云散了。这种精神上情绪上深刻的认真态度也是哲学的真正的基础。哲学所要反对的，一方面是精神沉陷在日常急迫的兴趣中，一方面是意见的空疏浅薄。精神一旦为这些空疏浅薄的意见所占据，理性便不能追寻它自身的目的，因而没有活动的余地。当人们感到努力以寻求实体性的内容的必要性，并转而认为只有具实体性内容的东西才有效力时，这种空疏浅薄的意见必会消逝无踪。但是在这种实体性的内容里，我们看见了时代，我们又看见了这样一种核心的形成，这核心向政治、伦理、宗教、科学各方面广泛的开展，都已付托给我们的时代了。①

这段在"柏林大学开讲辞"中的话，被黑格尔本人收入《哲学

---

① 黑格尔：《小逻辑》，商务印书馆1980年版，第32—33页。

全书》第一部《逻辑学》(汉译名《小逻辑》)的开篇中,可以视为他的哲学宣言,虽然并未提到资本主义,但他关于时代、自由和精神的论证,其基本理念正是他对理性资本主义的概述。

黑格尔认为,哲学有两个基本范畴,即物质与精神,它们是对立的,也是统一的。也正是在这个意义上,我将他的哲学观念界定为理性物质主义,其要旨是自由精神。他指出,要明了精神,就要与物质相对应。物质的实体是重力或者地心吸力,而精神的实体或本质就是自由。"精神的一切属性都是从'自由'而得成立","自由是'精神'的惟一真理"。① 物质的实体是在它的自身之外,精神却是依靠自身存在,这就是自由。人类与动物的重要区别,在于目的,"人类自身具有目的,就是因为他自身中具有'神圣'的东西,——那便是我们从开始就称作'理性'的东西。又从它的活动和自决的力量,称做'自由'"②。人类就是在追求自由的进程中演进的。"整个世界的最后的目的,我们都当做是'精神'方面对于它自己的自由的意识,而事实上,也就是当做那种自由的现实。"③人类历史根据自由精神的实现程度,大体可以分为如下阶段或时代:东方各国只知道一个人(帝王)是自由的,古希腊和罗马只知道一部分人(奴隶主)是自由的,而"我们"现代人则知道一切人们是自由的。虽然他没有规定封建领主制阶段,但也可以明确他关于人类历史划分的原则和标准,他并以此原则和标准划分了哲学史的阶段。

自由精神是世界历史的目的和原则,它要通过具体的手段来实现,这里必然遇到总体与个体、普遍性与特殊性的矛盾。人并不是

---

① 黑格尔:《历史哲学》,上海世纪出版集团2006年版,第16页。
② 同上书,第31页。
③ 同上书,第18页。

自然地、生来就能体会并依循自由精神的，人的自然属性需要社会的意识、道德、伦理等的制约与教化、改造，并在法、市民社会和国家中逐步克服其野蛮性，限制属于自然属性的私利，才能认知并实行自由精神。黑格尔用"热情"来表达私人的利益、特殊的目的，是利己的企图产生的人类活动，它与总体目的和原则中体现的自由精神的"观念"是矛盾的，但又是切实存在的。观念与热情交织成世界历史的经纬线，如何处理好这二者的关系，使民众的私利和国家民族的公益相互一致，是自由精神实现的必要途径。自由精神之所以能在人类实现，就在于人类与动物的本质区别，这就是人类的理性。但人又有动物性的一面，具有生存的"粗暴和野蛮"的欲望，黑格尔不同意那种"人类天性上是自由的"观点，他认为所谓人类社会的"天然状态"中的自由并不存在。所谓"天然状态"也就是"野蛮状态"，现在世界上仍有个别地方存在，"不乏其例，但都是表现着粗鲁的热情和凶暴的行为。"[①] "'自由'要靠知识和意志无穷的训练，方可以找出和获得。"[②] 社会和国家最初只是限制了纯属兽性的情感和本能，进而限制了放纵和热情考虑的意图。"这一种限制，乃是真正的——合理的和依照概念的自由的意识和意志所由实现的手段。"[③] 而法律和道德又必须依照自由精神的普遍本质和目的，才能成为这种手段。

黑格尔考察了历史各个阶段国家和社会对个人特殊利益和欲望的限制与改造，说明了自由精神在人类社会及每个人意识中的演进趋势，论证了法律、政府、道德、宗教、哲学等手段中所体现的目的和原则，以及自由精神主导的这些手段的演化。世界历史就是自

[①] 黑格尔：《历史哲学》，上海世纪出版集团2006年版，第37页。
[②] 同上书，第38页。
[③] 同上。

由精神的发展阶段,"世界历史是专门从事于表现'精神'怎样逐渐地达到自觉和'真理'的欲望。它本身中的黎明来了,它开始发现要点,最后它达到了完全的意识。"①

自由精神并不是外在、先在于人的意识的,而是在人的主体存在与客体物质对象的矛盾中,逐步达到的意识的形态。"观察的理性在范畴的要素里重复了意识的运动:即感觉确定性,知觉和理解,现在,这个理性也将重新通过自我意识的双重运动,从独立过渡到它的自由。"② 理性意识到自己仅仅是一个个体,作为个体必须在别的个体中要求并产生出它的现实,进而,个体意识被提高为普遍性,个体就变成了普遍的理性,并意识到自己就是理性,"意识到它自己就是一种已经自在自为地被承认了的东西,而这承认了的东西在它的纯粹意识里统一着一切自我意识"③。理性对自我意识的确定,是精神内在逻辑的演进和体现,是自由精神形成并作为目的和原则在世界历史进程中,以法律、政府、道德、宗教、艺术、哲学等手段限制人性中的兽性、情感和本能,促进个体的自在向自为,向总体精神转化的体现。黑格尔先于达尔文几十年,但他在理性思辨中已经发现了人类演化的精神内容,这比达尔文从生物学角度探讨更有其价值。

黑格尔认为,人类社会演化到他那个时代,理性的自由精神已经在哲学上得到充分规定——他的哲学就是自由精神的理性论证,因而,就要依照理性的自由精神来构建社会和国家,使自由与个人的自我意识统一起来,由此来实现自由精神。

这是黑格尔的理想,也是启蒙运动以来先进思想家的追求,更

---

① 黑格尔:《历史哲学》,上海世纪出版集团2006年版,第49页。
② 黑格尔:《精神现象学》上卷,商务印书馆1979年版,第263页。
③ 同上。

是英国革命及其工业发展和法国大革命一系列历史进程的目的。黑格尔反思了启蒙思想家的有关思想，概括了历史进程的逻辑，提出了他的理性资本主义基本理念，即他理想的社会变革之大道。

黑格尔虽然很少提到资本，但他的自由精神是以物质为对象，以财产所有权为基本，以法律、道德、伦理等方式体现并实现的，是自由精神从原始人的野蛮状态经东方世界、希腊世界、罗马世界、日耳曼世界演化至黑格尔的时代。他认为应从人的主体意识规定客体对象，并在主体与客体统一的意识演进的各环节，逐步提升到概念和精神。意识的演化是矛盾的对立统一，不仅是主客体矛盾，还有个体与总体的矛盾，规定和解决这些矛盾，促使意识在自我否定中发展的本质和动因，就是自由。意识和自由经知性而达自我意识，自我意识经理性思辨而达精神。在理性和精神的状态中，自由已不只是自我意识对主客体统一的认识，而是个体与总体统一的理性对客体必然性的认识，是对主体社会存在、社会关系（伦理）、道德的规定了。意识的这种发展过程和世界历史的进程与逻辑是统一的，自由精神的实现，就是要在法律、道德、伦理中贯彻其目的和原则，从而构建新型的社会制度和国家。而这也就是理性资本主义，它是对启蒙运动其他思想家的以经验知性方法论证的资本主义的提升，是从理性思辨辩证法对财产所有权为基本和核心的社会关系的论证，也是对斯密等人从经济学对资本制度规定的哲学概括和诠释。从自由精神对理性资本主义的基本理念及其哲学观念和前导性概念的论证，是黑格尔哲学的主题，而探讨理性资本主义的实现途径，则是他的哲学主张或目标。

黑格尔认为，理性资本主义的实现，不仅在于个体的教养和意识的提升，更在于社会总体从法律、制度等方面的制约与促进，或者说是主观精神与客观精神、道德与伦理的统一。"法的体系是实现了的自由的王国，是从精神自身产生出来的、作为第二天性的那精神的世界。"① 他继承了启蒙思想家从个体人格和权利出发对法的探讨，因而法的主体是人，主体在自身中所具有的单个意志就是人格，人格的要义在于，我作为这个人，在内部任性、冲动和情欲，以及直接的外部定在等一切方面都是被规定的和有限的，"我是在有限性中知道自己是某种无限的、普遍的、自由的东西"②。人是意识到主体性的主体，人格包含着权利和能力，并且构成抽象的形式的法的概念，"法首先是自由以直接方式给予自己的直接定在"③，包括：所有权、契约、不法三个环节。所有权是一般抽象意志的自由，是对自己的单个人的自由，契约是一个人与他人发生关系时保持双方权利的条件下所有权的相互转移，不法则是对他人所有权和人格权的侵害。

所有权是首要的权利，也是法的基本，其主体是个人，对象是物，"每个人都有权把它的意志变成物，或者物变成他的意志"④，使该物成为我的东西，人把这种权利作为他的实体性的目的。当我把物变为我的所有物，即把物扬弃而变为自己的东西，所有权就是我自己意志的体现和保证。不仅物质财产，而且精神技能、科学知识、艺术，甚至宗教活动和讲道、弥撒、祈祷、献物祝福等，都可以用契约的形式在人与人之间交换，在买卖中视同物质财产。法律要保证所有权和契约，但对于侵害所有权的不法和犯罪，则应予以惩处。在抽象法对所有权规定的基础上，自由精神要求并转向道德，即个体自在存在向自为存在，个人自由意志向社会总体自由意志的过渡，并通过总体自由意志来制约个人意志和行为，其要旨和核心，

---

① 黑格尔：《法哲学原理》，商务印书馆1961年版，第10页。
② 同上书，第45页。
③ 同上书，第48页。
④ 同上书，第53页。

是认知我和他人所有权的普遍性，承认并尊重他人的所有权。道德是自由精神在主观意志的体现，伦理则是自由精神在客观的社会关系中的实现。伦理由家庭、市民社会、国家三个环节构成。

> 伦理是在它概念中的意志和单个人的意志即主观意志的统一。伦理的最初定在又是某自然的东西，它采取爱和感觉的形式；这就是家庭。在这里个人把他冷酷无情的人格扬弃了，他连同他的意识是处于一个整体之中。但在下一阶段，我们看到原来的伦理以及实体性的统一消失了，家庭崩溃了，它的成员都作为独立自主的人来互相对待，因为相需相求成为联系他们的唯一纽带了。人们往往把这一阶段即市民社会看做国家，其实国家是第三阶段，即个体独立性和普遍实体性在其中完成巨大统一的那种伦理和精神。因此，国家的法比其他各个阶段都高，它是在最具体的形态中的自由，再在它的上面的那只有世界精神的那至高无上的绝对真理了。①

市民社会以财产私人所有权为基本，以契约为纽带，是财产私人所有权体现的自由意志在社会交往中的相互承认、保证和实现。这就是资本主义的理念，也是资本主义制度的基本形式和内容。国家是市民社会中财产私人所有权的集中概括，是对契约所体现的交换关系的规范和制约，也是从总体上对经济生活的政治把控与调节。黑格尔的国家概念是自由精神的最高形式，是资产阶级的阶级总体意识的集中概括，它并不是经验知性资本主义者所说的与资本家个人利益相对立的旧的国家，而是体现资产阶级意志的新国家，因而是

---

① 黑格尔：《法哲学原理》，商务印书馆1961年版，第43页。

"个体独立性和普遍实体性在其中完成巨大统一的那种伦理和精神"。至于政体形式，是民主制还是君主立宪制，并不是原则问题，只要贯彻自由精神的目的，采取哪种政体，就要视不同国家的具体条件了。

七　思辨辩证法

与苏联教科书将黑格尔的辩证法说成"唯心主义辩证法"，是他体系中去掉唯心主义"外壳""体系"之后的"合理内核"不同，我认为黑格尔的辩证法是思辨辩证法，是他理性资本主义哲学观念的理性物质主义方法论。作为寻道、论道之法贯彻于对哲学观念的规定和主题、主张之中，是理性统率认识全过程的原则，是自由精神的展开与集合。

黑格尔之后，西方哲学家只有马克思从理性高度领悟并运用了辩证法，其余的哲学家几乎都依然固守知性方法论，西方主流派对于其读不懂的黑格尔骂两句"臆造"、"幻想"之后，干脆弃之不顾，去做他们实证而实用的术、技研究了。而苏联教书派因把黑格尔视为历史渊源，不能不重视，但其知性教条的方法不仅将系统的思辨辩证法归入唯心主义，更列出几条"规律"将之教条化——就像从一头活牛身上割下几片肉晒成干，并把这几片肉干当作"牛的生物学"教材在大学和党校讲授。这也难怪上亿被这种"辩证法"培训出来的人，思维日益僵化、干瘪了。大概只有"西方马克思主义"中的个别人如卢卡奇才接近理解黑格尔辩证法，但他仍然将之归入"唯心主义"框架，不免出现偏差、误解。而马克思之后切实发展辩证法的毛泽东，主要功用在实践，虽对黑格尔很少涉及，但其关于精神与物质关系和突出人的主观能动性的观点，特别是主要矛盾和主要矛盾方面的论证，表明他对理性的深切把握，为辩证法开出实践之路。

黑格尔的思辨辩证法,体现于他的全部著述中,他认为,"辩证法构成科学进展的推动的灵魂。只有通过辩证法原则,科学内容才达到内在联系和必然性"①,"辩证法是现实世界中一切运动、一切生命、一切事业的推动原则。同样,辩证法又是知识范围内一切真正科学知识的灵魂"②。黑格尔是以主客体统一的理性来统率知性和感性的认识全过程的,思辨辩证法不仅是理性方法,也是全部认识过程的方法。从感性确定性开始的感觉、知觉、经验、知性的一系列认识过程,都贯穿着辩证法,而被纳入认识过程,与主体统一的客体对象,也因此由辩证法来加以规定和论证。从这个意义上说,思辨辩证法就是总体的、原则的方法论,并展开于各具体环节的研究中。从《精神现象学》开始的黑格尔所有著述,都是思辨辩证法的产物,也是思辨辩证法的形成过程。

作为理性物质主义的方法论,思辨辩证法并不是先于主义、主题、主张及其体系就已形成,研究过程也不是像用一把镐或一个扳手那样应用既成的方法工具。思辨辩证法并非别人的方法论,而是黑格尔本人"我"的方法论,它就是研究的内容,因而要在研究的进程中逐步形成并运用。方法的运用与形成是统一的。

我们对思辨辩证法的探讨,不能像苏联教科书派那样以自己所制定的一套规律和范畴,从黑格尔著作中找出某些对应的话加以对比批判,而是以黑格尔的著述为依据,探讨其内在的方法论原则和要点。

黑格尔的思辨辩证法中以个体与总体统一为认识主体,并在认识的进程中与客体统一,它以理性统率知性、感性并贯通于统一的

---

① 黑格尔:《小逻辑》,商务印书馆1980年版,第176页。
② 同上书,第177页。

认识过程，在意识演化进程的各环节及其相互关系和转化中，都体现着思辨辩证法。并不是像一些黑格尔学的研究者所说只在理性认识中才有辩证法，这种说法仍没有跳出康德的知性与理性分隔的框框。康德也探讨并应用了辩证法，但由于他的认识主体只是个体，因而不能贯通知性和理性，他的辩证法也被切割为知性部分和理性部分，其知性辩证法只能对现象进行分析性规定，不能进行综合。而其理性辩证法则因与知性相脱离，只是从表象对世界、心灵、上帝等进行"二论背反"的空洞思辨。黑格尔克服了康德的这些缺陷，或者说正是康德的这些缺陷给黑格尔发展辩证法提供了契机。从《精神现象学》开始，黑格尔就明确了个体与总体统一的主体性，"我"与"我们"的意识发展中，从知性就已相联系，到理性就达成统一，并由此形成精神，进而体现于感性认识。个体与总体统一的主体在感性确定性基础上对客体的感觉所形成的现象和经验，是知性的对象，也是自我意识和精神的内容。主观精神与客观精神的统一，就是绝对精神。思辨辩证法是个体与总体统一的主体在认识客体对象的过程中，在以思维的形式将客体的现象材料概念化的同时对象化，并在概念运动中形成主体与客体统一的方法论。

主客体的统一是思辨辩证法的基本和原则，在黑格尔这里，并没有不包括客体的主体，也没脱离主体的客体。主体是主动的，只要是主体，就已经是对客体的意识，没有进入意识的个体人并不是认识主体，在意识演进的不同环节、阶段中，主体随意识的进展而以不同形式包含、容纳着客体内容，而客体也随意识的阶段性否定而存在于主体之中，主客体的统一集合于概念运动。概念是主体对客体的规定，也是客体在主体中的存在。当主体说到作为对象的客体时，它就已经是被主体不同程度认知和规定了的，或是感性确定性的感觉和现象，或是知性和理性的规定。知性和理性规定所体现的概念，已经不仅是个体的我的意识，而是总体的我们（包括我们的先辈）对客体的认识，个体我的感觉与总体的概念性认识从一开始就统一着。我并不是康德所设想的一个纯粹无知的认识主体，而是一个在人类社会历史演进中生成并与他人联系、接受前人已形成的概念的人，我的个体中就包含着总体性，总体性体现于我的个体性中。我的认识，在最初的感觉中就不是纯粹的个体我，而是有相应概念性规定从而具有总体性的我们的认识了，知性以后的各环节、阶段个体与总体的统一就更为明确了。认识能力绝非单个人的，而是个人对总体认识方法的集合。也正是在这个意义上形成了主体与客体的统一，思辨辩证法由此而生成发展并运用于全部认识过程。

苏联教科书派不理解主体与客体的统一，在坚持物质本体论的前提下，把客体的物质世界摆在第一位，视作无限，而主体人是从属于客体的、第二位的、有限的。他们所谓的"唯物主义辩证法"，包括三部分：自然界的辩证法、社会的辩证法、认识的辩证法。其中，自然界的辩证法是首要和基本的，辩证法的三个或五个规律及其各范畴都是自然界的运动规律。恩格斯认为辩证法是关于外部世界和人类思维运动"两个系列"的规律，斯大林则更明确地认为辩证法就是自然界的规律。苏联教科书派依据他们的思想来评判黑格尔的辩证法，其差距是明显的，也根本不可能理解思辨辩证法。

以个体与总体统一的主体与客体的再统一为基本和出发点，黑格尔思辨辩证法的要点可以归结为：

其一，无预设性，不以先验的本体和"公理"作为依据，而是在探讨意识的生成、发展中规定其精神。黑格尔反对预设的本体论，不论上帝本体论和物质本体论他都是不同意的，由此，经院哲学和早期物质主义者为论证其本体论而先验地规定的前提、"公理"，也就不存在。作为理性的资本主义者，他进行哲学研究的目的在于论证以自由精神为原则的社会变革的合理性和必然性。"为独立，为自由，为消灭外来的无情的暴君统治的伟大斗争，其较高的开端是起于精神之内。"① 自由的主体认识其自身、外部条件和时代精神,"反思既能揭示出事物的真实本性,而这种思维同样也是我的活动,如是则事物的真实本性也同样是我的精神的产物,就我作为能思的主体,就我作为我的简单的普遍性而言的产物,也可以说是完全自己存在着的我或我的自由的产物。"② 只有思维才能深入事物的实质,形成思想,思维是自由的,也只有自由的思维才能摆脱一切特殊性,不受任何先验的本体和"公理"的限制,而是依循思维的规律探讨事物的真实本性。

其二,从对立面的统一中把握对立面。在主体与客体的关系中,就已经包含对立中的统一和统一中的对立,由此而形成了知性与理性、有限与无限、自由与必然等各个环节的对立与统一。黑格尔认识到,思辨辩证法所要面对和处理的,就是对立与统一的关系。"思辨的东西,在于这里所了解的辩证东西,因而在于从对立面的统一中把握对立面,或者说,在否定的东西中把握肯定的东西。"③ "理性矛盾的真正积极的意义,在于认识一切现实之物都包含有相反的规定于自身。因此认识甚或把握一个对象,正在于意识到这个对象作为相反的规定之具体的统一。"④ 所谓对立面就是在自身内包含有此方与彼方,是自身与其反面之物。此物的存在即在他物之内。对立面的统一构成矛盾,从对立面的统一中把握对立面,也就是对矛盾的规定。这是黑格尔思辨辩证法的核心和基本,马克思正是抓住了这一点,在对资本主义经济矛盾的研究中将辩证法推进了一大步。列宁也机敏地认识到其真正的价

---

① 黑格尔:《小逻辑》,商务印书馆1980年版,第32页。
② 同上书,第78页。
③ 黑格尔:《逻辑学》上卷,商务印书馆1966年版,第39页。
④ 黑格尔:《小逻辑》,商务印书馆1980年版,第133页。

值并运用于对俄国革命的思想。而毛泽东则进一步明确辩证法的实质就在认识矛盾、解决矛盾。

其三，在否定的东西中把握肯定的东西。这是第二点的展开。黑格尔指出，"一切有限之物并不是坚定不移、究竟至极的，而毋宁是变化、消逝的。而有限事物的变化消逝不外是有限事物的辩证法。有限事物，本来以它物为其自身，由于内在的矛盾而被迫超出当下的存在，因而转化到它的反面。"① 否定就是有限的事物向它的反面的转化，其根据在于矛盾。否定也可以说是矛盾的运动，但否定并不是消灭，而是在转化中包含肯定，即进展到一个新的环节或阶段。植物的芽对种子、茎对芽、果对花的否定是如此，精神的知性对感性、理性对知性、精神对理性的否定也是如此。黑格尔以《精神现象学》为例，指出"意识的诸形态，其中每一形态在实现时，本身也一同消解了，结果是它自己的否定，一并从而过渡到一个更高的形态。"② 黑格尔哲学体系概念运动的每一步，都是在否定的东西中把握肯定的东西。这一过程，包含着量变引发的质变、质变后的再量变及其质变。

其四，以概念运动为核心和主干及其圆圈式发展。概念运动是黑格尔思辨辩证法的核心和主干，思维的各种形式及其内容，都集合于概念运动。概念运动作为"在否定的东西中把握肯定的东西"的思维进程，在总体上表现为圆圈式的发展。

> 前进就是回溯到根据，回溯到原始的和真正的东西；被用作开端的东西就依靠这种根据，并且实际上将是由根据产生的。——这样，意识在它的道路上，便将从直接性

---

① 黑格尔：《小逻辑》，商务印书馆1980年版，第179页。
② 黑格尔：《逻辑学》上卷，商务印书馆1966年版，第36页。

出发，以直接性开始，追溯到绝对的知，作为它的最内在的真理。于是，这个最后的东西，即根据，也是最初的东西所以而发生的那个东西，它首先作为直接的东西出现。——这样，绝对精神，它出现为万有的具体的、最后的最高真理，将更加被认识到它在发展的终结时，自由地使自己外化，并使自己消失于一个直接的有的形态——决意于一个世界的创造，这个世界包含在结果以前的发展中的全部事物，而这全部事物，由于这种倒转过来的地位，将和它的开端一起转变为一个依赖作为本原的结果的东西。对于科学说来，重要的东西倒不很在乎有一个纯粹的直接物作为开端，而在乎科学的整体本身是一个圆圈，在这个圆圈中，最初也将是最后的东西，最后的也将是最初的东西。[①]

当然，圆圈的结果和开端虽然是同一个，但却是已经充分发展了的、有充实内容的认识，即真正有了根据的认识。从感性确定性开始的概念运动是从具体到抽象的过程，这在《精神现象学》中充分展示着。而从具体到抽象概念运动的结果就是对绝对精神的规定，其内容就是作为开端的存在。绝对精神的概念规定并不是认识的终结，而是新的概念运动圆圈的开端，这个圆圈则是从抽象到具体的概念运动。这在《逻辑学》的存在——本质——概念的圆圈或概念运动，以及《自然哲学》《精神哲学》中得到充分体现。《逻辑学》的存在论是关于思想直接性，即自在或潜在概念的学说，本质论是关于思想的反思性和问题性，即自为存在的概念的学说，概念论则是思想返回自身和思想的发展了的自身持存，即自在自为的概念的

[①] 黑格尔：《逻辑学》上卷，商务印书馆1966年版，第55—56页。

学说。《自然哲学》是《逻辑学》概念运动的继续，是从绝对精神对自然的展开论证，它从抽象到具体的概念运动，不仅论证了自然精神，也是《精神哲学》的前提，《精神哲学》以"灵魂"为起点，这也是自然界与人的结合点，进而论人的主观精神和客观精神，最后又归总于绝对精神。以主体与客体统一为基本点的辩证的思想发展过程，是逻辑的进程，其主体我和客体对象是在感性确定性中就已确定的，以此为基础的思维进程是主体和客体关系的不断提升与深化，概念运动集中体现了思维进程各环节、阶段的否定和发展，由此而形成了向出发点返回的"圆圈"。"圆圈"是对思维形式的形象的说法，其内容则是主体与客体统一的思维运动的不断深化与提升。

其五，方法是思想内容的重要组成部分。"方法并不是外在的形式，而是内容的灵魂和概念。方法与内容的区别，只在于概念的各环节，即使就它们本身、就它们的规定性来说，也表现为概念的全体。"① 这是黑格尔对方法在内容中地位和作用的说明。在坚持本体论的上帝主义者和早期物质主义者那里，由于本体是既定的、外在于人的、无限的，主体人只能针对无限本体进行被动的、有限的认识，因而方法也是外在于本体的，甚至是外在于主体的，是像工具那样拿来用的。康德将方法视作主体的思维能力的运用，这是一个进步，但由于他将主体与客体分隔、知性与理性分隔，因而其方法的外在性更为突出。黑格尔从个体与总体统一构成主体，主体与客体内在统一，以理性统领知性和感性所进行的无预设的思辨辩证法，将方法作为内容的一部分，是"内容的灵魂和概念"，克服了方法与内容相外在的传统，是人类思想史上的革命。对此，不论西方的实证主义者还是苏联教科书学派都是不理解的。实证主义者用数学方

---

① 黑格尔：《小逻辑》，商务印书馆1980年版，第427页。

法充实形式逻辑形成完全外在性的方法研究哲学，苏联教科书派不仅因其倒退为物质本体论而将方法与内容分开，甚至运用这种观点去批评黑格尔的思辨辩证法。

不论实证主义者还是苏联教科书派关于方法与内容关系的思想，都是黑格尔以前的哲学家已经提出并使用过的。黑格尔是在克服其缺陷的过程中形成思辨辩证法的，例如数学方法，黑格尔指出数学方法"适合于它所专门考察的抽象对象和量的规定。""斯宾诺莎、沃尔夫和其他的人，找错了路子，竟把这种方法也应用于哲学，并且把无概念的量的外在过程做成概念的过程，这个办法本身就是自相矛盾的。"① 实证主义及其衍生的科学主义等不过是在继续这个"错的路子"，而受其影响的经济学、法学、政治学，甚至历史学也有人主张用数学方法使之"科学化"。这种将方法视作外在既成工具的思想，正是现代哲学和社会科学发展的内在障碍。

黑格尔认为，方法与其对象和内容并无不同，他的方法"正是内容在自身所具有的、推动内容前进的辩证法"②。明确这一点，是黑格尔思辨辩证法得以确立的关键，也是人类思维发展成果的结晶。马克思领悟和系统理解了这一点，并从劳动规定人本质的核心，克服了黑格尔从意识规定人本质的缺陷，他的《资本论》的逻辑就是《资本论》内容的重要的部分，是辩证法发展的必要前提。

其六，逻辑进程与历史统一。方法作为内容的重要组成部分，它所集中体现的逻辑也就与哲学史和人类历史内在统一着。这包括两个方面，一是思维逻辑与哲学史的统一，二是思维逻辑与人类历史统一。

---

① 黑格尔：《逻辑学》上卷，商务印书馆1966年版，第35页。
② 同上书，第37页。

从主体我的思维进程看，概念运动作为我的自由思维进程的集中体现，是有时间顺序的，如果我的思维不以个体生命为限，而是人类总体的我，那么概念的逻辑进程也就是哲学史。黑格尔指出："概念的发展在哲学里面是必然的，同样概念发展的历史也是必然的。这种发展的主导力量是各种多样性的形态之内在的辩证法则。"① "历史上的那些哲学系统的次序，与理念里的那些概念规定的逻辑推演的次序是相同的。我认为：如果我们能够对哲学史里面出现的各个系统的基本概念，完全剥掉它们的外在形态和特殊应用，我们就可以得到理念自身发展的各个不同的阶段的逻辑概念了。反之，如果掌握了逻辑的进程，我们亦可从它里面的各主要环节得到历史现象的进程。"② 逻辑与哲学史的统一根据在于思维的自由，黑格尔认为，能够作为哲学的思维逻辑，必须是自由的，而哲学史的起点，也在自由思维，即从古希腊哲学开始。哲学史的各主要阶段依次出现在不同民族，其逻辑关系，大体上与《逻辑学》的概念运动一致。《哲学史讲演录》对哲学史的探讨，基本上就是从哲学史对其哲学体系的展开和证明，但绝非每一环节都与逻辑的概念运动完全一致，而是将历史与逻辑的统一作为研究哲学史的原则。

人类的历史以自由为基本和起始。黑格尔认为，人类的本质是意识，是精神，因此，世界历史属于精神的领域。精神的真理是自由意识，"世界历史无非是'自由'意识的进展"③，世界历史与逻辑的统一体现于黑格尔的全部体系，尤其是《精神现象学》和《精神哲学》的概念运动，统一的集合点和出发点，就是自由概念。黑

---

① 黑格尔：《哲学史讲演录》第 1 卷，商务印书馆 1959 年版，第 43 页。
② 同上书，第 36—37 页。
③ 黑格尔：《历史哲学》，上海世纪出版集团 2006 年版，第 17 页。

格尔认为，人对自由的意识是逐步扩展和深化的，在《精神现象学》中是从感性到知性到理性的进程中达到意识、自我意识和精神——人之所以为人的本质，进而经宗教的异化再达到绝对精神，这个历程的动因就在自由。人类世界历史对自由的意识及其实现，也是先从原始人的不知自由而到东方世界的只知一个人的自由——即其放纵、粗野、热情的兽性冲动与其他所有人的柔和驯服导致的专制君主的任性作为，因而他也不是一个自由人。进一步是古希腊、罗马少数奴隶主的自由，日耳曼人在基督教的影响下，知道一切人都应是自由的。日耳曼世界演化到现代，一切人自由的意识已经普遍化，并为自由精神的实现而进行变革。世界精神的内核是自由，而自由的实现手段则是个体人的欲望、兴趣、活动，国家和民族是人类存在的总体方式，自由精神的演进就在法律、道德、伦理和民族精神之中展开，以此制约和教化、导引个体人的欲望、兴趣、活动，使之依循自由精神原则。而克服法律、道德、伦理中不利于自由的成分，加强民族精神中的自由原则，是人类现代所面临的重大课题，也是自由意识的逻辑进程的必然要求。

黑格尔通过对人类历史进程中自由精神演化的探讨，论证了当时正在进行的社会变革的合理性，即与自由精神的逻辑发展的统一，

> "世界历史"不过是"自由概念"的发展。但是"客观的自由"——真正的"自由"的各种法则——要求征服那偶然的"意志"，因为这种"意志"在本质上是形式的。假如"客观的东西"在本身是合理的话，人类的识见必然会和这种"理性"相称，于是那另一个根本的因素——"主观的自由"的因素——也就实现了。①

---

① 黑格尔：《历史哲学》，上海世纪出版集团2006年版，第426页。

自由精神的合乎逻辑的历史发展和实现，就是黑格尔的理性资本主义。思辨辩证法在探讨逻辑与历史统一的自由精神的进程中，得以形成并论证了理性资本主义之必然。

第三章
绝对精神：理性的自由意识发展集合

绝对精神是黑格尔哲学体系的核心概念，是他对自然与人类社会基本规律的规定，是他论证时代精神的依据。思辨辩证法就是围绕绝对精神概念的规定和展开的方法论。黑格尔的哲学体系是从具体到抽象又从抽象到具体的概念运动过程，绝对精神是其体系抽象的核心概念，对绝对精神概念的规定，是在《精神现象学》的最后环节做出的，进而在《逻辑学》和《哲学科学百科全书》《自然权利与国家》《科学大纲：法哲学纲要》（汉译名为《法哲学原理》）以及《历史哲学》中加以展开，一步一步地向时代精神及各种具体概念转化。由此构成从具体到抽象再到具体的概念体系。这个体系的建立过程，不断有抽象与具体概念的规定、改造与完善，因而有所反复，但其基本思路是清晰的。

一　绝对精神并非先验的，而是自由意识与对象统一的概念运动的集合

在英、美实证主义者或苏联教科书代表的"辩证唯物主义者"对黑格尔的批评中，绝对精神一个先验的、臆造出来的概念，它没

有经验的根据，就被黑格尔作为像上帝那样的世界本原、本体加以规定，黑格尔哲学的主要缺陷就在绝对精神这个概念。

黑格尔认为，精神是有生命、自由的，它客观地存在于自然运动，主观上集中体现于人的认识过程。规定绝对精神就要从人的认识过程开始，在对绝对精神做出系统规定之后，再探讨客观精神和主观精神，最后从二者统一中进一步规定绝对精神。

绝对精神不是先验的，也不是主观臆造的，而是精神主导的自由意识与对象统一的从具体到抽象概念运动的集合。这个过程，主要体现于1807年出版的《精神现象学》，马克思曾说：《精神现象学》是黑格尔哲学的"诞生地和秘密"。这本书在黑格尔体系中的地位，不仅因为它是第一部著作，或整个体系的"导论"，更重要的是他在精神现象的概念运动中规定了绝对精神，从而达到了体系的抽象核心概念，形成了自己的基本观念，并由抽象核心概念到具体概念的展开、转化中建立体系。

《精神现象学》是对精神从具体到抽象的概念运动的研究。在黑格尔为此书撰写的广告词里，他这样写道：

> 精神现象学把不同的精神形态作为一条道路上的诸多停靠站点包揽在自身之内，通过这条道路，精神成为纯粹知识或绝对精神。因此，在这门科学的主要部分及其细分章节里面，意识、自我意识、从事观察和有所行动的理性、精神本身以及不同形式下的精神（伦理精神、教化精神、道德精神、最后是宗教精神）依次得到考察。那些乍看起来混乱不堪而又丰富多彩的精神现象被纳入一个科学的秩序当中，这个秩序按照精神现象的必然性把它们呈现出来，在其中，各种不完满的精神现象自行瓦解，过渡到更高的精神现象，后者是前者随后的真理。各种精神现象先是在

宗教里，然后在科学——作为整体的结果里找到最终的真理。①

《精神现象学》是黑格尔第一部系统的著作，他对此书的出版是相当重视的，这篇广告词精练地概括了此书的基本框架，说明了绝对精神的形成之路。

绝对精神作为黑格尔哲学体系的核心概念，是自文艺复兴和启蒙运动以来欧洲哲学矛盾演化的结果。从文艺复兴的自然神论开始的否定上帝主义的哲学进程，历经几百年，集中反映并导引着社会矛盾和变革。到黑格尔进行哲学研究时，欧洲的哲学已演进到这样的阶段：物质主义取代自然神论成为哲学的主流，否定了上帝并确立物质为世界本体和本原。但如何证明物质是世界本体和本原？英、法两国的物质主义者只是提出了命题和结论，并没有展开论证。贝克莱作为保守的上帝主义者，发现了物质主义这一缺环，向物质主义者提出质疑和挑战，他将心灵与物质对立起来：心灵是上帝赋予人的认识能力，而物质只是个别无神论者的"荒谬主张"的体现。心灵形成知识的根据是感觉，所谓存在就是"被感知"，离开能感知的心灵"便不能有任何存在"。而"物质"只是一个抽象的概念，是人的心灵所不能感知的，因而也是不存在的。贝克莱的目的很明确：物质的实体性是"一切妖妄的"无神论者的基石，移掉了这块基石，无神论系统的全部结构"只有垮台了"。

面对贝克莱从神（上帝）性决定人的心灵，进而否认物质自然性的挑战，休谟重点探讨了人作为认识主体的人性及其认识能力和程序。他在《人性论》中将知性作为人性的首要环节，他所说的知性，是人的认知能力，不是单指后来康德规定的知性、理性中的知

---

① 黑格尔：《精神现象学》，人民出版社2013年版，第505页。

性，而是全部思维能力，或者说他尚未像康德那样将人的思维能力分为两种，而是以"知性"笼统地称谓。通过对人的认知能力考察，休谟论证了"促使我们相信物体的存在"的认识论原由。沿着休谟的思路，康德继续从人的主体性出发，全面探讨了人的认识能力，说明了上帝本体论产生于理性思辨的"幻相"及其不可认知和证明，也顺便否认了早期物质主义的物质本体论，但更重要的是他证明了感性所感知的现象与客体存在的关系，而知性是能够规定这些现象以认知有限的物质客体。但康德的研究仍然留下诸多疑问和缺陷，他的分而不合的知性方法论仍然将物质主义悬在半空：主体知性所能达到的对客体的有限认知是否真理？理性作为人的认识能力是否只是空洞、片面的思辨而不能在对经验、客体的认识中起作用？既然否定了本体论，那么又如何规定主体与客体的关系？二者之间是否有着统一性？主体人仅仅是单个个体，还是社会总体？人的总体性所构成的社会是否有其本质的规定和发展规律？

这些问题不解决，上帝主义就不能彻底被否定，哲学也不能确定其发展方向，更重要的是启蒙运动所开启的资本主义及其导引的变革运动就没有充分坚实的哲学观念，没有可以令人信服的关于社会发展的规律，即其道、法层次的根据，这一点在康德那里已经显示出来，他从意愿上是拥护资本主义变革的，但他从认识论上的探讨却不能充分支撑他的意愿，即不能肯定地回答资本主义变革是社会演进规律的必然，因此只能抽象地在道德上议论自由，却不能发现自由实现的条件和必然性。

正是这些问题，引发了黑格尔对哲学的探讨，并从个体与总体、理性及其与知性、感性的统一中论证了主体与客体的统一，进而将物质主义提升到一个新阶段。

在黑格尔和康德之间，有费希特和谢林作为中介，苏联教科书将其二人与康德、黑格尔平列，视为"德国古典哲学"的代表人物。

黑格尔的《哲学史讲演录》也对此二人进行了探讨。对于黑格尔本人来说，这种探讨是必要的。但对于哲学史的研究来说，哪些人可以列入研究范围要有个标准，而列入哲学史的人物也不是平列的，不是把曾经写过哲学书籍、文章，或在当时思想界显赫一时的人物都塞进哲学史。哲学史是哲学逻辑演进的体现，对哲学史的研究是从最后也是最高的哲学发展阶段对历史的逻辑探讨，是依从逻辑对历史的规定。不是随便一个人，特别是那些统治者的"御用文人"用哲学语言所写的言语都可以作为哲学史的对象。如果按苏联教科书派的做法，我们写作20世纪的哲学史，就只有领导人和为领导人指示做论证的人才有资格作为对象，而实际上除少数有创见的领袖（如列宁、毛泽东）之外，他们几乎都不知道哲学是什么东西，特别是那些将无哲学的领导人的言词论证为哲学的人，不仅其思想不是哲学的，其行为更是为哲学所不齿。说到费希特和谢林，这两个人是黑格尔同时代的人，但其地位和作用远不能与康德、黑格尔平列。费希特生于1762年，比黑格尔年长8岁；谢林生于1775年，比黑格尔小5岁。但他们成名都早于黑格尔，先是费希特后是谢林。从逻辑上说，此二人都是承继康德，并试图在解决一些康德留下的问题。费希特的作用主要在探讨主体的"自我"与客观的关系，试图从主体的"自我创造、统摄客体对象"，"自我"是意识，而客体的范围就在自我意识之所及，凡是不为我们，对我们而存在的东西，都与我们不相干。知识就是主体意识对其所界定的客体对象以范畴形式的规定。谢林则与费希特相反，他从突出客体的自然界的独立性及其不依主体而存在出发，论证客体的存在与主体思维有一个共同的"绝对理智"为根据，二者的差别、对立必然要回到"绝对同一"。费希特与谢林的主要作用也就在于从不同角度使康德的主客体分隔得到同一，在这个过程中，他们都在思辨方法的综合环节有所进展，但没有达到辩证的统一。

黑格尔继续探讨康德留下的问题，并深切关注费希特和谢林的尝试，经过十余年的思考，他逐步认识到只有打通康德所认定的理性与知性的分隔，从理性高度以思辨辩证法将思维贯通，进而联结感性，形成统一的主体自由意识，在与对象客体统一的概念运动中解决康德分而不合所造成的各种问题。这里的关键，也是康德方法论首要的缺陷，就是作为主体人的个体与总体的关系。康德及其以前的所有哲学家，在探讨认识论时都是从个体的人出发的，他们所说的认识主体，就是抽象的个体人。这一点不仅表现在认识论上，在社会观、经济观、政治观、文化观中也都如此。也可以说，早期资本主义的哲学观念和体系，都因知性方法论而将主体限于个体人，而个人主义和知性的方法论也就成为早期资本主义的特征与局限。黑格尔从理性辩证地贯通知性和理性，首要解决的问题，也是他在人类思想史上的主要贡献之一，就是将人的个体性与总体性统一，以此为思辨辩证法的基础和出发点。他的自由意识并不只是个体人的意识，而是个体人所集合、体现的总体意识，也只有在个体与总体的统一中才能形成真正的自由意识。这样在对客体的认识中，并不是抽象的个体主体，而是体现了总体的个体在运用人类社会历史地形成的认识能力来认知总体人所面对的客体。在认识的进程中，体现总体性的自由意识又要不断地与总体社会进行交流、验证，由此逐步达到主体与客体的统一。

黑格尔认为，思想必须独立，必须达到自由，必须从自然事物里摆脱出来，并且必须从感性直观里超拔出来。"思想既然是自由的，则它必须深入自身，因而达到自由的意识。"[①] 自由意识不仅是个体人的意识，而且是总体的、民族的意识。"一个有了这种自由意

---

① 黑格尔：《哲学史讲演录》第 1 卷，商务印书馆 1959 年版，第 101 页。

识的民族，就会以这种自由原则作为它存在的根据。"① 为了说明主体的个体与总体的统一，黑格尔在理性之后规定了"精神"这个范畴，并提出了"客观精神"，从伦理、法律、教化、家庭、市民社会、民族、国家等现实的社会总体关系中探讨其中体现的精神。每个个体人都是在客观精神主导的伦理中生活，他的意识既以客观精神为基础，又以客观精神所包括的各范畴为认识对象和内容。只有与客观精神统一的个体意识才是自由的。

> 伦理世界的这种内容就是以前那些无实体的意识形态所悬想的目的的实现；以前理性只视之为对象的东西，现已变成自我意识，而以前自我意识只在它自己本身以内所有的东西，现已变成客观存在着的真正现实。——观察[理性]以前所认识到的那种没经自我[主体]参与的、现成存在着的东西，在这里就是现成存在着的伦理，但这种天然的伦理，就其为一种现实而言，既是发现者所发现的既成事实，同时又是发现者自己创造的作品。——个人，在他为他的个体享受寻求快乐时，发现快乐是在家庭之中，而个人快乐之所以消逝的必然性则在于他自己意识到自己是他的民族[国家]的公民；——换句话说，在于它自己意识到他的心的规律是一切心的共同规律，他的自我意识是公认的普遍秩序，——这种自我意识就是德行，德行享受它自我牺牲的成果，把它所企求的目的实现出来，即是说，把本质显现为当前现存着的现实；而德行的享受，就是过这种普遍性生活。②

---

① 黑格尔：《哲学史讲演录》第1卷，商务印书馆1959年版，第102页。
② 黑格尔：《精神现象学》下卷，商务印书馆1979年版，第19—20页。

人是有思想的"普遍性者",只有他意识到他自身的普遍性时,他才是"有思想的"。当一个人进行思想的时候,他就是已经意识到普遍性的普遍者,"当他知道他是我的时候","我意谓着我自己作为这个个别的始终是特定的人。其实我这里所说出的,并没有什么特殊关于我自己的东西。"① 因为每一个其他的人也都是一个我,当我自己称自己为"我"时,虽然我是在指这个个别的我自己,但同时我也说出了一个完全普遍的东西。"我乃是一种纯粹的'自为存在',在其中任何特殊的东西都是被否定或扬弃了的。"② 这种自为的我,乃是意识中最后的、简单的、纯粹的东西,我与思维是同样的东西,是作为能思者的思维。凡是在我的意识中的,即是为我而存在的,我是一种接受任何事物的"空旷的收容器"。平时人们使用"我"这个词时,并不会考虑其中包含的个体与总体的关系,但在哲学研究中,则必须,也只能从个体与总体、个别的特殊性与普遍性的统一中规定"我"这个范畴。"我"是黑格尔思辨辩证法的重要范畴,也是自由意识的起点。

> 在"我"里面就具有各式各样内的和外的内容,由于这种内容的性质不同,我也因而成为能感觉的我,能表象的我,有意志的我等等。但在这一切活动中都有我,或者也可以说在这一切活动中都有思维。因此人总是在思维着的,即使当他只在直观的时候,他也是在思维。③

---

① 黑格尔:《小逻辑》,商务印书馆1980年版,第81页。
② 同上。
③ 同上书,第82页。

以对人的个体性与总体性统一的规定，黑格尔解决了康德只分不合方法论中的各种矛盾，站在一个新的高度，解答了康德所遗留的问题。但这绝不是黑格尔哲学的全部或主要的内容，对康德的矛盾和问题的解决，只是他的哲学观念和思辨辩证法的必要环节，更重要的是，他以此为始点，将哲学提升到一个新阶段，开辟了一条新的哲学之路。

黑格尔是这条哲学之路的建造者和践行者，他作为一个具有自由意识的"我"出现在哲学，先是阅读思考康德及其以前各哲学家及思想家的著作，密切关注法国大革命及德国及欧洲的社会矛盾与变革，认真学习和探究自然科学成果，在自己的思想中经历若干次的从具体到抽象再从抽象到具体的概念运动过程，逐步理清了思路，在1804—1805年写作的《逻辑学和形而上学》（"耶拿体系"）中初步规定了绝对精神这个抽象核心概念之后，紧接着又写了《精神现象学》，按从具体到抽象的概念运动，依次考察了感性确定性、知觉、力和知性、自我意识、理性、精神、宗教、绝对知识诸范畴，改造并规定了绝对精神。进而又在《逻辑学》中从抽象到具体的概念运动系统规定绝对精神这个核心概念，并将之贯彻于《哲学全书》的体系。

二 主体与客体统一的始点：感性确定性

在早期物质主义者那里，物质是他们用以取代上帝的世界本体，也是认识的客体对象，而作为认识主体的人只是物质世界的一部分，是无限的物质本体有限的特殊存在形式或部分。这样，从属于物质本体论的认识中的主体人与其客体对象就形成了明显的不对等：主体是有限、是特殊、是局部，而客体是本体、是无限、是绝对的全部。主体认识只能认知客体对象局部有限的特殊内容，因此也就很难证明其真理性。康德以认识论否定了本体论，并从主体、客体平列来谈二者的关系，但由于只分不合的方法导致主客体的对立，他的认识论也就成为只是对主体认识能力和程序形式的规定，不能包括客体内容于主体认识。虽然康德承认客体的物质自然性，但却不能证明它。黑格尔从思辨辩证法解决了康德及早期物质主义者的矛盾，他先从主体来界定客体的外延，并明确主体与客体的统一性在于精神。他认为，主体的人是不能预先设定客体的本质和规律，但却可以相信自己的意识，也必须相信自己的意识。而意识并不是康德所说的完全超脱客体的"纯粹"认识能力，不论感性、知性、理性，都既是认识的能力，也是运用这些能力的认识过程；它们是认识的形式，但不是单纯的形式，而是以客体对象为内容，并包括这些内容的形式。更为重要的，就是前面讲到的主体是个体与总体的统一，感性、知性、理性等认识能力和过程，都是个体与总体的统一。这样规定的主体意识，其对象和内容就是总体人类所能认知的客体，主体意识的演进是有内在规律，即由个体与总体的统一所构成的主体在以其全部认识能力认识客体对象进程中矛盾的本质联系和演化，也即对立统一、质变量变和否定之否定。

人认识过程的规律并不是孤立存在的，是包括并以客体为对象为内容的，这样，也就在意识的演进过程中认知了客体对象的规律。主体所认知了的客体规律也不是"纯粹"的客体规律，而是包含着主体意识，被主体意识到的规律。也正是在这里体现着主体与客体对立中的统一。在这种意义上，黑格尔使用"精神"这个概念，以示与早期物质主义者所说的"物质规律"的区别。而"精神"也就成了主体的人和客体的物质共同的规律，但二者不是绝对同一的，也有各自的特殊性。精神并不是上帝或物质本体，——虽然精神要涉及上帝和物质——而是主体人与客体物质内在统一的根据、出发点和归结点。

说真理只作为体系才是现实的，或者说实体在本质上即是主体，这乃是绝对即精神这句话所要表达的观念。精神是最高贵的概念，是新时代及其宗教的概念。唯有精神的东西才是现实的；精神的东西是本质或自在而存在着的东西，——自身关系着的和规定了的东西，他在和自为存在——并且它是在这种规定性中或在它的他在性中仍然停留于其自身的东西；——或者说，它是自在而自为。——但它首先只对我们而言或自在地是这个自在而自为的存在，它是精神的实体。它必须为它自身而言也是自在而自为的存在，它必须是关于精神的东西的知识和关于作为精神的自身的知识，即是说，它必须是它自己的对象，但既是直接的又是扬弃过的、自身反映了的对象。当对象的精神内容是由对象自己所产生出来的时候，对象只是对我们而言是自为的；但当它对它自身而言也是自为的时候，这个自己产生，即纯粹概念，就同时又是对象的客观因素，而对象在这种客观因素里取得它的具体存在，并且因此在它的具体存在里对它自身而言是自身反映了的对象。——经过这样发展而知道其自己是精神的这种精神，乃是科学。[①]

黑格尔在这里所说的"精神"，有人将它解读为"上帝"，而"存在本身就是认知"，"谁的认知呢？不是张三李四的，而是上帝的。"依照这样的注释，《精神现象学》就是论上帝的存在和认知，而《逻辑学》则是"精神"的一个开端，是上帝、精神在创造世界之前设定一套架构，是上帝创造世界的蓝图、方案。因而，黑格尔

[①] 黑格尔：《精神现象学》上卷，商务印书馆1979年版，第17页。

的哲学体系就是"理性宗教",是"泛神论"。

按这样的注释,黑格尔的哲学确实好读多了,也就没有任何哲学的价值。只要读者(首先是译者)看到"精神""绝对"等术语,就把它读(译)成"上帝",那么黑格尔的《精神现象学》及其全部著作,作为上帝创世、存在和认识的历程,是很好理解的,更不必浪费纸张和口舌去"句读",只要将它丢弃就可以了。

但是,黑格尔和康德一样绝不是上帝主义者,也不是泛神论者,而是一个物质主义者,是以理性的思辨辩证法将康德及其知性物质主义提升到理性物质主义的哲学家。他之所以提到"上帝",并不是将精神视为上帝,更不是论证上帝的存在和认识,而是在强大的教会压力下,为了避开对他是无神论的指责(康德就备受这种指责),以繁杂的思辨辩证法将上帝概念化、哲学化、精神化。上帝是理性、精神的产物——施特劳斯、鲍威尔、费尔巴哈等黑格尔的学生对上帝的批判,正是黑格尔真实思想的表达。在论证精神时黑格尔之所以提到上帝,是一个伪装,也是一种借喻,前者用来对付教会,后者用来启示读者:精神这个概念所规定的,就像大家(因为当时的欧洲人从小就在基督教的统治下)所熟知的上帝那样"是本质或自在而存在着的东西",但绝不是说精神就是上帝。

黑格尔认为,实体既非本体论中的本体,也非康德所说的与主体对立、分隔的客体,而是被主体对象化了并与主体统一的客体,它既是主体的对象,又在本质上是主体,它之所以是"实体",就在于它是真实的存在,是主体所确定了的存在。"实体性自身既包含着共相(或普遍)或知识自身的直接性,也包含着存在或作为知识之对象的那种直接性。"[①] 人是以自己的意识来认知对象客体的,这种认知是一个过程,在其起点上必须确定客体对象的实在性,否则认

[①] 黑格尔:《精神现象学》上卷,商务印书馆1979年版,第12页。

知就无从谈起。而当确定了客体对象的实在性，也就使之与主体统一，并异化为主体认知的内容。实体即主体，贯穿于认知的全部过程，而这也就是真理的体系，或体系的真理。主体与实体统一的本质和规律就是精神，精神的东西才是现实的。要把握精神，就要探讨以实体为内容的主体意识经历的全过程的各种形态。而主体只要开始认知，就与客体对象相统一，这就是感性的确定性。

> 那最初或者直接是我们的对象的知识，不外那本身是直接的知识，亦即对于直接的或者现存着的东西的知识。我们对待它也同样必须采取直接的或者接纳的态度，因此对于这种知识，必须只像它所呈现给我们的那样，不加改变，并且不让在这种认识中夹杂有概念的把握。①

感性是人的基本、初级的认识能力，感性直接感受对象客体，感性知识是"直接的或者现存着的东西的知识"，其中包括两个要素，一是主体的感性能力，二是对象客体的存在。黑格尔以对主体的感性的确定性来确定对象的实际存在，这是可以推翻贝克莱否认客体存在的必要方式，也克服了康德将主体与客体分隔的缺陷。与早期物质主义者不同，黑格尔并不以先验的物质本体为前提和出发点，而是以人的感情确定性及其对客体感知的可靠性为出发点。他并不预设一个先验的本体，而是从主体对客体的认识过程来规定本质与规律。而贝克莱的"存在就是被感知"实际上也承认人感性认识是可信的，但他却将感性与知性隔绝，由此否认对感觉到的现象本质的规定。黑格尔以感性确定性为基本点和出发点，由此通过一系列的概念运动将感性知识提升到知性、理性、精神，并在意识的

---

① 黑格尔：《精神现象学》上卷，商务印书馆1979年版，第71页。

每一阶段，都强调并论证其确定性，将主体与客体的统一贯彻于意识的全过程。

感性确定性的具体内容显得它似乎最丰富的知识，甚至是无限丰富、最为真实的知识，但是它又可以说是最抽象、最贫乏的真理。"它对于它所知道的仅仅说了这么多：它存在着。而它的真理性仅仅包含着事情的存在。"① 在感性确定性中，意识主体只是一个纯自我，或者说"我只是一个纯粹的这一个，而对象也只是一个纯粹的这一个"②。"这一个我"之所以确定这一个事情，并不是因为作为意识的我在确知这一个事情中发展了我自己，并通过多种方式开动脑筋去思索这事情，也不是因为我所确知的这件事情具有不同的质、本身具有丰富的自身关联，或者与别的事情有着多方面的关系。感性确定性所确定的，只是事情存在着，或者说有这么一回事，而这个事情之所以存在，仅仅因为它存在。它存在——这对感性知识来说，就是本质的东西，而这个纯粹的存在或者这个单纯的直接性便构成感性确定性的真理性。

> 在感性确定性中所设定的一方是简单的、直接的存在着的东西或本质，即对象。而所设定的另一方便是那非自在存在，而要通过一个他物才得存在的那种非本质的、间接的东西，即自我，自我是一种认识作用，它之所以知道对象，只是因为对象存在，而这种认识的自我则是可以存在也可以不存在的。但对象却存在，它是真实、是本质。不论对象是被知道或者是不被知道，它一样地存在着。即使它没有被知道，它仍然存在着；但是如果没有对象，便

---

① 黑格尔：《精神现象学》上卷，商务印书馆1979年版，第71页。
② 同上书，第71—72页。

不会有知识。①

黑格尔在这里明确地回答了贝克莱的质疑，并扫除了怀疑论和康德分而不合方法制造的疑难。感性确定性不仅是主体意识的自我确定，更是对对象客体的确定。在规定感性确定性的同时，也就为意识的进一步演化选定了方向，提出了应考察的问题：感性确定性所表明的对象，事实上是否真的本质？对象是本质这一概念规定是否和它在感性确定性中的地位相符合？"我们的目的并不在于反复思考对象真正地是怎样，而只是要考察感性确定性所包含的对象是怎样。"②

在探讨感性确定性时，黑格尔在分析了"这一个我"和"这一个事情"之后，又规定了意谓这个概念。所谓意谓，就是感性确定性所达到的意识，但却是不可言传的。从汉字而言，"意谓"就是"意会"。当我们要说出感性的东西时，是把它们当作一个普遍的东西来说的，比如"这一个"或"它存在"，都是普遍而非特指的，"语言是较真的东西：在语言中我们自己直接否定了我们的意谓；并且既然共相是感性确定性的真理，而语言仅仅表达这种真理所以要我们把我们所意谓的一个感性存在用语言说出来是完全不可能的。"③ 因此，感性确定性的真理就在自我的直接视、听等等之内了，意谓的个别的"这时"和"这里"就由于自我的坚执而不至于消失，感性确定性的本质既不在对象里也不在自我里，它所特有的直接性既不是对象的直接性也不是自我的直接性。"我们必须把感性

---

① 黑格尔：《精神现象学》上卷，商务印书馆 1979 年版，第 73 页。
② 同上。
③ 同上书，第 75 页。

确定性的整体设定为它的本质，而不只是它的一个环节"①，"感性确定性的辩证发展不外是它的运动或者它的经验的简单历史，而感性确定性本身只不外是这个历史。"② 因此朴素的意识总是要进展到感性确定性里的真的东西，并在这个过程中形成经验。在感性确定性的意谓中，就体现了个别与普遍（共相）的矛盾，对待这个矛盾，既要确定感觉到的对象的直接性和真实性，又要从连续的个别感性认识中形成普遍性的认识。于是意识就进入下一环节——知觉。

三　知觉与知性

黑格尔认为，《精神现象学》所研究的，"就其内容来说，乃是关于意识的经验的科学"③。意识对其自身的经验，按其概念来说，是能够完全包括整个意识系统的，真理的各个环节被陈述为整体的不同环节，或者说，意识就是出现在这些环节中的，这些环节也就成为意识的各个形态。黑格尔将意识形态分为意识、自我意识、理性、精神、宗教、绝对知识等环节。其中意识是基本的环节，后面各环节都是意识演化的形态，它们又是精神发展中呈现的各现象阶段。意识的各环节似乎互相排斥、互不相容，但它们都是有机统一的环节。各环节的异化和否定，正是精神的生命之所在。

在意识演化的各环节中，最为重要的就是"意识"这个基本环节的起始——感性确定性。我们可以将感性确定性理解为植物生命的起点，它就像一粒种子埋在土里，在适当的温度和湿度的作用下发芽、生根。这个环节是基本的，也是根本的，植物生命也就在种

---

① 黑格尔：《精神现象学》上卷，商务印书馆1979年版，第77页。
② 同上书，第80页。
③ 同上书，第70页。

子与土壤、天气、阳光、水分等自然物质条件的对立统一中开始。意识的主体犹如种子，其对象客体就是土壤等自然物质条件，感性确定性就是种子与这些自然物质条件的对立统一。种子发芽、生根以后，种子被否定，植物生长过程的各环节，叶、茎、花、果是依次否定的，这后来的否定都是初始否定的继续，而其根本仍是与土壤等自然物质条件的统一。意识不论进展到哪个形态，其生命之根的感性确定性所建立的与对象客体的对立统一都依然保持并起作用。

还可以从石油开采和加工来说明意识各形态的关系。感性确定性犹如探矿、钻井，它首先确定了主体与客体对象的内在统一，并采集了原油。而对原油的一系列加工，不论是生产汽油、煤油、柴油、沥青，还是精加工为各种化工材料，其间会有各种工序和形态变化，但根本是开采——感性确定性，所处理的材料源自对象客体，而它之所以能成为材料，又在主体意识的不断努力和连续的技艺之运用。当我们穿着化纤衣服，使用塑料制品时，很少会想到对地层深处石油的开采，但正是开采才有了这一切。

黑格尔的《精神现象学》是对意识形态各环节统一性的探讨，其基本理念是哲学史上的一场革命，他解决了康德分而不合方法所导致的各种矛盾，从精神的高度，从个体与总体的统一中，将康德冥思苦想对感性、知性、理性"纯粹"主观性研究分隔的成果，有机统一，构造了意识的生长历程。这是伟大创举，也正因为是创举，加之拼音符号的局限，三十几岁的黑格尔所出版的这第一部著作，在论述中对概念的规定、展开及其转化，都有欠缺。这不仅导致普通读者理解的困难，更为那些坚持或只能使用分而不合方法的人对黑格尔的误解、曲解和攻击。这里不仅有实证主义者，更有号称"发展"了黑格尔辩证法的苏联教科书派，他们从根本上就没理解，甚至没有读过《精神现象学》，就武断地宣布黑格尔为"客观唯心主义者"。而黑格尔对感性确定性这个基本环节的规定，恰恰表明他对对象客体——自然物质——确定性的承认。不仅如此,他更以思辨辩证法将这种确定性及其所采集的对象客体的材料,贯通于意识演进的各形态。

《精神现象学》的意识环节,类似植物的发芽、生根、长叶、拔茎,或石油开采、提炼及各加工过程,它从感性确定性进展到知觉和知性。在黑格尔哲学体系的完成形态,"意识"之前应是"灵魂",即对意识的自然精神基础和根据的规定,犹如对种子的生命性及其物质条件的统一关系的探讨,或者石油的储藏和探矿。从论述部分的逻辑上说,灵魂应在意识之前——本书写作时我曾这样计划过,但在黑格尔哲学的研究进程中,他对灵魂的明确规定是在《精神哲学》的第一部分完成的,① 承接《自然哲学》的"有机物理学"关于"动物有机体"的规定。如果将灵魂放在意识之前来探讨,似乎符合逻辑,但又要论及作为灵魂基础的动物有机体,进而包括"有机物理学"及《自然哲学》的全部。这样做,不仅不符合黑格尔研究的历史,也违背了他的总体逻辑,即从具体到抽象再从抽象到具体的概念运动。《精神现象学》是从具体到抽象的概念运动规定绝对精神的,而《哲学全书》则是按逻辑学、自然哲学、精神哲学的顺序,以从抽象到具体的概念运动展开绝对精神的。其中《精神哲学》在论述了人类学——灵魂之后又论证了精神现象学,对《精神现象学》中的意识、自我意识、理性做了进一步规定,但这是按从抽象到具体的概念运动展开绝对精神的一个环节,与《精神现象学》从具体到抽象的概念运动形成绝对精神是有差异的,或者是黑

---

① 在1804—1805年手稿《逻辑学与形而上学》中,黑格尔曾在"客体性形而上学"部分依循旧形而上学的体系论及灵魂,但只是表明了他不同意旧形而上学或上帝本体论关于灵魂由上帝赋予的观点,是与世界相对并联系的"根据",远未达到《精神哲学》的概念规定。

格尔所说的螺旋式运动的圆圈在一个点上的重合性回归，但又有层次上的区别。基于此，我还是按《精神现象学》的体系写本章，将"灵魂"放在《精神哲学》中探讨。

黑格尔将知觉作为感性确定性之后的意识形态，它还属于感性阶段，又是从感性向知性转化的中介。他认为，知觉是从对感觉材料的观察出发，但又不停留于观察，不局限于嗅、看、听、触，而是探讨材料反映的诸个别物之间的普遍性。普遍性是知觉的原则，知觉中互相区别的各环节也以普遍性为原则：主体我是一个共相，客体对象也是一个共相。因此，知觉不再像感性确定性那样是个别的、偶然的认识，而是一个具有必然性的过程了。

在普遍性原则出现的同时就出现了两个环节，这两个环节只是作为现象冒出在我们前面：一个环节是指出的过程，另一个环节仍然是同一过程，不过被认作简单的东西；前者是知觉，后者是对象。按本质说来，对象与过程是同一的，过程是两个环节的展开和区别开的运动，对象是两个环节之被认作一个结合体。就我们说来或者就它本身说来，作为原则的共相是知觉的本质，对这个抽象的本质说来，那区别开的两个方面——能知觉者和被知觉者——都是非主要的。但是，事实上，因为两者本身都是共相或本质，所以两者都是主要的。不过两者是处于相互对立关系，所以在这种关系中只可有一方面是主要的，在它们之间必须作出主要的和非主要的区别。那被规定为简单的一方面——对象——是主要的，是本质，不管它被知觉或不被知觉都是无差别的；但是知觉作为认识过程不是经常的，可以有知觉，也可以没有知觉，所以它是非主要的。①

这一大段引文，充分体现着黑格尔思辨辩证法在研究知觉这一意识形态时的特点，其一，知觉与对象是一对矛盾；其二，知觉与对象的原则是共相、普遍性；其三，对象是这对矛盾的主要方面。虽然黑格尔远未达到毛泽东对主要矛盾和矛盾主要方面的认识，但辩证法的实质就在认识矛盾，黑格尔哲学也是以对矛盾的分析与综合来规定、展开、转化概念，从而必然要处理主要方面和非主要方面的关系。不过他并没有从基本方法论上明确这一点，因而有时能认识到，有时认识不到，处理的情况也时对时错。这里关于对象是主要矛盾方面的规定，不仅是正确的，也是黑格尔继感性确定性之后进一步强调了对象的重要性，是他对物质主义基本观念的提升与坚持。

知觉虽然还是感性的，但已不是直接的确定性，而是普遍的直接性，它从对象中的认识也是其普遍性。知觉所规定事物的"本质"，还是众多各不相关的"单纯的共相"或物质。以对盐的知觉为例，盐有白、咸、立方形、重量等特质，这些特质都存在于"这一个简单的这里，它们并且在这里互相贯穿起来"②，白、咸、立方形、重量等也可在知觉认识的其他"这里"，即非盐的他物中共存或分别存在。这些特质是感性的共性，它们可以以"又"贯串在一起，并且互不影响。盐的白色不影响或改变盐的立方形，盐的白色和立方形又不影响或改变盐的咸味。"又"作为特质简单的关联，就是那纯粹共相，或者是把它们互不相干地连在一起的媒介——事物一般。事物之成为知觉的真理的过程，或者说知觉对对象的认识所达到的

---

① 黑格尔：《精神现象学》上卷，商务印书馆1979年版，第83—84页。
② 同上书，第85页。

事物这一概念，包括：第一，事物是无差别的被动的共性、是诸多特质之机械的集合（用"又"来联系），或者是物质成分之集合；第二，事物同样是单纯的否定性，是单一，是对相反特质之排斥，如盐是白的，就不能是黑的等；第三，事物即诸多特质自身，也就是前两个环节的联系。

> 所以感性的共性或存在与否定性的直接统一，就是特质，因为单一和纯共性都是从特质里发展出来并且相互区别开的，而且也是在特质中和纯共性彼此结合起来。只有当这种直接统一与那些纯粹主要环节的联系完成了，才达到事物。①

以事物为对象的意识，就是知觉。或者说，意识达到对对象的认识为事物，意识就进入知觉。知觉只需接受对象，采取纯粹觉察的态度，就能获得对事物的真理性认识。由于对象是"真理和共相、自身等同者，而意识本身是变化无常的和非主要的东西，那么意识就有可能错误地认识对象，因而陷于错觉。"② 错觉是知觉意识中经常出现的，是知觉主体以不正确的态度和方式，即违背"纯粹觉察的态度"而采取的认识方式所导致的对事物特质过多或过少的认识，纠正错觉是知觉过程中的重要内容，于是就有了意识的反思。反思验证感觉，并纠正对事物所形成的单一体与多种特质相矛盾的认识。进一步发现特质是事物自己特有，并不是主体感官强加的，事物就是多种特质的集合体，在反思中知觉认识到事物自身的统一性，而将诸多特质设定为一是意识的活动，并不把这些特质在事物中混淆。

---

① 黑格尔：《精神现象学》上卷，商务印书馆1979年版，第87页。
② 同上。

"意识作出一种区别,通过各种区别,一方面它把诸多特质相互区别开,另一方面它又把事物看成诸多特质的集合体。"① 在知觉的反思中,意识发现,不仅自身包含向外把握和返回自身这两个环节,而且事物也以这两种方式呈现其自身,于是获得这样的经验:事物在以一定方式向意识呈现其自身的同时,又返回自身,事物在自身中有一个包含对立的真理。

由于知觉的局限,它对事物的认识所陷入的矛盾,个别性与普遍性、诸多特质的同一和"自由物质"的并存,都是知觉所不能解决的,在不断的知觉和反思从而将矛盾充分展示的过程中,意识就进入知性阶段。黑格尔从力和知性及现象和超感官世界四个概念规定意识的知性阶段。

黑格尔认为知性的对象是力,即由物的特质集合性而形成的质料的诸多环节借以持存的共同媒介,或者说是质料间联系的能动性和相互制约。力表现为两种形式,一是能诱导的力,二是被诱导的力。这两种力的交互作用形成辩证运动:它们的存在纯粹是一种被对方建立起来的存在,它们作为两极端并非固定的,而是通过接触凭借共同的媒介相互把一个外表的特质转移给对方。

> 力的概念是属于知性的,而知性亦即把不同的环节作为不同的环节而统摄起来的概念;因为这些不同的环节就它们本身来说,是没有区别开的。所以它们的差别只存在于思想内。②

被诱导的力和能诱导的力相互作用所形成的运动过程,使二者成为

---

① 黑格尔:《精神现象学》上卷,商务印书馆1979年版,第91页。
② 同上书,第102页。

现实的，它们的存在是被对方建立起来的存在，也就是说，它们的存在具有消失的意义，自为存在的现实的、外化的力就是被迫返回自身的力。通过力的交互作用而返回自身的力就是整体的共相，构成事物内在的核心，并与知性相对立，成为知性的对象。黑格尔在反复论证这两种力的相互作用之后，提出了现象和超感觉世界的概念。

将知性和事物内在核心两极端结合起来的媒介，是力之发展了的存在，这种存在对知性来说是一个不断消失的过程，这个过程就是现象，因为它本身直接就是一个"非有的有或存在"，又可以称为假象。假象的整体就是现象，孤立的现象的局部就是假象。在整体里，意识以客观的方式把知觉的对象设定为没有停息、没有独立存在地转化到对方的环节，单一与普遍、本质与非本质都在互相转化。"因此力的交互作用就是发展了的否定；但是力的交互作用的真理却是肯定，亦即共相，那自在地存在着的对象。"①

事物的内在核心以现象为中介展示给知性，或者说知性从现象认知事物的内在核心，但是通过现象意识并不能认知事物的内在核心与它内在联系着的东西，只好停止于现象，意识仍然陷于虚空。从现象界产生了超感官的世界，超感官世界是作为现象的现象，它是对感官事物和知觉对象的否定，是知性的对象。也就是说，随着意识形态的变化，对象也在变化，即逐步从感觉到的直接的一和意谓，变成力交互作用而形成的超感官的内在世界。"力的交替作用对知性是直接的；但是对于知性那单独的内在世界才是真的；因此力的运动同样只是作为单纯的东西一般地才是真的。"② 力的交替作用体现着内在世界绝对变化之中的那作为普遍差别的差别，或者那许

---

① 黑格尔：《精神现象学》上卷，商务印书馆1979年版，第108页。
② 同上书，第111页。

多对立都已消除了的差别。这种普遍差别是力交替作用本身中的单纯成分，是力的交替作用中的真理，这就是力的规律。规律表达着不稳定的现象界持久的图像，超感官世界就是一个"静止的规律的王国"。这是知性所能认识的真理，但规律在现象界没有全部体现，并且在不同情况下有不同的体现和现实性，还有一般性、不确定性等缺陷。这些都违反了知性的规律，即只有自在的统一性不是真理，因此知性要让诸多法则结合为一个规律。但是让诸多有差别的规律结合为单一的规律，规律也就变成空泛而表面的东西了，知性就只是发现了规律的概念而已。黑格尔将这个规律称为"第一规律"。

知性对规律的认知，先是将差别都归结于共相，把不同的力都归结为一般的力，从而达到同一的规律。在这个环节知性虽然意识到差别，但这只是概念的差别，还是知性做出的，还没有建立于事情本身。黑格尔将这种知性的概念差别，称作"解释"。解释虽然列举了差别，但只是口头上的，等于没有差别。为了突破这个局限，意识从作为对象的内在世界走到其对立面，进到知性，从知性中发现转化，并得到第二个规律，即关于差别的规律。它认识到自我同一的东西就是自我排斥的，并且诸差别自身不同一的东西却相互吸引。第二个规律与第一个规律是相反的，它表明等同的变成不同的，不同的变成等同的。概念要求意识把这两个规律合而为一，从而意识到它们的对立。第二个规律否定了第一个规律，而它的世界是现实世界，也颠倒了第一个规律的现象世界。

> 颠倒这个观念构成了超感官世界的一个方面的本质，我们必须从颠倒这个观念里排除掉那把诸多差别固定化在一个不同的持存性的要素内的感性的看法，而差别的这个绝对概念作为内在的差别必须纯粹表明并且理解为自身同一者本身与它本身的排斥和不等同者本身与它本身的等同。

这里我们所必须加以思维的乃是纯粹的变化、自身之内的对立或矛盾。因为在一个作为内在差别的差别里，那对立的一面并不仅仅是两个之中的一个，——如果这样，那差别就不是一个对立的东西，而是一个存在着的东西了；——而乃是对立面的一个对立面，换句话说，那对方是直接地现存于它自身之内。①

这里，黑格尔说出了其思辨辩证法的重要特征：对立面不仅是差异，也不仅是将对立的两方面列举出来，指出它们的差异，而是互相存在于对方之内，对立而统一着。因此，统一性是分裂为二的过程，是包括对立在自身的。分裂为二的过程和自身等同过程同样仅是一种自身扬弃的过程。统一与分裂的自身运动的非静止性，就是无限性，或者说无限的对立统一导致非静止的绝对运动。通过无限性规律获得了内在的必然性，而现象界的一切环节都被吸收到内在世界里去。之所以说规律的单纯的本质就是无限性，根据在于：（一）规律是自己排斥自己、自己分裂为二的自身等同的东西；（二）那被分裂为二的成分被表象为构成规律的部分，便被表明为有持存性或实体的东西；（三）由于内在差别的概念，那些不同等和不相关的成分变成无差别的差别，或仅是一个等同的东西的差别，而它的本质是统一性。黑格尔强调："这个单纯的无限性或绝对概念可以叫做生命的单纯本质、世界的灵魂、普遍的血脉，它弥漫于一切事物中，它的行程不是任何差别或分裂所能阻碍或打断的，它本身毋宁就是一切差别并且是一切差别之扬弃，因此它自身像血脉似的跳动着但又没有运动，它自身震

---

① 黑格尔：《精神现象学》上卷，商务印书馆1979年版，第123页。

撼着，但又沉静不波。"①

知性的深入可以发现无限性，即同一与差别的统一，但知性本身的局限却使它不能正确认识无限性。知性坚持着抽象的同一律，并使普遍性与特殊性对立。知性的对象是现象，在现象界的力的交替中它所认识的只是它自己，而不可能辩证地规定无限性及其运动。虽然知性会以阳电和阴电、距离、速度、引力等运动各环节的内容来解释运动，但这种解释不过"意识是在和它自己作直接的自我交谈，它只是欣赏它自己"②。

知性的局限也是"意识"的局限，经过感性的意识和知觉，再到知性这"长远曲折的途程"，意识结束了它的使命，在其自身矛盾的作用下否定了自己，进入自我意识阶段。

四 自我意识：生命与自由

康德之所以将感性、知性、理性相分隔，在于他把主体人局限于个体，并将个体人的认识能力脱离其客体而进行所谓"纯粹的批判"，从而把主体与客体相分隔。黑格尔在方法论上所要解决的，首先就是感性与知性的统一，进而是知性与理性的统一。他在《精神现象学》的"意识"部分所考察的感性与知性，不仅是主体人的认识能力，也是人的认识过程，是认识能力与客体对象的对立统一，即在感性确定性的基础上，认识能力作用于对象的感觉、知觉和知性。这个过程，不仅主体人的认识能力在个体与总体的统一中不断提升和深化，客体对象也在相应地变化。与感性和感觉对应的是客

---

① 黑格尔：《精神现象学》上卷，商务印书馆1979年版，第124—125页。

② 同上书，127页。

体的"这一个"存在意谓,与知觉对应的是具体事物,与知性对应的是力及其规律。当知性达到对规律及其无限性认识的时候,就应进一步提升到理性,康德的分而不合方法使他不能认知理性与知性的内在联系,只能片面、武断地把理性作为与知性不同的另一种思维能力,黑格尔克服了康德的片面性,更从主体与客体统一的角度,规定了知性转化、提升为理性的必要中介——自我意识。自我意识既是意识在前一阶段的集合,又是下一阶段理性的必要前提。黑格尔指出:

> 自我意识是从感性的和知觉的世界的存在反思而来的,并且,本质上是从他物的回归。作为自我意识它是运动;然而由于它只是把自己本身同自己区别开,所以对于自我意识这个作为一个他物的差别立刻就被扬弃了;差别是不存在的,自我意识只是"我就是我"的静止的同语反复;因为在自我意识看来,如果差别也不具有存在的形态,则它就不是自我意识。因此对自我意识来说,他物也被当作一个存在,或者当作一个有差别的环节。①

自我意识是从感性世界和知性世界回到意识自身,作为内在差别,自我意识表现一种抽象的自由——我就是我。自我意识的对象与感性确定性的对象是具体事物不同,它是已经由感性和知性所认识到的知识,"如果我们称知识的运动为概念,而称那作为静止的统一或自我的知识为对象,那么我们就会看见,不仅就我们说来,而

---

① 黑格尔:《精神现象学》上卷,商务印书馆1979年版,第131—132页。

且就知识本身说来，对象都是符合于概念的。"① 也可称自在的对象是概念，而称那与主体相对立或者为一个对方的存在的东西为对象，那么，"自在的存在和为他物而存在乃是同一的；因为那自在的就是意识"②；自我意识就是自我作为主体而以我的意识对客体的知识为对象的意识。自我意识在这里拥有双重对象，一个是直接的感觉和知觉的对象，这对象从自我意识看来，"带有否定的特性的标志"，另一个就是意识自身，而"它之所以是一个真实的本质，首先就只在于有第一个对象和它相对立"③。自我意识的现象和真理的对立，必须以自我意识和它自身的统一为它的本质，也就是说，自我意识是"欲望一般"。

自我意识的载体是生命，生命的本质是扬弃一切差别的无限性，是纯粹的"自己轴心旋转运动"，是作为绝对不安息的无限性自身的静止，是运动的各个不同环节在其中消融其差别的独立性本身。生命运动或流动的第一阶段是各个独立形态的持存，第二阶段是各个形态被克服于差别的无限性之下。生命在流动的媒介中展开它的各个环节，并通过诸环节的运动过程过渡到作为过程的生命。单纯的普遍的流动性是自在之物，差别的诸多形态则是他在之物。流动性与其诸差别的统一，就是活生生的过程的生命。从对生命的流动和诸形态的统一中，黑格尔认为，"生命乃是自身发展着的、消解其发展过程的、并且在这种运动中简单地保持着自身的整体"④。

生命是个体的自我，也是类，这个类在生命的运动过程中不是作为"简单的类"而独立存在，而是指向意识，通过意识，对于意

---

① 黑格尔：《精神现象学》上卷，商务印书馆1979年版，第130页。
② 同上书，第131页。
③ 同上书，第132页。
④ 同上书，第135—136页。

识来说，生命是作为众多自我的统一即类而存在，类也存在于众多自我与意识的统一中。自我意识只有通过扬弃它的对方——一个独立的生命，才能确信它自己的存在，因此，"自我意识就是欲望"。但是在自我意识消灭那独立存在的对象而得以确信和满足里，它经验到它的对象的独立性。"欲望和由欲望的满足而达到的自己本身的确信是以对象的存在为条件的"①，自我意识最初是单纯的自为存在，排斥一切对方而自己与自己等同，它的对象就是自我，但在这种单独的自为存在里，它还是一个个别的存在。这是自我意识的自我确立，也是要摆脱一切限制的自由。自由既是意识追求的最高目标，也是意识的自我完成和实现的状态，更是意识实现自我目的动力。自我意识只有以另一个自我意识为对象，并扬弃这个对象才能满足欲望，达到自由，但这种扬弃不是消灭对象的生命，自我意识只有在同类生命体的人的个别自我意识中获得满足。也就是说，作为此个体自我意识对象的彼个体自我意识在保持生命的同时，从意识上承认、服从此个体的自我意识。类是总体性的集合，自我意识虽是个体的，但个体中体现着类的总体性。

然而，同是生命体并是同类个体人的自我意识本质上是相同的，此个体自我意识要彼个体自我意识承认、服从，彼个体自我意识也要此个体自我意识的承认、服从。"因此两个自我意识的关系就具有这样的特点，即他们自己和彼此间都通过生死的斗争来证明它们的存在。"② "只有通过冒生命的危险才可以获得自由"③，斗争双方的胜负不是取决于消灭对方的生命，那样胜利一方的自我意识也因对

---

① 黑格尔：《精神现象学》上卷，商务印书馆 1979 年版，第 136—137 页。

② 同上书，第 142 页。

③ 同上。

方的死亡对"意识之自然的否定"而失去了对自己的承认。斗争的真正胜利在于失败者为了保住自己的生命而屈从于胜利者，于是出现了两种对立的意识，"其一是独立的意识，它的相质是自为存在，另一为依赖的意识，它的本质是为对方而生活或为对方而存在。前者是主人，后者是奴隶。"[①] 主人是自为存在的意识，奴隶则扬弃了他的自为存在，由于对死亡的恐惧，他以主人的意识为意识，为满足主人的欲望而在主人的支配下劳动，对物加工改造以供主人享受。

生命、欲望、自由在自我意识中的矛盾，在主人与奴隶的关系中得到充分的展现。传说伊索作为奴隶用他的智慧和口才讲的寓言让主人非常满意，有一次主人为了夸他也要刁难一下他的智慧，给伊索出了一个难题：我可以释放你，给你自由，但只要你选择释放，立即就杀死你。伊索回答：我选择自由！伊索是在自我意识中将自由看得比生命还重要的，但他只是极端的个例。奴隶与主人的关系，似乎是一个特定历史阶段的制度的体现，但这种关系中的一般性却贯穿于阶级统治的各社会形式，不过表现为不是即刻自由或者死亡。农奴向领主交贡赋，佃农向地主交地租，雇佣工人为资本家生产剩余价值，都不是他们自由意愿的体现，他们意识到：如果不将自己生命力所展现的劳动产品或劳动时间的一部分交给领主、地主或资本家，他们及家人就会失去生命的基本条件。对死亡的恐惧也就是奴隶对主人、佃农对地主、雇佣工人对资本家的恐惧，这恐惧已持续于人类社会几千年，成为被统治的劳动者自我意识的一个要素。

黑格尔从主人与奴隶的关系中探讨自我意识，他不仅看到了其中的对立，更体现着他的自由理念。他是把奴隶和主人作为同样的人来分析其关系的，而且他们的自我意识从一般意义说也都是人的自我意识，是社会关系使主人和奴隶的意识都产生了异化，

---

① 黑格尔：《精神现象学》上卷，商务印书馆1979年版，第144页。

主人的意识似乎是独立的、自由的，但他对奴隶的统治和对奴隶劳动成果的享受，不仅失去了他的意识与物的直接关系，更在以奴隶为对象的过程中丧失了其独立意识，"他所达到的确定性并不是以自为存在为他的真理；他的真理反而是非主要的意识和非主要的意识之非主要的行动。"① 相反，"独立意识的真理乃是奴隶的意识。"奴隶在与主人的支配下劳动，即与物的直接关系中，认识了劳动对象物的特性和规律，掌握了实际的支配物的力量，放弃了自私的意愿和任性，成为对象物的主体或主人，意识到自为存在，形成了自我意识。

> 虽说对于主［或主人］的恐惧是智慧的开始，但在这种恐惧中意识自身还没有意识到它的自为存在。然而通过劳动奴隶的意识却回到了它自身。当行动符合于主人的意识的时候，对于物的非主要的关系这一面诚然显得是落在服役者的意识身上，因为在这一关系里物仍然保持其独立性。欲望却为自身保有其对于对象之纯粹的否定，因而享有十足的自我感。但是也就因为这样，这种满足本身只是一个随即消逝的东西，因为它缺少那客观的一面或持久的实质的一面。与此相反，劳动是受到限制或节制的欲望，亦即延迟了的满足的消逝，换句话说，劳动陶冶事物。对于对象的否定关系成为对象的形式并且成为一种有持久性的东西，这正因为对象对于那劳动者来说是有独立性的。这个否定的中介过程或陶冶的行动同时就是意识的个别性或意识的纯粹自为存在，这种意识现在在劳动中外化自己，进入到持久的状态。因此那劳动着的意识便达到了以独立

---

① 黑格尔：《精神现象学》上卷，商务印书馆1979年版，第146页。

存在作为自己本身的直观。①

奴隶的劳动是在死亡恐惧的威慑下进行的,因而是被动的,但在劳动中,奴隶确立了自己作为人的意识,并由此而意识到一定的自由,不过这种自由还是扭曲的、异化的、片面的。奴隶主似乎在役使奴隶和享受奴隶劳动成果的过程中得到了自由,但由于缺少客观的实质性因而也是随即消逝的,并非自由的自为存在。奴隶与主人的关系是自我意识的分裂的形式,但这种分裂对于认识自我意识却是必要的,从对这种关系的分析中,黑格尔找到了克服康德分而不合方法缺陷的着眼点和起始点,在奴隶与主人的关系中已包含人的个体性与总体性的对立统一,奴隶与主人虽然社会地位不同,但都是人,有着类的共性。这种关系使主体与客体的关系分裂和扭曲,也正因此其内在的统一性才得以显现。而奴隶在劳动中对物的陶铸使意识外化于物,"在劳动中接受陶铸所加给它的形式的自在存在或物,除了是意识外更不会是别的实体了。"② 从而使主体与客体在劳动中得到统一。进而,知性与理性的分隔也就以自我意识的规定而打通,思辨辩证法由此而贯彻于人的全部认识过程。

在从奴隶和主人的关系对自由的异化或异化着的片面的自由进行分析之后,黑格尔又从斯多葛主义、怀疑主义和苦恼的意识三个环节探讨了自我意识的自由。

斯多葛主义和怀疑主义据说是古希腊哲学相继出现的两个学派,黑格尔在这里是从逻辑上分析与这两个学派基本观点相近的自我意识的两个环节,并不是从哲学史上对之进行规定。但在黑格尔的逻

---

① 黑格尔:《精神现象学》上卷,商务印书馆1979年版,第147—148页。

② 同上书,第150页。

辑中也体现着与历史的统一。

黑格尔认为，在奴隶与主人关系中扭曲、片面的自我意识矛盾中，导致一种新形态的自我意识，它是以无限性或者以意识的纯粹运动为本质的意识，即能思维的或自由的自我意识。思维并不是指抽象的自我，它同时具有自在存在的意义，它以自身为对象。在思维中，对象不是以表象或形象的方式而是以概念的方式被把握。在思维中，我是自由的，因为我不是在他物中，而是保持在我自身中，那对我是客观存在着的对象也是为我而存在的。

自我意识这种新形态，首先出现在斯多葛主义那里。斯多葛主义的原则是："意识是能思维的东西，只有思维才是意识的本质，并且认为：任何东西只有当意识作为思维的存在去对待它时，它对于意识才是重要的或者才是真的和善的。"① 它的自由是从奴隶意识"超脱出来的"，上升到思想的纯粹普遍性，并且作为世界精神的普遍形式，它在存在着普遍的恐惧和奴役与有普遍教养的时代才能出现。这是单纯思想中的自由，它只以纯粹思想为它的真理，但没有生活的充实内容，"因而也只是自由的概念，并不是活生生的自由本身"②。

斯多葛主义的自由对于自我意识是单纯的自身自由，是思维的自由，而"怀疑主义就是那在斯多葛主义那里仅仅是概念的东西之实现，并且是什么是思想的自由之现实的经验；它本身是否定的，并且必须表明其自身为否定的"③。在怀疑主义那里，思想完全成为一种否定的思维，它的自由就是以思维否定那多方面有规定的世界，"自由的自我意识的否定性在生活的这种多样性形态中成为真实的否

---

① 黑格尔：《精神现象学》上卷，商务印书馆1979年版，第151页。
② 同上书，第152页。
③ 同上书，第153页。

定性"①。自我意识在这种否定过程里不仅发现它的真理性和实在性消失了,而且不知道它是如何消失的。在确信自己的自由时,使得那给予的被认作真实的他物也随之消失。在怀疑主义面前,所消失的不仅是客观事物,而且自我意识"认客观事物为客观的和有效准的根本态度"也消失了。通过这种自觉的否定过程,自我意识争取到它的自由的确定性,获得达到这种自由的经验,并把这经验提高到真理的地位。怀疑主义的思维是单纯事物的"否定的本质",凡是确定的或有差别的东西都一概消失了,自我意识在一切要固定其自身的事物之变化中经验到它特有的自由。它是对所有个别事物和所有一切差别事物的一概否定。黑格尔指出,怀疑主义所标志的这种形态的意识是一种"无意识的摇摆不定,从自身同一的自我意识一端到偶然的、紊乱模糊的意识一端,往来反复摇摆不定"②。对于这种怀疑的自我意识,如果你向它指出事物的同一性,它就会指出其不同一性;如果你再指出他刚宣称的不同一性,他立刻会转而指出其同一性。"它所说的话事实上就好像顽皮任性的小孩子的吵闹,一个说甲,另一个就说乙;一个说乙,另一个就说甲,而他们通过这样的互相反对争辩,借以获得彼此处于矛盾争辩状态中的乐趣。"③

怀疑主义的自我意识是自身矛盾的意识,从怀疑主义的矛盾的经验中,自我意识又进展到一个新形态,这个新形态把怀疑主义分离了的两个思想结合起来了,但这种结合并不是综合,不是对立双方的统一,而是二元的、分裂的,一方面意识到它是解放自己的、不变的、自身同一的意识,另一方面又意识到它是绝对自身紊乱的和颠倒错乱的。这就是苦恼的意识。

---

① 黑格尔:《精神现象学》上卷,商务印书馆1979年版,第154页。
② 同上书,第156页。
③ 同上书,第157页。

苦恼的意识是变化的意识，但它又以不变的形态出现，此不变的意识在它所表现的形态中保有分裂为二的存在，以自为存在的特征与个别的意识相反对。这种矛盾演化为现实与自我意识的统一，它具有三个环节：（一）作为纯粹意识。（二）作为个别的存在，以欲望和劳动的形式对待现实性，或者说在欲望和劳动中体现现实性。（三）作为对它自己的自为存在的意识，在这个环节自我意识充分地展示了个体性与普遍性的矛盾，为了摆脱这个矛盾所造成的苦恼，放弃自作决定的权利与自由，进而放弃从劳动得来的财产和享受，做不懂的事，说不懂的话，即放弃了自由和自为存在的现实性，外化意识的自我。经过这种否定，自我意识达到了理性，意识确信在它的个体性里就是绝对自在的存在，或者说意识只有上升到理性形态，个体才具有实在性。

《精神现象学》对自我意识的探讨，是黑格尔从具体到抽象概念运动的关键环节，从生命、自我与欲望，再到主奴关系、斯多葛主义、怀疑主义、苦恼的意识，探讨了意识追求自由的几个环节，进而论证了自我意识及其向理性的演进。自我意识正是这个环节使知性和理性统一于思辨辩证法。在以从抽象到具体概念运动展示的体系中，《精神哲学》又对自我意识做了论述，但与《精神现象学》有了明显差别，特别是在对奴隶与主人意识的分析之后，不是经过斯多葛主义、怀疑主义和苦恼意识三个环节，而是以"普遍的自我意识"概括相关内容，而且论证更为简明。从这种差别（包括感性、知觉、知性，以及理性、精神的规定）中，我们可以看到以绝对精神为核心的从具体到抽象和从抽象到具体的概念运动两大阶段的区别，以及概念的规定与改造的关系。而这也正是思辨辩证法的精妙与实在。

五　理性

在《精神哲学》里，对"理性"的论述只有两小节，一是对理性概念的规定，二是理性在自我意识到精神之间的地位和作用。而《精神现象学》中对"理性"的探讨，却占了154页，比"意识"和"自我意识"两部分（共103页）还多50页。这说明理性的规定在黑格尔思辨辩证法形成中的作用，这种规定不仅确立了黑格尔的哲学观念和方法论，也与以前的哲学——尤其是康德哲学的区别。物质主义由此步入理性阶段。

理性是意识确知它自己即是一切实在这个确定性，是感性、知觉和知性辩证运动的必然结果和提升。"理性的基础在于各个意识的自我意识：我即是我，我的对象和本质就是我；"[1] 同时，理性也承认，"我以外的他物是我的对象或本质"，[2] 似乎对立的两个确定性是内在统一的。

> 我之所以是我自己的对象和本质，只因为我从他物一般中将我撤回而作为一个实在出现于他物一般之旁。——只有理性超脱这个对立的确定性而作为一种反思出现的时候，它的自我肯定才不仅仅是确定性和保证，而是真理；才不是与其他真理并存的，而是唯一的真理。[3]

---

[1]　黑格尔：《精神现象学》上卷，商务印书馆1979年版，第177页。
[2]　同上。
[3]　同上。

作为理性对象和本质的我,是由感性的意谓、知觉、知性而认知了的自在之物的自我意识,这个自在之物作为自我意识而使自己消失于主奴意识、自由思想、怀疑的解除、分裂的意识构成的运动过程之中。在理性的我中已包含着自在之物,而这个自在之物又是体现着物的一般性的对象。理性在我已经对他物的一般性有所规定,并对我的规定进行反思。因此,"理性就是确知自己即一切实在这个确定性。"① 但这种自在或实在还完全是一般的东西,是实在的纯粹抽象,它是自在的自我意识所自为地成为的第一个肯定性,所以自我只是存在物的"纯粹本质性或范畴"。范畴意味着存在与自我意识就是同一个东西,"并不是比较的相同,而是就其本身说根本是一个东西。"② 只有"坏的唯心主义"才将范畴这个统一作为意识与自在对立起来。这样说,并不等于范畴中没有差别,"因为范畴的本质就在于:它于他物中或绝对差别中直接与自身相同"③。范畴就是自我意识与存在的"单纯的统一"。因此,差别是存在的,但又是完全透明的,它呈现为范畴的"一种众多性",诸多范畴都是纯粹范畴的类属,纯粹范畴则是诸多范畴的本质。纯粹范畴与诸多范畴的关系是一般与特殊的关系,这二者的对立统一,是理性阶段的重要内容。

理性的任务,在于知道真理,在于将意谓和知觉所当作一种事物的东西作为概念把它寻找出来,即是说,它要在事物性中仅仅寻找出它自己的意识。因此,理性现在对世界感到一种普遍的兴趣,因为它确知它自己就在世界里,或者说,它确知世界的现在是合乎理性的。它寻找它的他

---

① 黑格尔:《精神现象学》上卷,商务印书馆1979年版,第177页。
② 同上书,第178页。
③ 同上。

物，因为它知道在他物中所有的不是别的，正是它自身；它只是在寻找自己的无限性。①

黑格尔认为，理性是自我意识的客观性和自在自为地实存着的普遍性的同一，也是概念和一般实在性的统一。理性对世界本质的规定是从感性开始一系列意识形态辩证发展的结果，其内容就是对象自身的本质和规律。这是意识主体与客体相互对象化的体现，当达到理性阶段时，意识发现对象的本质和规律，也就是理性，它与思想中的理性是统一的，对象世界的存在是合乎规律的，也是可通过理性来把握的。理性对世界的规定，也就是规定自己。当然这也有一个过程，理性开始时只是揣测它自己在对象的实在中，或仅仅一般地知道实在是属于它的。进而，它就"普遍地占领本来就已知道是属于它的那些财产，而满山遍谷插上它的所有权的标志了。"②

用"所有权"来表示对象的本质，是相当贴切的，意识的对象是"满山遍谷"的土地及其上的动植物，它有各种形态，但对所有者来说，它的本质只是一个——财产，财产的规定就是所有权。拥有了所有权，就是财产的主人，"满山遍谷"的土地及其中的矿藏和种种样样动植物，也都是属于我了。理性给其对象"插上所有权的标志"，也就是对对象本质的初步规定。但这还不是理性的最终兴趣，当它"进行普遍占领"的时候，"它发现在它财产里还有外来的他物，还存在着抽象理性在其自身中所没有的他物。理性揣测自己是比纯我之为纯我更加深刻的一种东西，因而它必须要求将差别、丰富多样的存在变成属于纯我自己的东西，因而它必须要求，将纯

---

① 黑格尔：《精神现象学》上卷，商务印书馆1979年版，第182页。
② 同上。

我自身作为现实而予以直观,并发现其自身即是现存着的形象和事物"①。理性的意识要对属于它的,或已经认知其本质的对象进行再规定,即以理性的方式再对对象进行深入的规定,以寻找自己的无限性,这是在自我意识、知性、感性的基础上展开的,"理性掘开事物的一切内脏,打开其一切血管,希望自己能够跳出事物以外来"②,但它"必须首先在其中完成它自己,以便随后能够经验到它自己的完成。"③

这就是理性观察,理性要通过观察发现其与对象的同一性,或者说从存在着的对象中发现自己。与以前的意识形态不同,理性观察的意识自以为它不想发现或经验其自身,而是想要经验"事物之所以为事物的本质。"理性的观察"将自然、精神以至于自然与精神的关系都作为感性的存在来理解"④,也就是说,理性的观察是从事物的感性存在或感性所面对的对象客体开始。这是在从感性到知性到自我意识的大圆圈演化出理性之后,又一个大圆圈的认识过程,似乎是重复第一个大圆圈,但观察与感觉、知觉不同,它是以总体性与个体性统一的理性方法对对象的系统认识,目的是探讨对象的本质和规律,并以概念加以规定,而感觉和知觉只是个体随机、偶然性地对对象的认识,其结果不过意谓和事物的矛盾以及现象。理性的观察是有目的、有计划地对事物的进一步认识,是以达到的理性范畴为前提,在观察中还会使用感性、知性等认识能力,但这是在理性的统率之下,纳入理性系统的认识。

理性观察包括对自然的观察、对自我意识的纯粹自身及其与外

---

① 黑格尔:《精神现象学》上卷,商务印书馆1979年版,第182—183页。
② 同上书,第183页。
③ 同上。
④ 同上书,第184页。

在现实的关系的观察、对自我意识与其直接现实的关系的观察。

对自然的观察。从对无机物的观察到对有机物的观察，再将自然当作一有机整体来观察。这是按逻辑对自然规律的观察，也是以概念对观察结果的界定。

对无机物的观察，包括以下环节：（一）描写；（二）特征；（三）规律的发现，其中又分为概念与规律经验、实验、物质三部分。经过这一系列的过程，针对无机物的理性观察的真理性，就是要从感性的存在中解放出（抽象出）纯粹的规律来。"规律就是概念，就是寄寓于感性存在之中却又在其中独立自存、自由活动的概念，就是沉浸于感性存在之中而又不受其约束的那种简单的概念。"[①]

对有机物的观察，包括以下环节：（一）一般规定，分为有机物与自然元素、理性本能所理解的目的概念、有机物的行动及其内在与外在的方面三个部分；（二）有机物的形态，分为有机属性与有机系统、内在方面的诸环节相互关联、内在与外在方面的关系三部分；（三）关于有机物的思想，分为有机的统一、规律的扬弃、整个有机物，它的自由与规定性三部分。

将自然当作一有机整体来观察，包括以下环节：（一）无机物的组织：比重，凝聚性，数；（二）有机物的组织：类属，种，单一性，个体；（三）生命，偶然的理性。

对自然的观察也可说是对自然规律的概念规定，或者说是从概念对观察到的自然界规律的理性系统。它是黑格尔思辨辩证法在自然研究中的集中体现。自然界的理性与人的主观理性是统一的，是人在对自然的理性研究中规定了其规律，从无机物到有机物的演化，以及对二者的统一关系，都只有在理性中才能规定，但这并不是理性强加于自然的，在自然中也有这种演化与关系，但没有理性又是

[①] 黑格尔：《精神现象学》上卷，商务印书馆1979年版，第193页。

认识不到的。这里,丝毫看不到黑格尔有所谓绝对精神是"自然和历史的创造主"的意思,而是紧紧依据人的意识演进来规定自然,将人的理性与自然规律内在统一。其中,他对物质概念的规定,更是那些从先验物质本体论指责他为"客观唯心主义者"的人所不能理解的,但却是从理性摆脱先验物质本体论困境的唯一出路。黑格尔写道:

> 与物体对照说,物质不是一种存在着的东西,而是一种像共相那样的存在或像概念之为存在那样的存在。理性作了这样一个正确的区别。可是当还没超过本能阶段的理性作此区别的时候,它并没意识到,它利用一切感性来试验规律,结果它所扬弃的竟恰恰是规律的感性存在,它也并没意识到,由于它把规律的环节理解为物质,这些环节的本质性已经变成了普遍或共相,而既然称为共相,就可以说是一种非感性的感性存在,一种非物体性的却倒是对象性的存在。①

所有的先验物质本体论者都没有想过,他们奉为本体、本原的物质,不过是理性考察无机物的过程对物体共相的概念规定,这种规定是以感性为基础,是从感性对物体的意谓、知觉、知性所认知的力、规律、现象等环节的集结和概括。先验物质本体论者则完全抛开主体人的意识进程,从而也就抛开了客体的存在与运动,先入为主地宣布物质就是取代上帝的本体、本原。贝克莱正是从这一点上质疑物质本体论,并复辟上帝本体论的。

在对自然的理性观察之后,黑格尔又进行了对自我意识的纯粹

---

① 黑格尔:《精神现象学》上卷,商务印书馆1979年版,第192页。

自身及其与外在现实的关系的观察，探讨逻辑规律与心理学规律，包括思维规律、心理学的规律、个体性的规律三个环节。通过对思维内容与形式的关系、总体与各环节的辩证分析，论证了思维的一般规律，进而从理性的普遍性与个体性的关系论证心理学规律，并在个体性的规律中将前两个环节加以综合。这里，黑格尔进一步阐述了他关于总体与个体的辩证统一思想，他指出，构成个体性规律内容的环节，一是个体自身，一是个体所面对的普遍的世界，如环境、形势、法律、风俗、道德、宗教等"现成存在的东西"，个体思维只能以这些"现成存在的东西"为对象，并在个体性中以一种"直接的冷静的方式"混合或融化到外在的普遍的东西，并使自己适应于它们，但个体性又可以颠倒或改造它们，或者不加可否地对待它们。因此，外在的普遍的东西究竟对个体发生什么影响，又似乎完全取决于个体自身，但是只要是生存于现实世界的个体人，都不可能完全摆脱总体性的影响，不过会因个体的情况而"自由地"接受或排斥现实世界总体性中某些内容。在这里，黑格尔忽视了个人在总体社会中的地位和利益，只是从思维的自由来界说，似乎每个人都平等地有自由的选择权对待他的总体世界。虽然如此，他关于个体性与总体性、世界普遍性的辩证法，已远超过康德对"纯粹"个体思维的规定，并可以在物质主义的框架内解决康德及早期物质主义的矛盾了。而对于苏联教科书派物质本体论者来说，他们对"唯物主义反映论"的理解，远不如黑格尔这段话深切明白，

> 世界与个体仿佛是两间内容重复的画廊，其中的一间是另外一间的映像；一间里陈设的纯粹是外在现实情况自身的规定性及其轮廓，另一间里则是这同一些东西在有意识的个体里的翻译；前者是球面，后者是焦点，焦点自身

映现着球面。①

理性观察第三环节是对自我意识与其直接现实的关系的观察；面相学与头盖骨相学。这部分是理性观察的前两个环节的综合，通过对面相学和头盖骨相学的批判，进一步阐述了自我意识与其现实世界的关系，以及个体行为与意识的统一。

面相学和头盖骨相学在欧洲的流行，是以上帝创世造人为基础的，而中国的相面则以天命主义为基础。黑格尔认为，不论以人面部外在形象，还是其头盖骨为根据判断个体人性格、智能、行为、德行、事业等的所谓"科学"，都是把感性认识中的意谓直接等同于理性的观察，都是以揣测而进行的既无目的又无基础的东西。

讨论面相学时曾谈到用打耳光来给这样的判断以回敬，那只不过初步地给他头部的柔软部分改变一下面貌和位置，从而证明它们不是真正的自在，不是精神的现实；——在骨相学这里，这个回敬真正地说来应该更进一步，应该把作这样臆断的人的头盖骨打碎，以便也像他的智慧那样实事求是地向他表明，对人而言一种骨骼不是什么自在的东西，更不是人的真正现实。②

在严谨、枯燥的论证中，黑格尔也有显示他幽默的机会——正是这所谓的面相学和头盖骨相学的荒谬给了他机会，从而更鲜明地论证了理性观察的科学意义。在结束这种批判的时候，他又表白了一次对这些"科学"的蔑视：深刻与无知是高级与低级的结合，就像生

---

① 黑格尔：《精神现象学》上卷，商务印书馆1979年版，第229页。
② 同上书，第256页。

物的最高完成器官"生殖器官与低级的小便器官之结合在一起是一样的。——无限的判断,作为无限的东西,可说是有自我理解的生命的最高完成;但无限判断的停留于表象中的意识,则相当于小便。"①

观察的理性是理性的基本形态,在此基础上,黑格尔又探讨了理性的自我意识通过其自身活动的实现。他从自我意识的直向运动伦理世界和反向运动道德世界入手,论证了快乐与必然性、心的规律和自大狂、德行与世界进程三个环节。

观察的理性在范畴的要素中重复了感性确定性、知觉和理性,进而理性将通过正向和反向运动而从独立过渡到它的自由。行动的理性意识到作为个人必须在别的个体中要求并产生出它的现实来,进而个体的意识被提高为普遍性,个体变成了普遍的理性,并意识到自己就是理性,是已经自在自为地被承认了的东西,而这被承认的理性在它的纯粹意识里统一着一切自我意识。所谓自我意识的理性的实现,指它在另一意识的独立性中直观自己与这一意识的完全统一,是在民族的总体生活和意识中完成的。黑格尔认为,个体人的纯个别行为是与个体作为自然物的需要相关联,并由此而成为与总体的媒介。需要和劳动都是个体的,但也是总体的,个体满足自己需要的劳动,是一切个体的普遍的共同技巧的应用,也是对其他个体需要的满足;其本人的需要,也要由他人劳动来满足。个别劳动转化成普遍劳动,个体在劳动与需要的关系中结成总体,人就是个体与总体统一的存在。从这种基本的经济关系,衍生出伦常礼仪和法律,这样,"在一个自由的民族里,理性因而就真正得到了实现"②。

---

① 黑格尔:《精神现象学》上卷,商务印书馆1979年版,第262页。
② 同上书,第266页。

与在伦理世界里的正向运动相对应，自我意识也在道德世界的反向运动中得以实现。所谓道德世界的"反向运动"，是与在伦理世界的正向运动相对应的。在伦理世界是个体走向总体，在道德世界则是从总体走向个体。道德是"比伦理更高的意识形态"。理性的自我意识将伦理实体规定为自己的本质，并由此向道德过渡，它同时既是普遍的自我意识又直接在它自身中具有法则，在实施它内心的法则时，必须有所牺牲，善才得以实行，自我意识于是变成德行。

"德行所取得的经验，只能使它认识到：它的目的本来就已经是实行了的，快乐直接就在行动本身以内，而行动本身就是善。"[①] 自我意识从伦理实体和思维的静止存在上升为自为存在，达到道德的善。快乐就是自我意识知道别的自我意识即是它自己固有的本性，意识到了它自己在一个独立显现着的意识里的实现，直观了两个独立自我意识的统一。享受过的快乐成了客观的自我意识，并扬弃了自己。因而在享受的快乐里，对于自我意识而言，作为它的本质而成为对象的，即是这些空虚的本质性，如纯粹统一性、纯粹差别及其关系的扩展。这也就是必然性或注定的命运等等，这是绝对的、被直观为存在的、纯粹的概念自身，是简单而空虚的、不可阻挠的、只以个别性的虚无为其结果为其事业的那种关系，不是走出了死的理论而投身于生命，而是投身于无生命性的意识里去，"它意识到自己只是个空虚的和外来的必然性，只是个死的现实"[②]。这样，快乐与必然性就构成一对矛盾，但当自我意识知道必然性或纯粹的普遍性就是它自己的本质，却在这个丧失中得以幸存。

在新的形态里，自我意识知道自己是必然的东西，在其自身直接具有普遍性或规律，自我意识直接存在于意识的自为存在中的这

[①] 黑格尔：《精神现象学》上卷，商务印书馆1979年版，第270页。
[②] 同上书，第274页。

一规定性，称为心的规律。心的规律是自为的，它要把自己规定为一个现实，于是出现了规律与个别性之间的矛盾，这个规律就是与心的规律相矛盾的一种强制性世界秩序，黑格尔在这里讲的是他所面对的现实，他要以理性的心的规律导引人们去改变世界秩序——旧的规律，或普遍的必然性。"如果普遍的必然性的内容与心不相一致，则普遍的必然性，就它的内容来说，自身就什么也不是，而必须让路给心的规律。"[1] 而心的规律实现后不再是一个心的规律，它获得了存在的形式和普遍的势力，并卷入现实的秩序里，成为现实的普遍元素，从而导致自身的异化。新的现实是一切人的心的规律的实现，个体性变成了它自己的以普遍的形式出现的对象。在这个过程中，个体的自我意识与普遍秩序、与他人的自我意识都会发生矛盾，出现相互的颠倒，即意识的疯狂。随着矛盾的演进，个体的自我意识虽然在努力维护其自身的个别性，但大家又都做不到这一点，每个个体性都受到同样的抗拒并为别的个体性消融。公共秩序就是普遍的混战。而新普遍秩序，作为世界进程，就在这颠倒和被颠倒的个体与总体关系中，要求并促使意识个别性的牺牲，这个形态的意识就是德行。在德行意识中，各人私有的个体性必须接受普遍的真与善的训练约束，以至旧个体人格的舍弃。在世界进程里，个体性的态度与它在德行意识里的态度恰好相反，它现在把自己当成本质而使自在的善和真屈服于自己之下，进而形成新的秩序。个体与社会总体、个体性与普遍性在世界进程中的矛盾，导致旧个体性的扬弃和新秩序的出现，但这又会形成新的矛盾。世界进程的普遍性在个体性的现实性中得以展现，个体性又是普遍的实在性，"世界进程于是战胜了与它自己对立着的德行，战胜了以无本质的抽象

---

[1] 黑格尔：《精神现象学》上卷，商务印书馆1979年版，第277页。

性为本质的德行。"①

《精神现象学》理性部分的第二环节"理性的自我意识通过其自身的活动而实现",以及第三环节"自在自为的个体性",并非对理性的一般性议论,而是以一般性议论形式出现的对当时欧洲和德国社会变革的探讨。黑格尔认为这场变革是理性发展的要求,是个体自我意识追求自由的进程,也是旧社会秩序的否定和新秩序的建立。在这进程中,个体自我意识和社会秩序都要经历"颠倒"的疯狂,进而在自我意识的否定中变革社会秩序,并使自我意识在理性进程中得以实现。由于此书写作时教会和政治专制的严酷,黑格尔不能具体论说其对现实社会矛盾与变革的观点,但也时常有所表露,如在论到意识的颠倒时写道:"于是意识就把普遍的秩序说成是对它的心的规律和它的幸运的一种颠倒歪曲,说这种颠倒歪曲是由狂热的传教士们、荒淫无度的暴君们以及企图通过屈辱和压迫以补偿它们自己所受到的屈辱的那些臣仆们为了被欺压的人类陷于无名的苦难而发明出来的。"② 这是启蒙运动对旧势力批判言论的概括,而"颠倒错乱"也就指启蒙运动以识见的传播而导致的结果。

理性的自我意识通过其自身的活动而在世界进程中实现,体现于新的社会秩序,而新的社会秩序就是"自在自为地实在的个体性"。个体性本身所包含的否定性表现于行动和事情。行动是作为意识的精神的生成过程,由对象、目的、手段及作品、事业(创造出来的现实)构成。"完成了的事业或作品,是意识为它自己所创造的实在。"③ 在作品中行动的统一性和必然性都显现于意识。事情是已经对象化了个体性,自我意识在事情中意识到它自身的真正概念即

---

① 黑格尔:《精神现象学》上卷,商务印书馆1979年版,第291页。
② 同上书,第282页。
③ 同上书,第302—303页。

实体。纯粹的行动是由特定个体进行的，是一个现实或一个事情，但其都表现为一般性，有不同的环节，在不同的个体性行为之间，这些环节往往是交错的，个体意识只把其中一个环节当作它自己的，而将其他环节作为外在的或为他的，"于是在个体性与个体性之间就出现了一种互相欺骗的游戏"①。正是个体性之间行为环节的差异和矛盾，要求并导致伦理和伦理意识，伦理的意识把自我意识与存在统一在一个整体里。伦理的本质并不直接是一种内容，而只是一种尺度，即普遍性的纯粹形式，理性依照是否自相矛盾来判定一种内容能否成为伦理的规律和法律，而创立法律的理性，又体现于审核法律的理性。"法律的创立与法律的审核，都已扬弃了自身，这件事实意味着，这两个环节个别地和孤立地说来都只是一种捉摸不定的伦理意识，而两者赖以呈现其自身的这个运动过程，则具有形式的意义，因为通过这个运动过程，伦理实体已表明其自身为意识。"②

将个体与个体的关系、类、民族、伦理及法律、道德等作为"理性"真理性的要素，是黑格尔将个体与总体统一的关键，与知性规定中已涉及的相关内容相联系，就构成个体与总体的统一。他认为，所有个体的我，都不是孤立存在的，而是"居于伦理的实体之中"，之所以如此，是因为"对的事情对我来说是自在而自为存在着的；所以，伦理的实体是自我意识的本质；而自我意识则是伦理实体的现实和实际存在，是它的自我和意志。"③而个体与总体的统一，不仅使理性与知性相通连，更使理性上升为精神。

---

① 黑格尔：《精神现象学》上卷，商务印书馆1979年版，第311—312页。
② 同上书，第323—324页。
③ 同上书，第328页。

六 精神

精神是黑格尔哲学体系中一个重要概念，它是绝对精神的基本和前提，又是意识、自我意识、理性的内在本质，这些意识形态都是精神的环节。精神是在经历这些环节的概念运动在理性的确定性中上升为真理性时出现的，"既认识到自己即是一个现实的意识同时又将其自身呈现于自己之前［意识到了其自身］的那种自在而又自为地存在着的本质，就是精神。"① 精神是实体，是普遍的、永恒的本质，是一切人的行为的不可动摇和不可消除的根据地和出发点。精神贯穿于人类总体和个体的矛盾之中，体现于社会关系和社会生活。精神由：逻辑和历史演进的真实的精神；伦理，自身异化了的精神；教化和对其自身具有确定性的精神、道德三个环节或阶段构成。

对这三个环节或阶段，西方一些黑格尔学研究者认为它们分别是指"古希腊的城邦社会"、"罗马帝国时代"、"从欧洲诸民族的形成到法国大革命"这三个历史时期。《精神现象学》汉译本译者（贺、王）也持此说。这是有一定道理的，但如将这三个环节只看成历史的三个阶段，忽略其间的逻辑关系，则又失之偏颇：如果伦理只是指古希腊城邦的精神，那后两个阶段是否没有伦理？道德只反映欧洲民族形成到法国大革命时的精神，那么前两个阶段是否没有道德？这一点或许黑格尔也没有想清楚，他在书中并没有说明。但若从逻辑上看，伦理是基本（真实、客观）精神，道德是在伦理基础上形成的主观精神，就比较好理解，同时应参照其历史的演化。

黑格尔认为，意识在精神的初始，即在共同体或社会总体中分

---

① 黑格尔：《精神现象学》下卷，商务印书馆 1979 年版，第 2 页。

裂为不同的伦理本质,分裂为人的规律和神的规律。同样,与实体对立着的自我意识,也按其本质而被分配给这两种势力之一。人的规律是共同体或公共本质所体现的精神,"作为现实的实体,这种精神是一个民族,作为现实的意识,它是民族的公民。"① 人的规律的意识,它的自我确定性在现实中,即民族中,以法律、伦常习俗等表现出来,并集合于国家,作为公民的个人,就是对人的规律的认可与依循。但个人还有其非公民的一面,他们又都是家庭成员,有个人的私利,因而家庭则是个人的直接的实体存在的方式。家庭是"天然的伦理的共体或社会","作为民族的现实的元素,与民族本身相对立,作为直接的伦理的存在,与通过争取普遍目的的劳动以建立和保持其自身的那种伦理相对立,——家庭的守护神与普遍精神相对立。"② 以家庭为单位的个体血缘意识是"无意识的精神",它与民族的共体社会"普遍的对本身有所意识的精神"的对立统一,构成伦理的内容。二者的矛盾不仅体现于社会生活,也集合于每个人的意识中,即作为公民与家庭成员的矛盾。人的规律通过男人的个体性,神的规律通过女人的个体性表现出来。男人和女人的联合统一,构成整体的活动中项,把现实的两个反对方向运动联合为同一个运动。国家维护家庭,家庭为国家造就了公民,维护家庭也是在维护国家。但这种统一并不是绝对的,由于共体与个体的对立,因而二者的冲突是普遍的。"两种伦理势力在意识的自我之中都是现实的,因此,两种势力就获得了这样的意义:互相排斥和互相敌对;——它们在伦理王国中都是自在的,而现在它们在自我意识中都是自为的。"③

---

① 黑格尔:《精神现象学》下卷,商务印书馆1979年版,第8页。
② 同上书,第9页。
③ 同上书,第24—25页。

人的规律和神的规律所体现的伦理意识，也可以说是公与私的矛盾，或者用中国古人的"忠"、"孝"概念来表示更为贴切。黑格尔所说的"神的规律"，就是以家庭庇护神名义所界定的家庭成员的存在与传承。如何处理公与私、忠与孝的矛盾，是精神在伦理这一环节遇到的基本问题。黑格尔认为欧洲的历史是从希腊开始的，并在这里举了古希腊传说与神话中的一些例子来说明这个基本问题，但这并不等于这个基本问题只存在于古希腊，而是贯穿于人类社会的各个历史阶段。而他将神的规律归结于女人的伦理意识，是基于这样的事实：从古至今（黑格尔的时代）妇女都没有社会权利，不是公民，她们活动和意识的范围就在家庭及情感。而男人则既是家庭成员，又是公民，他们是民族国家总体的一分子；当他们意识到这一点，具有公民意识，也就需依从法律和秩序，并在尽义务时，与其他公民相互制约，在民族国家总体的构建和运行中发生作用。平等和公平等伦理原则的实现使社会达致平衡，但神的规律所体现的家庭的私利，以及公民对义务意识的差异，又会打破这种平衡。对于公民来说，他的双重身份使他具有双重的伦理，他的意识也是矛盾的，或在此行为中依从人的规律，而违背神的规律，或者相反。意识中可以包容矛盾，行为中却只能选择其一。这就是客观精神的伦理与人的主观意识的差异与矛盾。

人的规律就其普遍的客观存在来说，是共体；就其一般的活动来说，是男性；就其现实的活动来说，是政府。人的规律消除或消融了家庭守护神的分裂肢解倾向，消除了由女性主导的家庭的独立自主倾向，把这种倾向消融于人的规律共体的运行中。"由于共体之所以能继续存在下去，全靠它破坏了家庭幸福，把自我意识消融于普遍之中，所以它就给自己制造了内在敌人，即是说，它把它所压制的而同时又从属于它的本质的东西、一般的女性，造成为它自己的内在敌人。"① 女人用诡计把公共目的变成私人目的，把共体的公共活动转化为某一特定个体的事业，把国家公共产业变换为一种家庭私有财产。女人从神的规律鼓动男人享受、放荡不羁。

伦理状态的内在矛盾导致战争，进而导致伦理实体的消亡，并过渡到法权阶段，出现了罗马皇帝这个"世界主宰"。他自以为是绝对的、包含一切存在的、没有任何比自己更高的精神的个人。他是一切现实势力的总和，是"自视为现实上帝的巨大自我意识"，而众多个体原子（或原子式的个人）是分散的，只能屈从于"世界主宰"所掌控的武力。虽然法律承认个人财产，但个人则是任凭国家摆布，完全受偶然和无常的支配。历史进入异化状态。

"异化了的精神的世界分裂为两个世界。第一个是现实的世界或精神自己异化而成的世界，而另一个则是精神在超越了第一个世界后在纯粹意识的以太中建立起来的世界。"② 异化是黑格尔哲学的重要概念，它是指矛盾在其演化过程中从一种状态向另一种状态的转化，以至从此状态生出与之相对立的另一种状态。现实世界是精神自己异化而成的世界，它表现为教化；与之相对的是对现实世界的异化，这既不是自在自为的绝对本质的自我意识，也不是宗教，而是信仰。信仰是指对现实世界的逃避。它是纯粹意识的体现，但纯粹意识包括信仰和概念两个领域，信仰是与概念对立的。

教化是使自我意识脱离其自然存在的社会总体性对个人作用的体现，个体由教化获得客观有效性和具体现实性，是从其自然存在异化出来的精神，个体真正的原始的本性和实体对自然存在的异化既是个体的目的又是它的特定存在，既是由思维实体向具体现实的过渡，又是由特定个体性向本质性的过渡。个体有多少教化，就有

---

① 黑格尔：《精神现象学》下卷，商务印书馆1979年版，第35页。
② 同上书，第47页。

多少现实性和力量，并以此来面对世界、掌握世界。在教化中，善与恶，权力与财富，高贵意识和卑贱意识，服务与建议等都在对立中异化，并经语言而肯定了纯粹的自我。

权力和财富是自我的两个最高努力目的，自我知道它通过自己的舍弃和牺牲把自己教养形成为普遍的东西，进而占有普遍性，并且由于占有了普遍性就具有普遍效准，因为权力和财富是两种现实的普遍承认的力量。但是自我的这种效准本身是虚妄的，而且正是由于自我占有了权力和财富，所以它知道它们都不是什么自身本质或主体，它知道它自己倒反是支配它们的力量，而它们本身则是虚妄的、空的。自我之这样既占有它们两者又超脱于两者之外，乃是自我用充满精神的机智的语言所表述的内容；因此，以机智的语言所表述这种情况乃是自我的最高兴趣，也是整体的真理之所在；在这种语言中，这个［个别的］自我，本来是纯粹的、既与现实无关也与臆想的规定无关的自我，于是就自觉地变成精神的、真正普遍有效的自我了。①

自身异化的精神以教化世界作为它的特定存在，由于这个精神整体的自身异化，所以与教化世界相对立的就是"纯粹意识或思维这一非现实的世界。"② 在教化世界纯粹思维曾是异化的一个方面，即判断中抽象的善恶标准，它通过教化世界的矛盾运动而成为意识的一个环节，它是本质的规定，是现实意识的抽象，它是纯粹的、以本质规定为对象的思维。这样，就在教化世界形成了信仰，其形

---

① 黑格尔：《精神现象学》下卷，商务印书馆1979年版，第79—80页。
② 同上书，第80页。

式就是宗教。虽然黑格尔迫于教会压力，不敢批评宗教，但他却可以对信仰做出评论。

黑格尔指出：信仰"这种纯粹意识是一种异化了的意识。"① 纯粹意识在运动中分化为识见和信仰。信仰以上帝为"永恒的实体"，在由实体概念实现为精神的过程中，信仰各组成部分的区别是静止的差别性，它们的运动是偶然事件。因而，信仰不是由思维，而是由崇拜为其方法的。与信仰相对的现实是一种无精神的存在，它通过崇拜和赞颂的听从心理去克服这种无精神的存在。崇拜所追求的目标是在现实中不能达到的。虽然对于崇拜上帝的团体来说这个目标是可以达到，而且已经达到了的，但其所达到了的现实，"是一种没被把握的感性的现实"，只在崇拜者那里存在。与信仰相反，纯粹识见以概念为唯一的现实，并以概念对信仰进行考察。识见并不把本质归结为"永恒实体"的上帝，"而是把本质认作一种绝对的自我［主体］。于是它就从事于扬弃一切不同于自我意识的独立自存的东西，不论是现实的东西或是自在存在的东西，一律予以扬弃，并使之成为概念。"② 识见的目的是把一切现实存在的东西都变成概念，并且变成存在于一切自我意识中的同一个概念，即绝对概念。绝对概念既不与一个对象相对立，也不在自身有什么限制。在其中，一切对象性的东西都只是自为存在和自我意识，自为存在和自我意识不是普遍的，"纯粹识见变成为一切自我意识所共有的财产"③。自我意识的个体性在这里是普遍的，也是与自身同一的。"它向一切意识呼吁道：你们要在为你们自己时是所有你们在你们自己中时所

---

① 黑格尔：《精神现象学》下卷，商务印书馆1979年版，第82页。
② 同上书，第88页。
③ 同上书，第89页。

是的那样,都要是有理性的。"①

这种呼吁,就是启蒙的理念,也是精神演化的必要环节。纯粹识见用概念的力量反对信仰。概念的力量在于将教化世界零星散乱的特殊识见集结成一个完整普遍的现实,进而概括为一个概观一切的识见。纯粹识见与信仰是正相反对的,在它看来,信仰是一团迷信、偏见和谬误的大杂烩,"把握着这种内容的意识又更进一步地把自己组织成一个谬误王国",②在这个王国里,谬误的识见,一方面,就是意识的直接的、天真朴素的、并没自身反思的一般群众,但另一方面,它本身又包含与天真朴素性不同的自身反思或自我意识环节,这个环节"作为躲在背后的、为自己而坚持存在下来的识见和恶意,愚弄着那前一种直接的、天真的识见。"③一般群众成了欺骗的牺牲品,而教士阶层的所作所为,无非是要满足其永远独霸识见的嫉妒心和私心。更重要的是,"它同时还与专制政体一起阴谋活动,狼狈为奸。"④专制政体作为实在王国与这个理想王国的无概念的综合统一体,是一个矛盾百出的"稀奇古怪的东西",高高君临于群众的坏识见和教士的坏意图之上,并鄙视他们,利用群众的愚昧和混乱,凭借教士们的欺骗手段,坐收渔人之利,实行统治,满足私欲和专断。同时它也表现出其自身的愚蠢性,"它也同样是迷信和谬误"⑤。

对于纯粹识见的启蒙来说,它面对着三方面的敌人:欺骗人的教士、压迫人的专制暴君的意志、被欺骗被压迫的群众的意志的识见。启蒙首先做的,是以纯粹识见把群众的诚实识见及其天真的本

---

① 黑格尔:《精神现象学》下卷,商务印书馆1979年版,第90页。
② 同上书,第93页。
③ 同上。
④ 同上。
⑤ 同上。

质从偏见和谬误中拯救出来，这同时也将恶意志的欺骗的实在性和力量摘除掉了。这样，纯粹识见与天真意识实现了统一，并以此为立脚点展开反对信仰的斗争，这场斗争也就是纯粹识见的实现。启蒙在与信仰的斗争中，正确地宣布那对信仰是绝对本质的上帝，不过"信仰自己的意识的一个存在，是信仰自己的思想，乃是一个由意识创造出来的东西。"① 并指出，信仰的绝对本质，是宗教社团的精神。这是黑格尔对宗教、对上帝的基本认识，而将从更高的意识形态，即绝对知识把上帝归结于意识，并以概念加以规定，这样做，使黑格尔与其他启蒙思想家的与宗教信仰对等式的对立斗争相比，具有明显的优势，即可以用启蒙的名义表达自己的一些真实观点，又可以高高在上地承认宗教及其信仰意识的合理性，并宽容大度地宣布这种意识可以继续提升。与此同时，在赞许启蒙在精神发展中的主张与主导作用之后，又要评论它的局限和缺陷，并由此导出它的发展。

在对启蒙与信仰的斗争这一历史过程的分析中，黑格尔的思辨辩证法得到充分展示。他认为，"纯粹识见的概念认为自己是不同于它自己的对象的一种别的东西〔他物〕；因为正是这个否定性规定，构成着对象。"② 概念是对对象的概括，当启蒙与信仰斗争时，也以为信仰应像自己那样要有一个对象，但信仰却没有这样的现实对象，于是"纯粹识见又从另一方面表述了信仰的本质，它把信仰的本质说成是一种不属于自我意识本身的异己物，而既然是异己物，所以不是它〔信仰〕的本质，而好像是暗暗地塞进它肚子里来的一个怪胎。"③ 但这种批判只指出了信仰是谎言，而没有抓住要害。"纯粹

---

① 黑格尔：《精神现象学》下卷，商务印书馆1979年版，第99页。
② 同上书，第100页。
③ 同上书，第101页。

识见自己固有的对象,本身就是一种属于感觉确定性的、存在着的普通事物。纯粹识见的这个对象以信仰的表象的形式呈现于纯粹识见的面前。"① 它把信仰所宣称的永恒生命、圣灵等都当成一种现实的、无常的事物,并以属于感性确定性的看法"加以玷污",但这是祈祷崇拜的信仰根本没有的,因而是诬栽给它的。

启蒙的这种以自己之理论他人之说的批判方法,虽然可以在批判信仰的时候将精神提高一个层次,但却不能准确地指出信仰的错误,更不能让信仰者接受,他们会反驳说"启蒙把它的一切环节都歪曲了。"② 这不仅包括从感性确定性对其对象的歪曲,还包括从有用性概念对宗教的批判等。面对这样的批判,信仰者反而觉得他所崇拜的绝对本质(上帝)是启蒙者所永远不知道的,启蒙者只把有限事物的知识看成最高的知识。虽然信仰可以用歪曲等说法来消极对抗启蒙,但启蒙却因其建立于感性确定性之上的概念,而对信仰保其优越性,并因此而表现出其真理性。

更为重要的是,启蒙的主要目的是唤醒群众,规定"有理性的自我意识的那种虽然具体存在于群众之中却还没在群众中已形成为概念的概念。"③ 虽然要涉及教士和专制暴君,但并不是去说服,或用理性征服他们,因而顽固的信仰者们会以各种方式来攻击启蒙也就不足为怪了。启蒙的纯粹识见在批判信仰时表现出来的局限性,在于其思维层次、环节与信仰的矛盾,但启蒙的逻辑和历史价值,还在于从群众的有理性的自我意识中,以概念规定其已经潜在的概念,从而形成意识形态和社会关系的大变革。启蒙也就因此而成为伦理向道德转化中间环节的主线。

---

① 黑格尔:《精神现象学》下卷,商务印书馆 1979 年版,第 103 页。
② 同上书,第 112 页。
③ 同上书,第 94 页。

纯粹识见在反对信仰时是以一种概念势力，在运动中将信仰意识中各自孤立的环节联系起来，而信仰主张的绝对本质只是意识一个环节的创造物，"觉醒的意识已把这个王国的一切区别和扩展都抢劫到自己这里来，将其一切部分都当成大地［人世］的财产索取回来，归还给了大地。"① 在以感性世界启发、代替天堂世界之后，纯粹识见在概念中规定并实现了自己，以纯粹的抽象规定了物质，思维的纯粹本质是"自身无区别、无规定、无宾词的绝对"，② 而这也就是物质，思维与物质的统一，取代信仰的绝对本质——上帝。摆脱了信仰的纯粹的自我意识自在自为地存在于直接的统一性中，纯粹识见当它发展出它的环节并表现出来时，就是有用的东西。纯粹识见在有用的东西这里，把存在于其环节中它自身的概念当成对象，再由这种个别的概念返回自身，进而在功利中达到肯定的对象性。从精神王国到真理性王国，达成二者的统一，就是功利王国，在这里，有用性就是真理性，而真理性同样也就是自身确定性。自我意识以有用的东西为对象，并在透视对象之后认知其个别确定性，得到它提供的享受，并规定对象的真正本质。意识在有用性中找到了它的概念，既然意识以有用性为概念，有用的东西的对象性也收回于概念中。这种内在的变革形成了新的意识形态——绝对自由。

绝对自由是一种具有自知之明的自我意识，它知道它自己的确定性是实在和超感觉世界的一切精神领域的本质，或者说，它知道本质和现实就是意识对它自己的知识。"对它而言，世界纯然是它的意志，而它的意志就是普遍的意志。"③ 也就是"一切个别人的意志

---

① 黑格尔：《精神现象学》下卷，商务印书馆1979年版，第119页。
② 同上书，第123页。
③ 同上书，第131页。

本身。"① 意志是对每个个别人的意识，是一切人格和每个人人格的一种有自我意识的本质，"以至于每一个人所采取的行动，都永远是没有分解的全体的行动，而那作为整体的行动而出现的行动，又是每一个人的直接的有意识的行动。"② 绝对自由的这种没有分解的实体，是没有任何势力可以与之抗衡的势力，原来由精神势力的分解为各个集团而组织起来的整个体系，就在绝对自由的冲击下瓦解崩溃了，每个个别意识都从曾所属的那个集团中超脱出来，扬弃了它的局限性。"它的目的就是普遍的目的，它的语言就是普遍的法律，它的事业就是普遍的事业。"③ 绝对自由达致个体自我意志的独立和平等。这种普遍自由的精神，不会容忍任何整体性的组织，也不要求有领域和代表。因此，既不能产生任何肯定性事业，也做不出任何肯定行为，它所做的只是否定性行动，它只是制造毁灭的狂暴。"就其自在而言，绝对自由正是清除了自身中一切区别和一切有区别事物的这种抽象的自我意识。就其作为抽象的自我意识而言，绝对自由是它自己的对象；死亡的恐怖就是绝对自由的这种否定性本质的直观。"④ 黑格尔在这里是将绝对自由与法国大革命中的雅各宾派专政相对应的，但并非如一些黑格尔研究者所说的是雅各宾派思想的解说，而是在规定精神演化到绝对自由这一环节时，恰好有雅各宾派作为其现实的体现。

绝对自由等同于普遍意志的纯粹自身，本身就包含着否定，包含着"区别一般，并且发展着这种区别，使之重新成为现实的区别。"⑤ 当个体意识感觉到他们作为"绝对的主人"而遇到的死亡危

---

① 黑格尔：《精神现象学》下卷，商务印书馆1979年版，第131页。
② 同上。
③ 同上书，第132页。
④ 同上书，第136页。
⑤ 同上书，第137页。

险的时候，就会屈从于否定和区别，归属于各个集团，返回到一种局部的有限的事业上来，也就返回了他们的实体性现实。绝对自由在其内在矛盾中把普遍意志和个别意志的对立同它自己本身协调起来，绝对自由也从那摧毁自己的现实王国过渡到一个新王国，即道德。

道德是在"对其自身具有确定性的精神"这个环节的意识形态，是对伦理和教化两个环节的综合与提升。对《精神现象学》的这一部分，也有西方学者称之为是对德国意识形态，即康德和费希特道德哲学的论证，就像把绝对自由等同于法国大革命的历史分析一样。我们并不否认这里关于道德的论述有历史成分，但完全从历史的哲学观点来解读，又是不公允的。黑格尔谈道德，当然不能不涉及康德和费希特的观点，但他并不是只将此二人的观点汇编，而是按照他本人的逻辑对此二人涉及的概念进行了重新规定。

《精神现象学》对道德的论述，由道德世界观、倒置和良心，优美灵魂，恶及其宽恕三部分构成。其首要也是基本的概念是义务，黑格尔着重探讨的，也是"道德"这一部分的核心概念则是良心。

义务是与权利统一的，康德把义务分为两种，一是法律义务，二是伦理义务。黑格尔则把义务作为道德的首要概念，在《法哲学原理》中仍把义务界定为道德中善的"普遍抽象的本质性"。之所以将义务归入道德，而不是法律范畴，黑格尔可能是这样考虑的：权利是客观精神中法和伦理所规定的人与人的关系，而义务的履行与否，取决于人主观上是否遵循法和伦理，因此属于主观精神范畴。

道德精神体现于个性的自我意识，"自我意识知道义务是绝对本质；它只受义务的约束，而这种实体就是它固有的纯粹的意识。"[①] 对义务的概念规定，在《法哲学原理》中黑格尔明确指出："行法

---

① 黑格尔：《精神现象学》下卷，商务印书馆1979年版，第142页。

之所是，并关怀福利，——不仅自己的福利，而且普遍性质的福利，即他人的福利。"① 履行义务，把义务当成本质是道德意识的首要环节。道德意识包含幸福，履行义务这个环节，实现了个别的自我意识中的纯粹义务目的，也就是享受。履行义务既是纯粹的道德行为，也是体现个体性的过程。道德与幸福之间的和谐，是必然存在着的。"道德概念，其真正内容就是纯粹意识与个别意识的统一；个别意识应该看出，这种统一对它来说就是一种现实，这种现实，作为目的的内容，就是幸福，作为目的的形式，就是特定存在一般。"② 而这并不是一种愿望，而"是理性的一种要求，或者说，是理性的一种直接确定性和先决条件。"③

黑格尔认为，"意识是绝对自由的，因为它知道它的自由，而它对它的自由的这种知识，正是它的实体、它的目的、它的唯一内容。"④ 幸福是自由的体现，只有依循理性的要求，才能自由。道德世界观的第一个环节，是义务与现实之间被设定的和谐，或其理想状态，即前面讲的内容，在此前提下，形成两个公设：（一）道德与自然的和谐，（二）道德与感性意志的公设。但这两种公设能否实现，又取决于现实的复杂多样性，形成神圣的立法者和不完全的道德自我意识之间的矛盾。于是道德世界观就包括三个命题：（一）存在着一个现实的道德自我意识，（二）没有道德上现实的东西，（三）道德自我意识是一个自我，或主体。对这些命题的考察，形成"倒置"，即道德世界观的矛盾，黑格尔引用康德的话说"是整个的一窝无思想的矛盾"。其表现是：先确立第一环节（命题），然后立

---

① 黑格尔：《法哲学原理》，商务印书馆1961年版，第136页。
② 黑格尔：《精神现象学》下卷，商务印书馆1979年版，第144页。
③ 同上书，第145页。
④ 同上书，第141页。

第三章　绝对精神：理性的自由意识发展集合 / 191

即转向另一环节，并把第一环节扬弃，当它刚建立第二环节，又推翻或颠倒了第二环节，反而以其对立面为本质。道德自我意识在它的目的里清除了感性的目的，并不包含欲求和冲动，但由于感性是一种自然，它有自己的规律和弹簧——发动机制，因此不能作为道德实现的手段，或者说道德不能主导冲动，也不是欲求调整的角尺。冲动和欲求都有自己的规定性和独特的内容。意识不认真看待道德的完成，而是把它颠倒移置到无限里去，永远达不到。经过这一系列的颠倒和矛盾，意识开始认识到，把这些环节区别开，分别安置，才导致颠倒混乱；如果任其继续颠倒，那就是伪善。于是作为道德的纯粹自我意识，抛开了它的表象和本质之间的不统一性，抛开了它把它认为不真实的东西称为真实的东西这种非真理性，"怀着厌恶逃回自身来了。它是纯粹的良心，良心鄙视这样一种道德世界观；它是在自己本身中的简单的自身确信的精神，这种精神无需通过上述表象的中介而直接地凭良心行动，并且它的真理性就在这种直接性之中。"[①] 也就是说，良心是道德的纯粹自我意识反思和超越其自身的伪善而达到的一个新形态。

　　良心是在自己本身内的自我的自由，良心的自我是道德的自我，是从伦理世界的法权状态下的原子或个人自我异化为教化世界的反宗教、重功利、争自由的自我的升华。道德自我在良心中取得内容以充实空虚的义务、权利和普遍意志，成为具体的道德精神，这是在一种直接统一性中的自身实现着的道德的本质，其行为也就直接是一种具体的道德形态。因此，良心是作为义务的现实，它承认信念和信念的绝对自由。良心直接确信，它的行为符合义务，但它的行为需要他人承认，而承认良心的人也要有良心，因此就需要普遍的良心，但良心以语言把自己的确信转变成一个保证的形式，在相

---

① 黑格尔：《精神现象学》下卷，商务印书馆1979年版，第165页。

互表达自己的确信时，形成了一个良心的共同体，每个良心都向其他良心保证它确信自己道德上的善，之所以是善的，就在于它的确信。然而，这个共同性中的每个个体，都确信自己的良心，这种个体的确信不受任何义务的规定性的束缚，而是以自在存在和感性为基础自己规定义务，其真理性就是个人的任意性和个人的无意识的自然存在的偶然性。这样就会以个体自我性的义务而排斥普遍性的纯粹义务，即以法权和法律存在的现成义务，"良心知道自己完全不受约束，完全独立自由，并且自己拥有绝对权力，予以任意增减，任意取舍。"[1] 而良心的普遍性就存在于自我确信中，每个人都可以用信念的语言说他是根据良心行动的，自我就是普遍的自我。

良心凭它凌驾于一切特定法律和义务内容之上的至高尊严，把随便一种内容作为它的知识和意愿，"良心就是这样一种创造道德的天才，这种天才知道它自己的直接知识的内心声音即是上帝的神圣声音，而且由于它本着这种知识同样直接地知道它的特定存在，所以它是一种以其概念为生命力的那神圣创造力。"[2] 这种道德天才又是自己本身中的上帝崇拜，它的行为就是对自己神圣性的直观。它的意识只是它关于自己的知识，它自己所创造的空虚对象充满了空虚感，它的行动成了不能不在其变成无本质的对象的过程中丧失的渴望，在它的诸环节的透明的纯洁性中，它就变成一种不幸的空恼的所谓优美灵魂，逐渐熄灭。与优美灵魂的孤芳自赏、拒绝行动回避社会不同，良心还有另外一种意志形态，"它的自身确定性是本质，而自在存在或普遍物则只算得是环节。"[3] 也就是说它将自己的利益看成本质和目的，为了这个目的，其他人或社会总体都只是其

---

[1] 黑格尔：《精神现象学》下卷，商务印书馆1979年版，第178页。
[2] 同上书，第185页。
[3] 同上书，第190页。

手段。"因此当一个人说他依照他自己的规律和良心来对待别人时，他事实上是在说他虐待别人。"① 而从普遍的意识和纯粹义务看，这种自私自利的意识就是恶，因为它表示它的内心生命与普遍物是不一致的，而它又宣称它的行动是与自己本心一致的，是出自它的义务感和良心的，因此又是伪善。

以普遍意识为依据的道德判断，只停留在思想的普遍性里，只限于理解，它的首要行为就只是判断，以至高无上的道德审断官面目出现的。它对行为者的所有行为，都可以指出其个别性方面与行为的普遍性相对立。对于这种"把自己吹捧得远远高出于那受到鄙视的实际行动之上"的道德判断，黑格尔认为"其本身就是卑鄙的，因为它把行为割裂开来，制造出行为自身的不一致性并坚持如此。而且，这种判断意识又是伪善"②，行为意识对判断意识进行了反抗，较量的过程中它看到了判断意识实际上是与自己同等的，于是向判断意识坦白招认它看到了这种同等性，并盼望判断意识也能承认这种同等性，从而出现相互承认的局面。但是判断意识却不愿意承认这种在本性上的共同性。经过反复的对抗，判断意识终于承认了与行动意识的共同性：行动和判断都是整体的一个环节。行动意识在判断意识的诱使下采取了认错的行动，已使自己外化为环节，而判断意识也必须抛弃它的片面的没有得到承认的判断，它之所以要这样做，也是因为它在行动意识中直观地认识了它自己。它扬弃了原有的特殊性，把自己呈现为一个普遍物。它对行动意识的宽恕，实际上就是对它自己非现实的本质的放弃，"它就像作为它的对方的那另一意识之放弃其对行为所做的自为着的规定活动那样，放弃了它在被规定的思想与它的起规定作用的自为着的判断活动之间所作

---

① 黑格尔：《精神现象学》下卷，商务印书馆1979年版，第191页。
② 同上书，第195页。

的区别。"①

判断的意识与行动的意识之间的和解,不仅使道德达致完满,更使精神现象的运动上升到一个新阶段——实际存在着的精神,这种精神在它的对方中,也就是作为绝对存在于其本身个别性的纯粹自身知识中,直观地认识到作为普遍本质的那种纯粹自身知识。这种精神就是相互承认,也就是绝对的精神。"绝对精神只有在最高点上才进入实际存在,即是说,只有当它的纯粹自身知识即是它与它自身的相互对立和相互交替时才进入实际存在。绝对精神,对于它的纯粹知识之是抽象本质是有所认知的,因而它是这样一种认知着的义务,它与另一种知识绝对对立,而这另一种知识乃是知道它自己这个自我的绝对个别性即是本质的知识。"② 这两种知识分别是普遍物的纯粹连续性和个别的绝对间断性,它们都是认知着的纯粹概念,其联系和对立就是我。"这种对立倒不如说本来就是'我 = 我'的无间断的连续性和同一性;"③ 通过外化,这在实际存在中一分为二的知识就归于自我的统一,它就是现实的我。我一分为二个我并相对立,"而这一分为二的我在它的这个实际存在中则保持着自身同一并在它的完全外化和它的对方中取得它对其自身的确定性;——这个我,就是出现于知道自己是纯粹知识的那些自我之间的上帝。"④

精神的运动过程,从伦理开始到绝对精神,是以我为主体展开和过渡的,其中的各环节都是我在精神这个阶段的生成、矛盾、异化、否定、发展。而我,则是个体与总体的统一,我的精神旅程,既是意识的演进,也是从精神对个体与社会总体矛盾的规定。而当

---

① 黑格尔:《精神现象学》下卷,商务印书馆1979年版,第199页。
② 同上。
③ 同上书,第200页。
④ 同上书,第201页。

这个旅程走到绝对精神的大门口，黑格尔却暂停进入，因为宗教把守着绝对精神之门，他不得不花些工夫与之周旋，用好言好语说通看守的头儿——上帝，让他觉得自己就是门内殿堂的主人。

七 意识的宗教和概念化的上帝

虽然受法国大革命的影响基督教在德意志有所减弱，但远未达到法国物质主义者公开批判、否定上帝主义的程度，教会和封建势力对言论的审查相当严密。在这种情况下，黑格尔也不敢因被扣上"无神论"的罪名而丧失思想的自由，他承续康德将宗教道德化的路线，并不否认上帝，而是将宗教纳入意识发展的进程，并把上帝在道德化的基础上进一步概念化。这样，上帝就不再是人格化的造物主和主导者，而是人类精神演进中一个阶段的标志，是表象化的精神，是哲学研究的一个对象，是精神从分化而达到统一——绝对精神转化的必要环节。在《精神现象学》中，对宗教的考察，是精神演进的意识、自我意识、理性、精神几种形态的集结，以前面几个形态中体现的基本观念和思辨辩证法对宗教这个最大的现实意识形态的考察，通过对这个环节精神异化的规定，进入绝对知识，即哲学的形态。

在黑格尔的观念中，精神的主体是我——个体与总体统一的我，从感性确定性开始的精神现象历程，都是我中的个体与总体、我与自然物质的矛盾的体现，精神的我不断认识、克服矛盾的过程所经历的阶段或环节，是逻辑的，也是历史的，二者辩证统一，既是我的精神的生成、发展，也是精神在我这主体中的演进。宗教作为一种意识形态，也是我精神演进的一个环节，感性、知觉、知性、理性、精神等意识环节都是宗教的内容。对宗教的考察，也就是从总体上对我的精神在这个意识形态的逻辑与历史统一的规定。

《精神现象学》写作之前，黑格尔对宗教问题已做过研究，虽然有一些新见解，如客观宗教与主观宗教的对立、实证宗教与道德宗教的对立，以及关于"爱"是基督教的原则等，但由于当时尚未形成系统的理性思辨方法，只能在知性思维的范围提出问题，但不能综合论证。而这样做也在一定程度上突破了康德将宗教归结于与知性隔离的理性层次的框框，从知性研究宗教虽然有其局限，但毕竟将之纳入认识论的进程，所发现的问题，又是打破知性与理性隔离的必要因素。

　　在《精神现象学》中，黑格尔从辩证法明确了认识过程各环节的统一，并将之归总于精神的演进，而精神又是主体与客体的统一，不论自然的物质，还是意识所塑造的上帝，都是精神的内容，都在精神中有其地位，并成为精神的我的一部分。"宗教以这些环节的经历过程为前提，并且是这些环节之单纯的全体或绝对的自我或灵魂。"① "宗教一般的发展过程就包含在这些普遍环节的运动里。"② 宗教是意识形态的一个环节，它产生于人的意识，作用于人的意识。上帝并非神秘的先于人、创造人、高于人的统治者，而是人意识的产物，是"精神把自己表象给自己而言，它无疑地是意识，而那包括在宗教中的现实性就是精神自己的表象的形态和外衣。"③ 也正因此，不仅在感性和知性中可以认知它，更能够在理性中以概念加以规定。《精神现象学》的宗教部分的"上帝"，都以概念化的形态出现并以概念运动来论述的。

　　宗教既然是我的意识的演化形态之一，它包含着我从成为我开始的全部意识环节，因而也就是我在历史上就已形成的意识形态。

---

① 黑格尔：《精神现象学》下卷，商务印书馆1979年版，第206页。
② 同上书，第207页。
③ 同上书，第205页。

虽然对黑格尔来说，现实的宗教是基督教，但基督教又是从自然宗教和艺术宗教演化过来的，所以他按历史顺序先考察宗教的这两个环节。与自然宗教相对应的是意识，与艺术宗教相对应的是自我意识，或者说，自然宗教是精神在意识阶段的表象形式，艺术宗教是精神在自我意识阶段的表象形式。

自然宗教是直接将自然物作为崇拜对象的宗教，包括光明之神、植物和动物、工匠三个阶段。

"东方宗教中对纯粹的包含一切、充满一切的光明之神，这种光明保持它自身于它的无形式的实体性中。"① 这是与直接意识或者感性确定性相对应的，但不是在感觉的偶然的存在内，而是在充满了精神的存在内的形态。但光明的纯存在所发展出来的内容或它的知觉活动是对实体的一种不涉及本质的枝节的把握，"这实体只是上升起来在那里，而没有深入到自身成为主体，并且通过自我来固定它的各个差别。"② 具有自我意识的精神超出无形式的本质回到自身，把它的直接性提高到自我的水平，使它的简单性成为自为存在的杂多性，"成为精神性的知觉的宗教。"③ 这就是崇拜植物的宗教（安静的持存或自在状态）和崇拜动物的宗教（自身的敌对运动或自为存在）。之所以有崇拜植物和动物的宗教，在于人发现了其中包含着生命，而在对不同动物的崇拜中，不同的"民族"（黑格尔尚未区分种族、氏族、部族、民族，汉译者也未注意其间区别，通译为"民族"，各版本均如此。）——实为氏族——表现其各自的"民族精灵"，也是原始社会氏族间敌对关系的体现。"这种分散了的精神之现实的自我意识就是一大群个体化了的敌对的民族精灵，这些民

---

① 黑格尔：《精神现象学》下卷，商务印书馆1979年版，第214页。
② 同上。
③ 同上书，第215页。

族精灵由于他们之间的恨，相互作殊死的斗争，并且意识地承认特定形态的动物作为它们的本质［或神灵］。"①

黑格尔所说的这自然之神和植物、动物宗教，实际上是人类原始社会的图腾，图腾是原始氏族总体的精神状态，但严格说来尚未形成宗教，只是某个群体的共有的崇拜。黑格尔将之作为宗教的初始，对于阐述他对基督教的观点是必要的前提。

动物宗教所体现的相互仇恨在各氏族的斗争中被扬弃，进入成为事物的自我，即劳动的自我。"这劳动着的自我对于那些只是互相摧毁的动物精灵就占了上风，它的行动不仅是消极的，而且是安定的和积极的。"②这种意识不仅是扬弃着的自为存在，又产生了它自己的由自为存在发挥成为对象形式的表象。这是一种对现成材料的加工，精神则表现为工匠。工匠依人的自我意识塑造神像，是主体的对象化过程，从而达到了自在性和自为性的统一，通过对象化使自我意识表象出来。工匠所体现的精神，进一步提升为艺术，自然宗教发展到艺术宗教阶段。

艺术宗教所体现的"是伦理的或者真实的精神"③。黑格尔在这里是指古希腊的诸神崇拜，包括抽象的艺术品、有生命的艺术品和精神的艺术品三个阶段。抽象的艺术由神像、赞美歌、崇拜构成，其中神像是个别性的，赞美歌是普遍性的，崇拜则是二者的统一。"在崇拜中自我使得它自身意识到神圣本质从其彼岸性下降到它自身"④，从而使神圣本质成为自我意识特有的现实性。有生命的艺术品是指英雄崇拜。人以他作为达到了受过教养、陶冶的形象的完全

---

① 黑格尔：《精神现象学》下卷，商务印书馆1979年版，第216页。
② 同上。
③ 同上书，第221页。
④ 同上书，第231页。

自由的运动代替雕像，当每个人都知道如何表现他自身的时候，"其中一个人就会突出地涌现出来，这个人就是这一运动的体现者，就是所有一切成员之顺畅的展开和流动的力量，他就是一个富于灵魂的活生生的作品，这个艺术品既美丽而又坚强有力；对于这样一个人就给予他以〔隆重的〕装饰作为对他的伟大力量和光荣的赞扬，就像〔在前一种宗教里〕制作雕像以表示崇敬那样，并且归给他在他的人民中以这样的光荣，——不是把他崇敬为石头的神，而是把他当作整个民族的本质之最高的肉体的表现。"① 精神的艺术品，包括史诗、悲剧和喜剧。这里黑格尔是在探讨氏族联合体和初级部族的精神，"那些特殊的美丽的民族神灵联合成一个万神殿，而构成万神殿的要素和寄托之所的便是语言。对民族精神自身加以纯粹直观，所看见的就是普遍人性。"② 精神使氏族之间由于自然条件形成联合体以至部族，但这种联合中达到的普遍性还是从伦理的个体性出发的，"还没有从这些分散的民族形成一个国家。"③ 传说中的古希腊大体就是这样的氏族联合体和部族。它以语言流传的史诗、悲剧和喜剧为其宗教精神的表现形式。至于人们对这些艺术品历史真实性的质疑，并不影响黑格尔的宗教概念，他本人也没有说它们是古希腊的，就像对以前宗教形式没有说其历史地域一样。

　　天启宗教是在艺术宗教的基础上，以表象的方式再现概念自在、自为和二者统一的过程。天启宗教即绝对宗教，是神圣本质对自己的意识，意识到自己是精神。与他之前和之后的宗教的论著不同，《精神现象学》天启宗教部分极少用"上帝"一词，而是用神圣本

---

① 黑格尔：《精神现象学》下卷，商务印书馆1979年版，第239—240页。
② 同上书，第241页。
③ 同上。

质、绝对本质、神、最高本质等概念表示，明确地将上帝作为人意识的概念化。"神的本性与人的本性是同样的东西，而现在直观到的就是这种统一性。"① 精神就是自我意识本身，它以概念规定本质和实体。"说最高的本质可以作为一个存在着的自我意识而看得见、听得到等等，事实上这就是最高本质的概念的完成。"② 世界的希望和愿望都指向绝对本质，并以此为寄托，在绝对本质中直观到自身的欢乐情绪，在自我意识中得到实现。绝对本质是精神，但这精神的概念还是直接的、没有得到发展的概念，还是现实的普遍性、个别自我的总体。"这一个个别的人，就是绝对本质的启示，在他身上作为个别的人，完成了感性存在的运动。它是直接当前存在的神；这样一来，他的存在就过渡到已经存在。"③ 这"一个个别的人"是指耶稣，之所以用"一个个别的人"就在于强调他是众多个别的人中的一个，他以"一个个别的自我意识"认识到绝对本质，并以人感性可以感知的方式宣示了绝对本质。"因为它已经看见神，听到神，它本身才成为精神性意识"④，这一个个别的人的死亡，"那个被知道作为绝对本质的直接定在的消逝"，使直接意识进入否定环节。精神因此"作为［宗教］社团的普遍的自我意识。"⑤ 在宗教社团及其组织系统中，个别主体已结成一个全体，社团的意识以精神的内容为实体。

绝对本质的自为存在就是自我、概念，它区分为三个环节：一本质、二自为存在、三在他物中认识自身或在他物中的自为存在。这三个环节的运动表明绝对本质是精神，"永恒本质对它的自为存在

---

① 黑格尔：《精神现象学》下卷，商务印书馆1979年版，第268页。
② 同上。
③ 同上书，第270页。
④ 同上书，第270—271页。
⑤ 同上书，第271页。

的关系是纯粹思维之直接的简单的关系。"① 纯粹概念的诸环节各自取得一个实体性的定在相互反对，同时它们又都是主体，从彼此分离和彼此对立的状态中各自返回自身。"因此那仅仅永恒的或抽象的精神会变成自身的一个他物，换言之，将会进入定在并且立即进入直接的定在。它因而创造一个世界。这种创造就是用表象的语言按照概念的绝对运动去表达概念本身；或者表达这样的事实：那被表述为绝对抽象的简单的东西亦即纯思维，因为它是抽象的东西，就可以说是否定的东西，并因而是与自己相对立的东西，或者他物。"② 精神创造世界，世界是特定存在着的精神，这种精神是具有意识并把自身与"作为他物或者世界的自身区别开来的那种个别的自我。"③ 它还不是自为的精神，它可以叫做天真的精神。它为了在事实上成为自我和精神，它首先必须成为"它自身的他物"，也即深入于自身。感性的意识转化为思想的意识，并非纯粹的知识，而是有着对方或异在于自身内的思想，是包含善与恶在自身内的思想。善与恶的对立是意识自身深入的特定存在，善与恶的普遍力量同样属于自我，或者说自我就是善与恶的实际体现，恶是精神的特殊自然存在之深入自身，善则是进入现实生活的一个特定存在着的自我意识。恶与善的对立在宗教的表象里很难理解，如果以概念的方式来理解，就应该说神圣本质和整体自然界本来是同一的，恶与善也是同一的，"一般的恶即在自身内（存在着）集中的自为存在，一般的善即忘我无私的简单意识。"④ 二者的同一在于：在自身内存在着的自为存在是简单的知识，而无私忘我的简单意识也同样是纯粹

---

① 黑格尔：《精神现象学》下卷，商务印书馆1979年版，第276页。
② 同上书，第277页。
③ 同上书，第277—278页。
④ 同上书，第283页。

在自身内存在着的自为存在。但二者又不是同一个东西。同一与不同一这两个命题都不是真理性。"真理性乃是双方的［辩证］运动，在这个运动里简单的同一是抽象，从而也是绝对区别，而绝对区别即自身区别、自己从自己区别开，因而就是自身同一。"① 不能固执地用抽象的联系词"是"来说明二者的关系，而应以辩证性的思维理解。表象意识所说的神与人的和解，实际上是由于精神统一性中的差别只是作为扬弃了的环节，这种统一性是自我意识的普遍性，思维的运动通过表象返回自我意识，因而使差别归于统一。

普遍的自我意识在宗教社会的运动中从潜在变成实现，即将"那死去了的神性的人或人性的神"中潜在的普遍自我意识展开为对象。表象所包含的一个对立方面，即恶是把自然的定在和个别的自为存在当作本质，只有在普遍的自我意识的精神过程，即认识其局限性的同时克服恶，

> 在表象意识看来，世界之变为恶和有恶的存在，是实际存在着的事实，同样，绝对本质与人之得到和解也是实际存在着的事实；但是对自我意识本身，按照形式说来，这种表象中的恶就只是一个扬弃了的环节——因为自我是一个否定的原则，——因而是一种知识，而知识乃是意识在自身内的一种纯粹活动。②

在宗教的表象中，神与人，恶与善的对立与和解，是以神秘的方式——人所不能理解、只能相信的方式来达到的，即"神圣本质通过它自己外在化的事变、通过它变成肉身的过程和它的死，它便同它

---

① 黑格尔：《精神现象学》下卷，商务印书馆1979年版，第284页。
② 同上书，第285页。

自己的实际存在相和解了"① 以及"灵魂的复活的事实"所展现的神圣本质的个别自我意识转变成普遍体或宗教社团的过程。黑格尔认为这个过程不过是意识中的矛盾，通过概念的运动，将过程规定为同一本质展开的环节，在其转化中就可以理解这种神秘，或者说，这一切不过是精神现象演变中各环节的内在统一。宗教的表象存在体现着精神的本性，将基于表象的看法转移到自我意识，提高到在自我意识的异在中保持着自己的知识，那些神秘性也就消失了。"一个个别的人"（耶稣）的死"实际上乃是他的特殊性消亡在他的普遍性里，这就是说，消亡在他的知识里，这知识就是那自己与自己和解的本质。"②

在理性思维中，宗教表象被扬弃，返回到概念，在表象中的实体转变为主体，表象中的各种因素、神秘的成分，都成为自我意识的各环节，并可以由思维加以掌握。而"被表象的这个中介者之死，同时即包含着那没有被设定为自我的神圣本质的抽象物之死。"③ 这个死亡意味着感到上帝已死了的苦恼意识及其痛苦，也表达了内在的、简单的自我知识，表达了返回到自我＝自我的"黑夜的深处"，这种痛苦意味着丧失了实体。因此这种知识是精神化的过程，通过这一过程，"实体变成了主体，实体的抽象和无生命消亡了"，④ 变成规定的、简单的和普遍的自我意识。

虽然宗教也是意识的一个阶段，但"虔敬的宗教意识把知识的纯粹内在化之自在地即是绝对简单性或实体这一方面，理解为这样一种东西的表象，这东西并非按照概念看来是如此，而是当作一种

---

① 黑格尔：《精神现象学》下卷，商务印书馆1979年版，第286—287页。
② 同上书，第287页。
③ 同上书，第288页。
④ 同上。

外来的、异己的善良的恩赐行为。"① 宗教社团并没有完成其自我意识，它的内容是以表象形式作为它的对象，还没有发展到自己意识到自己的过程，而是停留于表象，没有经内在化而达到自我意识内在的知识。这样的宗教社团的精神，在它的直接意识里是与它的宗教意识相分离的。因此它要在精神的运动中进一步演化，而这就是绝对知识所规定的绝对的自为存在，即进入绝对精神的概念。

八 绝对知识：绝对精神概念的规定

在探讨"精神"的进程中，已经达到绝对精神概念，但因宗教仍是黑格尔所处时代居统治地位的意识形态，它横在绝对精神大门口，不能不先打通它才可进绝对精神之门。黑格尔用一章的篇幅专论宗教，使之纳入意识形态，并以概念运动将上帝概念化为意识、道德，揭示了其表象的特点，进而归之于精神现象的一个环节，由此顺利地进入"绝对知识"，规定了绝对精神概念。

黑格尔认为，天启宗教的精神及其中相互区别着的各环节，都属于表象范围并具有对象性的形式。这种表象的内容虽是绝对精神，但其表象形式却将内容掩盖、歪曲了，必须在绝对知识环节以概念运动加以规定。

对绝对精神的规定，并不是只就这个概念做一个定义，而是一系列的概念运动过程，也可以说绝对精神就是一系列概念运动的集中概括，精神现象的各阶段，从感性确定性到知觉、知性、自我意识、理性、精神、宗教，都体现为概念运动的阶段或环节，都是绝对精神的形成过程。黑格尔对这个过程做了概括，他指出，正是概念运动使这诸多环节得以结合并转化，

---

① 黑格尔：《精神现象学》下卷，商务印书馆1979年版，第290页。

第三章　绝对精神：理性的自由意识发展集合 / 205

　　正由于概念在起着结合作用，所以内容就是自我自己的行动；因为这个概念，正如我们看到的那样，就是知道自我在自身内的行动即是一切本质性和一切特定存在的知识，就是关于这个主体即是实体的知识，和关于实体即是这种对于主体的行动的知识的知识。——我们在这里所增加的东西，一方面，只是把各个个别的环节集合起来，这些环节中的每一个就其原则来说都表现着整个精神的生命；另一方面，是在概念的形式中把概念坚持下去，其实概念的内容应该说早已在上述各个环节中被揭露了，而概念本身应该说早已出现在一种意识形态的形式中了。[1]

在对已论述了的精神现象各环节进行概括之后，黑格尔进入最后一个环节——绝对知识的探讨，这是精神赋予它的完全而真实的内容以自我的形式，从而同时实现精神的概念，并且这个实现化过程仍然在它的概念之中。"绝对知识是在精神形态中认识着它自己的精神。"[2]

绝对知识是概念性知识，真理在这里不仅自在地等同于确定性，而且也是自身确定性的形态，是在它的特定存在中，概念是这特定存在的要素，对于意识而言具有"对象性的形式"，即以概念为对象。"意识在这种要素中产生出来的精神，就是科学。"[3] 在黑格尔的体系中，"科学"就是以概念运动为对象和内容的绝对知识体系，

---

[1] 黑格尔：《精神现象学》下卷，商务印书馆1979年版，第300—301页。
[2] 同上书，第301页。
[3] 同上书，第301页。

即常人所说的"哲学",他有时也将二者等同,是在上述含义上等同的,也就是说他并不认为那些不以概念为对象和内容的知识体系已达到科学水平,而有些哲学体系,也远不能称作科学。

绝对知识的科学研究,是我为主体的精神从感性确定性开始的一系列意识环节的概念运动的集合,也是它的最后环节。"这种知识的本性、各个环节和运动已经表明它就是自我意识的纯粹的自为存在;这种知识就是我,就是这个我,而不是别的我,但它同时直接地是中介了的或被扬弃了的普遍的我。"① 我的内容是纯粹的否定性或自己分裂为二的活动,它就是意识。这个内容在其差别中就是我,是自身扬弃的运动,是那和我同一的纯粹否定性,"我在作为有差别的内容返回到自身;而内容只是由于我在它的异在里就是在它自己那里,才得到概念式的把握。"②

黑格尔对"我"的论说,集中体现了他的思辨辩证法。我是意识的主体,我的意识从感性确定性开始的认识过程,是主体与客体统一的,随着认识的进展,我的内容逐步丰富和明确,我也在意识各环节的转化中不断否定我,我在生成、否定中经历了各个阶段,这些阶段的意识形态都集中于概念运动,概念即是我。而我还要进一步地思考这些概念的我,由此进入科学,以绝对知识的概念来理解我的精神,这样理解的我的精神,是个体与总体统一的,个体包含普遍,普遍集合于个体,因而也是主体与客体的统一,对象客体经过一系列的精神运动已经集合于我的概念中。客体的本质和规律也在主体我的概念中得以规定,主体的精神和客体的精神是同一的,因此也是绝对的。绝对精神在绝对知识的科学中得以规定,并展开于对我的客观精神和主观精神的再认识中。

---

① 黑格尔:《精神现象学》下卷,商务印书馆1979年版,第301页。
② 同上书,第302页。

从这种意义上说，绝对精神就是我，我只有从我才能理解绝对精神。这是掌握黑格尔思辨辩证法的关键，也是从知性只分不合方法读不懂黑格尔哲学的原因。

黑格尔认为，虽然宗教在时间上比科学更早地表达了精神，但是由于宗教社团还只是从表象接近绝对精神，并视作异己的意识内容，因而不可能认知绝对精神。只有意识放弃以外在的、异己的方式来扬弃异己存在的希望，即克服了宗教这种异化的意识形态，并从对宗教意识的否定中，转向它的世界和现在，以现实的自我来使理智世界的抽象要素具有生命或精神。他以一段话概述了（据原编者的注释）从笛卡尔到费希特的精神发展历程。

> 意识通过观察，一方面发现了定在是思想而且对定在有了概念式的理解，同时反过来，它在它的思维中看见了定在。（笛卡尔）当意识首先这样抽象地表述了思维与存在、抽象的本质与自我的直接统一，当它以更纯粹的方式把最初的光明本质表述为广延与存在的统一（因为广延是比光明更相似于纯粹思维的简单性），并从而使东方的实体在思想中重新苏醒（斯宾诺莎）。同时，精神却在这个抽象的统一性，这无自我的实体性面前畏缩倒退，而坚持个体性以与实体性相对立（莱布尼茨）。然而，只有当精神在教养中把个体性外在化，从而使个体性成为定在并把个体性贯穿在一切定在中，只有精神达到了效用的思想（"启蒙主义"的原则），并且在绝对自由的原则下把定在理解为它的意志之后（康德），精神才把它的最内在深处的思想揭示出

来，并且把本质表述为"我＝我"（费希特）。①

不论原编者所注的是否妥当，但却也表明了黑格尔的逻辑与历史统一原则，而这个原则之所以成立，就在于主体的我，历史上能够依循我的逻辑而对精神的发展有其作用，在概念运动的某一环节做出了自己规定的人，都是我。我是统一的，历史上出现的我是逻辑的，我还要在历史的我已有的成果上，进一步推进这个逻辑过程。在这段引文之后，还有一大段据说是对谢林观点的概述。此时的黑格尔与谢林已经在思想上有了严重分歧，但他仍将谢林纳入我的逻辑，对自己否定了谢林予以论证。

黑格尔认为，精神既不仅是自我意识退回到它的纯粹内在性，也不是自我意识单纯地沉没在实体和它的无差别里（这似乎是针对谢林），"而是自我的这种运动：自我外在化它自己并自己沉没到它的实体里，同样作为主体，这自我从实体［超拔］出来而深入到自己，并且以实体为对象和内容，而又扬弃对象性和内容的这个差别。"② 概念是特定存在的必然性和上升，特定存在的自为地持存，被设定为具有特定形式的概念，因而也是概念自身的内在运动，即概念下降到实体里的运动，而实体则是只作为这种否定性和经历否定运动才成为主体。这种否定运动并不外在于我，精神就在它的外在化中保持其自身等同的自在自为地存在着，而我也不是把各种差别都抛到"绝对"的深渊并宣称它们在绝对里都是同一的那个第三者（这点显然指谢林）。相反，精神"只是在观察那些有差别的东

---

① 黑格尔：《精神现象学》下卷，商务印书馆1979年版，第305—306页。（ ）号中的人物据原编者注释所加。

② 同上书，第307页。

西是如何在它自身中运动，和如何返回到它的统一的。"①

精神在绝对知识中结束了它形成形态的运动，达到绝对精神。绝对精神是以概念为要素的精神，是主体与客体统一的，是精神的纯粹内在性的体现。绝对知识就是以概念运动为对象和体系的知识，其内容就是绝对精神。"精神已获得了它的特定存在的纯粹要素，即概念。内容就其存在的自由而言，即是自身外在化的自我或自我知识的直接统一。"② 这种外在化的纯粹运动，构成内容的必然性，其杂多性的特定内容，是在关系中而不是自在的，是在否定性中结成其关系。必然性和杂多性就是自我，自我的内容就是思想，也即概念。"当精神达到概念时，它就在其生命的这种以太中展开它的定在和运动，而这就是科学。在科学中，精神运动的各个环节不再表现为各种特定的意识形态，而是由于精神的差别已经返回到了自我，它的各个环节就表现为各种特定的概念及这些概念有机的、以自身为根据的运动。"③ 绝对精神是知道自己为精神的精神，是由个体性与总体性的统一构成的主体在认识客体的进程中不断充实、否定、发展的精神形态演进的集中概括，是主体与客体统一的概念运动之集合。精神现象学中的各个精神形态，都是绝对精神的环节或阶段，从它们的自由的、在偶然性的形式中表现出的特定存在方面来看，加以保存就是历史；从它们被概念式地理解了的组织方面来看，就是关于精神现象的科学。"两者汇合在一起，被概念式地理解了的历史，就构成绝对精神的回忆和墓地，也构成它的王座的现实性、真理性和确定性，没有这个王座，绝对精神就会是没有生命的、孤寂的东西。"④

---

① 黑格尔：《精神现象学》下卷，商务印书馆1979年版，第308页。
② 同上。
③ 同上。
④ 同上书，第312页。

《精神现象学》作为黑格尔《哲学全书》的"导言",系统论证了绝对精神在从具体到抽象的精神现象各环节中的形成过程。对绝对精神概念的规定,是这个过程的结束,也是他在科学中系统展开绝对精神概念的从抽象到具体概念运动的开始。

第四章
绝对精神的概念规定与运动

在《精神现象学》中，精神在主体与客体对立统一的意识形态的演化中达到它的最高，也是最后阶段——绝对精神，这是被黑格尔称为科学的哲学所需研究和论证的内容。而《哲学科学百科全书》就是对绝对精神的概念规定与运动，以及其自然化，进而人化的系统研究。第一部分内容由《逻辑学》来论述，第二部分内容在《自然哲学》中论述，第三部分则由《精神哲学》论证，由于《精神哲学》涉及人类社会和艺术、宗教、哲学这众多黑格尔认为直接作用于社会变革的内容，因而又展开为多部专门著作。我们将依次探讨黑格尔哲学体系的思辨辩证法，或思辨辩证法在其体系中的生成、作用和演化。本章重点讨论《逻辑学》。

一 《逻辑学》绝对精神概念系统的生成

《逻辑学》是《精神现象学》的继续，是精神现象形态演化到绝对精神这个最高阶段的系统论证。黑格尔指出，在《精神现象学》中，曾经从意识与对象的最初的直接对立开始演进到绝对的知识，这条道路经过了意识与客体关系的一切形式，而以"科学的概念"

为其结果。"科学的概念"就是绝对精神的概念。黑格尔不同意以定义的方式作为论证绝对精神概念的《逻辑学》的开端,"一种逻辑的定义,唯有在它的发生的必然性中,才有它的证明。"① 而对于定义又会有"极多样和极不同的主张",最终则由任意武断来决断其中一个定义作为开端。因此,从定义开始这种做法,"就谈不到显示科学对象以及科学本身的必然性的那种需要了。"②

  精神现象学不是别的,正是纯科学概念的演绎,所以本书便在这种情况下,把这种概念及其演绎作为前提。绝对的知乃是一切方式的意识的真理,因为,正如意识所发生的过程那样,只有在绝对的知中,对象与此对象本身的确定性的分离才完全消解,而真理便等于这个确定性,这个确定性也同样等于真理。③

以纯粹的知为内容的"纯科学"即逻辑学以摆脱意识的对立为前提,作为科学的真理是自身发展的纯粹自我意识,其自身的形态就是"自在自为之有",而"自在自为之有者就是被意识到的概念,而这样的概念也就是自在自为之有者。"④ 纯科学并不是形式的,它不缺少作为现实的和真正的知识的质料,唯有它的内容,才是绝对真的东西,也是真正的质料,这种质料就是纯思维,是绝对形式本身。"因此,逻辑须要作为纯粹理性的体系,作为纯粹思维的王国来

---

① 黑格尔:《逻辑学》上卷,商务印书馆1966年版,第30页。
② 同上。
③ 同上书,第31页。
④ 同上。

把握。"① "逻辑学是以纯粹思想或纯粹思维形式为研究对象。"② 思想是以某种经验的东西为内容的,而逻辑学的思想则除了以思维本身及其所产生的东西之外,不能有别的内容,这就是"纯粹思想","逻辑学中所说的精神也是纯粹自在的精神,亦即自由的精神,因为自由正是在他物中即是在自己本身中、自己依赖自己、自己是自己的决定者。"③ 思想与冲动不同,冲动是从外在于我的事物开始的,冲动的内容是依赖,不是自由。被冲动决定的自然人的意志的内容不是他自己的,他的自由也只是一种"形式上的自由",没有自由的内容。自由的思想不是受外在于我的事物引发的冲动驱使,当我思维时必须放弃我的主观的特殊性,深入事情之中,"让思维自为地作主",不能掺杂主观意思于其中,这才是自由的或纯粹的思维。

逻辑学是纯粹思维规定的体系,而自然哲学和精神哲学是应用的逻辑,其兴趣"只在于认识在自然和精神形态中的逻辑形式,而自然或精神的形态只是纯粹思维形式的特殊的表现。"④ 黑格尔在这里表述的观点是相当明确的,说明了关于逻辑学与自然哲学、精神哲学的关系,是其哲学全书体系三大部分的区别与统一。哲学,即黑格尔所说的科学,是以人的思维和精神为对象的,思维是形式,精神是内容,二者是内在统一的。对纯粹思维的研究,也就是对绝对精神的规定,而自然哲学和精神哲学,则是将逻辑学关于思维规律和绝对精神的规定应用于对自然状态和精神状态的研究中去。黑格尔很清楚,不论研究纯粹思维和绝对精神,还是研究自然和精神状态,都是以自由的人、自由的我为主体的,是我的研究,是我自

---

① 黑格尔:《逻辑学》,商务印书馆1966年版,第31页。
② 黑格尔:《小逻辑》,商务印书馆1980年版,第83页。
③ 同上。
④ 同上书,第84页。

由地研究我的思维过程,进而达到对自在的我的自为认识。因而逻辑学所研究的,是纯粹的我的自由思维及其内容绝对精神,以此达到我的自在自为或自在自为的我。绝对精神不是别的,就是对自在自为的我的规定。在此基础上,自在自为的我研究自然状态,达到主体与客体的统一,进而研究精神状态——我的意识和社会总体存在中的精神,达到个体与总体的统一,规定其内在的规律和趋势。

> 逻辑学是使一切科学生气蓬勃的精神,逻辑学中的思维规定是一些纯粹的精神力量。这些思维规定就是事物内在的核心,但是它们同时又是我们常常挂在口边上的名词,因此又显得是异常熟知的东西。但是这类熟知的东西往往又是我们最无所知的东西。例如,存在就是一种纯粹思维规定,但我们平时决没有想到把存在或是作为考察的对象。大家平时总以为,绝对必远在彼岸,殊不知绝对却正在目前,是我们凡有思想的人所日用而不自知的。①

规定绝对精神的《逻辑学》并不高妙玄奥,它只是主体的人对其客体对象进行思维的基本规律,是主客体在思维中的统一,是关于认识、信仰等等的本性概念的简单的思想范畴,"这些思想范畴只有在逻辑学里才得到真正透彻的处理。"② 在对历史上依次出现的"思想对客观性的态度"形而上学、经验主义、批判哲学、直接知识或直观知识等进行概括性分析之后,黑格尔提出了他关于逻辑学概念的体系,"逻辑思想就形式而论有三方面:(a)抽象的或知性的方

---

① 黑格尔:《小逻辑》,商务印书馆1980年版,第84页。
② 同上书,第94页。

面，(b) 辩证的或否定的理性的方面，(c) 思辨的或肯定理性的方面。"① 他认为，不能说这三个方面构成"逻辑的三部分，而是每一逻辑真实体的各环节，一般说，亦即是每一概念或每一真理的各环节。"② 它们可以全部被安置在知性阶段，那样的话，它们就是彼此孤立的，或者说，按知性的形式逻辑方法，这三个环节就被分为彼此孤立的三部分，在康德那里就是如此。知性方法论坚持着固定的规定性和各规定性之间的差别和对立，将每一个抽象概念都当作本身自存的东西。知性的思维在于赋予它的内容以普遍性的形式，但这只是一种抽象的普遍性，这种抽象普遍性坚持与特殊性的对立，致使它也成为一种特殊性的东西了，并与直观和感性的具体内容相分离。

因此，知性作为逻辑的一个环节，并不是孤立的，也不是最终的思维阶段，而是最初的或起始的阶段，它必须进展到辩证的阶段，扬弃其有限的规定，并过渡到它的反面。但科学的逻辑学不能像怀疑主义那样固守否定，还要进展到思辨的或肯定的理性，"思辨的阶段或肯定理性的阶段在对立的规定中认识到它们的统一，或在对立双方的分解和过渡中，认识到它们所包含的肯定。"③ 辩证法不是怀疑主义的片面否定，它还包括肯定，有确定的内容，它的结果不是抽象的虚无，理性的思辨并不排斥逻辑的知性，而是包括或统率着知性。理性是人人都有的认识能力，"思辨的真理不是别的，只是经过思想的理性法则（不用说，这是指肯定理性的法则）。"④ 思辨的真理并非仅是主观的，而是包括并扬弃了知性所坚持的主观与客观

---

① 黑格尔：《小逻辑》，商务印书馆1980年版，第172页。
② 同上书，第172页。
③ 同上书，第181页。
④ 同上书，第183页。

的对立，是完整、具体的真理。

思辨的理性或理性的思辨是逻辑的最高阶段或环节，它不是康德所界定的与知性相分隔的、没有经验内容的空洞的认识能力，只是对世界本体、心灵、上帝等进行片面的抽象，而是对以感性确定性为基础并由之开始的知性认识能力的提升。与此同时，感性所感知并经知性初步规定的客体对象也随认识能力和思维形式的提升而包含于理性之中，这是否定与肯定的辩证过程，思辨的理性中的客体或客观内容，已经不是感觉到的现象和经验，而是达到精神阶段的概念，它不是与主体或主观相对立的，而是与主观统一的。"理性的思辨真理即在于把对立的双方包含在自身之内，作为两个观念性的环节"。① 在理性的思辨中，是主观精神与客观精神统一的绝对精神。

黑格尔将逻辑学分为三部分：存在论，本质论，概念论和理念论。

> 这就是说，逻辑学作为关于思想的理论可分为这样三部分：
> 1. 关于思想的直接性——自在或潜在的概念的学说。
> 2. 关于思想的反思性或间接性——自为存在和假象的概念的学说。
> 3. 关于思想返回到自己本身和思想的发展了的自身持存——自在自为的概念的学说。②

而在先于《小逻辑》的《逻辑学》（"大逻辑"）中，黑格尔还认为，

---

① 黑格尔：《小逻辑》，商务印书馆1980年版，第184页。
② 同上书，第185页。

"逻辑一般分为客观逻辑和主观逻辑",① 并据此将"有论"和"本质论"归入客观逻辑,将"概念论"归入主观逻辑。与《逻辑学》相比,《小逻辑》的体系不再分为客观逻辑和主观逻辑两大部分,而是以存在论、本质论、概念论三个环节论证统一的思想过程,这三个环节都是对概念运动的探讨,但内容和形式随着概念的生成而发展,从而突出了概念运动的核心和主干地位。对这三环节或阶段的关系,黑格尔做了这样的说明:

> 只有概念才是真理,或更确切些说,概念是存在和本质的真理,这两者若坚持在其孤立的状态中,决不能认为是真理。——一经孤立之后,存在,因为它只是直接的东西;本质,因为它最初只是间接的东西,所以两者都不能说是真理。至此,也许有人要提出这样的问题,既然如此,为什么要从不真的阶段开始,而不直接从真的阶段开始呢?我们可以回答说,真理既是真理,必须证实其自身是真理,此种证实,这里单就逻辑学范围之内来说,在于证明概念是自己通过自己,自己与自己相联系的中介性,因而就证明了概念同时是真正的直接性。这里所提出的逻辑理念中三个阶段的关系,其真实而具体的形式可以这样表示:上帝既是真理,我们要认识他的真面目,要认识他是绝对精神,只有赖于我们同时承认他所创造的世界,自然和有限的精神,当它们与上帝分离开和区别开时,都是不真实的。②

---

① 黑格尔:《逻辑学》上卷,商务印书馆1966年版,第48页。
② 黑格尔:《小逻辑》,商务印书馆1980年版,第185—186页。

在这里,"上帝"并非基督教所信仰的人格化的神,而是已被概念化的绝对精神的代名词。由存在论、本质论、概念论所系统探讨的,就是从自在到自为再到自在自为的概念的生成和发展过程,也就是绝对精神概念的系统规定。

对于中国读者来说,读黑格尔逻辑学有两个麻烦,其一是黑格尔本人写了两本书,一是1812年和1816年出版的《逻辑学》,二是1817年初版、1827年再版的作为《哲学全书》第一部分的《逻辑学》,两书的基本观点和体系总体是一致的,但在具体内容和体系上还是有所差异(如前面提到的客观逻辑与主观逻辑不再体现于《小逻辑》)。其二是汉译本的差异,作为《哲学全书》第一部分的《逻辑学》,贺麟译本名为《小逻辑》,梁志学译本名为《逻辑学》,虽然书名不同,但主干概念的译名大体相同。而杨一之译的《逻辑学》在概念的翻译上与上述二译本有诸多差别,其中最突出的就是对"sein"的翻译。杨本译为"有",贺、梁本译为"存在"(贺本在文中相应处也会译作"有"),这是构成《逻辑学》三大环节之首的主干概念,如何理解和使用就成了难事。最近又有人提出sein应译为"是",并在一些译著和论著中应用。这也是黑格尔所夸赞的德语本身的问题,sein包含有、存在和是的意思,但译为"是",在汉字表述中有时不顺,也难以表达其有和存在的意思。而"有"和"存在"一定程度上都可以包含"是"的意思,且二者的含义也基本相同。从黑格尔的思想和方法角度看,sein的三层意思"有"、"存在"、"是"在其论述中是有所侧重的,本书据此而主要使用三个汉译本的"存在"和"有",只在个别地方用"是"。

二 存在论——自在或潜在概念的规定

《逻辑学》是承接并展开《精神现象学》最后环节"绝对的知识"关于绝对精神概念的规定，存在是第一个环节，而这里所论的存在，并不是意识开始之前的主体的存在或客体的存在，而是经过一系列意识形态的演化达到的绝对精神的概念存在。这是主体与客体统一的，因此，将《逻辑学》中德语的 sein 译为"存在"是比较适当的，存在可以表示主体，也可以表示客体，更是主客体统一的"自在或潜在的概念"的恰当表述，而"有"字比较适宜表示客体的存在，表示主体时则不恰当。我们可以说某外在物的"有"，但不好说我的"有"。至于"是"这层意思，在"存在"中可以包含，但"是"却不能全面包含"存在"的内容。基于这种考虑，本书对《逻辑学》的研究，主要采用贺麟译《小逻辑》中将 sein 译为"存在"这一术语，在涉及杨一之译《逻辑学》的"有"时，除引文照录外，也从"存在"来论证。梁志学译《逻辑学》与贺译本在这个词上基本一致。

关于存在的论证，《小逻辑》作为《哲学全书》的第一部分，较先于它出版的《逻辑学》大为精减，尤其是"量"、"尺度"部分。对本质和概念的论证也压缩、修正了许多。这不仅是《哲学全书》体系的需要，也表明黑格尔思想和方法的进展。我四十年前写的《矛盾，然而是事实——黑格尔逻辑学批判》书稿，是以《逻辑学》为主的，本书则以《小逻辑》为主，重点在探求其思辨辩证法的演进。

存在是绝对精神的自在或潜在的概念规定。存在是主客体统一的一般形式，并非单纯的客体对象的存在，而是在主体的思维中对客体对象的最初的概念性认识。既是对象的初步直接性有和是的认识，也是对主体思维起始点的规定。存在是"存在论"的第一个概念，也是基本的概念，"本质论"和"概念论"所针对的，都是存在，是对存在在不同逻辑层次的规定。正是这三层的概念运动使绝对精神得以规定。"存在或有可以界说为'我即是我'，为绝对无差别性或同一性等等。只要感觉到有从绝对确定性，亦即自我确定性开始，或从对于绝对真理的界说或直观开始的必要，则这些形式或别的同类的形式就可以看成必然是最初的出发点。"① 开始思维时，除了纯粹的无规定性的思想外，没有任何规定性，是一种无规定性的直接性，或直接性的无规定性。存在与本质的区别，在于"本质乃是通过中介的过程已经扬弃了规定并把它包括在自身内的无规定性。"②

"纯有是纯粹的抽象，因此是绝对的否定。这种否定，直接地说来，也就是无。"③ 从有作为纯粹无规定性来说，有是一个不可言说之物，也就是无。有与无的区别，只是单纯意谓的区别。无与有都是思维开始时的直接性的无规定性，它们的区别是抽象的，也可以说是无区别。"'有'与'无'的真理，就是两者的统一。这种统一就是变易。"④ 之所以将有与无这两个只有指谓上区别的抽象概念作为逻辑学的出发点，就在于从二者指谓上的区别引申出其统一，这种统一就是变易。变易作为有与无的统一，表明有可以是无，无也可以是有，有中有无，无中有有。有与无二者的互变和互相包含，是思维矛盾的体现。"在变易中，与无为一的有及与有为一的无，都只是消逝着的东西。变易由于自身的矛盾而过渡到有与无皆被扬弃

---

① 黑格尔：《小逻辑》，商务印书馆1980年版，第189页。
② 同上书，第190页。
③ 同上书，第192页。
④ 同上书，第195页。

于其中的统一。由此所得的结果就是定在［或限有］。"①

定在或限有是包含无的有，在限有中有和无只是其构成的环节，它是有与无矛盾的扬弃，具有简单的自身统一的形式，是具有否定性或规定性的有。"定在或限有是具有一种规定性的存在，而这种规定性，作为直接的或存在着的规定性就是质。定在返回到它自己本身的这种规定性里就是在那里存在着的东西，或某物。"② 质作为存在着的规定性，相对于否定性而言，就是实在性。"质的存在本身，就其对他物或异在的联系而言，就是自在存在。"③ 一切有限之物都要变化，某物成为一个别物，别物也是一个某物和别物，如此递推，以至无限。黑格尔称这种无限是坏的无限或否定的无限。他就此认为将有限与无限对立的观点是二元论。"照二元论的看法，无限只是对立的双方之一方，因而无限也就成为一个特殊之物，与有限并立，而且以有限为其限制或限度，并不是应有的无限，并不是真正的无限，而只是有限。"④ 这种二元论实则本体论的一种表现，也是知性形式逻辑方法的特征之一。设定世界本体，也就宣告了本体是无限的，而人是由本体决定的，他的存在和认识都是有限的。无限的本体对有限的认识是永远不可达致的"彼岸世界"。黑格尔从主客体统一角度指出，这种二元论的对立是虚妄的，无限只是"非有限"，是对有限的否定，"有限本身既是第一个否定，则'非有限'便是否定之否定，亦即自己与自己同一的否定，因而同时即是真正的肯定。"⑤ 存在作为否定之否定，就恢复了它的肯定性，成为自为存在。

"自为存在，作为自身联系就是直接性，作为否定的东西的自身

---

① 黑格尔：《小逻辑》，商务印书馆1980年版，第200页。
② 同上书，第202页。
③ 同上书，第203页。
④ 同上书，第209页。
⑤ 同上书，第208页。

联系就是自为存在着的东西，也就是一。一就是自身无别之物，因而也就是排斥别物之物。"① 自为存在是完成了的质，是经定在对自在存在的否定而达到的对存在的规定，这种规定不再是有限的规定，如某物与别物的区别的规定，而是包含区别并扬弃区别的无限的规定性。否定的联系使一自己与自己相区别，形成一的排斥，或许多一的建立。从自为存在的直接性来看，多是存在着的一的排斥，是多个一的存在。进一步说，多就是一的否定，是某物与别物的统一而形成的否定的联系。一自己排斥自己，将自己设定为多。多中的每一个"一"都是一，它们相互排斥，"这种全面的斥力便转变到它的反面——引力。"② 斥力和引力的对立统一，使排他的一或自为存在扬弃其自身。"质的规定性在'一'里充分达到其自在自为的特定存在，因而过渡到扬弃了的规定性〔或质〕，亦即过渡到作为量的存在。"③ 自为存在是对存在质的规定，这种规定先表现为一，或自在自为的独立性，但这种独立性是相对的，它的斥力本身即包含引力，从而一变为多，即一的扩展与联系。力即联系的能动性，也是某物与别物的共性。对此一自在之物的规定中发现与彼一及众多彼一的共性，形成多的规定，而一与多的矛盾也就使对存在质的规定过渡到量的规定。

"量是扬弃了的自为之有；进行排斥的一，对被排除的一只是取否定态度，过渡为与被排除的一的关系，自身与他物同一，因而失去了它的规定；自为之有便过渡为吸引。进行排斥的一之绝对冷漠，在这种统一中消融了。"④ 量是连续的，也是分离的。量具有排他

---

① 黑格尔：《小逻辑》，商务印书馆1980年版，第211页。
② 同上书，第214页。
③ 同上。
④ 黑格尔：《逻辑学》上卷，商务印书馆1966年版，第195页。

性，由此形成定量，即有一定限度的量，是有区别的和受限制的。"这样一来，定量也就同时分裂为许多数目不确定的单位的量或特定的量。"① 每一特定的量，由于与其他特定的量的区别，各自形成一单位，这种特定的量所形成的单位仍然是多，于是定量被规定为数。"数包含着'一'，作为它的要素，因而就包含着两个质的环节在自身内：从它的分离的环节来看为数目，从它的连续的环节来看为单位。"② 数是数目和单位的统一，单位是存在的质的共性规定，数目则是对同质的"一"的量的规定，二者统一就是定量的数或数的定量。

"限度与定量本身的全体是同一的。限度自身作为多重的，是外延的量〔或广量〕，但限度自身作为简单的规定性，是内涵之量〔或深量〕或程度。"③ 在程度里，定量的概念得以规定，即"自为中立而又简单的量"，④ 这样，量之成为定量的规定性就在别的量里了，这是一个由直接性转变到间接性的过程，或者由间接性转到直接性的过程。由此可以认识数作为思想，它不属于直观，而是以直观的外在性为其规定的思想。在量里有一个可变化之物，这物虽然变化却仍然是同样的东西，这一矛盾就构成了量的辩证法，它进展到有质的量，即尺度。

尺度是质与量的对立统一，"尺度是有质的定量，尺度最初作为一个直接性的东西，就是定量，是具有特定存在或质的定量。"⑤ 在尺度中存在达到其完成的规定性，在尺度的规定中，量可以在一定限度内增减而不影响质，但超出这个限度，就会引起质变。质变就

---

① 黑格尔：《小逻辑》，商务印书馆1980年版，第223页。
② 同上。
③ 同上书，第225页。
④ 同上书，第227页。
⑤ 同上书，第234页。

是对一个尺度的否定,即"无尺度",质与量直接的相对同一性的扬弃。无尺度是对尺度的否定,却仍然是质与量的统一体,即在否定了此尺度的有限之后达到新的尺度。然而,"尺度的进程并不仅是无穷进展的坏的无限无止境地采取由质过渡到量,由量过渡到质的形式,而是同时又在其对方里与自身结合的真的无限。但质潜在地就是量,反之,量潜在地也即是质。所以当两者在尺度的发展过程里互相过渡到双方时,这两个规定的每一个都只是回复到它已经潜在地是那样的东西。于是我们现在便得到其规定被否定了的、一般地被扬弃了的存在,这就是本质。"①

三 本质论——自为存在和假象概念的规定

存在论探讨的是思想的直接性,本质论则是关于思想的反思性或间接性的论证。本质与存在相比,并不是另有一对象,而是对存在的概念规定的进一步规定,二者的差别是思维层次上的,是绝对精神的概念演进层次上的,二者都是绝对精神的概念演进的环节。本质论是存在论到概念论的必要中介。"本质是设定起来的概念,本质中的各个规定只是相对的,还没有完全返回到概念本身;因此,在本质中概念还不是自为的。本质,作为通过对它自身的否定而自己同自己中介着的存在,是与自己本身相联系,仅因为这种联系是与对方相联系,但这个对方并不是直接存在着的东西,而是一个间接的和设定起来的东西。"② 在本质的规定中,已不像存在那样从范畴过渡中规定其联系,各范畴的相互联系是本质自己特有的规定。本质不是外在于存在的,而是存在自身矛盾的辩证进展。"本质是存

---

① 黑格尔:《小逻辑》,商务印书馆1980年版,第240页。
② 同上书,第241页。

在的真理，是自己过去了的或内在的存在。反思作用或自身映现构成本质与直接存在的区别，是本质本身特有的规定。"① 所谓本质是过去了的存在，并不是对过去存在的简单回忆，而是通过对过去存在的否定性扬弃，发现其中的永久性内在存在的东西，通过反思对这永久存在的东西进行规定。因此，也可以说本质是对一切直接事物的扬弃，不仅扬弃过去的存在，也要扬弃现在的存在，本质就是扬弃的否定之否定过程中的内在联系。

本质论由三个环节构成，先是论证本质作为实存的根据，进而论现象，再以现实将前两个环节统一。

本质作为实存的根据，是以纯反思规定开始，反思的第一步是同一，对同一个规定有抽象的知性和具体的知性两个阶段，知性的同一是抽象的，"或是通过所谓分析作用丢掉具体事物所具有的一部分多样性而只举出其一种；或是抹煞多样性之间的差异性，而把多种的规定性混为一种。"② 这是与本质的其他规定相对立同一，而具体的同一，"最初［在本质阶段］是真正的根据，然后在较高的真理里［在概念阶段］，即是概念。"③ 概念和理念之所以同一，"只由于它们同时包含有差别在自身内。"④ 如果坚持知性认识，差别与同一是各自独立的，就不可能有同一中的差别，但思辨辩证法则将差别看成同一的发展，即在同一的基础上进一步的规定。差别是本质的差别，即肯定和否定方面的差别。肯定的一面是一种同一自身联系，否定的一面是自为的差别性，双方各有其自为的存在，"同时每一方面都映现在它的对方内，只是由于对方存在，它自己才存在。

---

① 黑格尔：《小逻辑》，商务印书馆1980年版，第242页。
② 同上书，第247页。
③ 同上书，第248页。
④ 同上书，第250页。

因此本质的差别即是'对立'。在对立中，有差别之物并不是一般的他物，而是与它正相反对的他物；这就是说，每一方只有在它与另一方的联系中才能获得它自己的［本质］规定，此一方只有反映另一方，才能反映自己。"① 这样，每一方又都是"它自己的对方的对方"。肯定与否定都是设立起来的矛盾，自在地却是同一的。由对立进展为矛盾的直接结果就是根据，"两者又都是自为的，由于每一方都是对对方的扬弃，并且又是对它自己本身的扬弃。于是两者便进展到根据。"② "根据是同一与差别的统一"③，是内在存在着的事物对立双方的相互依存关系。对立双方构成事物全体，该全体就成为每一方的根据。

经过从同一到差别而达成的根据，本质的规定又回复到存在，"不过这种直接性或存在是经过中介过程的扬弃才达到的。这样的存在便叫做实存。"④ 实存是从根据发展而来的存在，自身反映与他物反映的直接统一，是无定限的许多实际存在着的事物，它们是相对的，形成一个根据和后果互相依存、无限联系的世界。由根据和实存对立发展起来的统一体是物或事物。物具有差别在自身内，因此是有规定性的具体的物。这些规定性是彼此不同的，它们获得它们的自身反映不是在于它们自身，而是在于"物"上，它们是"物"的特质。"物与特质便由'是'（Sein）的关系进而为'有'（Haben）的关系。"⑤ "因为规定性作为质，是直接与某物为一，当某物失掉其质时，亦即失掉其存在（Sein）。但'物'乃是自身反

---

① 黑格尔：《小逻辑》，商务印书馆1980年版，第255—256页。
② 同上书，第258—259页。
③ 同上书，第259页。
④ 同上书，第265页。
⑤ 同上书，第269页。

映,作为与差别、与它的诸规定也是有差别的同一体。"① 物的许多特质不仅彼此相异,而且又是自身的、独立的,其自身反映的实质作为抽象的规定性就是质料。物的持存是由质料构成的,各种不同的质料自在地彼此都是相同的,因此可以规定一个一般的质料,如磁、电、色素、味素等。质料似乎是无形式的,或者可以在其上加诸任何形式,黑格尔则认为质料概念里就包括形式原则在内。质料和形式自在地是统一的,这种统一性,"一般被设定为质料与形式的联系,两者的这种联系,同样也正是它们的差别。"② 物就是个矛盾体,按照它的否定的统一性来说,它就是形式,在形式中,质料得到了规定,同时物又由许多质料构成,这些质料在返回到物自身的过程中,既同样是独立的,也是被否定的。"于是'物'作为一种在自己本身内扬弃自己的本质的实存,——这就是现象。"③

"本质必定要表现出来。本质的映现于自身内是扬弃其自身而成为一种直接性的过程。此种直接性,就其为自身反映而言为持存、为质料,就其为反映他物,自己扬弃其持存而言为形式。显现或映现是本质之所以是本质而不是存在的特性。发展了的映现就是现象。"④ 实存被设定在它的矛盾里就是现象。现象与假象(梁志学译本为"映像")不同,假象是存在或直接性最近切的真理,直接性只是一种假象,它被视为本质单纯的自身存在。现象则是本质从内在性进展到实存,实存的根据又不在其自身内而在他物内,由此形成现象。"现象包括自身反映和反映他物两方面在内"⑤,因而现象是比存在更为丰富的范畴,本质并不存留在现象之后或现象之外,

---

① 黑格尔:《小逻辑》,商务印书馆1980年版,第269页。
② 同上书,第273页。
③ 同上书,第273—274页。
④ 同上书,第275页。
⑤ 同上书,第276页。

而是在现象之内，或者说表现为现象。

现象界的事物，以这样的方式存在："它的持存直接即被扬弃，这种持存只是形式本身的一个环节；形式包含持存或质料于自身内作为它自己的规定之一。"① 现象界的持存由形式来中介，现象界中相互自外的事物是一整体，完全包含在它们的自身联系中的。形式规定着现象界的联系，形式在这种同一性中被当作本质的持存。"所以，形式就是内容，并且按照其发展了的规定性来说，形式就是现象的规律。"② 内容具有形式于自身之内，但形式又是外在于内容的。于是有了双重形式或形式的二重性。"有时作为返回自身的东西，形式即是内容。另时作为不返回自身的东西，形式便是与内容不相干的外在存在。"③ 形式与内容是相互转化的，"内容非他，即形式之转化为内容；形式非他，即内容之转化为形式。"④ 没有无形式的内容，就像没有无形式的质料一样，内容所以成为内容是由于它包括有成熟的形式在内。形式与内容在持存中相互外在，必须对它们进一步规定，这就是关系。

"本质的关系是事物表现其自身所采取的特定的完全普遍的方式。凡一切实存的事物都存在于关系中，而这种关系乃是每一实存的真实性质。因此实际存在着的东西不是抽象的孤立的，而只是在一个他物之内的。唯因其在他物之内与他物相联系，它才是自身联系；而关系就是自身联系与他物联系的统一。"⑤ 直接的关系是全体与部分的关系，内容是全体，是由形式的诸部分、由它自己的对立面所构成。各部分是不同的、独立的，它们在全体中形成同一的联

---

① 黑格尔：《小逻辑》，商务印书馆1980年版，第277页。
② 同上书，第278页。
③ 同上。
④ 同上。
⑤ 同上书，第281页。

系，它们结合起来构成全体，并成为全体的部分，而"结合"就是部分的对立面或否定。因此，全体虽为部分所构成，但全体一经分割成部分，便不是全体。结合各部分以形成全体，或全体中各部分之所以结合，是一种直接的否定的自身联系，也可以说是一种自身中介的过程。在自身联系中否定，在否定中自身联系。从自身联系说，是同一性，也就是力；从否定的方面说，是力的表现。力是力学的基本概念，康德及早期物质主义者曾以力来论证物质，用斥力与引力来说明物质的运动。黑格尔进一步用力来说明现象的关系及其规律。但是，一直到黑格尔的时代，"力本身的性质还不知道，知道了的只是它的表现。"① 黑格尔也没有对"力本身的性质"做出明确定义，但从《精神现象学》到《逻辑学》，他就对力的概念进行了反复探讨，即从力的"表现"来说明力。《小逻辑》中又集中探讨了力。概括说来，在他的思想中，力是联系的能动性，或物质存在并运动的表现。"力是一个自身即具有否定性的联系于其自身内的全体，因为是这样的全体，所以它自己不断地排斥它自己，表现它自己。"② 力的表现是出现在关系里两个方面的差异性的扬弃及自在地构成力内容同一性的建立。因此，力与力的表现的真理性是被区别为内与外两方面的关系。内是根据，是现象和关系一个方面的单纯形式；外同样是关系的形式，不过是关系的具有"反映他物"的另一个方面的形式。内与外的同一性，就是内容，就是在力的运动中建立起来的自身反映与反映他物的统一。内与外两个形式统一于同一个内容，内表示抽象的自身同一性，外表示单纯的多样性或实在性。通过力的表现，内便设定为实存，这种设定是通过种种空虚的抽象的中介成为一种直接性，"在这种直接性里，内与外是自在自

---

① 黑格尔：《小逻辑》，商务印书馆1980年版，第284页。
② 同上书，第288页。

为地同一的，内外的区别仅被规定为一种设定起来的东西。这种内与外的同一就是现实。"①

"现实是本质与实存或内与外所直接形成的统一。现实事物的表现就是现实事物本身。所以现实事物在它的表现里仍同样还是本质性的东西。"② 现实作为具体的范畴，包含在前面出现的存在、反思、实存、现象、力、形式与内容等范畴在内，也是它们的发展。现实首先是可能性，即一种自身同一的单纯形式，但现实事物如果与单纯的可能性处于同等地位，就会成为一种偶然的东西，可能性也就是单纯的偶然性。可能性与偶然性是现实性的两个环节或两个单纯的形式，"某物是否偶然的和可能的全取决于内容"③。形式的自身运动就是能动性，它扬弃其自身而进展为现实性，即将偶然的现实性或条件的自身扬弃证实为实质的现实性。如果一切条件齐备，这实质总会实现，而且这实质本身也是条件之一。"发展了的现实性，作为内与外合而为一的更替，作为内与外的两个相反的运动联合成为一个运动的更替，就是必然性。"④ 必然性就是可能性与现实性的统一。必然性包括三个环节：条件、实质和活动。条件和实质是设定在先的，条件是被动地用来作为实质的材料，由于利用各种条件，实质取得了它的外在的实存，也取得了它的各种内容规定的实现。活动是从各种条件里建立起实质的运动，并且是通过扬弃诸条件所具有的实存，而给予实质以实存的运动。这个过程是一外在的必然性，它以有限制的内容为实质。实质的这种外在性，即其内容的限制，"因此必然性自在地即是那唯一的、自身同一的、而内容

---

① 黑格尔：《小逻辑》，商务印书馆1980年版，第294页。
② 同上书，第295页。
③ 同上书，第301页。
④ 同上书，第305页。

丰富的本质，这本质在其自身内的映现是这样的：它的各个差别环节都具有独立的现实的形式，同时这种自身同一的东西作为绝对的形式，即是扬弃其自身同一的东西作为绝对的形式，即是扬弃其自身的直接同一性使成中介性，并扬弃其中介性使成直接性的活动。"① 必然的事物，是一个通过他物而存在的，所以不是自在自为的，而是被设定起来的。经过这种中介过程的扬弃，根据和偶然的条件被转变成直接性，那设定起来的东西经扬弃而成现实性，实质也就同它本身结合起来了。在这种自身返回里，必然的事物就绝对地存在着，成为无条件的现实性。

必然的事物作为无条件的现实性，首先表现为实体关系。必然的事物本身是绝对的关系，它是发展的过程，其中关系也同样扬弃其自身而过渡到绝对同一性。实体是各个偶性的全体，它是各个偶体的绝对否定性，同时作为全部内容的丰富性。"实体性乃是绝对的形式活动［或矛盾进展］，和必然性的力量，而一切内容仅是唯一隶属于这个过程的环节，——这个过程，乃是形式与内容相互间的绝对转化。"② 实体作为绝对力量是自己与自己联系着的力量，并因而决定着其自身成为偶性的力量，同时由偶性而设定起来的外在性又与这种力量有所区别，则这种力量现在就是真正的关系，即因果关系。当实体过渡到偶性时，反而返回到自身，因而是原因，即原始的实质，同时又扬弃它的自身返回或扬弃它的单纯可能性，以设定其自身为它自身的否定者，从而产生出一种效果，产生出一种现实性。"原因，作为原始的实质，具有绝对独立性和一种与效果相对而自身保持其持存性的规定或特性，但原因只在其同一性构成原始性

---

① 黑格尔：《小逻辑》，商务印书馆1980年版，第311—312页。
② 同上书，第313页。

本身的必然性中过渡到效果。"① 原因与效果既有区别又是同一的，原因作为实体曾是前一矛盾运动的效果，效果也是下一次矛盾运动及其效果的原因。因果关系的充分的发展，进入相互作用。"在相互作用里，被坚持为有区别的因果范畴，（α）自在地都是同样的；其一方面是原因，是原始的、主动的、被动的等等，其另一方面也同样如此。"②"（β）但上述这些因果统一性，也是独立自为的。因为这整个相互作用就是原因自己本身的设定，而且只有原因的这种设定，才是原因的存在。"③"（γ）这种自己与自己本身的纯粹交替，因此就是显露出来的或设定起来的必然性。"④ 这三个环节，就构成相互联系或相互作用。实体通过因果关系和相互作用的发展途程，只是一种设定：独立性是一种无限的否定的自身联系，而否定的联系是区别和中介成为一种与各个独立的现实事物彼此独立的原始性，"其所以说是无限的自身联系，是因为各现实事物的独立性也只是它们的同一性"。⑤ 独立性与同一性的统一就是必然性。"因此必然性的真理就是自由，而实体的真理就是概念——这是一种独立性概念，其独立性，在于自己排斥自己使成为有区别的独立物，而自己作为这种自身排斥却与自身相同一，并且，这种始终在自己本身之内进行的交替运动，只是与自己本身相关联。"⑥

通过对本质作为实存的根据、现象、现实三个环节的考察，黑格尔完成了对思想的反思性或间接性——自为存在和假象的概念的论证，由此进入"思想返回到自己本身和思想的发展了的自身持存

---

① 黑格尔：《小逻辑》，商务印书馆1980年版，第316页。
② 同上书，第320页。
③ 同上。
④ 同上书，第322页。
⑤ 同上。
⑥ 同上。

——自在自为的概念的学说",即概念论的论证。

四 概念论——自在自为概念的规定

"概念就是存在与本质的真理,因为返回到自己本身的映现,同时即是独立的直接性,而不同的现实性的这种存在,直接地就只是一种在自己本身内的映现。"[1] 也就是关于自在自为概念的规定。概念论是存在论和本质论的统一与概括,是绝对精神概念规定的完成。相比之下,存在和本质是概念形成的环节,它们也是概念,但是生成着的概念,是绝对精神形成的必要环节。在《逻辑学》中,黑格尔曾区分了客观逻辑和主观逻辑两大部分,将存在论和本质论归入客观逻辑,概念论为主观逻辑。到《小逻辑》则取消了客观逻辑与主观逻辑两大部分的区分,这不仅使论证体系更为清晰,也是他思想和方法进展的表现,这也表现在对一系列概念环节规定的更为明确简单上。而将逻辑学分为客观逻辑和主观逻辑两部分,不仅不利于理解存在、本质和概念的关系,以至产生误解,如有人认为(并非黑格尔本人的思想)客观逻辑与主观逻辑各有不同的对象与内容。实际上,黑格尔的逻辑学只有一个对象,就是主客体统一的存在,对存在的概念规定演化、提升为本质的概念规定和概念的概念规定,它们的统一运动构成对绝对精神概念规定。存在、本质、概念就是绝对精神自在、自为、自在自为三个阶段的概念规定。

"概念是自由的原则,是独立存在着的实体性的力量。概念又是一个全体,这全体中的每一个环节都是构成概念的一个整体,而且被设定和概念有不可分离的统一性。所以概念在它的自身同一里是

---

[1] 黑格尔:《小逻辑》,商务印书馆1980年版,第324页。

自在自为地规定了的东西。"① 黑格尔指出，在知性逻辑或方法论中，概念被认作思维的一个单纯的形式，甚至被认作一种普通的表象，是死的、空的、抽象的东西，思辨辩证法则认为，概念才是一切生命的原则，因而同时也是完全具体的东西，"是现实事物的活生生的精神"②。知性逻辑对概念的看法，是由于固执内容与形式的对立造成的，思辨辩证法克服了这种对立，它的概念虽然仍是形式，"但必须认为是无限的有创造性的形式，它包含一切充实的内容在自身内，并同时又不为内容所限制或束缚。同样，如果人们所了解的具体是指感觉中的具体事物或一般直接的可感知的东西来说，那么，概念也可以说是抽象的。"③ 但概念同时仍然是真正的具体的东西，是存在与本质的统一，而且包含其中全部丰富内容。逻辑学各阶段都是对绝对精神的界说，概念是这种界说的完成。黑格尔虽然未认识到"核心核念"在体系中的地位，但他的体系恰恰表明了绝对精神概念的核心地位。绝对精神概念包括三个层次，或从三个层次、环节加以规定，即存在、本质到概念，概念层次是存在和本质的统一，是绝对精神的综合规定与论证。

概念的进展是生成和发展的运动，这不仅是过渡到他物，也不仅是映现于他物中，在概念里那些区别开的东西，直接地同时被设定为彼此同一、并与全体同一，"而每一区别开的东西的规定性又被设定为整个概念的一个自由的存在。"④ 对于概念的论证，分为三部分：（一）主观的或形式的概念；（二）直接性的概念或客观性；（三）理念，主体和客体、概念和客观性的统一，绝对真理。

---

① 黑格尔：《小逻辑》，商务印书馆 1980 年版，第 327 页。
② 同上书，第 331 页。
③ 同上书，第 328 页。
④ 同上书，第 329 页。

主观概念的论证包括概念本身、判断和推理。黑格尔首先指出："概念本身包含下面三个环节：（一）普遍性，这是指它在它的规定性里和它自身有自由的等同性。（二）特殊性、亦即规定性，在特殊性中，普遍性纯粹不变地继续和它自身相等同。（三）个体性，这是指普遍与特殊两种规定性返回到自身内。这种自身否定的统一性是自在自为的特定东西，并且同时是自身同一体或普遍的东西。"① 与知性方法论将概念视为排除特殊性而只坚持共同点不同，黑格尔强调概念规定中普遍性和特殊性的统一，并由这种统一构成个体性概念，因为概念同它自身的否定的统一，作为自在自为的特定存在，就是个体性构成它的自身联系和普遍性。概念是具体的，它的各环节是不可分离的。其中普遍性是自身同一的东西，在普遍性里包含有特殊的和个体的东西在内；特殊性是相异的东西或规定性，它是自身普遍的并且是作为个体的东西；个体须理解为主体或基础，它包含有种和类于其自身，并且本身就是实体性的存在。概念各环节有其异中之同，在其差别中确立着不可分离性，也可说是概念的明晰性。

"判断是概念在它的特殊性中。"② 判断是对概念的各环节予以区别，由区别而予以联系。在判断里，概念的各环节被设定为独立的环节，它们同时和自身同一而不和别的环节同一。"③ 形式逻辑的判断以主词和谓词为独立的两端，主词是一实物或独立的规定，谓词是一普遍的规定，将二者以联系字（系词）"是"（Sein）连接起来就是判断。"照这种看法，主词便是外在的独立自存之物，而谓词就

---

① 黑格尔：《小逻辑》，商务印书馆1980年版，第331页。
② 梁译本这句话为"判断是处于自己的特殊性中的概念。"这样译，更接近原义。
③ 黑格尔：《小逻辑》，商务印书馆1980年版，第337页。

被认为只是从我们脑子内找出来的东西。"① 但这种认识却与其系词"是"相矛盾,当我们说"这朵玫瑰花是红的'或'这幅画是美的"时,并不是我们从外面把"红"加给这玫瑰花或把"美"加给这幅画,而是说"红"和"美"是其自身特有的规定。黑格尔指出,形式逻辑的判断还有一个缺点:判断似乎只是一个偶然,并没有说明从概念到判断的进展。思辨辩证法则认为判断是概念自身活动分化为各环节的体现。"因此判断的意义,就必须理解为概念的特殊化。"② 是将概念中潜在的特殊性展示出来,就像种子展现为芽、根、茎、叶、花、果一样,它们是潜在于种子中的,"这种自身的开展也可以看成是植物的判断。"③ 无论概念还是判断,都不是单纯在我们脑子里找出来的。"概念乃是内蕴于事物本身之中的东西;事物之所以是事物,即由于其中包含概念,因此把握一个对象,即是意识着这对象的概念。当我们进行判断或评判一个对象时,那并不是根据我们的主观活动去加给对象以这个谓词或那个谓词,而是我们在观察由对象的概念自身所发挥出来的规定性。"④ 这段话是思辨辩证法的真谛。那些妄称黑格尔是唯心主义的人应好好读一下这段话!

形式逻辑以概念既定为大前提,只注重主词与谓词静态的关系,而且视谓词的普遍性规定是先验的,似乎给主词附加一个谓词并以"是"相联系,就是判断。⑤ 黑格尔指出,在"个体是共体"这一抽

---

① 黑格尔:《小逻辑》,商务印书馆1980年版,第338页。
② 同上书,第339页。
③ 同上。
④ 同上。
⑤ 这种情况,在"佛教"那里得到充分表现。它的普遍或谓词就是"无"、"空",一切皆空,随便一个主词,甚至一个命题,都可以用"空"这个谓词来说明。——不过,那些"高僧大德"们故弄玄虚而掩饰了其实质,造成佛术"高深玄奥"的假象,其实不过是形式逻辑判断之技而已。

象的判断里，主词是否定地自身联系的东西，是直接具体的，谓词则是抽象的、无规定性的、普遍的东西。将主词和谓词用一个"是"字连在一起，所以那具有普遍性的谓词也必然包含有主词的规定性，因而是特殊性。"特殊性就是主词与谓词确立了的同一性。特殊性就其中立于主词、谓词形式上的差别而言，就是内容。"① 主词必先通过谓词的规定才具有其明确的规定性和内容，因而孤立的主词本身只是单纯的表象或空洞的名词。在判断的发展中，主词不单纯是直接的个体，谓词也不单纯是抽象的共体；主词获得特殊性和普遍性的意义，谓词也获得特殊性和个体性的意义。主词作为否定的自我关系，是谓词的基础，谓词持存于主词里，内蕴于主词里。谓词的特殊内容仅表示主词的许多规定之一。但谓词作为共体，它是独立自存的，只有谓词的特定内容才成为两者的同一。由主词、谓词和特定的内容或主客的同一之间的关系形成的判断里，最初仍被设定为相异的，但就本质上说，也即按照概念的观点来看，它们是同一的。主词是一具体的全体，并非某种不确定的杂多性，而只是个体性，即特殊性与普遍性在同一性中。同样，谓词也是这样的统一性。由于以"是"设定主词与谓词的同一性，依同一性来看，主词须设定具有谓词的特性，从而谓词也获得了主词的特性，系词"是"的效能得以充分发挥，判断通过内容充实的系词而进展到推论。"判断的进展最初只是对那抽象的感性的普遍性加以全、类、种等等规定，更进而发展到概念式的普遍性。"② 形式逻辑列举的判断种类是偶然的、肤浅的，所提出的区别也杂乱无章。黑格尔强调，不同种类的判断并不单纯是经验的杂多体，而应理解为通过思维所规定的全体。"不同的判断须看成是一个跟随一个必然进展而来，并看成是对概

---

① 黑格尔：《小逻辑》，商务印书馆1980年版，第341页。
② 同上书，第343页。

自身的一种连续规定。因为判断不是别的，即是特定的或规定了的概念。"① 判断分类系统的内在根据在于：概念既然是存在与本质的统一，那么概念在判断中的发展，也必须在符合概念变化发展的方式下重视这两个阶段的范畴。这实际上是将判断作为概念运动的内容，因而也是思辨辩证法与知性方法论及其形式逻辑的基本区别，后者是将判断与概念视为两种不同的思维方式，概念是既定的、不变的，判断不过是用某个一般性概念（谓词）去界定（系词"是"）某个体概念或事物（主词），而思辨辩证法则是通过判断展开概念的运动。

依据这种思路，黑格尔将判断分为质的判断、反思的判断、必然的判断、概念的判断四个环节。质的判断是关于定在的判断，也是直接判断，是对感性的定在的判断，它的谓词是一种直接的、感性的质，它可以是（一）肯定的判断，个体是特殊。但个体并不是特殊，这种个别的质并不符合主词的具体的本性，这样的判断就是（二）否定的判断，反思判断的谓词不是直接的抽象的质，而是主词通过谓词表明其自身与别一事相联系。与质的判断（"这玫瑰花是红的"）相比，反思判断（"这一植物是可以疗疾的"）的主词不是个体，而是共体，谓词是反思的规定，但不能穷尽对象的固有本性或概念。由于主词也被规定为普遍的东西（"植物"），它与谓词的统一性也就建立起来了，这就是（三）必然判断。"主词与谓词间的这种内容的统一（内容即是与主词的否定的自身回复相同一的普遍性），使得判断的联系成为一种必然的联系。"② 如"凡属于全体的属于类"，"所有的植物"与"植物"，"所有的人"与"人"。必然的判断有三种形式，（一）真言判断，在谓词里一方面包含有主词的

---

① 黑格尔：《小逻辑》，商务印书馆1980年版，第343页。
② 同上书，第351页。

实质、本性、共体或类，另一方面由于共体里也包含有否定的规定，这谓词便表示排他性的本质的规定性，即种。（二）假言判断，主词和谓词因其实质性都取得独立现实性的形态，它们的同一性只是内在的，一方的现实性不是它自身的现实性，而是它的对方的存在。（三）选言判断，主词和谓词双方都是共性，这共性有时确是共性，有时又是它将自身特殊化过程的圆圈，如"不是这样就是那样"、"既是这样又是那样"。由于类是种的全体，种的全体就是类，这种普遍与特殊的统一就是概念。以概念为内容的判断是（四）概念的判断，它也分成三个环节：其一，确然判断，以普遍性与特殊性是否一致为谓词，如善、真等；其二，或然判断，由于确然判断只是一主观的特殊性，因而为一个具有同样理由的论断所反对，因此它只是一种或然判断；其三，必然判断，当客观特殊性被确立在主词之内，主词的特殊性成为它的存在本身的性质时，主词便表达了客观的特殊性与它的本身性质，即与它的"类"之间的联系，因而也表达出构成谓词的内容的概念了，这就是必然判断。通过概念的判断，主词与谓词自身都是整个判断，主词的直接性质表明其为现实事物的个别性与普遍性之间的中介的根据，亦即判断的根据，这样就建立了主词与谓词的统一，也就是概念本身，概念即是空虚的系词"是"的充实化。"当概念同时被区分为主词与谓词两个方面，则它就被建立为二者的统一，并使二者的联系得到中介，——这就是推论。"①

推论是概念和判断的统一，是判断的形式已经返回到简单同一性的概念。推论是判断，也是概念的实现或明白发挥，因此推论是一切真理之本质的根据。绝对即是推论，一切事物都是一推论。"一切事物都是一概念。概念的特定存在，即是它的各环节的分化，所

---

① 黑格尔：《小逻辑》，商务印书馆1980年版，第355页。

以概念的普遍本性，通过特殊性而给予自身以外在实在性，并且因此，概念，作为否定的自身回复，使自身成为个体。——或反过来说，现实事物乃是个体事物，个体事物通过特殊性提高其自身为普遍性，并且使自身与自身同一。"① 现实事物是一，同时又是它的概念各环节之多，推论便表示它的各环节的中介过程的圆圈式行程，通过这一行程，现实事物的概念实现了其统一。推论由质的推论、反思的推论、必然的推论三个环节构成。

质的推论形式为：（一）E—B—A，E 代表个体性，B 代表特殊性，A 代表普遍性，质的推论是作为一个个体的主词通过一种质［特殊性］与一种普遍性相结合。通过这种推论建立一个有普遍性的结论，那个个体的主词本身就是一普遍性，因而便成为两极端的统一或中介者。这样就过渡（二）A—E—B 这种形式，将普遍性与特殊性结合起来，这普遍性是在第一式的结论里，通过个体性的规定过渡到第二式，就取得直接主体的地位，因而被建立为特殊性，成为两极端的中介，这就是（三）B—A—E。"推论的三式的客观意义一般地在于表明一切理性的东西都是三重的推论。而且，推论中的每一环节都既可取得一极端的地位，同样也可取得一个起中介作用的中项的地位。"② 概念的中介着的统一不复被设定为抽象的特殊性，而是被设定为个体性与普遍性的发展了的统一，甚至可以说是被设定为这两个规定的反思的统一，即个体性同时可以被规定为普遍性，这便发展出反思的推论。反思的推论是以一切个别的具体的主词为中项的推论，包括全称的推论、归纳推论、类推三种形式。必然的推论以普遍性为中项，其形式为 B—A—E，在这里普遍是明白设定为本质上具有特殊性的。黑格尔指出，"推论是被认作与它所

---

① 黑格尔：《小逻辑》，商务印书馆 1980 年版，第 356 页。
② 同上书，第 364 页。

包含的差别相一致的,这些差别的发展过程所取得的一般结果,即在于它们自己扬弃自己并扬弃概念在自身之外的存在。"① 推论的每一环节都表明其自身为各环节的全体,各环节是自在地同一的。对各环节之间差别的否定和对它们的中介过程的否定,构成它们的自为存在,所以存在于这些差别的形式之中、建立它们的同一性的,还是作为同一普遍体的概念,推论可以说是本质上保持否定它在推论过程所建立的规定性的那种规定,推论也可以说是扬弃中介性的过程,或者使主词不与他物相结合,而与扬弃了的他物即与自身相结合的过程。

黑格尔批判了知性逻辑将思维看成单纯主观的和形式的活动,而客观的东西是固定的和独立自存的方法,依这种方法,主观性的概念、判断、推论等不过是"一套空架格",要从外面去找些独立自存的客体加以填充。思辨辩证法并不否认思维的主观性,但主观性自身既然是辩证发展的,就会突破它的限制,通过推论以展开它自身进入客观性。

"客体是直接的存在,在它里面差别是已被当作扬弃了的,所以客体对差别来说,是漠不相关的。此外客体本身又是一全体,同时因为这种同一性仅是它的各环节之潜在的同一,所以对于客体的直接的统一来说,它同样是漠不相干的。它于是便分裂为许多有差别的事物,其中每一事物本身又是一全体。因此客体就是杂多事物的完全独立性、与有差别的杂多事物同样地完全无独立性之间的绝对矛盾。"② 对客体的规定包括三种形式:机械性、化学性和目的性。机械性的客体是无差别的客体,化学性客体本质上表现出差别,目的性是机械性和化学性的统一。

---

① 黑格尔:《小逻辑》,商务印书馆1980年版,第370页。
② 同上书,第376页。

机械性作为客体的第一个形式，又是一个在观察客观世界时首先呈现其自身于反思，并常常停留在反思里的范畴。客体的一切规定性是外在地被设定起来的，因此客体是一个凑合起来的聚集体。例如压力和冲力的机械关系，又如死记硬背的知识、宗教仪式及虔诚等，都是机械的。对机械性的规定是初级的思维形式，也是一种普遍逻辑范畴，它不仅体现在机械学（力学）里，也作为一种因素存在于物理学、生理学及哲学。客体之所以有忍受外力支配的非独立性，是由于它有了独立性，同时客体区别于它的外在性，并在独立性里否定了这种外在性，是它自身的否定的统一性、中心性、主观性。这样，客体就与外在事物（也是一自身中心的客体）相联系。由此，形成从"无差别的机械性"到"有差别的机械性"的过渡，而这种过渡便形成一种三段式推论（个体—特殊—普遍），在这种推论里，内在的否定性作为一个客体的中心个体性，通过一个中项与一些作为另一极端的非独立的客体相联系，"这中项结合起这些客体的中心性和非独立性于自身内，而成为一相对的中心。这就是（3）绝对的机械性。"① 在机械性的规定中，还应有普遍—个体—特殊，以及特殊—普遍—个体的推论。这三项推论的结合，使"一个全体在它的有机结构中才可得到真正的理解。"② 而客体在绝对机械性里的直接性也就自在地被否定了，进入化学性。

化学性是对有差别或有倾向的客体的内在本性的规定性。"化学过程的产物就是潜在于两个紧张的极端中的中和性的东西。"③ 概念或具体的普遍性通过客体的差别性、特殊性与个体性（化合的产物）相结合。在这个过程中也包含别的推论或结合方式，其中个体性和

---

① 黑格尔：《小逻辑》，商务印书馆1980年版，第383页。
② 同上书，第384页。
③ 同上书，第385页。

具体的普遍性起着中介的作用。"具体普遍性即是两个紧张的极端的本质，这本质在化合的产物里达到它的特定存在。"① 与机械性客体的彼此不相干不同，化学性客体则完全与他物联系。化学性作为客观性的反思式的关系，以客体的有差别性和直接独立性为前提，化学过程是从这一形式到另一形式变来变去的过程，"在中和的产物里，那两极端所保有的彼此不同的特质便被扬弃了。"② 将有差别的东西归结为中和的东西（化合）的过程与将无差别的或中和的东西予以分化（化分）的过程，似乎是各自独立、互不相干的，但由于这两个过程的外在性，在向产物的过渡中表现了有限性，因而其自在自为性就被扬弃了。"通过对作为客体的概念所陷入的外在性和直接性的否定，于是概念便得到解放，回复其独立性，并且超出其外在性和直接性，因而被设定为目的了。"③ 化学的出现是近代工业化的重要条件，也是自然科学发展的革命性标志。化学对哲学的影响是至关重要的，黑格尔思辨辩证法的形成，在很大程度上就是对化学方法加以理性概括，因而有着比较坚实的基础。这里从化学性对客体的规定，既是关于客体的认识，也是概念运动的必要形式，其中化分和化合的化学方法，经理性概括构成思辨辩证法的分析与综合的来源。

"目的是由于否定了直接的客观性而达到自由实存的自为存在着的概念。"④ 目的是被规定为主观的，是对客观性的抽象否定，虽然目的有它的自身同一性与其否定性和客体之间的矛盾，但它是一种主动的扬弃的力量，它能够否定这种对立并达到与自己的统一，即

---

① 黑格尔：《小逻辑》，商务印书馆1980年版，第385页。
② 同上书，第386页。
③ 同上书，第387页。
④ 同上。

目的的实现。"在这个过程里，目的转入它的主观性的对方，而客体化它自己，进而扬弃主客观的差别，只是自己保持自己，自己与自己相结合。"① 目的是通过效果而实现其自身，在终点里和始点是一样的。从思辨理解目的即为概念，目的概念里包含有判断或否定，包含主观与客观的对立，也是对这种否定和对立的扬弃。目的的内容是受限制的、偶然的、给予的，而目的客体是特殊的、现成的。目的的关系是三段式的统一体，主观的目的通过一个中项与一外在于它的客观性结合，这个中项就是两者的统一：目的性的活动与工具。主观目的也是一个三段式的统一体，普遍性的概念通过特殊性与个体性获得这样的结合，使个体性成为一个能下判断的主体，并建立起主观性与客观性的对立，在返回自己的同时转向外面，而这种转向外面的活动就是个体性，首先指向客体，把捉住客体，把它作为工具，直接与概念结合并从属于概念的活动力量。以客体为工具的目的性活动与三段式的另一端，即假定在先的客观性、材料有了直接的联系。这种联系就是机械性和化学性的范围，而目的就是二者的真理性和自由的概念，它促使客体事物互相消耗和扬弃，这就是理性的机巧。"实现了的目的因此即是主观性和客观性的确立了的统一。但这种统一的主要特征是：主观性和客观性只是按照它们的片面性而被中和、被扬弃。"② 客观性以目的为它的自由概念，并遵循目的，目的则在保持自身与客观事物对立的同时存在于客观事物之内，成为主观性与客观性潜在的同一。达到了的目的仍是有限的，也是一种从外在强加在现成材料之上的形式，因此还是一客体，并成为达到别的目的的材料或手段，如此递进，以至无穷。目的的实现过程似乎只是主观性对客体的改造，但客体并非一个外壳、被

---

① 黑格尔：《小逻辑》，商务印书馆1980年版，第388页。
② 同上书，第395页。

动的材料，它也是潜在的概念，有限目的的实现实际上也就是无限目的的实现。目的与材料、工具的统一和否定，构成客体内在的矛盾和概念运动，"通过这种过程，目的这一概念的性质一般便确立起来了，主观性与客观性的自在存在着的统一，现在就被设定为自为存在着的统一了。这就是理念。"①

"理念是自在自为的真理，是概念和客观性的绝对统一。理念的理想的内容不是别的，只是概念和概念的诸规定；理念的实际的内容只是概念自己的表述，像概念在外部的定在的形式里所表现的那样。"② 理念不同于个体人的主观观念，"理念所处理的对象并不是个人，也不是主观观念，也不是外界事物。"③ 个体的主观观念只是理念的一个方面，理念是个体与总体统一的理性对现实事物的总和和相互联系的思辨所形成的概念。理念最初是唯一的、普遍的实体，是实体的发展了的真正的现实性，因而成为主体，所以也就是精神。理念是具体的、自由的概念，真理就在于客观性和概念的同一。理念可以理解为理性，也可以理解为主体——客体，或者是观念与实在、有限与无限、灵魂与肉体统一，或者是具有现实性于其自身的可能性，或其本性只能设想为存在着的东西等等。理念作为理性包含有知性的一切关系在内，但用知性方法却不能了解理念。"理念本质上是一个过程，因为只是就理念的同一性是概念的绝对和自由的同一性来说，只是就理念是绝对的否定性来说，因此也只是就理念是辩证的来说，[它才是个过程]。"④ 理念的过程经历了三个阶段或形式：生命、认识和绝对理念。

---

① 黑格尔：《小逻辑》，商务印书馆1980年版，第396页。
② 同上书，第397页。
③ 同上。
④ 同上书，第403页。

"直接性的理念就是生命。"① 概念作为灵魂实现在肉体里，灵魂是凭借肉体的外在性而直接地自己与自己加以联系着的普遍性。生命既是开始的特殊化作用，又是达到否定的自为存在着的统一的结果。肉体上各器官之所以如此构造，只是由于它们的统一及它们与统一性的联系。生命的概念是灵魂，灵魂以肉体作为它的实在或实现，灵魂通过肉体而有感觉，但尚未达到自由自觉的存在。生命进展就在于克服那还束缚其自身的直接，有生命之物是一推论，包含有三个成分的矛盾统一体。"第一过程就是有生命之物在它自身内部的运动过程。"② 它自身的分裂与统一，客体的无机本性与生命之体的形成，表现为敏感、反感和繁殖。第二个过程是概念的判断为了自由地前进放任客观的无机体，使之成为离开概念而独立的全体，并使有生命之物对自身的否定联系成为直接的个体性，成为与概念对立的无机自然的前提。第三个过程，一个有生命的主体与另一同类主体的联系形成"族类"，判断"族类"与这些特定个体的相互关系，就是性的差别。有生命之物要死亡，因为生命就是矛盾，它自在地是族类，是普遍性，但直接地却是个体性存在。在族类的过程中，直接的有生命之物有了自身的中介，并提高自身以超出直接性，但又沉陷于直接性。从概念看来，生命过程获得的结果，就在于扬弃生命形态中理念的直接性。

认识是在生命基础上理念的第二阶段。理性具有绝对信心去建立主观性和客观世界的同一，并能达到真理。认识过程分裂为理性冲力的两重运动，其一是接受存在着的世界，进入主观的表象和思想内，扬弃了理念的片面主观性，以真实有效的客观性作为内容。其二是认识过程扬弃了客观世界的片面性，又将客观世界当作一堆

---

① 黑格尔：《小逻辑》，商务印书馆1980年版，第404页。
② 同上书，第406页。

偶然事实、虚幻形态的聚集,它凭主观的内在本性规定并改造这聚集体。前者为理念的理论活动,后者是意志或理念的实践活动。理论活动的要点是分析与综合。"认识过程最初是分析的。对象总是呈现为个体化的形态,故分析方法的活动即着重于从当前个体事物中求出其普遍性。在这里思维仅是一抽象的作用或只有形式同一性的意义。"①"综合方法的运用恰好与分析方法相反。分析方法从个体出发而进展到普遍。反之,综合方法以普遍性(作为界说)为出发点,经过特殊化(分类)而达到个体(定理)。于是综合方法便表明其自身为概念各环节在对象内的发展。"② 分析和综合作为理念活动的要点,贯彻于全部理性认识中。概念在判断、推理中的运动,就是分析与综合。黑格尔潜在地意识到这一点,但却将分析与综合作为两种方法单独论证。意志以善为目的只是主观的理念并以客体的独立性为前提。善是实现自身的冲力,趋向于决定当前的世界使其符合自己的目的。意志活动的有限性是一种矛盾,在客观世界的自相矛盾的诸规定里,善的目的既是实现了的,也是没有实现的,这种矛盾被表象为善的实现为"无限递进",因而善被执着为仅仅是"一种应当"。"理智的工作仅在于认识这世界是如此,反之,意志的努力即在于使得这世界成为应如此。"③ 这二者的对立促使其在相互制约中达到统一。"把善的真理设定为理论的和实践的理念的统一,意思就是自在自为的善是达到了的,而客观世界自在自为的就是理念,正如理念同时也永恒地设定其自身作为目的,并通过它的活动去促使目的的实现。"④

---

① 黑格尔:《小逻辑》,商务印书馆1980年版,第412页。
② 同上书,第413页。
③ 同上书,第420页。
④ 同上书,第421页。

"绝对理念首先是理论的和实践的理念的统一,因此同时也是生命的理念与认识的理念的统一。"① 理念作为主观的和客观的理念的统一,是理念的概念,这概念以理念作为对象,理念即客体。在理念这一客体里汇集了一切的规定,因此理念的概念就是绝对和全部的真理,是自己思维着自身的理念。生命和认识两阶段都是自在存在着的理念,绝对理念是生命和认识的统一,是自在自为存在着的理念。"理念的真正内容不是别的,只是我们前此曾经研究过的整个体系。"② 是理念的活生生的发展即概念的运动。"在这里作为理念的形式,除了仍是这种内容的方法外没有别的了,——这个方法就是对于理念各环节〔矛盾〕发展的特定的知识。"③ 思辨方法就是理念的内容,这一思想是黑格尔思辨辩证法得以确立的基础和原则。在《小逻辑》中他只是指出这一点并对方法的三环节开始、进展、目的做了简要概述,而在《逻辑学》中则对此进行了充分论证,对此我们在下一节专门探讨。

五 方法是内容的灵魂和概念

"方法并不是外在的形式,而是内容的灵魂和概念。方法与内容的区别,只在于概念的各环节,即使就它们本身、就它们的规定性来说,也表现为概念的全体。"④《小逻辑》中的这段话,是对《逻辑学》最后一章"绝对理念"相关内容的概括,而《逻辑学》"绝对理念"这一章又是从方法与内容的内在统一对全书,乃至全部体

---

① 黑格尔:《小逻辑》,商务印书馆 1980 年版,第 421 页。
② 同上书,第 422 页。
③ 同上。
④ 同上书,第 427 页。

系的总结。也正是从这个意义上,我们可以说黑格尔的哲学体系就是方法——思辨辩证法。

黑格尔指出,绝对理念是理论理念和实践理念的同一,绝对理念,作为理性的概念,由于此概念的客观同一的直接性的缘故,一方面回到生命,另一方面又扬弃了它的直接性形式,而在自身中具有最高度的对立。"概念不仅是灵魂,而且是自由的、主观的概念,它是自为的,并且因此具有人格,——实践的、被规定为自在自为的客观概念,它作为个人,是不可侵入的、原子式的主观性,——但它又同样不是进行排除的个别性,而就其自身说,是普遍性和认识,并且在它的他物中以它自己的客观性为对象。"① 理性概念及其运动是哲学的唯一对象和内容,它的本质在于它的自身规定而回归到自身,所以具有不同形态,哲学就是要从这些形态去认识它。自然和精神是表现其实有的相区别的方式,艺术和宗教是它了解自身的不同方式,哲学是认知绝对理念的最高方式。绝对理念具有这样的内容:形式规定就是它自己的完成了的总体,即纯概念。理念的规定性和这个规定性的全过程,构成了逻辑学的对象,"绝对理念自为地从这个过程出现了;但它又自为地显露出自身是这样的,即规定性并不具有一个内容的形态,而是绝对地作为形式即理念按照这一情况说,是绝对地作为普遍的理念。这里还待考察的,已不是内容本身,而是其形式的普遍的东西,——即方法。"②

方法是从主体性对内容的规定,内容是方法所规定的主体与客体统一的概念运动。方法首先表现为认识的样式,但样式作为方法,就不仅是一个被规定为自在自为的样式,而且被建立为认识的样式,作为由概念所规定并且作为形式,"因为它是全部客观性的灵魂,并

---

① 黑格尔:《逻辑学》下卷,商务印书馆1966年版,第529页。
② 同上书,第530—531页。

且一切其他被规定的内容都唯有在形式中才具有其真理。"① 形式逻辑将方法仅作为外在形式，不仅逻辑的基本概念，而且概念的全过程也显露出一个给予的内容和客体在过程中形态之过渡和不真，并且代替了可以成为基础的一个可给予的客体，形式把这样的基础只作为外在的和偶然的规定来对待，而表明自己是绝对的基础和最后的真理。思辨辩证法则从主客体统一来规定方法与内容，其集合点就是概念。"作为自知的、作为既是主观的又是客观的绝对的东西而以自身为对象那样的概念，从而又作为与概念及其实在纯粹相应的东西，作为概念本身就是那样的存在，这就是方法。"② 方法也就是概念的运动。概念运动是普遍的、绝对的活动，是自身规定和本身实在化的运动，所以方法是没有限制的、普遍的、内在的和外在的方式，并且是绝对无限的力，没有任何客体——包括呈现为外在的、远隔理性而又不依存理性的客体——能够对抗这种力而不被它穿透。"所以它是灵魂和肉体；任何事物都只有在完全受方法支配时，才被理解，其真理才被知道；它是每一事情自己的方法，因为它的活动就是概念。"③ 方法同时是理性的最高和唯一的冲动，要由自己在一切中找到并认识自己。方法是对反思或考察概念的概念的知，对于这种知来说，概念不仅是对象，而且作为这种知的自己的、主观的行动，作为认识活动的工具和手段而与认识活动相区别，但又作为这种活动自己的本质性。在探索的认识中，方法也同样被列为工具，是站在主观方面的手段，主观通过方法与客体相关。方法是概念的自在自为的规定，它也具有客观的东西的意义，在结论中的客观的东西，因此不仅是一个由方法所达到的外在的规定性，而且是在它

---

① 黑格尔：《逻辑学》下卷，商务印书馆1966年版，第531页。
② 同上。
③ 同上书，第532页。

与主观概念的同一性中建立起来的。

黑格尔强调:"方法这样构成的东西,就是概念本身的规定及其关系,这些规定现在要以作为方法的规定那样的意义去考察。"①"造成开端的具体的总体,作为这样的总体,在它本身中,就具有进行和发展的开端。"② 逻辑的开端是思维的直接的东西,即存在(或有)。开端自在的是具体的总体,本身也可以是自由,并且它的直接性可以具有一个外在实有的规定。绝对的方法不是像外在反思那样对待自身,而是从它的对象本身去采取规定,因为这个方法就是对象的内在原则和灵魂。"绝对的认识方法完全单独地在其开始的普遍的东西里,找到它的以后的规定,这个方法就是概念的绝对客观性,是这个客观性的确定性,在这种情况下,这个方法便是分析的。——但当它的对象被直接规定为单纯的、普遍的东西,通过对象在其直接性和普遍性中所具有的规定性而显露自身为一个他物时,这个方法又同样是综合的。"③ 通过这个既是分析的,又是综合的判断的环节,那开始的普遍的东西把自身规定为自己的他物,就是辩证法的环节。

人们常把辩证法看作一种技艺,似乎主观才能,而不包括概念的客观性。简单回顾了古希腊哲学家到康德关于辩证法的议论之后,黑格尔指出,一切被认为固定的对立,例如有限与无限、个别与普遍,并不是由外在的联结而在矛盾之中,它们自在自为的就是过渡,这些矛盾所显现的综合与主体,乃是这些对立的概念自己反思的产物。辩证法所考察的第一个普遍的东西,就其是自在和自为的来考察,就是作为自己的他物,这里便有了作为中介的东西,与一个他物相关,普

---

① 黑格尔:《逻辑学》下卷,商务印书馆1966年版,第533页。
② 同上书,第536页。
③ 同上书,第537页。

遍的东西就作为一个特殊的东西了。由此发生的第二个，就是第一个东西的否定的东西，但这不空虚的否定，而是第一个的他物、直接的东西的否定的东西，第一个东西本质上也就在他物中留藏并保持下来。"把肯定的东西在它的否定的东西中，即前提的内容中，在结果中坚持下来，这是理性认识中最重点之点。"① 形式逻辑认为：矛盾是不可思议的，而事实上，"矛盾的思维乃是概念的本质要素。"②

否定性构成概念运动的转折点，"这个否定性是自身的否定关系的单纯之点，是一切活动——生命的和精神的自身运动——最内在的源泉，是辩证法的灵魂，一切真的东西本身都具有它，并且唯有通过它才是真的；"③ 否定扬弃了的概念和实在之间的对立，达到统一，进而，第二个否定，即否定之否定，又是上述矛盾的扬弃，"这种扬弃，和矛盾一样，并不是一种外在反思的行动，而是生命和精神最内在、最客观的环节，由于它，才有主体、个人、自由的主体。"④ 否定的过程是概念的运动过程，在这个过程中，充分体现了分析与综合的统一作用。概念由于他有而实在化自身，并且由于这个实在的扬弃而与自身融合，恢复了它的绝对实在和单纯的自身关系。开始是普遍的自在，经过概念的运动而达到自为，普遍的东西在主体中得以建立，而这又是概念进一步运动的开端。辩证法存在并作用于概念运动从开端到结果，又从以结果作为开端的新圆圈或转化中。"认识的内容本身，这里才进入考察的范围，因为内容现在作为引申的内容而属于方法。方法本身由于这个环节便扩张为体系。"⑤ 对于方法来说，开端从内容方面看，是完全不确定的，方法

---

① 黑格尔：《逻辑学》下卷，商务印书馆 1966 年版，第 541 页。
② 同上书，第 543 页。
③ 同上。
④ 同上。
⑤ 同上书，第 547 页。

体现为形式的灵魂，开端是完全地按照自己的形式被规定的，即被规定为直接的和普遍的东西。概念运动使这个开端获得了一个是内容的规定性，因为融合于单纯性中的否定性是扬弃了的形式，作为单纯规定性，它的发展首先是与普遍性相对立的。方法既然是绝对的形式，是把自身和一切都作为概念来知那样的概念，所以没有任何内容与它对立并把它规定为片面的、外在的形式。方法在其结果中产生的规定性，是环节，方法通过这个环节，即以自身为中介。方法通过一个内容，就像通过一个似乎他自己的他物那样回到它的开端，将规定了的开端重新树立起来，结果也是扬弃了的规定性。曾是结果的规定性，由于它融合于其中的那个单纯形式之故，本身又是一个新的开端，它以其规定性与它的先行者相区别，"所以认识是从内容到内容向前转动的。首先，这种前进是这样规定自身的，即：它从单纯的规定性开始，而后继的总是愈加丰富和愈加具体。因为结果包含它的开端，而开端的过程以新的规定性丰富了结果。普遍的东西构成基础；因此不应当把进程看作是从一个他物到一个他物的流动。绝对方法中的概念在它的他有中保持自身；普遍的东西在它的特殊化中、在判断和实在中，保持自身；普遍的东西在以后规定的每一阶段，都提高了它以前的内容。"[①]

　　黑格尔在这里说出了辩证法，因而也是唯一科学方法论的基本内容，并不是形式逻辑所认为的一个一个分别存在的事物，而是方法所规定了的普遍性，对这个普遍性的不断的规定，形成了概念运动，内容就是概念或其发展了的规定。内容是方法作用的结果，也是方法作用的开端。方法在结果作为开端的否定之否定的认识中丰富、密实对象的规定，而这些规定就是内容。内容的丰富和密实在概念的必然性那里继续前进并保留于概念之中，并且每一规定都是

---

① 黑格尔：《逻辑学》下卷，商务印书馆1966年版，第549页。

一个自身反思。进一步的规定既是走出自身之外，也是走入自身之内。更大的外延同样又是更高的内涵，"最丰富的东西是最具体的和最主观的，而那把自己收回到最单纯的深处的东西，是最强有力的和最囊括一切的。最高、最锋锐的顶峰是纯粹的人格，它唯一地通过那成为自己的本性的绝对辩证法，既把一切都包摄在自身之内，又因为它使自身成为最自由的，——仍保持着单纯性，这个单纯性是最初的直接性和普遍性。"①

正是在辩证法的作用下，科学表现为一个自身旋转的圆圈，"中介把末尾绕回到圆圈的开头；这个圆圈以此而是圆圈中的一个圆圈；因为每一个别的枝节，作为方法赋予了灵魂的东西，都是自身反思，当它转回到开端时，它同时又是一个新的枝节的开端。"② 逻辑学开始于"存在"（有）演化到绝对理念，又回到了这个单纯统一的"存在"，但已是充实了的存在，是以概念理解自身的概念，是作为具体的同时又是绝对内涵的总体那样的存在（有）。绝对理念是自为的，按照它同它自己的统一性来看，就是直观，"而直观着的理念就是自然。但是作为直观的理念通过外在的反思，便被设定为具有直接性或否定性的这种片面特性。不过享有绝对自由的理念便不然，它不仅仅过渡为生命，也不仅仅作为有限的认识，让生命映现在自身内，而是在它自身的绝对真理里，它自己决定让它的特殊性环节，或它最初的规定和它的异在的环节，直接性的理念，作为它的反映，自由地外化为自然。"③ 思辨辩证法作为内容的灵魂和概念，从绝对精神概念自由地转化为直观的理念，就是自然哲学这个新的圆圈。

---

① 黑格尔：《逻辑学》下卷，商务印书馆1966年版，第549页。
② 同上书，第551页。
③ 黑格尔：《小逻辑》，商务印书馆1980年版，第427—428页。

第五章
绝对精神的自然化

绝对精神作为黑格尔哲学体系的核心概念,是从具体到抽象概念运动的结果,在《逻辑学》系统规定了绝对精神概念之后,思辨辩证法的圆圈又展开了新的旋动,以绝对精神概念为起点,即以绝对精神所集合的方法和理念规定、论证自然、人类认识和社会,这是概念从抽象到具体的运动过程。其第一个环节,或"整体的一个圆圈",就是《自然哲学》。

一 绝对精神外化的自在存在——从绝对精神论证自然

自然由"自"与"然"两字组成,自者己也,自己、自身,衍有"始"意;然字本意为"燃",衍义如此、这样、那样,以及肯定、对的、是的,又有副词竟、便之义。自然即自己如此,自身就是这样、就成为这样。老聃说:"人法地,地法天,天法道,道法自然。"[①] 西方人虽无文字,但其"Natur"一词却也与汉字"自然"相通,不过多了一层"自然界",即与人的存在和意识相区别的非人

---

① 《老子·二十五章》

为的存在物。黑格尔在《自然哲学》中所论的自然，就是指自然界。不过，他的"自"并非不知所以然的"物自体"，而是精神经一系列的意识形态而达到的对物质客体的规定，自然就是对其自己构成、运动过程的认识。对于黑格尔来说，绝对精神作为从感性确定性开始的从具体到抽象运动的集中概括，是对世界本质和规律的核心概念规定，它已包含之前概念运动所认知的客体对象，是从自然物质抽象其本质并与主体认识内在统一的过程。自然是绝对精神概念形成的前提，也是其内涵的基本要素。但从具体到抽象的概念运动目的在于规定本质而非说明现象，因而对于自然和人类精神的认识是着力于从其中分析本质要素，并加以综合以形成概念，不是解释其具体的构成与运动。《自然哲学》开始的从抽象到具体的概念运动，则是展开绝对精神概念，形成一个新的圆圈，解释自然和人类精神的构成与运动。黑格尔将这个过程称之为理念"自由地外化"，而"自为的理念，按照它同它自己的统一性来看，就是直观，而直观着的理念就是自然。"[1]

有一种说法，认为黑格尔将绝对精神等同于上帝，绝对精神外化为自然，就像上帝创世那样是由绝对精神创造自然界。这是严重误解。黑格尔的绝对精神概念是对自然和精神内在统一的本质之规定，绝对精神外化为自然界，或绝对精神的自然化，是用绝对精神概念的本质规定来解释自然界的结构和运动，由于绝对精神是对自然和精神内在统一的本质之抽象规定，其自然化就是具体化，因而这个过程也就表现为"自然界之创造过程"。黑格尔确实认为自然界的形成和演化是由绝对精神主导的，但绝对精神并不是像上帝那样没有来处，也不能问其来处的先验既定存在，而是经过一系列概念运动所集中概括的自然与精神内在统一的本质性认识，是从感性确

---

[1] 黑格尔：《小逻辑》，商务印书馆1980年版，第427页。

定性开始的一系列意识形态演进的结果，绝对精神的自然化，不过是又回到绝对精神的形成所由此出发的原始点，对感性的客体对象、对存在的重新认识。

> 由于哲学科学是一个圆圈，其中每一环节都有自己的先行者与后继者，而自然哲学在这部百科全书里仅仅表现为整体的一个圆圈，所以自然界之产生于永恒理念、自然界之创造，以至自然界之必然存在的证明，就都包含在前面讲的东西里了。①

这样看，自然就是绝对精神外化的自在存在，而自然哲学与物理学的区别，是在思维方式和方法上，其对象都是自然界。"自然哲学本身就是物理学，不过是理性物理学。"② 而作为具体科学的物理学和自然史，"首先被叫做经验科学，自命完全从属于知觉和经验，因而同自然哲学，即这种从思想出发的自然知识相对立。"③

对待自然，人们有两种态度，一是实践的，二是理论的。以实践的态度对待自然，就会把自然作为一种直接的、外在的东西，而人也是与自然相外在的感性的个体，"这种个体也有理由把自己规定成为同自然对象对立的目的。按这种关系考察自然，就产生有限目的论的观点。"④ 这样的考察从特殊的有限目的出发，其目的也就成了前提，这些前提的偶然内容本身甚至是无足轻重的或乏味的，另外，目的关系又要求有一种比按外在有限关系进行理解更为深刻的

---

① 黑格尔：《自然哲学》，商务印书馆1980年版，第3页。
② 同上。
③ 同上书，第4页。
④ 同上书，第6页。

理解方式，即概念的考察方式，而概念则一般是内在于自然本身的。对自然的实践态度一般是由利己的欲望决定的，为我们的利益而利用自然，砍伐、消耗，进而毁灭自然物。实践的态度只同自然的个别产物的个别方面有关。但用这种方式并不能征服自然中的普遍东西。实践态度的终极点是人们的目的，而不是自然事物本身，人们将自然事物变成手段。这是有限的目的论，真正的目的论考察是把自然看做在其特有生命活动内是自由的，这就是基于理论态度的考察，它不是从外在于自然的目的规定出发，而是以认识自然界里的普遍东西，如力、规律、类属等，这些普遍的东西同时在自身也能得到规定，这样的内容也不应该是一种单纯的集合体，而是必须分为纲目，呈现为一种有机体。自然哲学是理论的、概念的考察，它以同一普遍的东西为对象，它是自为地这样做的，"并依照概念的自我规定，在普遍的东西固有的内在必然性中来考察这种东西。"①

在《小逻辑》的关于《哲学全书》的导言中，黑格尔说明了哲学与经验科学的关系：哲学即思辨科学对于经验科学的内容并不是置之不理，而是对其普遍原则、规律加以承认和利用，以充实哲学的内容。同时，把哲学上的一些概念引入经验科学的概念之内，并使它们通行有效。在《自然哲学》的导论中，他承接这一思路，进一步指出："哲学与经验科学不仅必须一致，而且哲学科学的产生和发展是以经验物理学为前提和条件。但是，一门科学的产生进程和准备工作是一回事，科学本身则是另外一回事；在后者中，前者不可能再表现为基础，这里的基础毋宁说应该是概念的必然性。在哲学的进程中除了要按照对象的概念规定来论证对象外，还要进一步指出同这种规定相应的经验现象，指明经验现象事实上与概念规定

---

① 黑格尔：《自然哲学》，商务印书馆1980年版，第8页。

一致。"① 但这并不是诉诸经验,更不是诉诸直观,而是诉诸按照类比作表象和想象从外面强加给对象一些规定图式的做法。在对自然的理论态度上,首先是我们退出自然事物,让它们如实存在,并以它们为转移,这样就是从对自然的感性认识出发,但又不能仅仅基于视、听、嗅等知觉。人的作为能思维的生物,其感性活动是一种精神,听任事物自由,而非将其视为手段,这是理论态度与实践态度的重要区别。事物为我们获得普遍性的规定,思维将事物改变成某种普遍的东西,从而使表象中事物的自然性、个别性和直接性消失,将事物变成一种主观的,为我们所创造、所持有的东西。理论态度从抑制欲望开始,是不自利的,而让事物听其自然和持续存在,这样就确立了主体与客体的分离,但我们的目的又是掌握自然,理解自然,成为我们的东西,而不是使其成为异己的和彼岸的东西。于是就出现了困难:我们作为主体如何过渡到客体?如果我们想要跳过这一鸿沟,就要思考这个自然界。"我们使自然界这种与我们不同的东西,变成一种同它自己不同的东西。对自然的两种理论关系也是直接彼此对立的:我们使事物成为普遍的东西,或成为我们特有的,然而它们作为自然事物还被认为是自由地自为地存在的。"②

关于主体与客体矛盾,宗教以这样的方式解决了其全部困难,它设想有一种所谓"原始朴素状态",那时精神和自然是同一的,"精神的眼睛直接长在自然中心,而意识所持的分离的观点都是脱离永恒神圣统一的原罪。"③ 这种统一被设想为一种原始的直观,一种理性,这种理性同时与想象又是一个东西,它是形成感性形态的,因此给感性形态以理性的性质。这种直观的理性是神圣的理性。"上

---

① 黑格尔:《自然哲学》,商务印书馆 1980 年版,第 9 页。
② 同上书,第 11 页。
③ 同上。

帝就是这样一种存在,在这种存在中精神和自然是统一的,理智同时也具有存在和形态。"① 一些人从这种观念出发,宣扬所谓的幸运儿在沉睡时由上帝把真理告知了他们,他们似乎只需灵机一动,得到一些奇想就道出了完善的知识,在神话、传说中保存着这种说法,宗教的发展就由这些东西来维系。黑格尔指出:如果说认识真理不应该让意识感到艰难,"大家只需坐在三脚凳上讲些神谕就行,那么思维的劳作当然就可以省掉。"② 精神的己内存在同它的外在存在的统一,并不是开端,而是目标,"不是一种直接的统一,而是一种被创造的统一。"③

将主体与客体固定对立起来的观念,直接为实践态度所驳斥和否定,实践态度根据人的需要而利用自然物,这种利用虽然并不能完全证明主客体的统一,但却对将二者固定对立的观念以否定。而理智在把形式,把普遍性附加于实践的观念时,也就给个别性具有的否定方面以一种肯定的规定。事物的普遍性,并不是归于主观,而是事物本身真实的、客观的、现实的东西,是作为实体性的类属存在于个别事物之内的。类属并不是人为了认识方便而随意加诸事物的,而是事物的客观规定。"如果普遍的东西已被规定为规律、力和物质,我们也毕竟不是要让人把普遍的东西看作一种外在的形式和主观的附加,而是认为规律有客观现实性,力是内在的,物质是事物本身的真实本性。"④

作为理性物理学的自然哲学与经验物理学的区别,不在对象上——它们的对象都是自然物质,是对自然物质之理的探讨,全部自

---

① 黑格尔:《自然哲学》,商务印书馆1980年版,第11页。
② 同上书,第12页。
③ 同上。
④ 同上书,第14页。

然科学和哲学也可以统称为物理学，——而在方法上。经验物理学以知性方法论对待经验，它过分沉湎于同一性，如把磁、电、化学作用全然看作一个东西，而忽略其特殊性。自然哲学则以理性思辨辩证法研究自然，它接受物理学从经验中给它准备的材料，并把这些材料加以改造，而不是把经验作为最终的证明。自然哲学把经验物理学提供的知性认识的普遍东西规定为概念，指明这种普遍东西如何作为一个必然的整体从概念中产生出来，经验物理学知性方法的缺陷有二：一是其普遍的东西仅是外在形式的抽象，它不从自身进行自己的规定，也不向特殊性过渡；二是将特定的内容视为与普遍的东西相外在的，从而分得支离破碎，各自孤立，没有其自身的必然联系，从而也只是有限的。黑格尔举例说，有一枝花，知性对它所做的就是指出这枝花的各个性质，化学把这枝花撕碎，加以分析。

> 于是我们把颜色、叶子形状、柠檬酸、芳香油、碳和氢等等分离开，接着我们就说，这枝花是由所有这些部分组成的。正如歌德说的：
> 　　化学以自然分析自命，
> 　　它是在开自己的玩笑，
> 　　而且还莫名其妙。
> 　　它手里虽然抓着各个部分，
> 　　只可惜没有维系它们的精神。[1]

精神要超出知性认识，有两条道路，一是素朴的精神，即像歌德那样以敏锐的方式对自然进行生动的直观，就会感到自然界的生

---

[1] 黑格尔：《自然哲学》，商务印书馆1980年版，第16页。

命和普遍联系，猜想到宇宙是一个有机整体，一个理性总体，并在个别生物中感觉到它自身的内在统一性。但即令把一枝花的成分都聚集在一起，产生的结果毕竟还不是花。把直观置于知性反思主义，是一条邪路，因为从直观出发，是不能做哲学思考的。二是对直观进行思维，将那堆被分解的零碎的东西还原成单纯的普遍性。"这种被思维的统一性，就是概念，概念具有特定的区别，但这种区别是一种在内部自己运动的统一。"[1] 哲学的普遍性是自己充实自己的普遍性，它在其坚实的同一性中同时包含内在的区别。真正的无限是它自身和有限的统一，类属和力是自然界的内在东西，与之相对的外在的和个别的东西是消逝的东西。为此就要确定其内在的东西，即普遍和特殊的统一。把握了内在的统一，理论态度和实践态度的片面性就得到扬弃，同时两种规定也得到了满足。概念认知是中项，其中普遍性并不总是我之内的一种此岸与对象的个别性相对立，而是相反，当这种彼岸否定地对待和同化事物时，也就于其中找到了个别性，让事物听其自然，自由地规定自己。"因此概念认识活动是理论态度和实践态度的统一：个别性的否定作为否定东西的否定，是肯定的普遍性，这种普遍性使各种规定能持续存在，因为真正的个别性同时也是在其自身内的普遍性。"[2]

对此有可能提出这样的问题：普遍的东西何以能自己规定自己，无限何以会达到有限？或者更具体地说上帝何以能创造世界？这里，黑格尔进一步展示了他将上帝概念化的辩证法：上帝并非基督教所宣扬的那样是一自为的现实、远离世界而存在的一个主体，也不是抽象的无限性和特殊事物之外的普遍性；如果那样规定上帝，实则将上帝视为一种特殊的、有限的东西，是知性方法缺陷的表现。上

---

[1] 黑格尔：《自然哲学》，商务印书馆1980年版，第16页。
[2] 同上书，第18页。

帝作为一种抽象物，并不是真正的上帝，"只有作为设定自己的地方、设定世界的活生生的过程，他才是真正的上帝，而他的他方，就其神圣的形式来看，是上帝之子。只有在与自己的他方的统一中，在精神中，上帝才是主体。"① 这样的上帝，不过是精神的概念运动的一个环节，而非人格化的造物主。"精神在自然内发现它自己的本质，即自然中的概念，发现它在自然中的复本，这是自然哲学的任务和目的。"②

二 自然的理性，理性的自然

"自然自在地就是理性，但是只有通过精神，理性才会作为理性，经过自然而达到实存。"③ 研究自然就是精神在自然内的解放，精神是在自然内生成的。如果说真理在主观意义上是观念和对象的一致，那么在客观意义上真实的东西则意味着客体、事物的实在性符合于它们的概念。自我的本质是概念，是自身相等的、贯穿一切的东西，它在保持着对特殊差别的统治时，就是向自身回归的普遍的东西。"这种概念同时也是真实的理念，宇宙的神圣理念，只有这种理念才是现实的东西。"④ 概念作为真实的理念，等同于上帝，或者说上帝就是概念的理念，也正是从这个意义上才可以说上帝为什么要并能创造世界。

黑格尔之所以将概念化的"上帝创造世界"作为理念的代名词表达绝对精神在自然中的自在存在，不仅是为了应付强大专制的教

---

① 黑格尔：《自然哲学》，商务印书馆1980年版，第18页。
② 同上。
③ 同上书，第19页。
④ 同上。

会的审查，还是以这种做法来"通俗地"说明其思想。对于非基督徒的中国人来说，"上帝创造世界"这一命题要比"绝对精神自然化"更难以理解，但对生下来就被强制地成为基督徒的德国和欧洲人来说，却正好相反。"上帝创造世界"是从其大脑开始思维时就被迫接受的基本观念，进而也成为其思想的基本观点，也是最通俗的观念。以这种通俗的观念来比喻"绝对精神自然化"这个哲学命题，不仅对于读者，对于作者本人也是很方便的，但对于不信上帝的读者来说，无端增添了许多困难，甚至会同意那种说黑格尔是在变相主张"创世说"的观点，将绝对精神或理念视为上帝的代名词。而事实上正相反，黑格尔是将上帝作为绝对精神概念运动中的一种意识形态，是与感性、感觉、知性、现象、理性、精神等在运动中转化着的概念一样的意识演进中的一个环节。在通俗化的解释中，上帝只是绝对精神在某种形式的代名词。我们也注意到，在《精神现象学》中，黑格尔几乎没有提到上帝，这大概是他对上帝概念化的思想还不成熟的表现，而从《逻辑学》以后的著述中，对上帝的说法多了起来，但大都是在"附释"中，即给学生讲课说明某一命题时以"上帝"这个通俗名词来解释其观点。

在黑格尔的思想中，绝对精神是经从感性确定性开始的意识演进过程而达到的主观精神与客观精神的统一规定，也是认识到的、以概念规定了的世界本质与规律。自然哲学作为绝对精神自然化的过程，是对其自在存在的展开论证。"自然是作为他在形式中的理念产生出来的。既然理念现在是作为它自身的否定东西而存在的，或者说，它对自身是外在的，那么自然就并非仅仅相对于这种理念（和这种理念的主观存在，即精神）才是外在的，相反的，外在性就构成自然的规定，在这种规定中自然才作为自然而存在。"[①] 自然哲

---

① 黑格尔：《自然哲学》，商务印书馆1980年版，第19—20页。

学扬弃自然和精神的分离,使精神能够认识自己在自然内的本质。自然界是自我异化的精神,在自然界里隐藏着概念的统一性。这里,黑格尔又以上帝来比喻相应的关系:上帝在规定自身时依然是和自己等同的,其各环节都是完整的理念,但也是有区别的,即普遍、特殊和个别三种形式。普遍是理念的永恒统一性,个别是有限的或人的精神,而特殊是自然界,自然界的矛盾是自在的,是理念的他在和静止形式。矛盾在基督身上设定并得到扬弃,即基督之在世、受难和复活。自然界是作为滞留于他在中的东西存在着,对自然的考察,是要探讨其如何变成精神、扬弃他在的过程,揭示这一过程的每一阶段存在着的理念。自然仅仅是自在的理念,是他在形式中的理念,是理念表现自己的一种异化的方式。知性方法看不到自然中的理性,只是把自然当作没有生命的尸体来处置。理性的思维必须突破知性方法的局限,探求自然这种他在形式中的理性,以及理性的自在与自为的统一。

旧形而上学的一个基本命题是世界永恒性,但其知性方法论的局限,却使对这个命题的论证有明显缺陷。黑格尔就此进行了分析。他指出,不能将世界等同于自然,世界是"精神事物和自然事物的集合体。"而关于世界永恒性的问题,首先就包含时间观念,或者要从时间上加以论证。所谓永恒,也就是无限长的时间,因而世界在时间上没有开始,但这也意味着自然并非被创造的东西,而是独立地同上帝对立的。永恒性并不是存在于时间之前或时间之后,既不是存在于世界创造之前,也不是存在世界毁灭之时,永恒性是绝对的现在,是既无"在前"也无"在后"的"现时"。"世界是被创造的,是现在被创造的,是永远被创造出来的;这表现在保存世界的形式中。创造是绝对理念的活动;自然界的理念如同理念本身一样,是永恒的。"① 当以有限的东西为对象时，我们是在时间之内，有的东西以其开端为开端，时间也只是它的时间。物质的无限分割是一种主观表象活动，同样，无限时间也是一种表象，是停留在否定的东西里的一种超脱。在表象中世界不过是有限性的聚集，但如果将世界理解为普遍的东西，理解为总体，关于世界开端的问题也就不存在了。开端只能是相对的，我们可以超越这一开端，但不会达到无限，只是达到另一有条件的开端。形而上学的局限就在于把各个抽象规定视为绝对规定，并在其间徘徊，在抽象的思想里兜圈子。

在自然的外在性中，概念的规定具有互不相干的持续存在的外观，互相孤立的外观，而概念是作为内在的东西。所以自然在其定在中没有表现出任何自由，而是表现为必然性和偶然性。自然在理念中自在的是神圣的，它的存在并不符合它的概念，从这个意义上说自然是未经解决的矛盾，它的特点是被设定的东西，是否定的东西。尽管自然是处在这种外在性之中，它却是理念的表现，在精神的每一表现中都包含着自由普遍的自我相关的环节。概念在作为灵魂的生命内才达到实存，即被主观所规定，在此外的各种状态中只是内在的概念。而概念作为自然界中的肯定的东西，就是外在性的可逝性，进而显现于现实存在，但不是自为地作为概念显现出来，而是表现为外在性的自在存在。概念的自为存在只有在精神中才会实现。精神事物是自为的事物，是精神以概念规定了的自然；而自然事物是概念的他在，是自在存在的事物。

"自然必须看作是一种由各个阶段组成的体系，其中一个阶段是从另一个阶段必然产生的，是得出它的另一阶段的最切近的真理，但并非这一阶段好像会从另一阶段自然地产生出来，相反地，它是在内在的、构成自然根据的理念里产生出来的。形态的变化只属于

---

① 黑格尔：《自然哲学》，商务印书馆1980年版，第22页。

概念本身，因为唯有概念的变化才是发展。"① 引导各个阶段向前发展的辩证的概念，是各个阶段内在的东西。自然事物的阶段性否定是由内在的理念要素促成的，这也是概念的运动过程。"动物自然界是植物自然界的真理，植物自然界是矿物自然界的真理，地球是太阳系的真理。在一个体系里最抽象的东西是最初的东西，每个领域的真实东西都是最后的东西，而这个最后的东西也只是一个更高阶段的最初的东西。"② 一个阶段由另一个阶段来补充，这是理念的必然性，各个形式的差异是必然的特定的差异。黑格尔指出，人们把握自然界发展阶段的进化和流射两种形式，其中进化从不完善到逐步完善，流射则相反，从完善退化为不完善。这两种过程都是片面的和表面的，却设置了一个不确定的目标，其要素是没有贯穿理念。再就是关于"系列"的观念，黑格尔认为，这种观念是妨害对各个形态的概念规定的，即使可以把星球、金属或一般化学物体排成系列，把动物和植物排成系列，找到这类系列的某种规律，也是徒劳的，因为自然界并不把它的各个形态这样排成系列和链环，并且概念是按质的规定性分化的，而在这种情况下就一定造成飞跃。"non datur saltus in natura［自然界里无飞跃］这个先前的说法或所谓的规律，完全和概念的分裂过程不相容。"③ 将自然物排成既定的、固定的系列，是知性方法论的表现，黑格尔从思辨辩证法突破了这种系列，并否定了"自然界里无飞跃"的说法，指出因概念的运动，不仅自然界会有量的变化，还会有质的变化，即"飞跃"。这个思想是相当重要的，不仅对自然哲学，而且对自然科学的研究，都有指导意义。二百年来的科学史证明了这一点，今后自然科学的发展将进

---

① 黑格尔：《自然哲学》，商务印书馆1980年版，第28页。
② 同上书，第30页。
③ 同上书，第32页。

一步证明它。

既然理念作为自然是从外在、他在形式存在的，因而其矛盾就是："一方面是概念所产生的理念的各个形成物的必然性及其在有机总体中的理性规定，另一方面则是这些形成物的不相干的偶然性及不可规定的无规则状态。"① 这一矛盾是自然研究中的一个重要困难，经验科学往往对此束手无策，因为经验提供给人们的是那些畸形产物、畸形状态、中间东西等等，其知性方法不可能对此做出必然的和偶然的区别。自然哲学也必须正视这个矛盾，对于这些畸形产物（如畸形人、畸形的动物和植物等），一方面要将之归于特定的类属，另一方面则从其所缺少的相关类属本质特性来说明其畸形，并探讨其形成的特殊外在条件。为此，就要假定一个类属的原型，而"这个原型宁可说是以概念规定的独立性和尊严为前提。"②

黑格尔自然哲学的一个基本观点是：以自然的理性为前提，通过辩证法认知自然的理性。作为前提和出发点的理性是抽象的，它在外化为自然界的自在存在过程中，不断地展开和充实，而人们以主观精神的理性对自然现象的规定，就可以达到其自为存在的理性，主观精神与客观精神内在的统一。

> 自然界自在地是一个活生生的整体。贯穿在自然界的阶段发展过程中的运动，更精确地说，是这样的：理念能把自己设定为它自在地所是的东西；或者换句话说，它能从自己的直接和外在性——这种外在性是死亡——回到自身之内，以便首先作为有生命的东西而存在，但进一步说，它也会扬弃它在其中只是生命的这种规定性，并把自己创

---

① 黑格尔：《自然哲学》，商务印书馆1980年版，第32页。
② 同上书，第34页。

造成精神的现实存在。精神是自然的真理性和终极目的，是理念的真正现实。①

以概念运动规定自然的理性，从而得到对理性的自然的认识，是思辨辩证法的内容和特点。按照概念运动的规律进行有目的的发展认识，这是实现概念自在地所是的东西的活动，即以自然中的理性为依据展开思维的理性。自然中的理性也可以看成是概念的规定，但它与人主观理性的概念是有区别的，自然界不可能自己以概念的形式存在，其概念的规定是经人主观意识的一系列环节而达到的。"就概念的主观性似乎是沉湎于自己的各个规定性的彼此外在状态来说，那种实现活动可以理解为一种表现、展示、呈现、外现的活动。但概念仍保持在那些规定之内，作为它们的统一性和观念性；因此，从相反方面来看，圆心向圆周的这种外现活动同样也是使此种外现东西聚合到内在性的活动，是一种回忆或内化；存在于那种表现活动中的正是概念。"② 自然哲学的概念运动是从其自然化为外在性开始，向着圆心回到自身的进程，使直接的现实存在、外在性达到主观统一性，达到已内存在。但这个过程并不是把概念从直接性的现实存在中抽脱出来，使之作为僵死的外壳留在原处。这是一种思维的抽象，概念作为现实存在的本质仍然是现实的己内存在，这种存在就是现实的生命。概念要冲破外在性的皮壳，从自在成为自为的，自然的理性通过概念运动而得以规定和论证。

---

① 黑格尔：《自然哲学》，商务印书馆1980年版，第34页。
② 同上。

三 物质及其观念的体系——力学

在黑格尔的思想里,自然的理性和对自然的理性规定是统一的,但又有存在形式和在概念运动层次上的差别,《自然哲学》是基于这种统一性从理性对自然的理性的探讨,他这样划分其体系:

> 作为自然的理念,第一是存在于彼此外在状态的规定之内,存在于无限个别化的规定之内,形式所具有的统一性是在这种个别化之外,因此是作为一种观念的、仅仅自在存在着的统一性,也只是被寻求的统一性,这就是物质及其观念的体系——力学;第二是存在于特殊性的规定之内,这样实在性便是通过内在的形式规定性和其中存在的差别设定起来的,这是一种反映关系,这种关系的已内存在是自然的个体性——物理学;第三是存在于主观性的规定之内,在主观性里形式所具有的实在区别同样也归于观念的统一性,这种统一性已找到自身,并且是自为的——有机学。①

这样的划分是从总体上已被把握的概念展开的各个环节为标志的。概念展开各环节的不同规定只具有暂时的独立性,在得到应有的展示之后又转化为下一规定。通过概念运动使显得独立的环节或阶段保持并回归统一,成为具体概念,成为理念和真理。

自然哲学概念运动的第一阶段或环节是力学,黑格尔将之称为"物质及其观念的体系",是一种观念的、仅仅自在存在的统一性。

---

① 黑格尔:《自然哲学》,商务印书馆 1980 年版,第 35 页。

"物质是自然界的已外存在达到其最初的已内存在、达到抽象的自为存在的形式。这种抽象的自为存在是有排斥作用的,因而是一种复多性。"① 这种复多性总括为总体的自为存在时,就是重力,有重物质还没有取得个体性;由于概念的各个规定还是彼此外在的,所以仅有量的区别,而物质作为单纯的质量是没有形式的。"力学"篇由空间和时间,物质和运动·有限力学,绝对力学三章构成。"力学考察的,第一是完全抽象的相互外在的东西;即空间和时间;第二是个体化的相互外在东西及其在那种抽象状态中的关系,即物质和运动,这就是有限的力学;第三是在其自在存在的概念的自由中的物质,即在自由运动中的物质,这就是绝对的力学。"② 己外存在直接分裂为空间和时间,前者是肯定的形式,后者是否定的形式。这些抽象环节的统一和否定所形成的最初的具体的东西就是物质,物质的各个环节在运动中相关联,如果这种关联不是外在的,就得到物质与运动的绝对统一,即自身运动的物质。

空间是自然哲学的第一个概念,它是对自然界最初的或直接的规定性,也是其己外存在的抽象普遍性。空间是没有差别、完全连续的己外存在。黑格尔不同意康德以感性直观形式规定空间和时间,而是从外在性的抽象形式来规定空间,这样,空间就是纯粹的量,这种量不再仅仅是逻辑规定,而且是直接的和外在存在的。与经验科学从直观到思维认识空间不同,黑格尔对空间的研究程序是从建立概念思维开始,探究这种思维表象中的外貌,所以主张空间在直观中要符合于纯粹己外存在的思维。空间既不是感性的直观形式,也不是独立的实体性的东西,而是物质运动的间断性与连续性的统

---

① 黑格尔:《自然哲学》,商务印书馆1980年版,第37页。
② 同上书,第39页。

一，"抽象空间的真理在于作为物质物体的存在。"① 因此，空间总是充实的，决不能与充实于其中的东西分离开。"空间是非感性的感性与感性的非感性。自然事物存在于空间中，自然界必须服从外在性的束缚，因此空间就总是自然事物的基础。"② "它却不仅是一种外在规定性，而是外在性自身。"③ 空间有长、宽、高三个维度，它们是单纯相异，没有任何规定的。

点是空间直接的和无关差别的己外存在的否定，这种否定是空间的否定，"点在本质上作为这种关系，即作为扬弃自身的东西，就构成线，构成点的这种最初的他在或空间性存在。然而，他在的真理是否定的否定，所以线过渡到面。"④ 在空间中，面虽然是否定的否定，但就其真理性而言，则不同于空间。从点到线到面的否定，使空间突破了其规定性，过渡到时间。时间作为己外存在的否定性统一，也是纯粹抽象的、观念性的东西。它是空间的转化形式，而非空间之外的另一种形式。"时间是那种存在的时候不存在、不存在的时候存在的存在，是被直观的变易；这就是说，时间的各种确实完全瞬间的、即直接自我扬弃的差别，被规定为外在的、即毕竟对其自身外在的差别。"⑤ 时间和空间一样，还是感性或直观的纯粹形式，是非感性中的感性因素，也丝毫不涉及客观性与相反的主观意识的分别。黑格尔批评了那种空间和时间可以在被抽出去物质内容后还可以独立存在的说法。他认为，一切事物并不是在时间中产生和消逝的，时间本身就是变易，即产生和消逝，就是现实存在着的抽象。实在的东西虽然与时间有差别，但本质上是与时间同一的。

---

① 黑格尔：《自然哲学》，商务印书馆1980年版，第41页。
② 同上书，第42页。
③ 同上。
④ 同上书，第43页。
⑤ 同上书，第47页。

时间并不像一个容器，如流逝的江河，将一切东西都席卷而去。"时间仅仅是这种毁灭活动的抽象。事物之所以存在于时间中，是因为它们是有限的；它们之所以消逝，并不是因为它们存在于时间中；反之，事物本身就是时间性的东西，这样的存在就是它们的客观规定性。"① 正是现实事物本身的历程构成时间。现在、将来和过去这些时间维度，是外在性的变易本身。"时间的过去和将来，当它成为自然界中的存在时，就是空间，因为空间是被否定的时间；同样反过来说，被扬弃的空间最初是点，自为地得到发展，就是时间。"② 空间与时间的直接统一是它们存在的根据，二者作为存在的最抽象形式的统一集中于否定的规定性，具有排斥作用的点，在空间里已不再仅仅自在地与概念相一致，而是被设定的，并通过构成时间的整体否定性，在自身内是具体的。这样具体的点就是位置。

"位置作为这种被设定的空间与时间的同一性，最初也是被设定的矛盾，这种矛盾就是空间与时间的矛盾，就是其自身里的每个方面。位置是空间性的、因而无差别的个别性，并且仅仅作为空间性的此刻，作为时间，才是这样。"③ 空间在时间中和时间在空间中的消逝与自我再生是一个过程，在这个过程中，时间自身在空间中被设定为位置，而无差别的空间性也直接在时间中被设定，这就是运动。"然而这种变易本身同样是其矛盾的内在融合，是位置与运动这两者的直接同一的、特定存在的统一，即物质。"④ 运动的本质是成为空间和时间的直接统一，运动是通过空间而现实存在的时间，或者说是通过时间才被真正区分的空间，因此空间和时间属于运动，

---

① 黑格尔：《自然哲学》，商务印书馆1980年版，第49页。
② 同上书，第52页。
③ 同上书，第56页。
④ 同上。

速度作为运动的量是与流逝的特定时间成比例的空间。

"既然有运动，那就有某物在运动，而这种持久性的某物就是物质。空间与时间充满了物质。"① 人们常常从物质开始，进而把空间和时间视为物质的形式。黑格尔不否认这种看法的正确性，但他认为，空间和时间比物质更抽象，物质是它们的真理，即对其统一性的规定。"就象没有无物质的运动一样，也没有无运动的物质。运动是过程，是由时间进入空间和由空间进入时间的过渡；反之，物质则是作为静止的同一性的空间与时间的关系。物质是最初的实在性，特定存在着的自为自在；它不仅是抽象的存在，而且是空间的肯定的持续存在，不过这种持续存在会排斥其他空间。"② 黑格尔对物质的基本观点与早期物质主义者的区别，一是不承认物质为世界本体，而是将物质视为自然存在的各物体的抽象规定；二是在方法上不是先规定物质，而是先规定空间、时间、位置、运动等更为抽象的概念，通过从抽象到具体的概念运动再规定物质概念。这是他思辨辩证法的要求和体现，他是在从绝对精神的理性来认识物质，绝非一些人指责的他是在用绝对精神创造物质。

黑格尔认为物质有排斥和吸引两个不可分离的环节，是这两个环节的否定性统一，是个别性。但是，这种个别性和物质的直接的彼此外在性相反，"还不是被设定为物质的，而是观念的个别性、中心；这就是重力。"③ 重力是物质的已内存在。"吸引与排斥结合到一起，作为重力，构成物质概念；重力是物质的谓语，它构成这个主语的实体。"④ 重力不仅潜在地属于物质，而且在潜在的东西已经

---

① 黑格尔：《自然哲学》，商务印书馆1980年版，第60页。
② 同上。
③ 同上书，第61页。
④ 同上书，第63页。

表现出来的限度内也属于物质；"这就是落体，所以，重力最初出现在落体中。"① 在落体之前，还有两个环节，惯性物质和碰撞，它们与落体共同构成有限力学的内容。有限力学研究的是物质的有限性，是运动与物质本身的分离状态，当运动外在于物质时，物质就是有限的。惯性物质也可以说是物质的惯性，是指物体的静止状态，碰撞则是两个物体形成的一种运动，碰撞的物体要占据静止物体的位置，而静止的物体则要坚守自己的位置，由此形成了运动。碰撞也是抵抗，而抵抗恰恰是物质运动，两个物体通过它们的重力相互做出抵抗，抵抗是两个物体的运动，运动量由物体的质量和速度确定。运动可以用力来集中规定。黑格尔在肯定经验力学以知性方法所取得的成就的同时，指出知性方法所依从的形式逻辑同一律关于静止和运动的定律的局限。这也是有限力学的局限。

黑格尔认为，落体是有限力学的最后一个环节，也是向绝对力学转化的关键。"落体是相对自由的运动。它之所以是自由的，是因为它是由物体的概念设定的，并且是物体固有的重力的表现；所以，它是内在于物体的。可是，它作为外在性之仅仅最初的否定，同时是受制约的；因此，物体离开其自身与中心的联系的活动仍然是一种外在地被设定的、偶然的规定性。"② 落体定律不同于从外部得到规定的抽象均匀速度，它是一种自由的自然定律，具有从物体的概念来规定自身的一个方面，或者说是从物质概念推演出来的。黑格尔由此来说明伽利略的定律"经过的空间与消逝的时间之平方成比例"。他认为，力的关系本质上是质的关系，是属于概念的关系，对于落体定律，还应附加一点，即由于落体运动在其自由中还包含条件性。落体运动构成惯性物质与这种运动的概念得到绝对实现的物

---

① 黑格尔：《自然哲学》，商务印书馆1980年版，第64页。
② 同上书，第77页。

质之间的中项。"落体是仅仅抽象地设定一个中心的活动，在这个中心的统一中，各个特殊的质量与物体之间的差别把自身设定为得到扬弃的；因此，质量和重量在这种运动量中是不起作用的。"① 落体还受外部条件的制约，因而不是充分自由的，只是重力的最初表现，完全内在于物质的概念要在绝对力学中才得达到。

被黑格尔纳入绝对力学中的主要就是万有引力。他指出，"万有引力是实现为理念的真正的和确定的物质形体概念。一般的形体本质上把自身分解为许多特殊的物体，并把自身结合为个别性或主观性的环节，作为表现在运动中的特定存在，这样，个体性就直接是许多物体组成的一个系统。"② 万有引力与惯性定律直接相矛盾，因为借助于万有引力，物质力图越出它自身而达到他物。引力概念包含着自为存在和扬弃自为存在的连续性两个环节，在知性的经验力学中，对引力进行了不断的细分，成为互相独立的、偶然的因素，从而将万有引力思想中的深刻意义消解，概念和理性也就无法渗透到力学中。而引力概念通过物体的特殊性展现其自身于外在的实在性，同时又在物体的观念性和内在反思中，即在运动中显示其自身的自相融合，包含着这些环节的同一性和不可分离性。

黑格尔认为，物体的运动有三种形式，一是由外面传递的机械运动；二是落体运动，它部分的是受限制的，部分的是自由的；三是无条件自由的运动，它的主要环节是天体的巨大机械运动。他不同意牛顿所谓"第一推动力"的说法，强调"天上的形体不是那种在自身之外可能具有运动或静止的本原的形体。"③ 不能因为石头有惯性，地球是石头组成的，天上的形体也和地球上的石头一样有惯

---

① 黑格尔：《自然哲学》，商务印书馆1980年版，第81页。
② 同上书，第84页。
③ 同上书，第87页。

性。这是一种将整体与部分等同的推论。碰撞、压力、抵抗、摩擦、吸引等有限力学涉及的运动形式，只有对不同于天体的地球上的物质形体才是有效的。太阳系是以太阳为抽象的自相关联的普遍中心，与之相对的行星和彗星等表现为同样独立的形体，它们既处于己外存在的规定之中，也处于己内存在的规定中，是自为的中心，并与太阳这个作为它们本质统一的物体相关联。

黑格尔认为，绝对自由运动的万有引力定律是由开普勒发现的，"开普勒发现了经验材料的普遍表达式，在这个意义上证明了这些定律。"① 但此后却形成一种说法，似乎牛顿第一个发现了这些定律的证明。黑格尔对此进行了批驳，他认为，开普勒在天体运动定律的形式中说出的东西，被牛顿改变成了"引力的反思形式，而且是被改变成了在落体运动中得到其量的定律的引力的形式。"② 但他也承认牛顿的数学分析方法不仅有其方便性，也有必要性，但这只是数学公式的差别，而不能否认"牛顿的表达式和与此有关的命题是从开普勒定律的形式推演出来的。"③ 整体说来，牛顿所谓的证明的陈旧方式表现出"一种胡乱编造的谎言"，它是由得到了独立力的物理学意义的纯几何构造线组成，也是以加速力和惯性的"空洞反思规定"，特别是所谓引力本身是由向心力与离心力的关系组成的。黑格尔是从他的自然哲学理念来评判开普勒和牛顿的，他由此要证明的，也是他的理念。黑格尔强调，关于自由运动，现在人们还只是指出了若干根本特点，其要点在于以空间和时间的概念规定为基础，这是有局限的，有赖于科学发展对现在所使用的形而上学范畴的自觉，应该不以这些范畴为基础，而以事实的概念为基础。黑格尔就此指

---

① 黑格尔：《自然哲学》，商务印书馆1980年版，第88页。
② 同上书，第89页。
③ 同上。

出了他的两点想法,其一,运动一般是一种返回自身的运动,它们部分地具有自身的中心和独立的现实存在,同时部分地在他物中具有它们的中心。其二,这种运动是匀加速度的,在返回自身时,就转成匀减速度的。

关于天体运动,黑格尔依据开普勒的研究成果,提出了他的概念性规定。他认为,到现在我们对天体运动中已得到两个物体,一是中心物体,二是那些与中心物体相对的,在以中心物体为中心的同时也在自身有中心的物体。还有一种物体是自身无中心的附属物体,它处在上述两种物体之间。只有用这三类物体,才能完成整体引力体系。这三类物体的运动分别是抽象的旋转运动、单纯地围绕中心的运动、既围绕中心又自身旋转的运动。它们分别是太阳、彗星和行星。在对这三种物体及其运动进行分析之后,黑格尔指出,"我在这里只是奠定了理解数学力学的自然规律这个自由度量领域的合理考察方式的基础。"① 进而他对"力学"这一部分做了这样的概括:

> 物质的实体,即引力,在发展成形式的总体时,就不再在自己之外具有物质的己外存在。形式最初按照差别,表现在空间、时间与运动的观念规定性中,并按照其自为存在,表现为一个在己外存在的物质之外得到规定的中心。可是,在发达的总体里,这种彼此外在的东西被设定为一个完全由总体规定的东西,并且物质在它这种彼此外在的存在之外是不存在的。就是以这种方式,形式被物质化了。反过来看,物质在总体对其己外存在的这种否定中获得了以前单纯寻求的中心,获得了物质的自我,即物质自身的

---

① 黑格尔:《自然哲学》,商务印书馆1980年版,第111页。

形式规定。物质的抽象的、没有生气的己内存在，作为一般有引力的东西，已经决意达到形式，物质是业已有质的物质，这就是物理学的领域。"①

四 自然的个体性——物理学

自然哲学是从抽象到具体的概念运动规定、展开自然精神，认识自然现象的方法论，从最初的、抽象的力学，演化到物理学，并不是对另外一对象的研究，而是对同一对象的深入一步的具体探讨。自然的理念从彼此外在的、无限个别化的规定中的自在存在着的统一性，演化到特殊性的规定，其实在性通过内在的形式规定性和其中的差别设定起来，达到自然的个体性，这就是物理学的内容。"物质只要在其自身中具有自为存在，以致自为存在在物质里得到发展，从而物质在其自身中得到规定，就具有个体性。"② 物质以个体性摆脱重力，在其自身规定自己时显现自身，并且通过其内在的形式面对重力，由自身规定空间的东西。各种自由物体归于个体统一点的力量之下，而这个统一点将会消化这些自由物体。重力作为在自身之内存在的物质本质只是内在的同一性，重力过渡到本质的显现是各个反思规定的总体，而这些规定是被分离开的，每个规定都表现为具有特质的物质，这种物质尚未被规定为个别性，是没有形态的元素。"物理学的内容为：第一，普遍的个体性，直接的、自由的、物理的质；第二，特殊的个体性，作为物理规定的形式与重力的关系，以及这种形式对重力的规定；第三，总体的、自由的个体性。"③

---

① 黑格尔：《自然哲学》，商务印书馆1980年版，第111页。
② 同上书，第113页。
③ 同上书，第114页。

对普遍个体性、直接的、自由的、物理的质的研究，黑格尔归结为普遍个体性物理学，"物理的质，第一，作为直接的、彼此外在的、独立的质，是现在从物理方面得到规定的天体；第二，作为与天体总体的个体性统一相关联的质，是物理元素；第三，作为产生这些元素的个体的过程，是气象过程。"①

按黑格尔思辨辩证法的圆圈式概念运动，自然哲学的力学部分相当于逻辑学中的存在论，物理学部分相当于本质论。在物理学中，力学中的概念的各个规定获得了物质性，物质的自为存在找到了自己的统一点，因为物质概念的各个规定的过渡，就从逻辑上进入了本质的领域。"本质就是在自己的他物里向自身的回归，就是各个规定的相互映现，而这样在自身得到反映的各个规定现在是作为形式发展出来的。这些形式是同一、差异、对立和根据。"② 最初的、得到质的规定的物质是作为纯粹的自相同一性和自我反映的统一性的物质，这种物质是最初的、抽象的显现。"物质的这种现实存在着的、普遍的自我，就是光。"③ 光作为个体性是星星，星星作为一个总体的环节，就是太阳。光是绝对轻的东西，是无限的己外存在，是不可分离的单纯的己外存在。光赋予自然事物以生气，使它们变为个体，物质的个体化表现了光的自我本性。与光相对的是暗物，暗物因光的照射得到显现。暗物作为光的否定物，是与光的抽象同一的观念性相反的对立物，这种对立物有物质的实在性，在其内部分裂为物质的差异性（月亮）和中和性（彗星）。彗星以太阳为中心，月亮作为地球内核的独立表现，它们都以抽象的方式再现着太阳和行星。对立物在回复到自身时是地球或其他行星，这是个体性

---

① 黑格尔：《自然哲学》，商务印书馆1980年版，第114—115页。
② 同上书，第115页。
③ 同上书，第116页。

总体的物质，其中僵硬性已经显示出来，分离为现实的差别，这种分解是通过自我性的统一点结合起来的。"行星作自转，同时又围绕中心物体作公转，它的这种运动是最具体的运动，是生命力的表现；同样，中心物体的发光本性是抽象的同一性，这种同一性的真理性，如同思维的真理性存在于具体的理念里一样，存在于个体性里。"①

对个体性物体的规定从最初的光演进到元素，物理元素不同于化学元素，它是一种实在的、自由的、自为存在的物体。黑格尔将物理元素分为四类：气、火、水、土。气即空气，是一种流体，这种流体是对光消极的、透明的但在本身中发挥着一切个体，对外具有机械的弹性，渗透到一切东西里。火是对立的元素，它是自为存在，但不是僵硬性的不相干的自为存在，是个体性自为存在的永不止息状态。火是一种毁灭他物的活动，同时也毁灭自身，并由此过渡到中和性的元素水。水也是对立元素，但是中性的东西是汇合于自身的对立物，它没有自为存在的个别性，没有僵硬性和规定，是一种彻底的平衡，消解着一切机械地设定于它自身的规定性。它仅从外部获得形态的限定，并向外部寻求这种限定，它具有可溶解并可能采取气体和固体的形式。黑格尔对气、火、水三元素做了概括："空气是一切他物的普遍观念性，是与他物相关的普遍东西，这种关系毁灭着一切特殊的东西；火是同样的普遍东西，不过是表现出来的，因此有自为存在的状态，是现实存在着的观念性，是空气的实存本质，是把他物归结为现象的映现活动；第三种元素是消极的被动性。这就是这些元素的必然的思维规定。"② 也可以说是思辨的逻辑对这些元素及其关系的规定。在此基础上，他规定了第四种元素土。土是个体性元素，是"作为把其他各种不同的元素综合到个体

---

① 黑格尔：《自然哲学》，商务印书馆1980年版，第139页。
② 同上书，第153页。

统一性里的总体,是把它们激发为过程并且支持着它们的那种力量。"①

黑格尔认为,物理的四元素是统一于个体同一性之中的,这种同一性就是构成地球物理生命、气象过程的一种辩证关系。"各个没有独立性的元素在刚才作为概念的环节从潜在的东西里被发挥出来以后,既是在这种过程里产生出来,作为现实存在着的元素被设定的,同样又是唯独在这种过程里保有其持续存在的。"② 然而,知性的有限物理学研究方法却将这些元素视为固定的实质性的、不变化的,即使出现元素的转化,如水在晶体里固定不动,光与热消逝不见,也只是用分解、结合、潜伏之类模糊不清的、毫无意义的观念予以说明。黑格尔指出,物理过程具有各种元素相互转化的规定,但有限物理学的知性方法却总是坚持长久不变的东西的抽象同一性,它只能将各种元素作为复合元素视为分解和分离,而非互相转化。地球的过程不断受到地球与太阳关系的激发,按照地球相对于太阳的位置所制约的气候和季节进一步分化。这个过程表现为光的活动。这个过程的一个环节是个体同一性的分裂,分为独立的对立物的两个环节。过程的另一个环节是对立双方所回归的自为存在扬弃其自身,即扬弃超于极端的否定性,对立双方所寻求的互不相同的持续存在的自我焚毁过程,通过这个过程,对立双方的本质结合就设定起来,地球也就变成了真正的、富有成果的个体性,它包含自己的各个环节,不再有内在或外在异己的东西,只有各个完全特定存在的环节。它的各个抽象环节是物理元素,这些元素本身就是一些过程。"地球在自己的发展过程中把自己设定为各个彼此外在的抽象元

---

① 黑格尔:《自然哲学》,商务印书馆1980年版,第154页。
② 同上。

素的否定性统一，因而设定为实在的个体性。"①

《自然哲学》对个体性物理学的研究分为两个环节，一是特殊个体性物理学，二是总体个体性物理学。特殊个体性物理学所研究的个体性是有条件的个体性，还不是得到实现的个体性，这种个体性的形式规定最初是自在的或直接的，还没有被设定为总体。以前的元素规定性现在服从于个体的统一，因此这种个体的统一是内在的形式，它与物质的重力相反，自为地决定着物质。物质通过其业已设定的个体性，在其相互外在关系中就是一种集中活动，而与自己的这种外在相联系相反，与这种关系对个体性的寻求相反，物质把自己同重力的集中活动区分开，是物质空间的一种内在规定。"形式的各个特殊环节是作为互不相关的和相互外在的东西达到实存的，而且形式的关系是一种有差别的东西的关系。这就是有限规定的物体，它受外在东西的制约，并分裂为许多特殊的物体。"② 特殊个体性物理学包括比重或密度、内聚性、声音、热。

比重是重力被动地得到的抽象的、单纯的规定性，是重力中一种纯粹量的关系，是单纯的、抽象的特殊化。比重或密度是质块的重量与体积之间的一种关系，通过这种关系，物质的东西作为自我性的东西，摆脱了自己与中心物体的抽象关系，摆脱了万有引力，不再是充实空间的均匀内容，而把一种特殊的己内存在同抽象的相互外在的东西对立起来。比重是物质东西的自我性，是自在自为的存在，密度是重量与体积的关系，无论重量或体积，都能被当作统一体。密度最初仅仅是有重物质的单纯规定性，但因为物质依然是相互外在的，所以物质的形式规定，就是多种多样的物质在空间上相互关联的一种特殊方式，即内聚性。"在内聚性里，内在形式设定

---

① 黑格尔：《自然哲学》，商务印书馆1980年版，第168页。
② 同上书，第170页。

起各个物质部分在空间上相互并存的另一种方式，它不同于重力方向所规定的方式。"① 在内聚性里，相互外在的东西的形式统一体现为：一是完全不确定的协合，是对他物的附着性；二是物质的自相内聚性：首先是单纯量的内聚性，其次是质的内聚性，进而表现为点状性、直线性、布面性，分别构成脆性、刚性、韧性、延展性。在运动中，各物体的内聚性表现为弹性，弹性中设定的观念性是一种变化，这种变化是双重的否定活动，各物质部分相互外在的持续存在的否定及其存在和内聚性的恢复，是不断的否定之否定。这种统一的观念作为彼此扬弃的两个规定性的交替，作为物体在其自身内的震颤，就是声音。"声音是各个物质部分的特殊的相互外在存在和被否定的存在的交替；"② 声音只是这种特殊存在的抽象观念性，交替是物质特殊性持续存在的否定，这是比重和内聚性的现实观念性，即热。"热是物质在其无形式的、流动性的状态里的自我恢复，是物质的抽象均匀性对特殊规定性的凯旋；物质的抽象的、单纯自在存在的连续性，作为否定之否定，在这里被设定为主动性，被设定为特定存在的瓦解过程。"③ 形式上热表现为膨胀，扬弃了限制。热在不同物体间传导，是比重和内聚性的变化，并受其制约，形成不同物体的热容率。热是经过特殊化的物质性的抽象瓦解，获得了纯粹物理观念性的现实存在，获得了自由的否定的现实存在，表现为光，这种光是火焰。现实的包含形式的物质在火焰里转化为抽象自相同一的自我性，因而消失，作为无限自我相关的形式，自我性进入了现实存在，这种性质在屈服于自己的外在性中保持着自己，并且作为自由地规定这类物质东西的总体性，是自由的个体。至此，

---

① 黑格尔：《自然哲学》，商务印书馆1980年版，第177页。
② 同上书，第201页。
③ 同上书，第202页。

自然哲学进入总体个体性物理学。

> 作为有重物质的物质，最初潜在地是概念总体，所以并没有在其自身铸造成形；概念以其特殊规定在物质中被设定起来，首先显示出有限的、分裂为各个特殊物质环节的个体性。既然概念总体现在已被设定起来，所以重力中心就不再是物质所寻求的主观性，而是物质所固有的主观性，是那些最初直接的和有条件的形式规定的观念性，而这些形式规定在现阶段则是从内部发展出来的环节。物质的个体性既然是这样在其发展中自相同一的，所以既是无限自为的，但同时又是有条件的；它仅仅最初直接地是主观的总体。因此，它虽然是无限自为的，但包含着与他物的关系，并且正是在过程中才导致一种结局，使这种外在性和有条件性被设定为扬弃自己的；这样，它就变成了物质自为存在的实存总体，而这种总体此后潜在地就是生命，并在概念中转化为生命。①

总体个体物理学是自然哲学概念运动中的一个关键性环节，它是物理学及力学各概念转化的集合，又是转入有机物理学及其所研究的生命的必要中介。黑格尔用了大量篇幅（169页）论证这一章，包括磁、电、化学过程，从自然哲学概括了已有自然科学成果，完成了他对无机物理学的理性规定。总体的个体性在其概念里是直接的形态本身，表现于自由的现实存在的抽象原则。形态可以分为三类：一是形态的抽象环节；二是形态的严格环节，是处于过程中的形态，这就是磁；三是现实的形态，即晶体。直接的形态是被设定为内部

---

① 黑格尔：《自然哲学》，商务印书馆1980年版，第216页。

无形式的形态，一方面是点状性、脆性，另一方面是自我球形的流体。点先转化为线，形式在线里把自身设立成对立的端项，这些端项仅仅被它们的关系保持下来，这些关系表现出来时，就是它们的中项和无差别点，"这种推论构成了规定性得到发展的形态的原则，并且在这种依然抽象的严格性中，构成了磁。"① 对于磁，不能用感性而只能用观念的方式理解其运动。磁力作用的直线性是其活动的规定性。磁、电和化学作用有其同一性，但也有差别，不能片面强调一个方面。磁的规律是同名极相斥、异名极相吸。磁构成主观性和流体两端的中间环节，构成形式变得自由的抽象活动。形式在晶体里发展物质产物，作为自由的、辩证的连续进行的活动，磁也是自在的存在与已完成的自我实现之间的中间环节。

关于个体性物体的特殊化，黑格尔从"个体性物体与光的关系"、"业已特殊化的物体性中的差别"、"特殊个体性中的总体；电"三个部分加以论证。在这一部分，他比较深入地探讨了晶体、颜色、气味、滋味、电等环节，并对关于颜色认识中牛顿与歌德的不同观点发表了自己的见解，他肯定并赞成歌德把光视为自为的，而把黑暗视为光之外的另一东西，在光明和黑暗彼此保持不变物质的地方，颜色取决于致暗媒质与其基础的观点，而对牛顿以知性方法提出的"无思想性"的颜色学说，则予以分析批评。对于气味，他认为是物体散发到空气里的过程，它由人的嗅觉所感知，而味觉所能感知的则是滋味。滋味是中性的状态，把自身个体化为盐分的特定物理中性及其规定，如酸等等，它们溶解于水，才能被尝出滋味。颜色、气味与滋味是个体性物体特殊化过程中的三个规定。而特殊个体性中的总体是电。各种物体按其特殊性来说与各个元素有关，它们作为成形的整体也彼此有关，是物理的个体性。"按照它们

---

① 黑格尔：《自然哲学》，商务印书馆1980年版，第222页。

那种尚未进入化学过程的特殊性来说，它们是独立的东西，彼此毫不相干地保持着自身，完全处于机械的关系中。"① 在机械关系中其运动表现为一种内在振动声音，在特殊性的物理紧张关系中则把自己的实在的自我性表现为自己的光，这种光是一种在自身有差别的光，这就是电的关系。凡是两个物体相互接触的地方，尤其它们摩擦的时候，都会出现电。在形态领域里是磁的东西，在物理总体领域里则是电。电表现了物件的抽象自我性，但过程必然会从根本上变为物体规定性的现实过程，因为整个物体性都进入了过程，在过程中必然表现出物体的相对性，这种相对性的表现就是化学过程的物体变化。

黑格尔认为，物体作为不同的环节而相互关联，这种关联作为不同的、独立的物体的同一性就是矛盾，因而本质上也就是过程。这过程把有差别的东西设定为同一的，化为无差别的，而把同一的东西化为有差别的，把这种东西激活和分解。化学过程的一般本性是双重活动，即把统一体分离开的活动和把分离的东西还原为统一性的活动。化学分解一方面是中性物体分解为物体的组成部分，另一方面则是将物理元素分解为氮、氧、氢、碳这四种抽象的化学元素；化合活动一方面是具体物体的中和，另一方面则是抽象化学元素的中和。四种化学元素是物理元素的分化，其中氮是无差别形态的抽象物；氧和氢是自为地存在的差别状态的元素，氧是助燃物体，氢是可燃物体，二者对立；碳是它们的个性元素的抽象物。化学元素的中和又成为物理元素。因此，"四种化学元素是物理元素的抽象，而这些抽象是自身现实的东西。"② 氮虽然不能燃烧，但可以分化，可以氧化，空气就是氮的氧化物；氢是经过分化的氮，它自身不

---

① 黑格尔：《自然哲学》，商务印书馆1980年版，第303页。
② 同上书，第330页。

能燃烧，但与氧结合就能燃烧；氧是否定的、能动的元素，它有气味和滋味，并能将氮、氢激活；而碳则是僵死的个体性，有其持续存在，其他元素仅以强制方式达到暂时的现实存在。正是这些化学规定构成一些形式，一般密集的东西在其中把自身集中为整体，氮始终存在于过程之外，氢、氧、碳则会变为个体性的物理物体。化学过程由化合和分解两个对立统一的环节构成，化合包括电流、火的过程、水的过程和作为总体的过程，化合是从无差别的物体出发，经过它的激活作用，达到中性。分解是与化合相反的过程，分离为无差别的物体。化合与分解是统一的，分解一般都与化合不可分离地结合起来，化合过程也同时包含着分解的其他环节。在化学过程个体性物体在其直接性既被产生，又被扬弃，概念在这个过程中表现出来。因此化学过程一般就是生命，但其开端与终结是彼此不同的，构成过程的有限性，还达不到生命。生命在化学过程里是潜在地存在的。

"化学过程是无机自然界所能达到的顶峰；无机自然界在化学过程里自己毁灭了自己，证明唯有无限的形式才是自己的真理。这样，化学过程就通过形态的衰落而成为向有机界这个更高的领域的过渡，在有机界里无限的形式作为无限的形式把自身造成实在的，就是说，无限的形式是在有机界达到其实在性的概念。"[①] 对化学过程的探讨集合了物理学前两部分的演化过程，从概念运动论证了理性在自然界的存在和演化，黑格尔认为这就是对体现于自然界的规律的理性规定。而生命的形成，就是这一规律演化过程的必然结果。这里丝毫没有苏联教科书派所指责的将绝对精神等同于上帝，主张新的"创世说"的含义，黑格尔是在充分地利用当时经验自然科学以知性方法所达到的成果，力求通过理性包容知性而概括这些成果，以形成辩证统一的对自然规律的系统认识。由于当时自然科学层次很低，

---

① 黑格尔：《自然哲学》，商务印书馆1980年版，第374页。

他所设计的这个系统还是相当初级、粗糙的，不可能深入、全面，有些环节因缺少必要的经验科学成果而不得不用空泛的逻辑推论弥补。后来的实证主义者据其所能利用的新的科学材料对黑格尔的批判，显得是那样得心应手，他们只要随便拿来力学和物理学、化学的新成果，就可以轻易地否决黑格尔据旧成果而做出的推论。但问题的本质恰恰不在这里，黑格尔的价值在于以思辨辩证法来探究自然界演化的规律，研究自然科学发展的方法论，虽然他的方法和依据的材料有所缺陷，但其原则却是作为主体的人对客体自然，从而也是对人自身认识的正确方向，而这一点，作为自然科学跟班的实证主义者不仅远未达到，甚至没有认知，所以他们即使用今天乃至二百年后的自然科学成果来批判黑格尔，都仍是缺乏理性的表现。而我们所要做的，就是对思辨辩证法原则的理解和提升，依据自然科学的新成果，对自然进行理性的系统概括。

五　自为存在的个体性——有机物理学

个体性把自己规定为特殊性或有限性，进而又否定这种有限性并向个体性自身回归，在过程的终点使自己恢复为开端，这是一个圆圈式的无限过程。在这个过程中，物体的现实的总体就是向自然最初就具有的观念性的上升，它在上升中成为一种充实的总体，作为自身相关的、否定的统一性，本质上已成为自我性的、主观的总体。"这样，理念就达到了现实存在，首先是达到了直接的现实存在，达到了生命。第一，生命作为形态，是生命的普遍的映象，是地质有机体；第二，作为特殊的、形式的主观性，是植物有机体；第三，作为个别的、具体的主观性，是动物有机体。"[①]

---

① 黑格尔：《自然哲学》，商务印书馆1980年版，第375页。

个体性在生命形态是有重和有光的，是从物质的重力到光及物理元素、化学元素的演化结果，并包含这些环节于自身，是作为过程在所有特殊性内创造自身和保持自身的统一性。生命物体是化学过程转化的结果，但它总是向化学过程转化，生命是这一矛盾的解决。对知性方法来说，矛盾是不可解决的，只有理性思辨才能理解矛盾及其解决。"生命中存在的正是思辨的东西。"① 理性就是对立面的统一，化学过程中物质的分与合形成了生命，生命是整个对立面的结合，而不单纯是概念和实在这种对立面的结合。"只要内在的东西和外在的东西、原因和结果、目的和手段、主观性和客观性等等是同一个东西，就会有生命。生命的真正规定是：在概念和实在统一的情况下，这种实在不会再以直接的方式，以独立性的方式，作为许多现实存在着的、互相分开的属性而存在，反之，概念完全会是这种不相干的持续存在具有的观念性。"②

生命作为理念是它本身的运动，运动使理念的生命成为主体，所以生命就使它自身成为自己的他物，成为它自身抛出的对立面，它给自己以作为客体的形式，以便向自身回归。生命的前提是把自己作为它本身的他物，它首先是地质自然界，而这样它就只是生命的基地。"地球是一个整体，是生命系统，不过作为结晶体地球却像一架骨骼，它可以看作死的，因为它的各部分还在形式上显得是独立存在的，它的过程还处在它之外。"③ 植物是生命过程，不过只是作为反映的主体，还不是真正的主观性。植物会把它的各部分展现出来，但由于它的这些部分是完整的主体，它不会达到其他区别，也没有形成机体各部分的真正区分。植物是水的领域，中和的领域。

---

① 黑格尔：《自然哲学》，商务印书馆1980年版，第377页。
② 同上。
③ 同上书，第379页。

动物则是火的领域，是作为完善的生命力的个体主观性。生命展现出的概念是动物自然界，只有在这里存在着真实的生命力。动物的机体每一部分在自身内都有完整的灵魂，都不是独立的，而是完全同整体连在一起的。感觉和在自身内察觉自身的活动，是在动物才存在的最高的东西，"这就是在规定性内保持自相统一的活动，在规定性内自由地自主地存在的活动。"①

有机物理学的研究从地质自然界开始，进而探讨植物和动物。这既是逻辑的从抽象到具体，也是依从生命演进的历史。黑格尔认为，最初的有机体就其首先被规定为直接的或自在存在的有机体而言，还不是作为有生命的东西存在的。地球是生命的基础和前提，是历史演化的，生命就是在地球的演化中形成的。地球本身不是生命的主体，但它在太阳中的联系和地位，它与太阳、月亮、彗星的关系，它的轴向轨道的倾斜和磁轴，它们导致的陆地和海洋的分布都是生命形成的必要基础。使地球成为生物有生气的基地的是气象过程。地球的物理组成过程，是上述各种条件共同作用的体现，而其物理构造的演变，为生命提供了必要条件。花岗石和石灰质是矿物的两种本原，它们各自分化和相互混合造成各种岩石及其具体形成物，矿脉、山岳，以至晶体、矿石和金属。地球的物理构成具有这样的性状，它的表面会发生一些有机中心，发生一些总体性的点，这些点把整体结合在自身之内，从此开始整体分裂，使之表现为个别地产生出来的。"那种收缩，在展示自己时，就转化为各种要素的离析。这些中心是一类核心，这些核心以其外壳和外皮表现着整体，并穿过外壳和外皮，使自己贯通到作为其元素的一般基地中。"② 地球的物理构造是地质有机体，它是自在的生命力，生命形成的必要

---

① 黑格尔：《自然哲学》，商务印书馆1980年版，第381页。
② 同上书，第394页。

条件是气象过程,"通过气象过程,这个主体作为生命的自在存在着的总体就不再仅仅被孕育为个体形态,而是被孕育为生命力。"① 地球只有在特定方式下才是生命力。地球与月亮、太阳、彗星的对立,使之连续地进行创造,就是在保存这个有差别的体系,是绝对普遍的化学过程。"地球的生命是大气过程和海洋过程,地球在其中创造这些元素,每一元素都有自己的自为的生命,所有元素也只是构成这一过程。"② 化学的东西在生命过程中只是作为环节而存在,并受主体的约束。有机的地球的形成就包含着它的有机生命的定在方式,地球的第一种特定的生命是大气;其二是中和的土,即海洋及其潮汐运动;三是陆地,个体的、摆脱中和状态的稠性体。在海洋和陆地上因太阳光及月亮、彗星的作用,都会出现生命。"普遍的、自身外在的有机体和仅仅点状的、瞬时即逝的主观性的这种分离,通过其概念的自在存在着的同一性扬弃自身,达到这种同一性的现实存在,达到活的有机体,达到在其自身使自己区分的主观性;这种主观性从自身排除仅仅自在存在着的有机体,排除物理的、普遍的和个体的自然界,并与这个自然界相对立,但同时也从这些力量方面取得自己的生存条件,取得自己的过程的刺激和质料。"③ 在有机体里概念还是直接的,仅仅是无差别性的元素中的内在目的,而它的各个环节却是物理实在,这类实在没有在其自身得到反映,没有形成一个和那种无差别性相对立的同一体。生命是其一切部分完全流动的互相渗透,是一个演进过程:第一,有机的东西是现实的东西,它自己维持自己;第二,普遍的东西是特定存在的,而有机的同一体是支配它本身的这种否定东西的力量,并消耗着这种东西,以致

---

① 黑格尔:《自然哲学》,商务印书馆1980年版,第404页。
② 同上书,第406页。
③ 同上书,第413页。

它只有作为被扬弃的东西存在；第三，被创造的现实东西是类属，是同个别的东西对立的力量，是这种力量的过程。"有机的东西从个别性开始，提高到类属。但这一进程同样也直接是相反的进程：单纯的类属下降成个别性，因为个体通过它们的被扬弃而完成于类属，这也是后代的直接个别性的生成。"①

生命的形成迄今仍是一个未解的科学难题，黑格尔以 19 世纪初的自然科学为依据的研究，只能说是从思辨辩证法提出了一个思路，其中涉及的具体环节，有的是当时经验科学的初级成果，有的则因无成果材料而只能推论，因而有不少臆造，使推论显得牵强附会。对此，没有多少可指责的，我们应当关注的则是他的思路和方法论原则，这在从有机物到植物再到动物的演化中有其独到之处，既有哲学价值，也对相应的自然科学研究方法有参考意义。

"按主观性来说，有机的东西是个别的东西。主观性现在把自己发展客观的有机体，发展成一种躯体的形态，这种躯体又区分成为彼此不同的一些部分。在植物中，在这种最初仅仅是直接的主观生命力中，客观的有机体及其主观性还是直接同一的；因此植物性主体的分化和自我保存的过程是它超出自身和分裂成一些个体的过程，对这些个体来说，一个完整的个体与其说是各部分的主观统一，不如说是基础；部分——芽、枝等等——也是完整的植物。因此，有机体的各部分的差别也只是一种表面的变态，一个部分也能轻易地转化成另一部分的机能。"② 生命的概念，即自在的生命不同于现实的生命。现实的生命是有生命的东西的主观性，在其中每个部分都作为有生气的部分而存在。地质有机体不是从个别而是从整体来说才是有生命的——只是自在地有生命的，不是体现在现实存在上。

---

① 黑格尔：《自然哲学》，商务印书馆1980年版，第418页。
② 同上书，第418—419页。

连有生命的东西也有主观的东西和僵硬的东西之分，一方面骨骼变硬创造了它的个体架构的前提，就像地质有机体内所做的那样；另一方面，有生命的东西是形态，使实体的形式寓于其中，这种形式不只决定了各个部分的空间关系，也是一种骚动，它从自身出发规定物理属性的各个过程，由此创造出形态来。作为最初自为存在着的主体，植物在自身内还未展现出区别，在植物里特殊化的东西都同植物的整个生命力是完全直接同一的。在植物占主要地位的生长是它自身的增殖，它并未像动物那样形成内脏系统，因而只是在外在性方面创造自己。植物作为自在存在的有机体，还不是自为存在的主观性，不能根据它自身来确定其地位，不能有位置的运动，不具有间断的吸收作用，而是有一种连续流动着的营养过程。植物不和个体化了的无机东西发生关系，而是和普遍性的元素发生关系，也很少能有动物的热和感觉。

植物的生命力分为三重性过程：形态形成过程、同化过程、类属过程。

植物形态形成过程，是指从胚开始到果实的生长过程。"植物对其自身的关系所有的内在过程，依照植物性东西本身的简单本性，也直接是对他物的关系和外化。一方面，这一过程是实体的、直接的变化，它部分地是营养流质之变成植物物种的特殊本性，部分地是内部业已改变的液体（活汁）之变成形态结构。"① 这一过程从一般细胞组织内在地抽象分离成木质纤维和生命导管开始，木质纤维也使自己向外发生关系，生命导管则包括植物的内部循环。自相中介的保存活动作为创造新形态的生长，是分裂成抽象的自身关系，分裂成本质和其他部分的硬化，分裂成茎表皮的活动。而自我保存聚集为统一性，创造一个新的植物个体芽。植物生命的起点是胚，

---

① 黑格尔：《自然哲学》，商务印书馆1980年版，第446页。

结果也是胚，胚是植物的本性，是没有展现出来的东西，包含胚的种子被放进土里，借助水分而萌芽、生根、经幼叶，子叶、根、茎、花达到果。黑格尔利用当时植物学家的研究成果，概括了植物的形态形成过程，并从植物与土、水、阳光、温度的外部关系，以及其内部细胞组织、汁液的作用说明这一系列形态形成的过程。植物通过它自身的再生保存自己，这种再生也是另一植物的创造，并开始新的形态形成过程。

植物同化过程是向外特殊化自身的过程，它是与形态形成过程统一的。"种子萌芽完全是从外引起的，而形态形成活动之分裂为根和叶，本身就是分裂为向土和向水的方向与向光和气的方向，即分裂为吸收水分和同化水分。后者是以叶和表皮以及光和空气为中介的。同化以返回自身为终结；返回自身不是把那种同外在性相对立的内在主观普遍性的自我作为结果，不是把一种自我感觉作为结果。"[①] 植物是被光拉到外面，向着光攀援而上，把自己分蘖成许多个体。植物涉及的是物理元素光、气、水，而非个体化的东西。从光那里植物得到特殊的热气和力量，得到气味和滋味的芳香和灵性，得到颜色的明暗、形态的结实和健壮性。在空气的过程中植物在它自己内规定空气，这接近化学过程。植物进行蒸腾，它把气变成水，又把水变成气，这个过程是呼吸过程，白天吐出氧气，夜间吐出二氧化碳。而对于植物吸收二氧化碳并释放氧气这个过程，黑格尔仍持怀疑态度，他更倾向于从物理元素说明植物的同化过程。这与当时自然科学的发展程度有关。他认为，植物与水的关系相当密切，但与土这个物理元素则关系不大，这也是当时植物学局限的表现。

植物的最后行动是开花，通过开花植物使自己成为客观的，它同化光，并且创造这种外在的东西，"植物在花里就由自己产生它的

[①] 黑格尔：《自然哲学》，商务印书馆1980年版，第467页。

光，作为它自己的自我。"① 植物的类属过程作为个体性自我同自我的关系，是向自己的回归并阻止生长，这种生长是无止境地从芽向外萌发滋长。植物并没有达到真正个体的关系，只是达到一种区别，并没有规定完整的个体性，因此这种区别不过是达到类属过程的开端和前兆。花是植物最高的主观性，是整体的收缩。花是植物的性器官，受粉与动物的受精类似，对于花的这些功能，当时的植物学界有不同看法，黑格尔对此进行了评析。受粉的花转化为果实，对于此一植物个体，果实形成即是其死亡，但果实又是一种新芽的形成。植物的类属过程表现自相联结的个体性，并表明最初作为个体的那样一些部分也是属于中介过程，是在中介过程消逝的环节，从而表明直接的个别性和植物生命的彼此外在状态已得到扬弃，这一否定性规定为向真正有机体的转化建立了基础。真正的有机体是动物，在这种有机体内，外在形态符合于概念，以致各部分本质上是有机部分，而主观性是作为贯通整体的同一主观性而存在的。"植物是一种从属性的有机体，这种有机体的使命是把自己呈现给更高级的有机体，以便让更高级的有机体加以享用。"② 植物本身是火的东西在其自身内的运动，它向发酵转化，但它给自己的热并不是血液，而是它的破坏。既然花这个阶段只是一种对他物的关系，而生命却在于使自己作为有别的东西同其自身发生关系，所以使植物借以变得自为的这种花内接触，也就是植物的死亡。这种接触就在于把个体的东西、个别的东西设定为和普遍的东西相同一，个别的东西不再是直接自为的，而是只有通过直接性的否定才是自为的，但这样也就扬弃了类属，类属在个别的东西上现在达到了实存。由此达到了动物有机体的更高概念。黑格尔并没有说植物转化为动物，

---

① 黑格尔：《自然哲学》，商务印书馆1980年版，第476页。
② 同上书，第488页。

但他认为从概念运动的逻辑而言，植物的概念运动是动物概念的前提。

动物有机体是比植物有机体更高、更具体的概念。"有机体的个体性是作为主观性而存在的，因为形态固有的外在性已经理想化为各个有机部分，而有机体在其对外过程中保持着自己内部的自我性的统一。这就是动物的本性，这种本性在直接个别性的现实性和外在性中反而仍然是在自身内得到反映的个别性的自我，是在自身内存在着的主观普遍性。"① 动物是一种自为存在着的自我，即两种有差别的东西现实存在着的统一。动物中存在着一种单纯的灵魂，即自身无限的形式，它展现于躯体的外表，躯体外表又与无机自然界、与外部世界联系起来。动物以一种完全流动的方式在自身中包含着自己躯体的规定性，并把这种直接的东西合并到主观的东西里。重力首次在这里真正得到了克服，中心变成了充实的、以自己为对象的中心、真正的自为存在的中心。动物的有机部分纯粹是一种形式上的各环节，它们不像植物的机体部分可以分离并自成一个独立机体，而是必须在统一中存在，砍掉一个手指，它就不再是手指而在化学过程中瓦解。动物自在地存在的统一就是灵魂，就是概念，这概念是在物体性里存在的。灵魂是单纯的，比任何点都精细，"很久以来人们就在努力寻找灵魂，但这是一个矛盾。正是在成千成万的点里，到处都表现出灵魂，但灵魂毕竟不存在于点之内，因为空间上相互外在的东西对于灵魂恰恰没有任何真理性。"② 灵魂是精神哲学研究的起始概念，而其来源在于自然哲学，黑格尔在动物有机体中对灵魂的探讨与精神哲学的研究是统一的。灵魂是主观精神的环节，但在动物那里，灵魂还不是纯粹的、普遍的主观性自为地存在，

---

① 黑格尔：《自然哲学》，商务印书馆1980年版，第489页。
② 同上书，第490页。

它不思考自己，只是感觉自己，直观自己。"这种主观性仅仅是在单一的东西里同时反映到自身中，这种单一的东西在被归结为单纯的规定性以后，就在观念形态中被设定起来；"① 但并不能超越这个限度。

动物具有偶然的自己运动的能力、发声的能力，具有动物的热和间断的内填性，最重要的是具有感觉，"这种感觉是在规定性方面直接普遍的、单纯留守自己和保持自己的个体性，是被规定状态的现实存在着的观念性。"② 动物有机体的生命普遍性，是这样一种概念，它经历了三个作为推论的规定：形态、同化和类属过程。

动物的形态包括有机体的功能、形态系统、总体的形态、形态的形成过程四个环节。形态是动物的主体，它只有在自我关联中才是整体，动物有机体的功能有感受性和应激性及其统一的再生。形态系统包括神经系统、血液系统和消化系统，它们是功能的依据和体现。为了构成形态，各个环节的差别及其系统联结为普遍的、具体的相互渗透关系，总体形态相应地以头、胸、腹为三个系统的中心，这些系统的末端构成了对外不同的个别性环节。形态把自己分为对外和对内的方向，感受性、应激性和再生过程具体地联结成整个形态。头是感受性的中心，胸是应激性的中心，腹是再生过程的中心。这些中心包含最重要的内脏和内部功能，而手、足、翼、鳍等末端标志着同外部世界的关系。这些中心也是发达的总体，其他规定不仅被确定为一些形式，而且被表现和包含于每个这样的总体中，每个抽象的系统都贯穿于一切系统并和它们相联系，神经、血管、血液、骨骼、肌肉、皮肤、腺体等系统都构成完整的结构。在各系统的特殊部分之间结成一些类似灵魂的结节，它们形成具体的

---

① 黑格尔：《自然哲学》，商务印书馆1980年版，第490—491页。
② 同上书，第491页。

中心，并在感觉主体形成它们联合的自在东西。形态作为活着的东西，实质上就是过程，是在其自身内形成形态的过程，在这一过程有机体把自己固有的环节变成自己的无机物，变成手段，有机体自己生产自己，每个环节都交替地既是目的又是手段。这个过程的结果，是简单的和直接的自我感觉。

同化过程是针对无机界的过程，这是"有生命的东西的判断，是有生命的东西的能动概念。"① 动物对无机物的同化过程是以自我感觉起始的。"个别性的自我感觉同样也是直接排他的，并且把无机自然界作为自己的外部条件和物质，并与之保持一种紧张关系。"② 感觉过程分为：机械范围的感觉，对重力、内聚性的变化及其热的感觉；对于具体的水发挥的中性及对于瓦解具体中性的对立的感觉，即嗅觉和味觉；对于内在性的表现，这种内在性在其外部表现把自身宣示出来，以及对声音的感觉，即视觉和听觉。从感性外在性否定主体开始同无机自然界的实践关系，是对无机自然界的独立物质存在的改变和扬弃，是从缺乏的感觉和克服这种感觉的本能开始的，这就是需求，而冲动就是克服缺乏的感觉的本能的目的。"这个形式上的缺陷是一种内部兴奋，它的内容的特殊规定性同时也表现为动物对自然领域的特殊个体化的关系。"③ 冲动只能通过十分确定的行动来满足，本能对无机自然界保持着一种实践关系，是内在兴奋与外在刺激的映现的结合，它的活动有一部分是无机界的形式的同化，另一部分则是无机界的现实的同化。"有生命的东西是支配其外部的、与自己对立的自然界的普遍力量。"④ 同化首先是体内的生气与

---

① 黑格尔：《自然哲学》，商务印书馆1980年版，第497页。
② 同上书，第530页。
③ 同上书，第540页。
④ 同上书，第549页。

吸收的东西的结合，进而是消化过程，即以消化器官及其液汁溶解、吸取无机物中的营养成分，并将不能吸取的无机物排泄。吸收是将外部的物体纳入有机体成为其中一部分，而消化过程的分解又在吸取营养成分之后将不可吸取的那部分变成外部的东西。在同化过程生成并保持动物生命的基础上，形成发育冲动，即繁殖，这是一种自我外化的活动，是把有同机体设定到外部世界中去的活动。动物以发育冲动自己产生了自己，达到了对它自身的享受。"在这里，得到满足的欲望的意义并不在于个体把自己作为这种个别的东西产生出来，而在于把自己作为普遍东西，作为个体性的基础产生出来，个体性在普遍东西里只是一种形式。因此，得到满足的欲望是返回自身的普遍东西，这种普遍东西在自身直接包含着个体性。"① 由此进入类属过程。

"类属是主体的具体实体，同主体的个别性有自在的单纯的统一。普遍的东西则是判断，以便从自己的这种分离中变成其自身自为地存在着的统一，作为主观普遍性而得到现实存在。"② 类属过程的各个环节既然是以尚未成为主体的普遍的东西为基础，还不是以统一的主体为基础，所以是彼此分离的，是作为许多特殊过程而存在的，这些过程都以生物的死亡方式为归宿。类属过程分为性别关系、类属和物种、类属和个体。

性别关系开始于需求，个体作为个别的东西是不符合内在的类属的，同时又是类属在一个统一体内自相同一的关系，于是个体就有这种缺乏的感觉，于是形成一种冲动，在同个体类属的他物结合而把自己弄成总体，并通过这一中介使类族自相结合，达到现实存在，这就是交配过程。动物性别的相互规定是作为概念设定起来的

---

① 黑格尔：《自然哲学》，商务印书馆1980年版，第569页。
② 同上。

东西而存在的，它们作为不同的东西就是冲动，交配和受孕及其产物是不同个别性的否定的同一性，它作为生成的类属，是一种无性的生命。"类属只有通过个体的灭亡才得以保持自己，而个体则在交配过程中完成了自己的使命，并且由于没有比这更高的使命，因而就走向死亡。"[1] 动物学过去关心的主要是提示纲、目等等的一些特征，它借助比较解剖学在近代取得了长足进步。黑格尔从概念运动的逻辑对此予以肯定，但也指出其局限，他认为，不能只停留在知性的归纳，而应从理性的概念运动统领材料观察和知性归纳。动物的各个不同形成物和纲目以普遍的、取决于概念的动物原型为基础，自然界展现出这个原型，其中一部分是从最简单的组织到最完善的组织的各个发展阶段展现出来的，一部分则是在元素自然界的各个不同环境和条件下展现出来的。概念的特定存在服从于外在自然界各种各样的条件和情况，生命接受了这些自然力量，并适应外部条件。对类属和物种的规定，在概念的动物原型的基础上要充分考虑自然界的外在条件。这是黑格尔提出的方法论原则，但由于当时遗传学尚未出现，动物学也在初创阶段，因而其对动物的概念规定也只能在方法论上有其意义。

自然哲学对动物有机体，从而也是对自然界的研究结束于动物类属和个体过程的考察。黑格尔认为，在性别关系与类属与物种的过程中进行着类属自我中介的过程，这一过程是通过类属分解为一些个体和扬弃其差别而实现的，但由于类属又采取外在普遍性的形态，采取同个体相对立的无机自然界的形态，所以在个体内是以抽象的和否定的方式达到现实存在的。有机体的某一系统或器官受到刺激而同无机界力量相冲突，而这一系统或器官坚持独立和特别活动而与整体活动相对立，从而阻碍了整体的流动性和经过一切环节

---

[1] 黑格尔：《自然哲学》，商务印书馆1980年版，第575页。

的过程时，有机体也就处于疾病状态。"健康就是有机体的自我与其特定存在的平衡，就是所有器官都在普遍的东西里流动；健康就在于有机东西同无机东西有平衡的关系，以致对有机体来说并没有自己无法克服的无机东西存在。疾病并不在于某种刺激对有机体接受刺激的能力太大或太小；反之，疾病的概念在于有机体的存在同有机体的自我不平衡。"① 这里关于健康与疾病的论述，与中医的观点很是接近，可见辩证法的普遍性。黑格尔认为，疾病的原因一是有机体自身，二是外界影响，导致刺激和反应能力之间的不平衡。疾病表现为发烧，这是有机体通过感受性、应激性和再生实现的，发烧作为因孤立活动相反的总体的进程，即以总体力量对抗疾病，也是痊愈的尝试和开端。与之同时进行的治疗，利用药物促使有机体消除那种固定了整体的形式活动的特殊兴奋，恢复了特殊器官和系统在整体里的流动性。除了药物，还有饥饿疗法、放血及催眠等治疗方式。疾病会影响生命，但它并不是导致死亡的根本原因，"死亡的根据是个体性转为普遍性的必然性"②；动物作为个别的东西是一种有限的现实存在，这是动物原初就有的疾病和与生俱来的死亡的萌芽。有机体虽然可以从疾病中恢复健康，但因为有机体生来就是有病的，其中隐藏着死亡的必然性。"有生命的东西作为个别的东西，在把自己的实在性注入自己的体内时，就由于生活习惯而死亡了。既然活动已经变得普遍，生命力也就会使自身自为地成为普遍的东西，而且在这种普遍性中死亡的正是生命力。"③

死亡是直接个别性和普遍性之间形式对立的扬弃。死亡是自然哲学所论述的最后一个概念环节，也是向精神哲学转化的起始。在

---

① 黑格尔：《自然哲学》，商务印书馆1980年版，第595页。
② 同上书，第612页。
③ 同上书，第614页。

生命理念中主观性就是概念，主观性自在的就是现实性的绝对己内存在和具体的普遍性，主观性通过其实在性的扬弃，而与其自身结合到一起，"自然界最终的己外存在被扬弃了，因而那个在自然界中仅仅自在地存在着的概念也就变成了自为的。这样，自然界就过渡到了自己的真理性，过渡到了概念的主观性，这个主观性的客观性本身就是个别性的被扬弃了的直接性，也就是具体的普遍性；因此，这个具有与自己相符合的实在性的概念，这个以概念为自己的特定存在的概念，就被设定起来了，而这就是精神。"① 自然界在有生命的东西中得到完成，精神是从自然界发展出来的，自然界虽然是直接的东西，但不同于精神仅是一种被设定的东西，扬弃自然界的是自由精神的力量。自由精神作为自然界的目标是先于自然的，但不是以经验的方式产生，而是精神以自然界为自己的前提，是已经包含于自然之中的。精神的无限自由也允许自然界有自由，并把针对自然的理念活动作为自然本身的内在必然性。因此，精神首先出自直接的东西，想从自身铸造出自然，从而解放自己，"这种精神活动就是哲学"②。

---

① 黑格尔：《自然哲学》，商务印书馆1980年版，第615页。
② 同上书，第617页。

第六章
绝对精神经主观到客观的
统一而自为存在

  绝对精神在自然化的演进中，逐步形成了生命，从植物到动物，进而出现人类。作为最高级的动物，人类不仅具有感觉能力，更具有思维能力，在对人类存在的对象自然界的和人类自身行为、关系的认识中，达致对绝对精神，即自然界和人类意识一般本质和基本规律的认识，这种认识也是由绝对精神主导的，是绝对精神通过人的感觉和思维对自身的认识。在绝对精神自然化的过程中，它是自在存在的，并逐步在生命的演化中向自为存在转化，这种转化在人类精神中得以完成。人类精神由主观精神和客观精神构成，前者是个体的灵魂、意识和精神，后者是总体的法、道德和伦理。经过这两个阶段的辩证运动，绝对精神进入自为存在，也是黑格尔哲学体系从抽象到具体概念运动的最后环节，对绝对精神的具体规定和论证。从《精神现象学》的从具体到抽象概念运动初步规定了绝对精神概念，到《逻辑学》对绝对精神概念的系统逻辑规定，经《自然哲学》对绝对精神自然化的论证，绝对精神在人的主观精神和客观精神的统一中又回归自身，但这已不是原来的抽象规定，而是包含丰富内容的个体与总体、知性与理性、主观与客观的统一。对绝对精神的具体论证，由艺术、宗教和哲学三个环节构成，哲学是艺术和宗教的统一，也是绝对精神自为存在之所。

《精神哲学》是《哲学全书》中《逻辑学》（《小逻辑》）《自然哲学》之后的第三部分。黑格尔逝世以后，这三部分都由他著作全集的编者加上他学生听课笔记整理的"附释"，而大大扩充了篇幅，并作为各自独立的一卷出版。《精神哲学》的内容除本书外，还体现于《法哲学原理》《美学》《宗教哲学》《哲学史讲演录》中，我们在这里把这些著作结合《精神哲学》的相应部分进行探讨。

一 精神自由：对其异在的扬弃而自为存在

《精神哲学》的对象就是精神，在《自然哲学》的结论部分，指出精神是从自然界发展出来的，而《精神哲学》就是对精神的演化过程的探讨。"对我们来说，精神以自然为它的前提，而精神则是自然的真理，因而是自然的绝对第一性的东西。在这个真理中自然消逝了，而精神则表明自己是达到了其自为存在的理念，这个理念的客体和主体都是概念。这个同一性是绝对的否定性，因为在自然界概念有其完善的、外在的客观性，但是它的这个外在化被扬弃了，而概念则在这种扬弃中成了与自己同一的。"[①] 精神是一个发展过程，即它自己提高为真理的过程。精神是知自己本身的现实的理念，逻辑和自然都是先行于精神的，也是精神的前提。精神哲学通过精神概念的发展和实现来证实其概念，为此，就要陈述理念借以成为精神的规定性。而所有的规定性只有与另一个规定性相对比才是规定性，而与一般精神的规定性相对比的首先是自然的规定性。自然与精神一样也是合乎理性的，是理念的一种展示。但是理念在自然里是出现在相互外在的要素中，物质这个自然界一切特定存在着的

[①] 黑格尔：《精神哲学》，人民出版社2006年版，第10页。

普遍基础，不止在精神之外持存，而且把自己分开反对自己，把自己分离为具体的点，分离为原子，而物质就是由这些原子组合成的。因此，"自然里不是自由而是必然性在统治；因为必然性在其严格意义上正是彼此独立的实存之间的一种仅仅内在的，因而也是仅仅外在的联系。"① 虽然在有生命的植物和动物那里的必然性较无机界的必然性高级，尤其是在动物那里，不仅具有冲动和本能，而且通过两性关系已感受到类。性关系是有生命的自然的最高点，自然在这个点上充分地摆脱了外在的必然性，发生性关系的双方都拥有它们的统一的感受性。但是，动物的灵魂还是不自由的，它永远是作为一个带有感受或激动的规定性的，是被束缚在一个规定性之上的。对于动物来说，类只在个别性的形式中，动物只感受类，而不知道类。即使由于个别性与类的矛盾必然导致的死亡，也只是对个别性空洞的否定，是对个别性的消灭性的否定，而不是保存性的否定。因此，在自然的最完善的形象——动物生命里，概念也没有达到对其外在性和有限性的完全克服。这种完全克服只有在精神里才发生，"精神正是通过在它里面得到实现的对外在性和有限性的克服而把自己本身同自然区分开来"②。

精神概念对外在性的扬弃是观念性的东西，"精神的一切活动都无非是外在的东西回复到内在性的各种不同的方式，而这种内在性就是精神本身，并且只有通过这种反复，通过这种外在东西的观念化或同化，精神才成为而且是精神。"③ 黑格尔认为，精神的最简单的，也是基本的规定就是"精神是自我。"④ 但自我并不只是一个个

---

① 黑格尔：《精神哲学》，人民出版社 2006 年版，第 12 页。
② 同上书，第 14 页。
③ 同上。
④ 同上。

别的人，因为每个人都是自我，因而自我这个概念就是普遍的。精神是不顾其简单性而自身有区别的，因为自我把自己与自己对置，使自己成为自己的对象。"自我在其自相区别中的这种在自己本身中存在，就是自我的无限性或观念性。但这种观念性只有在自我与它面对的无限多样性材料的关系中才能得到证实。"① 而当自我抓住这些材料时，它就被自我的普遍性所"毒化"和理想化，而失去它孤立的、独立的持存并得到一种精神的定在。黑格尔这里用"毒化"一词，大概是用毒蛇或其他有毒动物将毒液注入对象动物体内引起化学反应，从而任其摆布、吞食来比喻精神对外部材料的处理。这是很形象的。他的用意在于，精神在处理无限多样材料时，并不为其表象的无限性所牵引拖入外在性，而是以精神的自身清澈明亮贯穿于多样性，不容许它们得到任何独立的持存。而且，精神并不满足作为有限的精神只把事物的表象活动移置于自己的内在性范围里，并以一种仍属于外在的方式使它们失去外在性。也就是说必须克服知性认识的局限，精神作为宗教意识穿过事物表面上的绝对独立性，达到神在事物内核里起作用的把一切事物集中起来的唯一的、无限的威力。"作为哲学的思维，精神由于认识到构成事物的共同原则的永恒理念在事物中呈现自己的种种确定的方式而完成了对事物的观念化。"② 对事物的观念化，即在观念中把握、理解事物，事物从其外在的独立自在转化为精神的存在，即观念之内的存在。这是理性以概念对事物的规定，这种规定克服了感性的直接性和知性的主体与客体分离，使事物成为观念的内容。③ 精神对事物的观念从有限而

---

① 黑格尔：《精神哲学》，人民出版社2006年版，第15页。
② 同上。
③ 据《精神哲学》译者杨祖陶注："观念论（Idealismus），通常译为唯心主义，亦译理想主义。"（第15页）从这里也可以看到，受苏联教科书影响而将黑格尔定性为"客观唯心主义者"与实际（黑格尔思想）是脱节的。

达无限，精神就使自己成为完满地把握自己现实的理念，成为绝对精神。

精神不是浮云，也不是忽隐忽现的幽灵，而是思维所规定的内在于自然界和人意识中的本质。精神从自在到自为的过程也是自然界从无机到有机，从植物到动物再到人，进而人的主观精神和客观精神，以至二者统一的绝对精神的过程。这个过程的核心和主干是概念运动，并在不同阶段和环节又以物质和意识的演化表现，哲学的作用就在于从物质和意识演化的阶段和环节中揭示精神的过程，并以概念运动和相应论述展示这个过程。

精神否定自然的外在性，使自然与之化为一体，即观念化自然，但这种观念化在有限的、将自然设定在自己之外的精神，即固守知性分而不合的认识中具有一种片面的形态，外在的材料与人的意志和思维活动相对立。知性分而不合的方法虽然也是观念化，但却是片面的、有限的，不可能认知事物的本质。黑格尔思辨辩证法则强调，自然的观念化不仅在于人的主观精神对它的意识，而且自然对于自然的概念来说并不是不可克服的东西，包含在自然内部的永恒的理念，或"在自然的内核里劳作着的、自在存在着的精神本身在实行着对于相互外在性的观念化、扬弃，因为精神的这种定在的形式是与精神的本质的内在性相矛盾的。因此，哲学在某种程度上只需注视：自然本身是怎样扬弃它的外在性，怎样把在自己本身外的东西纳回到理念的中心，或者说，怎样使这个中心在外在东西里显露出来，怎样把隐藏在自然里的概念从外在性的覆盖下解放出来并因而克服外在必然性的。"[①] 自然哲学所探讨的就是这个过程，其实质是从必然向自由的过渡，自然中的自在存在的理念驱使自然超越自身，"向凭借思维以普遍性的形式自为存在着的、现实自由的精神

---

① 黑格尔：《精神哲学》，人民出版社2006年版，第18页。

前进。"① 但是，说精神从自然产生并不能理解为自然是绝对直接的、第一性的东西、本源的设定者，而精神是被自然设定的东西。相反，自然是被精神设定的，精神是第一性的东西。自在自为的精神并不是自然单纯的结果，而事实上是它自己的结果。"精神从它为自己造成的前提——从逻辑理念和外部自然中把自己本身产生出来，而且既是前者又是后者的真理，即是说，是那仅仅在自身内和那仅仅在自身外存在着的精神的真实形态。"② 自然向精神的过渡并不是一种向绝对他物的过程，"只不过是自然里在自己之外存在着的精神之到达自己本身而已。"③ 但精神与自然的区别并未因这种过渡而取消，因为精神并不是按自然的方式从自然诞生。自然界在其自我深化中并没有达到自为存在，只有人才超越感觉的个别性而提高到思想的普遍性，提高到关于自己本身的知，提高到了对它的主体性、它的自我的把握。"只有人才是思维着的精神"④，并以此在本质上区别于自然。凡属于自然的东西都在精神那里了结了，精神虽然概括了自然的全部内容，但是以概念规定而非自然的方式存在于精神的。

精神的本质从形式上看就是自由，即概念的作为自身同一性的绝对否定性，精神能够从一切外在东西和它自己的外在性、它的定在本身抽象出来，能够在一系列的否定过程中保持自己，并自为地是同一的。"精神的实体是自由，就是说，对于他物的不依赖性、自己与自己本身相联系。精神是自为存在着的、以自己本身为对象的实现了的概念。精神的真理和自由就在于这个在它里面存在着的概

---

① 黑格尔：《精神哲学》，人民出版社 2006 年版，第 18 页。
② 同上。
③ 同上书，第 19 页。
④ 同上。

念和客观性的统一。真理使精神——如基督已说过的那样——自由；自由使精神真实。"① 精神的自由不单是一种在他物之外，而且是一种在他物之内争得的对于他物的不依赖性，精神的自由之成为现实不是由于逃避他物，而是由于克服他物。精神从其抽象的自为存在的普遍性，从其简单的自相联系里走出来，在它自身建立一个他物，也是否定物，进而通过他物并扬弃他物做到证实自己是，而且实际上是它按照它的概念应当是的那种东西，即从其异在向自身回复的理念，或"区别着自己本身和在其区别中仍在自身内存在着并自为地存在着的普遍东西。他物、否定、矛盾、分裂因而是属于精神的本性的。"② 在分裂中包含着痛苦的可能性，与痛苦一样，恶也不是从外面来到精神里的，而是自在自为的无限精神的否定性，是立于其个别性顶峰的精神。即使在这个最高度的分裂和与伦理本源的强行分离中，在与自己本身最全面的矛盾中，精神仍然始终是与自己同一，并因而是自由的。精神有力量在矛盾中，因而在痛苦中——超越邪恶也超越祸害——保持自己。知性方法及其逻辑不懂这个道理，它以为精神是某种完全排斥矛盾的东西。而实际上一切意识都包含着统一和分离，都包含某种矛盾。精神可以忍受矛盾，是因为精神自身内任何一个规定都是它所设定并可以扬弃的，这种支配存在于精神全部内容的权力，构成精神的自由的基础。精神的自由在直接性里只是按照概念或可能，而不是现实的，现实的自由是某种通过精神的活动正在产生的东西，所以必须把精神看成它自己的自由的产生者。"精神概念的全部发展只不过是展示精神从其一切与概念不相符合的定在形式里的自我解放；这样一种解放的实现是由于

---

① 黑格尔：《精神哲学》，人民出版社2006年版，第20页。
② 同上。

这些形式被改造成为一个与精神的概念完全适合的现实。"①

自为存在着的普遍性是精神的定在，普遍性是自己特殊化着的，并在特殊化里坚持自己的同一性。这样，精神的规定就是显示。精神并不是任何一个与内容不同的形式规定性，它的规定和内容就是显示本身，精神的可能性直接是无限的绝对的现实性。显示并不是精神的观念性之外的第二个规定性，而是观念性的发展。精神通过它的显示并不是显示出一个与它的形式不同的内容，而是显示出它的表达着其全部内容的形式。与将形式看成外在于、先在于内容的知性方法论不同，思辨辩证法强调二者的同一性。形式并非空洞的容器，内容也不是其填充物由形式与他物保持外在联系。"内容事实上不只是一个在自身内存在着的东西，而且是一个通过自己本身与他物建立着联系的东西，正如反过来说，事实上形式必须理解为不仅是一个不独立的东西，外在于内容的东西，而反倒是必须理解为这样的东西：它使内容成为内容，成为一个在自身内存在着的东西，成为一个区别于他物的东西。因而，真正的内容在自己本身内包含着形式，而真正的形式则是它自己的内容。"② 精神既是真实的内容，也是真实的形式。精神只有显示自己本身才存在，显示是可能性与现实性的统一。有限精神里精神的概念还没有达到绝对的实现，绝对精神是精神的现实性，也是概念或可能性的绝对统一。

精神的显示分为由理念向自然的过渡和自由的精神的显示。理念向自然的过渡是自然的生成，自由的精神的显示则设定自然为它的世界。在概念运动中，显示是把自然创建为它的存在，精神在这种存在里给自己产生出其自由的肯定和真理。自由的精神和显示又分为两个阶段，与理念向自然的过渡（第一阶段）构成三个阶段。

---

① 黑格尔：《精神哲学》，人民出版社2006年版，第21页。
② 同上书，第23页。

自然的生成之后的第二阶段或形式，是精神把自己作为存在着、向自己显示的东西，与自然对立并使之成为对象，以反思将自然的外在性纳回精神的内在性，对之观念化，并在自己的对象里成为自为的。精神的这第一个自为存在还是直接的、抽象的、非绝对的东西，精神在自己本身外存在或外在性还没有绝对地被扬弃，还没有认识到与隐藏在自然里的自在存在着的精神的统一，因而还与自然处于外在的联系中。在这种形式中精神表现为意识和自我意识，但由于没有与自在存在于自然中的精神内在统一，意识与自我意识还是以外在的、空虚的、表面的统一而存在。自然还是一个先于反思的外在世界，还没有被理解为只是凭借无限的精神才持存的，还没有被理解为是这个精神的创造物。这样精神还在自然上有一种限制，由于这种限制因而是有限的精神。第三种形式或阶段是绝对的知，在这个阶段上独立的自然与有限精神的外在性消失了，"绝对精神领悟到了是它自己在设定着存在，是它自己在产生着它的他物，即自然和有限精神，所以这个他物就失去了任何与它对立的独立性的外观，完全中止其为精神的一种限制，而且只是作为手段出现，精神借助于这个手段达到绝对的自为存在，达到它的自在存在和它的自为存在、它的概念和它的现实性的绝对统一。"①

《精神哲学》就是对上述第二、三阶段自由精神的显示的探讨。不过，在明确了与第一段自然的生成的区别以后，黑格尔又将精神的发展分为三个阶段，

　　Ⅰ. 在与自己本身相联系的形式中，在它的这个形式的范围内，对于它来说，理念的观念的总体，即那个是它的概念的东西，成为为它的，而且在它看来，它的存在就是

---

① 黑格尔：《精神哲学》，人民出版社2006年版，第25—26页。

在自己内存在，即自由地存在，——这就是主观精神。

Ⅱ．在实在性的形式中，即在作为一个必须由它来产生和已被它产生出来的世界中，在这个世界里自由是作为现实的必然性出现的，——这就是客观精神。

Ⅲ．在精神的客观性与它的观念性或它的概念的自在自为存在着的和永恒地产生着自己的统一中，即精神在其绝对的真理中，——这就是绝对精神。①

黑格尔这里实际上是将前面所论第二、三阶段又合而为一，再分为三个阶段，对这三个阶段分别以主观精神、客观精神和绝对精神为题予以探讨。

主观精神和客观精神都是有限的精神，而精神是无限的理念，"有限精神"是与精神的无限理念不相称的。并不存在独立的有限精神，只有无限精神在其自身的运动中对自己的有限性规定，有限性是精神内部的映现，"以便通过对这个限制的扬弃而自为地拥有作为自己的本质的自由和知道自由是自己的本质"②，精神从自在到自为的过程就是它实现的过程，这个过程的各个阶段都是精神在特殊化自己、规定自己，使自己成为自己的前提，成为自己的他物，把自己与他物作为与自己的直接性联系起来，再把这个他物作为他物扬弃。精神处在作为与他物相联系的自相联系中，就只是主观的精神，来源于自然的精神。主观精神的全部活动都旨在把自己理解为自己本身，证明自己是其直接实在性的观念性，即达到自为存在，这样它就突破主观精神的有限性，成为客观精神。主观精神只是自在地是自由的，而在客观精神里，自由和精神关于自己作为自由精神的

---

① 黑格尔：《精神哲学》，人民出版社2006年版，第27页。
② 同上书，第29页。

知获得了定在。客观精神是人，是人社会性的法律意义上的存在，在所有权里有其自由的一种实在性，在所有权里体现着人知道自己是自由的主观性与这个自由的某种外在实在性的统一。但在所有权里还只是形式的自由的实现，只有在国家里才达到客观精神概念的实在化的完成，精神在国家里把它的自由发展成为一个由它设定的世界，成为伦理的世界。但精神的客观性还是被设定的，因而也是有限的，世界必须被精神再次自由地释放出来，为精神所设定的东西必须同时被理解为一种直接存在着的东西。这是在绝对精神的艺术、宗教和哲学里实现的。

二　自在的或直接的主观精神：灵魂或自然精神

主观精神是"在其观念性里发展着的精神，是作为认识着的精神"①。作为有限的精神，主观精神又被设定为三个阶段，并在精神的自由运动中依次转化。

　　A. 自在的或直接的；这样它就是灵魂或自然精神，——人类学的对象。
　　B. 自为的或间接的，还作为在自己内和在他物内的同一的映现；在关系或特殊化中的精神；即意识，——精神现象学的对象。
　　C. 在自己内规定着自己的精神，作为自为的主体，——心理学的对象。②

---

①　黑格尔：《精神哲学》，人民出版社 2006 年版，第 33 页。
②　同上。

从形式上看，《精神哲学》与《精神现象学》涉及的概念有相似之处，《精神现象学》的主干概念是意识、自我意识、理性、精神、宗教、绝对知识，《精神哲学》的主干概念依次是灵魂、意识、精神、法、道德、伦理、艺术、启示的宗教、哲学，其中意识部分包括自我意识和理性，而法、道德、伦理在《精神现象学》中属于"精神"的内容，艺术也包括在宗教里。此外就是关于主观精神、客观精神和绝对精神的总体划分，以及主观精神部分将灵魂归入人类学、意识归入精神现象学、精神归入心理学，并将法、道德、伦理作为客观精神部分的内容，绝对精神部分则由艺术、宗教、哲学三个环节构成。如果仅从论述形式上看，这些差别也可以说是对《精神现象学》的修改（也有一些黑格尔研究者据此认为《精神哲学》是《精神现象学》的"修订本"），但从逻辑上看，则又有实质上的不同。《精神现象学》是《哲学全书》体系之前的"导论"，是从具体到抽象的概念运动，而《精神哲学》则是从抽象到具体概念运动的第三大环节，它本身的概念体系也是依从抽象到具体顺序建构的，虽然所论证的概念相似，但由于逻辑体系的差异，其内涵和外延都有明显不同。因而不能简单说《精神哲学》只是《精神现象学》的修订本。

《精神哲学》与《精神现象学》体系上的区别，除了从主观精神、客观精神、绝对精神做了总体性划分外，就是以灵魂为起始概念，其次才是意识。对于灵魂，《精神现象学》之前写作的《耶拿体系1804—1805：逻辑学和形而上学》中，曾在"形而上学"部分的"客体性形而上学"中的第一个环节予以论证，但这里对灵魂的规定还基本属于形而上学的一般性，"灵魂的规定性无非是这个：它本源地在其'自身'存在中即是另一个的要素，而另一个在同等程度上也再次是它的要素。"① 《精神哲学》中所论灵魂则不同,它是在《自然哲学》最后环节动物生命运动中形成的,并在人类学意义上加以系统论证的,是意识形成和规定的前提,也是主观精神的基础和首要环节。对灵魂的规定包括自然的灵魂、感觉的灵魂、现实的灵魂三个环节。

黑格尔认为,主观精神的三种主要形态是灵魂、意识、精神本身,"精神作为灵魂具有抽象普遍性的形式,作为意识具有特殊化的形式,作为自为存在着的精神则具有个别性的形式。概念发展就这样地体现在精神的发展中"②。灵魂作为主观精神的抽象普遍性形式,是直接的精神,也是自然精神,是还囿于自然界的、与其形体性联系在一起的,还不是在精神本身内存在的不自由的精神。这是人的基础,因而也是人类学的对象。灵魂是束缚于种种自然性的,如种族的区别,灵魂从与其自然性的合而为一中走出来与进入与自然性的对立斗争之中,由此显现了灵魂的观念性,并初步建立了精神的实在性。"灵魂不仅就其自身说是非物质的,而且是自然界的普遍的非物质性,是自然界的简单的、观念的生命。灵魂是实体,是精神的一切特殊化和个别化的绝对基础,所以精神在灵魂中拥有其规定的全部质料,而灵魂则始终是精神的规定中遍及一切的、同一的观念性"③。灵魂是基督教和旧形而上学关注的,基督教认为灵魂是上帝借某种机缘注入人身体中的,旧形而上学坚持物质与灵魂的对立,但又使灵魂成为一个按照感性关系规定的东西,并将灵魂放在空间和时间里,视为静止的、固定不变的东西。黑格尔思辨辩证

---

① 黑格尔:《耶拿体系1804—1805:逻辑学和形而上学》,人民出版社2012年版,第236页。
② 黑格尔:《精神哲学》,人民出版社2006年版,第35页。
③ 同上书,第39页。

法克服了旧而上学对灵魂规定的局限和片面性。如东西、单纯性、一、不可分性等旧形而上学用于规定灵魂的范畴，都是不真实的，必须从其向对立面的转化中来理解。灵魂是自然精神，是全部物质东西的观念性。灵魂并不是知性方法论所认定的与身体彼此绝对对立的，灵魂及全部精神或非物质性东西与物质东西的关系并非特殊东西与特殊东西的关系，而是统摄特殊性的普遍东西与特殊东西的关系。

灵魂由三个环节构成：（一）自然的灵魂，（二）感觉的灵魂，（三）现实的灵魂。

自然的灵魂是直接的自然规定性中的灵魂，"普遍灵魂不得仿佛是世界灵魂似的被确定为一个主体；因为它只是普遍的实体，这实体只有作为个别性、主体性才有其现实的真理，所以它是作为个别的、但直接地只不过作为存在着（是）的灵魂出现的，这样的灵魂自身具备自然规定性。这些自然规定性，可以这么说，在它们的观念性后面有着自由的实存，就是说，它们是意识的种种对象，但灵魂本身并不把它们作为外在的对象来对待。"[①] 自然灵魂是精神的实体，精神在自然灵魂中参与一般行星的生活，进一步说是太阳系和地球的自然生活。"自然精神的普遍行星生活特殊化为地球的种种具体的区别，并分成为各种特殊的自然精神，这些特殊的自然精神整个说来表现出地理学上各大陆的性质，并构成种族差异性。"[②] 黑格尔强调人类种族的差别是自然的区别，是有关自然灵魂的区别。人自在地就是理性的，争论人的种类是否来自唯一的或多数的双亲的问题，是种族歧视的表现。从人的起源绝对找不出人们有权或无权享有自由和进行统治的任何理由。在对地球上几个主要种族进行比

[①] 黑格尔：《精神哲学》，人民出版社2006年版，第47—48页。
[②] 同上书，第54页。

较之后，黑格尔指出民族的区别在于地域精神的特性，这些特性表现于外部的生活方式、从事的活动、身体的构造和性情，以及智力和道德上的性格倾向与能力。民族精神取决于人的自然史和历史哲学，是从自然精神上升到最智慧形式的体现。自然精神经种族、民族进展到个体的主体，作为自然规定的个别化体现为个体的灵魂，并与自然精神本身相对立。灵魂的个体性在人类学中只是作为自然规定性，包括天性、气质和性格。天性为自然禀赋的才能和天才；气质是很难规定的，"我们最好把气质规定为个体如何工作、客观化自己、在现实中保持自己的全然普遍的方式方法。"[1] 性格一方面是人在其目的的行为保持他的确定性的外表精力，另一方面是意志的某种有价值的、普遍的内容。"只有通过实现伟大的目的，人才显示出一种伟大的、使他成为别人的灯塔的性格；"[2] 为此目的必须是合理的，性格应当是内容和意志的外表活动绝对统一并具有完全的真实性。如果意志坚持纯属细节的琐事，坚持无意义的东西，就成了固执。固执只有性格的形式，而无性格的内容。个体的灵魂由于个体主体变化而形成区别，这些区别包括：（一）年龄的自然进程，从童年到老年的自然生长及社会条件的影响；（二）性关系，一个个体在一个别的个体里寻找和发现自己；（三）觉醒，把作为自为存在的个体性与自己只作为存在着的个体性区分开来，即与睡眠相对立。睡眠和醒着是交替的状态，醒着的灵魂在自为状态中存在是作为观念性因素，并自为地发现自己沉睡着的本性的种种内容规定性，这些规定性是潜在地在沉睡本性之中。"这个特殊东西作为规定性不同于自为存在与自身的同一性，而同时又直截了当地包含在自为存在

---

[1] 黑格尔：《精神哲学》，人民出版社2006年版，第70—71页。
[2] 同上书，第72页。

的简单性中，——这就是感受。"① 感受是精神在其无意识的和无理智的个体性中模糊活动的形式，感受的内容也是属于自然的直接的存在，是有限制的、瞬息即逝的。一切出现在精神的意识和理性环节中的东西都是起源于感受，并以感受为开端。感受是人和动物的灵魂共有的，"思维是人借以和牲畜区别开来的最自己的东西，而感受是人和牲畜共有的。"② 但思维又必须以感受为起始，感受的内容一是来源于外界，二是属于灵魂内心。人类学所考察的包括外部感受和内部感受的形体化范围，而内部感受的内在性方面，则属于心理学的范畴。外部感受是通过感官获得的，即光感官、声感官、嗅感官和味感官、实在性感官、重物质的感官、热感官、形态感官。感官是内部感受的形体化与外部感受的统一，通过内部感受的形体而感受外部事物。感受是个别的和暂时的规定，灵魂自在地是总体实体性自己的感受活动，并由此而转化为感觉环节。

"感受更多地强调感觉活动中的被动性方面，发现的方面，即规定性的直接性方面，感觉则同时更多地指向那存在于感觉活动中的自身性。"③ 感觉的个体是感受的简单的观念性，即主体性。灵魂不再只是自然的个体性，而是内在的个体性进行感觉。在感觉灵魂的规定中，观念性是相当重要的：它是对实在东西的否定，同时在观念中保留这实在东西，表象、记忆等都是观念性的表现，进而知识、思想等也如此。形体性和属于它的范围之内的一切相互外在的东西在感觉灵魂中都被归结于观念性，并以此作为思维的基础和起点。灵魂在感觉这个环节分为主体一般和它的客体，这个客体即实体，即为感受所充满的个体灵魂的内容，这是它的特殊的世界，以含蓄

---

① 黑格尔：《精神哲学》，人民出版社2006年版，第94页。
② 同上书，第98页。
③ 同上书，第117页。

的方式包含在主体的观念性中。而感觉的主体虽是个体，但还不是自内映现的主体，因而是被动的，是这个感觉个体的守护神，就像怀孕的母亲是胎儿的守护神一样。对感觉灵魂的论证涉及（一）在其直接性中的感觉灵魂。包括生命的形式上的主体性。论及做梦、母腹中的孩子、个体对其守护神的关系；感觉灵魂的实在的主体性。（二）自身感觉，论及疯狂状态第一种形式的痴呆、精神涣散、蠢态，疯狂状态的第二种形式真正的傻，疯狂状态的第三种形式癫狂或精神病，疯狂的治疗，习惯。（三）现实灵魂。针对当时医学、心理学关于人生命形式正常态及其病态中的表现，试图论证感受灵魂的相应规定，尤其是对疯狂的形式的论说，用意在于从疯狂这种病态来说明灵魂的自身感觉，但总的说来还是没有充分说服力的，而对正常态的探讨则更为明白。感觉灵魂的最后一个环节是习惯，"灵魂使自己这样地成为抽象普遍的存在，并且把这种感觉的（同时意识的）特殊东西归结为它身上的一种单纯存在着的规定，这就是习惯。灵魂以这种方式占有内容，并这样地在它身上包含着内容，结果就是它在这些规定中不是作为感受着的，在与这些规定的关系中不是使自己有别于它们，也不是沉没在它们之中，而是无感觉地和无意识地在它身上备有它们并在它们里面活动。"[①] 习惯是以前各环节的集合，是观念性自在的简单的自身联系，即形式上的普遍性，自身作为这种普遍性是必须设定在这种感觉生命中的，所以又是与特殊性相区别的自为存在着的普遍性。灵魂在与形体性决裂，作为形体性的简单存在而有别于形体性，并且是这种形体性观念的、主观的实体性，但这个抽象的自我存在还不是自我。灵魂经习惯这个环节而过渡到现实灵魂。

"灵魂在其完备训练了的和已据为己有的形体性里是作为自为的

[①] 黑格尔：《精神哲学》，人民出版社2006年版，第188页。

个别的主体（主词），而形体性这样就作为谓语的外在性，主体（主词）在这谓语中只与自己联系。这个外在性表现的不是自己，而是灵魂，并且是灵魂的符号。灵魂作为内在东西与从属于它的外在东西的这种同一性是现实的；灵魂在其形体性上拥有其自由的形状，它在这形状中感觉到自己并使自己被感觉到，这形状作为灵魂的艺术品具有人类的、病征学的、面相学的特征。"① 现实的灵魂是从感觉的灵魂转化而来，是从直接存在与自己分离进展到与其自然性间接统一的、在其形体性中具体方式自为存在着的灵魂。现实的灵魂是人与动物的区别点，同其自然规定性尚未分离的灵魂是人与动物共同的，而现实的灵魂是所有动物没有的。自由地发生的形体化给人的肉体打上特殊的精神烙印，从面部、身体的姿势、手、腿，以及身体各个部位都有这种烙印。如头和面部的动作、表情，就有点头、鞠躬、跪伏、摇头、昂头、皱鼻子、皱眉头、拉长脸等，它们分别表达不同感觉，以至社会关系。每个人都有其相貌上的外表，从外表上就能对人下一个最初的普遍判断，但这也可能出错，外表并不完全与精神相符合，它只能一定程度表达人的精神状态。"现实的灵魂在其感受活动的和其具体自身感觉的习惯中自在地是其诸规定性的自为存在着的观念性，在其外在性中向自己内在化，并且是无限的自相联系。自由普遍性的这个自为存在是灵魂向着自我、即抽象普遍性觉醒的更高阶段，这是就它是为这抽象普遍性而言的，后者这样一来就是思维和自为的主体，而更其确定地说是判断的主体，在这个判断中自我把其诸规定的自然的总体作为客体、即一个外在于它的世界，从自己那里排除出去并与之相联系，以致它在这个世界中直接地映现到自己之内，——这就是意识。"② 灵魂是直接

---

① 黑格尔：《精神哲学》，人民出版社2006年版，第196页。
② 同上书，第201—202页。

性的、自然的主体性，精神的人类学发展以观念性为目标，超越被感受东西的有限的内容，向着自为存在着的抽象的总体演进，以达到自我，由自我在他物中直观自己本身。

灵魂无意识，意识有灵魂。在主观精神的起始灵魂中，还没有达到自我的观念和意识，意识是随灵魂的演进，逐步从动物的自然精神提升至人的灵魂，进而经习惯而转化为现实灵魂，形成自我内存在的、自己与自己本身联系的个体地规定了的普遍东西，即一种从形体性解放了的自为存在的总体性，进入意识的环节，而意识则包含灵魂的内容和过程。

三　自为的或间接的、在关系或特殊化中的精神：意识

意识是《精神现象学》的起始概念，是从精神的具体现象的概念规定向抽象的绝对精神运动的起点，而从抽象的绝对精神概念到具体概念运动中的意识概念，是从主观精神向客观精神再到具体的绝对精神概念的一个环节，这里对意识的规定，不仅包含逻辑学中对绝对精神的抽象规定，还包括自然精神，并以自然精神转化为主观精神的第一个环节灵魂作为前提。而且将意识作为此时的"精神现象学"的全部内容，即把原来意识概念之后的自我意识和理性都纳入意识范畴。更重要的是从《精神现象学》的初步探讨性规定转变为以绝对精神概念为大前提的改造性论证，从而使意识的环节更为明确，并精练地加以阐述。

"意识构成精神的映现或关系的阶段，即精神作为现象的阶段。"[①] 可见，黑格尔在从抽象到具体概念运动的体系中，已改变了从具体到抽象概念运动阶段对精神现象学的规定，精神现象已不包

---

① 黑格尔：《精神哲学》，人民出版社2006年版，第204页。

括精神、宗教和哲学，这些内容已归入心理学（精神）和客观精神与绝对精神范畴。他指出，自我是精神的无限的主观的自相联系，即自身的自然生命作为独立的客体，自我以这个客体为对象，形成意识。自我作为绝对的否定性，自在地是他在中的同一性，"自我是它自己并且统摄着作为一个自在地扬弃了的客体的客体，是关系的一个方面又是全部的关系，是显示自己又还显示他物的光。"① 精神作为自我是本质，精神作为意识则是其显现。自我作为意识的主体是思维，对客体继续规定的逻辑进程是主体和客体同一的、绝对的联系，是客体所以成为主体的客体的那种东西。黑格尔指出，康德把精神等同于意识，这只是精神现象学的规定，而非对精神的哲学规定，把自我看作与物自体截然对立的东西，也只按照这种有限性来理解理智和意志。虽然其在反思判断力概念中达到了精神的理念、主体—客体性、某种直观的知性、自然的理念，但又被贬低为一种现象，即一种主观的准则。以对康德的批评来反证主体与客体的统一性，"精神作为意识的目标是使它的这个现象与本质同一，是把对它自身确定性提高成为真理。"② 这个过程由三个阶段构成：（一）一般的意识，（二）自我意识，（三）意识和自我意识的统一。

"意识首先是直接的意识，因而它与对象的联系是对对象的简单的、无中介的确定性；对象本身因而同样被规定为直接的、存在着的和在自己内映现了的，进而被规定为直接个别的东西，这就是感性意识。"③ 对作为某物的感性东西变为一个他物，某物在自己的映现有许多特性，感性的许多个别东西就成为种种关系、种种映现规定和种种普遍性的杂多，这是由思维的自我建立起来的规定，即对

---

① 黑格尔：《精神哲学》，人民出版社2006年版，第204页。
② 同上书，第209页。
③ 同上书，第211页。

象多样化了，感性意识在对对象做这种规定时就是知觉。知觉从感性确定性出发，并对之在种种关系中考察和反思，依照确定范畴而成为经验。对象因而是诸感性规定和种种具体关系的扩展了的诸思想规定的结合，因此，意识与对象的同一性就从确定性的抽象同一性转化为规定了的同一性。在知觉中个别东西和普遍东西的结合还是混合，个别东西还是作为根据的存在，并僵硬地与跟它发生关系的普遍东西对立。知觉的进展是知性，对象被意识为现象，现象的己内映现则是一个自为存在着的内在的普遍东西。知性认为只有在那个非感性的内在东西里才拥有真理，这个内在东西就是规律。"因为规律的本质，无论这规律是与外部自然界还是与伦理世界的秩序有关，都在于一种不可分离的统一性，在于不同规定的一种必然的、内在的联系。"[①] 种种规律都是存在世界本身内的知性的种种规定，因而知性的意识在这些规律里面重新发现了它自己的本性，并因此使自己本身成为对象性的。规律首先是内在的，因而有其必然性，并且都直接地在别的规定之中。内在区别是它自己身上的区别，所以它事实上是"不是区别的区别"。在这种一般形式的规定中，包含主体与客体相互独立性的知性意识就自在地消失，或者说自在的包含主客体分离而外在发生关系的意识转化为自我意识，自我的判断对象就是自己本身。单纯知性的意识尚未理解规律的不同规定的统一，这种统一在知性意识看来还是僵死的、外在的东西，知性意识不能认知自我的辩证能动性知觉到的区别不是绝对固定的区别，生命是一个通过对直接东西、外在东西的否定而来的间接的东西，它把这种间接性本身扬弃为直接性，一个感性的、外在的并同时绝对内在的实存，其中诸部分的相互外在被扬弃了，个别的东西成了某种观念的东西，成了因素，即整体的环节。"生命必须被理解为自身

[①] 黑格尔：《精神哲学》，人民出版社2006年版，第217页。

目的,一个在自己本身中拥有其手段的目的,一个其中每一个不同的东西都同时是目的和手段的总体。因此,在对不同东西的这种辩证的、这种活生生的统一的意识中就产生了自我意识,即有关对自己本身是对象性的、因而在自己本身内有区别的单纯观念东西的意识,换言之,有关自然东西的真理的知,即有关自我的知。"①

自我意识是以自我为对象的意识,其表达式为"自我＝自我",它是抽象的自由,纯粹的观念性。我认识到一切东西都是我的,也都是自我,我把每个客体都理解为我本身所是的那个东西的体系中的一个环节,我在同一个意识中拥有自我和世界,在世界中找到我自己,认识我自己,并在我的意识中拥有那个存在(是)的东西。自我意识的形成也有一个过程,抽象的自我意识是对意识的第一个否定,因而为一个外在的客体,在形式上为它的否定所纠缠,即它作为自我意识和它作为意识的矛盾,自我意识在其与自己本身的抽象同一性中有其有限性,并因此而形成突破这种有限性达到无限的肯定的冲动。为此自我意识经历了三个阶段,第一阶段是欲望,即直接的、与自己简单同一的并与一个外在客体相联系的单个的自我意识。自我意识起初是仅仅作为一个主观的东西实存的,只有通过欲望的满足才能达到自在自为的总体存在。对象包含有满足欲望的可能性,欲望因此而被对象激化起来,主体在客体中看到它自己的不足,通过占有和消耗对象来满足并保存自己,主体和客体建立起自在存在的同一性,主体和客体的独立性都被扬弃。这个过程并非主体战胜客体,客体之所以与主体同一,在于它自身概念的规定,客体概念的普遍性要求其个别性的否定,主体自我意识正是客体概念普遍性的体现。"自我意识是客体本身的显现着的概念。因此,在对象为自我意识消灭的过程中,对象的毁灭是由于它自己的概念的

---

① 黑格尔:《精神哲学》,人民出版社2006年版,第219页。

力量,这个概念仅仅内在于它里面、而正因此看起来就好像是仅仅从外部来到它那里的。"① 客体在主观上建立起来,主体也具有了客观性。自我和自己本身结合,并由此独自地得到满足,成了现实的东西。由于欲望的满足只在单个东西里发生,所以是暂时性的,在满足中又重新产生欲望,主体的客体化或对客体的主观化就是无限进展的过程。

第二阶段是承认的自我意识,即此自我意识与彼自我意识的关系,两者间的承认的过程,并开始了一种个别性和普遍性的联合。两个互相有关系的自我意识的主体,即两个人都有直接的定在,有其自然的形体,因而以一个屈从于外来力量的物的方式实存并彼此发生关系,但又都是完全自由的主体而非自然物。这是一个矛盾,为了克服这个矛盾,双方在其为他存在中要承认按其概念所是的自由的存在者,我只有在他人也是自由的并被我承认是自由的时候,才是真正自由的。这种一个人在另一个人中的自由以内在方式把人们联合起来了,而需要和必要只是外在地把他们聚集在一起。人们必定愿意相互在对方中重新找到自己,但如果囿于其直接性,即按其自然性,则互相排斥和阻碍互为自由。在人类的自然状态中,要求承认是一场生与死的战斗,战斗的结果就是失败者为了保持生命和单一的自我意识,而放弃得到承认的要求,胜利一方则坚持其与自己本身的联系并为作为被征服者的那一方所承认,这就是奴隶和主人的关系。对主奴关系的探讨在《精神现象学》里曾占很大篇幅,《精神哲学》中以简练明确的论述加以概括。这也是概念运动不同阶段中思想程度不同的体现。黑格尔指出,"只要生命的自然性在双方继续持存,奴隶的自主意志就委身于主人的意志,就使主子的目的成为自己的内容,而主子在他那方面纳入其自我意识中的则不是奴

---

① 黑格尔:《精神哲学》,人民出版社2006年版,第224页。

隶的意志，而仅仅是对维持奴隶的生命的关怀。"① 在主奴关系中建立起片面的自我意识的同一性，奴隶为了保持生命不得不放弃自己的目的，成为主人实现其目的的手段，在被主人强制的服役中耗空了自己的个人意志和固执任性，取消了欲望的直接性，并在这种放弃和对主人的敬畏中超越了其自然意志的自私的个别性，开始向普遍的自我意识的过渡。奴隶制和专制统治在各民族的历史中都是一个必经阶段，具有相对合理性。奴隶在死亡的威胁下形成的智慧，意志个别性的震动，对利己主义的无价值的感觉，对服从的习惯，虽然是被迫的，却是人类进步，也是主观精神演进的必要环节。经过对利己主义的个别性的否定，奴隶的自我意识在摆脱主人的和自己的个别性的同时，领会到自由；而主人的自我意识通过它和奴隶之间出现的需要和对满足需要的关心的共同性，以及通过在奴隶中看到的客观的对直接个别意志的取消，而形成了使自己也面临取消其利己主义意志时屈服于意志的自在自为的规律。主奴关系的废除主要是奴隶们斗争的结果，"因为谁没有勇气冒着生命的危险去争取自由，谁就理应是奴隶。"② "只有通过奴隶之成为自由的，主人也才成为完全自由的。"③

随着主奴关系的废除，或者说奴隶制和专制统治的否定，意识达到普遍的自我意识阶段。"普遍的自我意识是在别的自身中对自己本身的肯定的知，其中每一个作为自由的个别性都有绝对的独立性，但由于对其直接性或欲望的否定都不把自己与别个区分开，都是普遍的自我意识和客观的，并且都有作为相互性的实在的普遍性，因为它知道自己在自由的别人中被承认，而他知道这点，因为他承认

---

① 黑格尔：《精神哲学》，人民出版社2006年版，第231页。
② 同上书，第233页。
③ 同上书，第234页。

别的自我意识并知道它是自由的。"① 普遍的自我意识出现在市民社会和国家，在作为国家民族的精神的伦理、法律支配下，人是作为理性的存在者，作为自由的，作为人而被承认和对待的。而个人则在克服其自我意识的自然性时服从于一种普遍的自在自为地存在着的意识，即法律，因此才配得上被作为人而得到承认。对于当时欧洲还存在的决斗，黑格尔认为是倒退到中世纪的野蛮，是封建制度下骑士们为了证明其体面所采取的行为，不论骑士做了什么，只要决斗取胜就是无可指责的，必须为他人承认。在这里，黑格尔已经将封建制度看成市民社会之前的制度，但在历史哲学中却仍将封建社会或中世纪归入"现代"。这是其体系中的一个重要缺陷。决斗只是关于要求承认而进行战斗意识中的一个插曲，或者说是一种需要消除的自然状态的残存。在普遍的自由状态中，当我映现到我自己之内时，也就直接映现到对方之内；而我与对方联系时，我就与我自己联系。在这里有了精神或不同的自身的巨大划分，这些自身是自在自为地和彼此互为地完全自由的，是各自独立、难以接近的、进行抵抗的，而同时又是彼此同一的，是不独立的，并非不可渗透的，而是仿佛融合在一起的。这种关系是思辨性的，也只有思辨或理性才能理解其中概念或主观东西与客体东西的统一。这种统一体现于伦理的家庭、性爱、爱国主义、对上帝的爱，以及勇敢和荣誉。

第三阶段是理性。意识和自我意识的这种统一起初包含着作为彼此内映现着的诸个别者，这些个别者的区别在这种同一性里是完全模糊不清的差异性，因此它们的真理是自在自为地实存着的普遍和自我意识的客观性，这就是理性。理性是精神直观到对象的内容是精神本身，和自己本身是自在自为地规定了的，是概念和一般实在性的统一，是发展到自我意识的理念而实存着的概念。普遍的自

---

① 黑格尔：《精神哲学》，人民出版社2006年版，第233—234页。

我意识的主观性与客观性的统一构成自我意识所达到的普遍性,而自我意识达到这种普遍性时,它也就停止其为这个词的本义或狭义的自我意识,自我意识就成为理性。

《精神哲学》关于理性的论证只有两节(第438、439节),并且没有加附释,加上第437节及其说明和附释中的论述,以及论证主观精神结束时的第467节对思维理性的论述。与《精神现象学》中大篇幅的论证(汉释本156页)明显悬殊。其中一个理由可能是为了避免重复,更重要的是概念形成阶段与成熟论证的区别所致。黑格尔在这里概括地规定了理性;"理性是自在自为地存在着的真理,这真理是概念的主观性和它的客观性与普遍性的简单的同一。"① 理性的普遍性既有只在意识本身被给予的、自身普遍的、渗透和包含着自我的客体的意义,又有纯粹的自我,即统摄着客体并将其包含于自身中的纯形式的意义。自我意识的确定性,即理性的种种规定,既是对象事物的本质的种种规定,又是它自己的种种思想。理性作为同一性不仅是绝对的实体,而且是作为知的真理。真理在这里是以自为地实存的概念、自我作为无限普遍性的自身确定性,既是独特的规定性,也是内在的形式。这个进行着知的真理就是精神。至此,主观精神也就转入最后环节对精神的论证。

四 作为自为的主体在自己内规定着自己:精神

黑格尔将对精神的研究称为心理学。"心理学考察精神本身。"② 即考察这样的精神,它在对象里只与自己本身相联系,在其中只与它自身的规定打交道,把握它自己的概念。精神是自为存在着的理

---

① 黑格尔:《精神哲学》,人民出版社2006年版,第236页。
② 同上书,第237页。

性，理性构成精神的实体性的本性。包括主观性和客观性两个方面的精神，首先把自己建立在主观性的形式中，即理智；其次把自己建立在客观性的形式中，即意志。理智按照理性的绝对尺度来衡量与自己对立的还跟给予性和个别性纠缠在一起的内容。给这个内容带来合理性并使理念进入这个内容里去，把它转变为一个具体的普遍性并接纳到自己里面去。理智所达到的知已不是一个抽象，而是客观概念，对象则失去一个给予东西的形式并得到属于精神本身的内容的形象。当理智意识到它是从自己本身取得内容时，它就成为只把自己设定为目的的实践精神，即意志。意志不像理智那样从一个外部给予的个别东西开始，而是从这样一个它知道是它的个别东西开始，然后从这个内容，即种种冲动、爱好里走出来而在自己内映自己，使同一个内容与一个普遍东西发生关系，最后把自己提高为自在自为的普遍东西、自由、精神的概念的意愿。

　　精神规定自己为灵魂和意识的真理，是对灵魂和意识的概括。精神是这样的理性，它把自己分开，一方面是纯粹的无限的形式，即无限制的知，另一方面成为与这种知同一的客体。精神的原则是：把意识的存在的东西作为一种灵魂的东西建立起来，并使灵魂的东西成为一种客观的东西。精神像意识一样作为一个方面与客体对立，同时如同灵魂一样是两个方面，因而是总体。精神是发展的，其目标是使它的知得到客观的实现，并同时产生它的知的自由，因而分为三个阶段。

　　第一阶段是理论精神。在这个阶段精神把其直接规定性的理性东西建立为自己的东西，使知从其抽象性中解放出来，并使规定性成为主观的、自由的理智。理智作为理论精神的行动被称为认识，理智的认识也要经历以与客体相联系开始到思维理性的全过程，但与意识阶段不同的是，理智的认识是以精神概念和意识阶段的理性为前提的，而意识是以灵魂和自然精神为前提的。这是一个更高层次的新的圆圈，是以理性对从客体的感性认识开始全部过程的再认识，也可以是对具备了理性认识能力的人认识过程及其规律的规定。理智认识不同于意识的基本点，就在于理性。理智的活动必须找到理性，它的目的是"它的概念是为它的，就是说，自为地是理性；这样一来内容对于它就同时成为合乎理性的。这种活动就是认识。确信的形式上的知，由于理性是具体的，就提高为确定的和符合于概念的知。这个提高的过程本身就是合乎理性的，并且是理智活动（一种所谓精神能力）的一个规定到另一个规定的一个由概念决定的必然的过渡。对于找到合乎理性的东西的表面现象的反驳就是认识，这个反驳是从理智对其合乎理性地进行知的能力、对其能将理性据为己有的可能性的确信或信念出发的，而理智和内容自在地就是这个理性。"[1] 理智和意志的区分并不是因为二者是固定的、彼此分离的实存，二者是精神演进过程的两个阶段，意志由理智转化而来，其本质和转化的根据是精神，并由此而内在统一。理智作为认识，是以自为理性贯注于全部认识过程，并探寻、规定客体的自在理性。通过扬弃灵魂和意识，"精神就已经向我们表明是自己与自己本身中介着的东西，是使自己从其他物退回到自己内的东西，是主观东西和客观东西的统一。"[2] 理智接受诸对象直接呈现的内容，但不止于此，而是使对象摆脱它身上表现为全然外在、偶然的和无意义的那种东西，理智以精神改变着对象并通过发展对象而自己也发展到真理。在使对象从一个外在东西成为一个内在东西时，理智内化着自己本身。使对象成为内在的和精神的内在化，是同一个东西。理智去掉对象的偶然性形式，把握对象的理性的本性，把这种本性建立为主观的，并同时把主观性提高到客观的合理性的形式。"自由精神

---

[1] 黑格尔：《精神哲学》，人民出版社2006年版，第249页。
[2] 同上书，第251页。

不满足于简单的知；它要认识，就是说，它不仅要知道一个对象是（存在）和它一般地以及按其偶然的、外在的规定是什么，而且要知道这个对象的确定的、实体性的本性何在。"①

理智认识的发展，要经历三个阶段。第一阶段是理智与一个直接个别的客体相联系的、材料性质的知的阶段，或者说是直观的阶段。这个阶段是直接认识的阶段，是以合理性的规定确立起来的、为精神的确信所渗透了的意识的阶段，分三个环节，其一是理智从对直接材料的感受开始；其二发展到既使客体与自己分离又把客体固定起来的注意；其三，把客体确立为一个在自己本身外的东西的真正的直观。

第二阶段是理智从对客体的个别性的关系退回到自己内，并使客体与一个普遍东西相联系的理智的阶段，即表象的阶段。表象阶段也由三个环节：回想、想象力、记忆构成。表象是被回想起来的直观，是理智的还带有片面主观性的它自己的东西，因为这个它自己的东西还受到直接性的制约，就它自身来看并不是存在。"理智在表象中的道路是：使直接性成为内在的，使自己在自己本身内直观着，同样扬弃内在性的主观性，在它自身内外化这内在性，并在它自己的外在性里就是在自己里。"② 表象的第一个环节回想在于非任意地唤起一种已经是我们自己的内容。第二个环节想象力通过它思维地对待直观的对象，从对象中提取出普遍东西并给予对象以那些应属于自我的规定，获得一个对它而言特殊的内容。想象力中的主观的东西和客观的东西不可能像回想那样是直接的统一，而是重建的统一，使被直观的、外在的内容从属于提高到普遍性的被表象的内容，成为表象内容的一个符号，使被表象的内容成为客观的、外

---

① 黑格尔：《精神哲学》，人民出版社 2006 年版，第 252 页。
② 同上书，第 265 页。

在的、用形象阐明了的。第三个环节是记忆，一方面符号被回想起来，被接纳入理智，另一方面由此给理智一个外在东西、机械东西的形式，产生了主观东西和客观东西的一种统一，形成向思维的过渡。

第三阶段，有一个既是主观的、也是客观的对象，即思维，由知性、判断、理性三个环节构成。理智的思维是有思想的，这些思想是作为它的对象和内容。思想是理性的产物，是主观东西和客观东西的简单的同一，即事情或实质。"理智知道，凡被思维的，都存在；而且凡存在的，只有就它是思想而言才存在。"① 思维中的存在，并非意识之前的自然界的自在存在，而是经过意识及其自我意识和理性，并通过精神阶段的直观、表象而达到的存在，是统一于思想的自在自为存在。思维是对已有主观东西与客观东西统一的、思想中的认识，因而思维的存在是统一的，或者说是"思维里存在"。思维的第一环节是形式上同一的知性，它把内在化了的表象精制成为种类、规律、力等等范畴，材料只有在这些思维形式中才有其存在的真理。知性和理性的区别，是由康德做出的，他对知性的规定有其合理性和必要性，也有局限性。其合理性和必要性在于以范畴规定内在化了的表象的形式，成为思维进一步发展的前提，局限性在知性的这些形式划分将对象"分裂为形式和内容、普遍东西和特殊东西、一个空洞的自在和从外面来到这个自在之上的规定性，因而在知性的思维里内容对它的形式是漠不相干的"②，虽然有这些缺陷，知性却是理性思维的一个必要环节，而它的缺陷也可以、也只能在进一步的理性思维中克服。思维的第二个环节是判断，知性使对象的具体个别性直接结合在一起的抽象规定扯开，并使它们与

---

① 黑格尔：《精神哲学》，人民出版社2006年版，第292页。
② 同上书，第294页。

对象分离，判断则把对象同这些普遍的思想规定联系起来，把对象看作关系，看作一种客观的联系，看作一个总体。由判断进入理性或理解环节，在理解中普遍东西被认识到是自己本身特殊化和从特殊化聚集为个别性，或者说使特殊东西离开其独立性而成为概念的一个环节。"在这里普遍东西不再是一个外在于内容的形式，而是真正的、从自己本身产生出内容的形式，即事情的自己本身发展着的概念。所以，在这个观点上思维除了它自己的、构成形式的内在内容的诸规定以外，没有任何别的内容；思维在对象中只是寻求和发现自己本身。"① 思维在这里对客体只有一种完全自由的关系。"理智把直接的规定性据为己有，它在完全占有后，现在就是在它的所有物中了；通过对直接性的最后否定就自在地设定了：对于理智来说内容是由它来决定的。思维，作为自由的概念，现在按照内容也是自由的了。"② 黑格尔在这里用"占有"和"所有"两个法律概念来表示理智对客观理性直接的规定性的认识过程和结果，是很恰当的，占有是对自在理性的认识过程，而所有物，即以所有权规定和保证的认识结果则是理性的自为存在，它与理智的理性是内在统一的。而知道自己是内容的决定者（或所有者）的理智，就转化为意志。

理智是从客体走进自身、在客体里内在化自身的，并认识到自己的内在性是客观东西的精神，而意志的目的则在于客体化它还带有主观性形式的内在性。"精神作为意志知道自己是在自己内给自己作出决定和根据自己来实现自己的。这种实现了的自为存在或个别性构成精神的理念的实存或实在性的方面；作为意志精神进入现实，作为知精神是在概念的普遍性的基地上。意志作为给自己本身提供

---

① 黑格尔：《精神哲学》，人民出版社2006年版，第295—296页。
② 同上书，第296页。

内容的，是在自己中的，即一般地自由的；这是它的确定的概念。"① 因此意志也就是实践精神，是精神从理论走向实践的体现。实践精神起初作为形式的或直接的意志包含两重的应当，其一，包含在根据意志设定的规定性与因此重新出现的直接的被规定的存在，即它的定在和状态的对立中，这个对立在意识中同时发展为对外在客体的关系；其二，第一个自我决定作为直接的、尚没有提升为思维的普遍性，因而思维的普遍性对那个自我决定就自在地按形式和内容都可能构成应当。意志的进程由实践感觉、冲动和任意、幸福三个环节构成。实践精神自在地是与理性简单同一的主体性，它在实践感觉中虽然有理性的内容，但却是一个直接个别的、自然的、偶然的和主观的内容，这个内容既受到来自需要、意见等特殊性和自为地把自己与普遍东西对立起来的主观性的决定，也可能是自在地适合于理性的。实践感觉含有应当，即作为自在存在着的、与一个存在着的个别性相联系的自我决定，即需要与定在的联系，由于缺乏客观的规定，所以这种联系是完全主观的和肤浅的适意或不适意的感觉。高兴、愉快、痛苦、羞耻、悔恨、满足等等，部分是一般形式实践感觉的变形，部分是它们那个构成"应当"的规定性内容的不同。感觉的意志是它的从外部来的、直接的被决定状态和它的由自己本性所设定的被决定状态的比较，由于后者具有应当的意义，所以意志就要求外来影响与应当是的东西相符合，符合的就是适意，不符合的就是不适意。意志不可能停止在把它的内在规定性与一个外在东西相比较上，或只去发现这两方的一致符合上，它必须前进到把客观性建立为它的自我决定的环节，亲自产生出那种一致的符合，即它的满足，就是冲动，即一种主观的、给自己本身提供客观性的意志决定。一个行动是主体的一个目的，也是主体实现

---

① 黑格尔：《精神哲学》，人民出版社2006年版，第297页。

这个目的的能动性。完成了的事情包含着主观个别性及其活动的因素，内容内于这个实行者里面，就是兴趣，而要求着全部起作用的主体性的就是热情。意志把自己本身同诸冲动的特殊性区别开，并把自己作为思维的简单主体性置于冲动的内容之上，成为反思的意志。反思的意志使冲动不再直接是，而只有意志与它结合并赋予自己以确定的个别性和现实性时，才是意志自己的特殊性。意志站在诸倾向之间进行选择的立场上，就是任意了。任意是自为自由的，它在现实上仅仅是主观的和偶然的意志，它在一种特殊性中实现自己，但在它看来这种特殊性是微不足道的，它从这种特殊性中得到一种满足，同时就摆脱这个特殊性，转入另一种倾向或享受，直到无限的过程。诸特殊满足的真理是普遍的满足，即以幸福为目的。幸福的内容仅仅是被表象的、抽象的普遍性，它只是应当，那既存在又同样被取消的特殊规定性和那在幸福中既给予又不给予自己一个目的抽象个别性，即任意，它们二者的真理是意志的普遍规定性，也就是它的自我决定本身，即自由。

　　精神的第三个阶段是自由精神。"现实的、自由的意志是理论精神和实践精神的统一；即自为地是自由意志的自由意志，因为迄今为止的实践内容的形式性、偶然性和局限性都已经自己扬弃了。通过那曾包含在里面的中介过程的扬弃，意志就是由它自己建立起来的直接的个别性，但这个别性同样是被纯化为普遍的规定，即自由本身了。"[1] 意志有这个普遍的规定作为它的对象和目的，只是在它思维自己，知道它的这个概念是作为自由理智的意志的时候。知道自己是自由的并要把自己作为自己的对象的精神，是以自己的本质作为使命和目的，总的说来就是理性的意志，或自在地是理念，因此就只是绝对的概念。理念作为抽象的理念只是在直接的意志里实

---

[1] 黑格尔：《精神哲学》，人民出版社2006年版，第309—310页。

存的，因而是理性的定在个别意志，它知道自己使命的目的和内容，它就是完成这个使命的活动。因而，理念只出现于这样的意志中，"它是有限的，但却是发展理念和将理念自己展开的内容作为定在建立起来的活动，而这个定在作为理念的定在就是现实，——这就是客观精神。"① 自由精神作为理论精神和实践精神的统一，完成了主观精神的历程，使自由理念成为个人和民族的客观精神。主观精神明确了自由是精神的本质，客观精神则是自由的现实化，即把自己作为一个外部存在产生出来。自由的理念是逐渐地形成并贯注于人类社会中的普遍的、人人平等拥有自由的理念，是通过基督教来到世上的。而此前只有一个人或少数人的自由，按照基督教，作为上帝的爱的对象和目的，个人作为个人有无限的价值，与作为精神的上帝有绝对的关系，并且有这个精神住在自己之内，即人自在地注定达到最高的自由。"如果人在宗教本身中知道与绝对精神的关系是他的本质，那么此外他就能清楚地想起神圣的精神也是进入世俗实存的范围的，——作为国家、家庭等等的实体。"②

说基督教体现了普遍自由的理念，这是与黑格尔将宗教哲学化、上帝精神化和概念化统一的。从学术策略的角度说，这是他避开教会的管束和压制的必要方式——黑格尔比我们更清楚这种管束和压制是非自由的，但也只有将上帝精神化、概念化并将自由理念装进上帝概念的躯壳中，他的哲学才能得以发表。而这样做，也并非真的自由。但当他以思辨辩证法制造一个属于他的体系一个环节的概念化的上帝，不仅可以站在这个上帝概念的角度面对教会，而且能够自由地宣讲他的社会变革理念，即以市民社会和国家为形式的理性资本主义了。

---

① 黑格尔：《精神哲学》，人民出版社2006年版，第310页。
② 同上书，第311页。

五　直接的作为个别的自由意志：抽象的法

《精神哲学》的第二篇"客观精神"，是第一篇对"主观精神"论证的继续。黑格尔认为，主观精神通过灵魂、意识和精神三个阶段的演化，达到了自为存在，这样它就不再是主观的精神，而是客观精神了。

> 主观精神仅仅自在地是自由的，而在客观精神里，自由、精神关于自己作为自由精神的知却获得了定在。客观精神是人，作为这样的人，在所有权里有其自由的一种实在性；因为在所有权里物被设定为它所是的东西，即被设定为一个不独立的东西，和被设定为这样一个东西：它本质上只不过意味着是某个人的自由意志的实在性，并因而对于任何别的人来说是不可侵犯的东西。在这里我们看见一个知道自己是自由的主观东西，而且同时看见这个自由的某种外在实在性；因此精神在这里达到自为存在，精神的客观性得到应有的重视。这样一来，精神就从单纯主观性的形式走出来了。但是，那在所有权里还是不完善的。还是形式的自由的完全实现，客观精神概念的实在化的完成，只有在国家里才达到，精神在国家里把它的自由发展成为一个由它设定的世界，成为伦理的世界。[①]

客观精神是法的意义上的人，或精神在人的法权关系中的体现。而法的基本和核心，就是财产所有权，由此构成人的社会关系，国家

[①] 黑格尔：《精神哲学》，人民出版社2006年版，第29页。

是所有权的集中体现和总体保证，因而也是客观精神的实在化。

《精神哲学》对客观精神的论证由法、道德、伦理三部分构成，此书初版（1818）后，黑格尔于1921年出版了《法哲学原理》，该书结构和内容与《精神哲学》中"客观精神"部分基本相同，但有很大扩充和发挥。我们这里结合《精神哲学》第二篇和《法哲学原理》，探讨客观精神。

黑格尔认为客观精神的实在性就是自由意志，它由法、道德、伦理三个阶段构成。法是自由意志的第一阶段，自由意志最初是直接的，因而是作为个别的自由意志，即人，这个人给予他的自由的那个定在就是财产，法是形式的、抽象的法。法的实体和规定性就是自由意志。《精神哲学》对法的论证分财产、契约、法与不法三个环节，而《法哲学原理》中第一个环节是所有权。精神在自由的直接性里是个别的精神，这个个别的精神知道他的个别性是绝对自由的意志，因而，"他是人，即对这个自由的自知，这个自知作为自身抽象的和空虚的，还不是在它自己身上，而是在一个外在的事物那里有其特殊法和实现。这个事物相对于理智和任意的主体性是一个没有权利的无意志的东西，而被那主体性改变为它的偶性，即它的自由的外部范围，即占有物。"① 这个占有物就是财产，占有物作为占有物是手段，作为人格的定在则是目的。在《法哲学原理》中，黑格尔则进一步明确自由意志的主体就是人，人是意识到这种主体性的主体，人格就是在被规定了和有限之中知道自己是某种无限的、普遍的、自由的东西。更重要的是对所有权的规定，"所有权所以合乎理性不在于满足需要，而在于扬弃人格的纯粹主观性。人唯有在所有权中才是作为理性而存在的。"② 对物的所有权根据在于"人就

---

① 黑格尔：《精神哲学》，人民出版社2006年版，第317页。
② 黑格尔：《法哲学原理》，人民出版社1961年版，第50页。

是自由意志",而物是不具备自由意志的。所有权体现了自由意志对物的关系,它包括三种方式,一是占有,二是使用,三是转让,分别是意志对物的肯定判断、否定判断和无限判断。对物的占有方式有直接的身体把握、给物以定形、单纯的标志。对物的使用是通过物的变化、消灭和消耗而使我的需要得到实现,而使用作为所有权的权能,是以占有为前提的,这在非一次性消费的用品那里表现最为明显。虽然黑格尔并没有明确所有权派生占有权,占有权再派生使用权的关系,但他将占有视为肯定判断,使用为否定判断的逻辑关系,以及对封建领主制的土地所有权与占有、使用的分析中,已包含对这种关系有初步认识。而转让作为无限判断,是所有权的转让,财产之所以是我的,是因为我的意志体现在财产中,转让就是我的意志将财产转由他人的意志去占有。转让只能是针对某种外在的东西,而实体性的规定——人格、普遍的意志自由、伦理和宗教是不能转让的。因此奴隶制、农奴制及基督教牧师听取信徒的忏悔,都是违背实体性规定的。进而他还谈到了个别产品,以及技能按一定时间的使用让与他人,"因为这种能力由于一定限制,对我的整体和普遍性保持着一种外在关系。"① 这是对资本雇佣劳动关系的初步规定,我们可以从马克思的《资本论》中看到其充分发展的规定。

"财产作为意志的定在,作为他物而存在的东西,只是为了他人的意志而存在。这种意志对意志的关系就是自由赖以获得定在的特殊的和真正的基础。这是一种中介,有了它,我不仅可以通过实物和我的主观意志占有财产,而且同样可以通过他人的意志,也就是在共同意志的范围内占有财产。这种中介构成契约的领域。"② 契约以当事人双方互为所有者为前提,就人的意志说,导致人去缔结契

---

① 黑格尔:《法哲学原理》,商务印书馆 1961 年版,第 75 页。
② 同上书,第 80 页。

约的是一般需要、表示好感、有利可图等等，因而契约的形式有赠予、交换、交易等。"协议中相对观念地表明的意见包含有一个意志对于某个所有物或财产的实际的放弃，对它的转移和另一个意志对它的接受。"①

在直接相互关系中，人们的意志一般说来虽然是自在地同一的，而且在契约中又被设定为共同意志，但个人的意志仍是特殊意志，特殊意志只是偶然地与一般意志相符合，"特殊意志既然自为地与普遍意志不同，所以它表现为任意而偶然的见解和希求，而与法本身背道而驰，——这就是不法"②。而在《精神哲学》中，对这一环节是以"法与不法的关系"规定的，相比《法哲学原理》以"不法"来规定更为准确，因为不法是特殊（偶性）意志对一般意志的不适应或违背，"但是法是自在自为的，它并不因此而被取消，而只不过发生了一种法对不法的关系。"③ 即不仅是特殊意志对一般意志的违背，还包括一般意志对违背一般意志的法的行为的惩处与纠正。不法有三类：无犯意的不法、诈欺、犯罪，这是逐次严重的不法。无犯意的不法是由对同一物的权属的不同理解，或者说是不同个人意志的冲突造成的不法，是当事人对立利益的冲突，其中必有一方与普遍意志的法相违背；诈欺是体现于契约中的违法行为，是以特殊意志违法而取得某物所有权；犯罪则是以暴力强制对他人权利和利益的侵害，这同时也是对普遍意志的法的侵犯。对犯罪的扬弃首先是复仇或报复，复仇从内容上是正义的，但又是从特殊意志的个人利益出发的，它同时是一个新的不法或违法，如任由以报复行为对待不法，就将是循环往复，以至无穷。而法纠正不法的正当方式，

---

① 黑格尔：《精神哲学》，人民出版社2006年版，第319页。
② 黑格尔：《法哲学原理》，商务印书馆1961年版，第90页。
③ 黑格尔：《精神哲学》，人民出版社2006年版，第319页。

则是刑罚。"借以促成自在的法赢得威望的是：α）一个与法相称的且旨在反犯罪的特殊意志，即审判者（这事最初在复仇中是偶然的），和β）执行对罪犯所作出的对法的否定进行否定的（最初同样是偶然的）权力。对法的这种否定在罪犯的意志里有其实存；因而复仇或刑罚就转向1）罪犯本人或其财产，2）对罪犯施行强制。"① 自在存在的法作为普遍意志是不可被侵害的，违背法而对被害人合法的特殊意志所体现的权利和利益的侵害，就是违法，也不具有肯定的实存，而是某种否定的东西，是犯人特殊意志的肯定的实存，破坏这一作为定在着的意志的犯人的特殊意志，即法对犯人侵害合乎普遍意志的被害人特殊意志行为的惩罚，就是扬弃犯罪，并恢复法的原状，其中就包括损害赔偿，当被侵害的财产已不能复原时，就应当以价值（货币）赔偿。"对于犯人的侵害不但是自在地正义的，因为这种侵害同时是他自在地存在的意志，是他的自由的定在，是他的法。"② 法是普遍意志，是包括犯人在内所有人的共同意志，犯人的特殊意志对他人符合普遍意志的权利的侵害，不仅侵犯了他人的特殊意志，而且也是对犯人自在存在的普遍意志的侵害。因此对他违法行为的惩罚，是对包括他本人自在存在的普遍意志的恢复，也可以说是普遍意志对违背其精神的特殊意志的惩处。在普遍意志与不符合普遍意志的特殊意志这对矛盾中，普遍意志是正，不符合普遍意志的特殊意志是反，普遍意志因其是普遍的意志，即包括犯人在内的所有人的共同意志，所以能够、也必须依法惩处、纠正特殊意志及其犯罪行为。普遍意志不仅要体现于法，更要体现于人的主观意志，使特殊意志统一于普遍意志，只有这样才能消除不法和犯罪，客观精神由此从法步入道德阶段。

---

① 黑格尔：《精神哲学》，人民出版社2006年版，第321—322页。
② 黑格尔：《法哲学原理》，商务印书馆1961年版，第103页。

法是近代以来西方哲学和社会科学研究的一个重要命题，也是资产阶级思想家所主张的社会变革的焦点，从格老秀斯提出自然法，到霍布斯的国家主义自然法哲学，以至洛克的自由主义法哲学，再到孟德斯鸠的自然法观念和卢梭的激进自然法哲学，都是以自然规律为根据来论法的。到康德开始从理性论法，但由于他方法论的局限，对法的规定还属于道德形而上学范畴，而具体的分析则以知性形式逻辑为主。黑格尔承继了前人，尤其是康德法哲学的进步观点，以思辨辩证法纳入展开绝对精神的从抽象到具体概念运动，法作为客观精神的第一阶段，核心和基本就是对财产所有权的规定和论证。财产所有权是个人意志在具体物中的定在，是对人格主观性的扬弃，使人在对具体物的占有中成为理性的存在，并由此成为自由人。而这也正是资本主义的基本与核心。全部资产阶级思想家都是从所有权来建构资本主义理论体系的，黑格尔与前人既有一般意义上的共同点，也有其特点。但如果认为黑格尔只是从抽象的思辨来推论其所有权的概念，则不免偏颇。在《法哲学原理》中，概念运动的思辨体系关于法的论证，严密逻辑推论的各环节，尤其是所有权概念，包含着对当时已达到的法学和政治经济学成果的概括。如关于物的价值的论证就突出地表现出他对斯密为代表的英国政治经济学的理解。黑格尔写道："物的这种普遍性——它的简单规定性，来自物的特异性，因之它同时是从这一特种的质中抽象出来的，——就是物的价值。物的真实的实体性就在这种价值中获得规定，而成为意识的对象。我作为物的完全所有者，既是价值的所有者，同时又是使用的所有者。"[①] 进而又论及价值质和量的关系，以及货币等。实际上，在法哲学乃至他的全部体系中，都体现着黑格尔对当时已达到的社会科学和自然科学成果的概括，从而使体系具有其具体内容，

---

① 黑格尔：《法哲学原理》，商务印书馆1961年版，第70页。

只是受当时自然科学发展程度的限制，才在自然哲学的论证中有被后来的实证主义者抓住不放的缺陷。但在关于社会范畴的规定中，由于黑格尔的时代已基本达到了先进资本主义理论的顶峰，其后资本主义理论几乎停止发展而步入庸俗化，所以黑格尔从哲学角度的概括是后来的资本主义哲学家很难达到的。

六　主观意识的法：道德

"道德的观点是这样一种意志的观点，这种意志不仅是自在地而且是自为地无限的。意志的这种在自身中的反思和它的自为地存在的同一性，相反于意志的自在存在和直接性以及意志在这一阶段发展起来的各种规定性，而把人规定为主体。"① 自为的个体在法阶段是人，在道德阶段被规定为主体，即在自身内映现了的意志，以至一般的意志规定性。"主观意志在道德上是自由的，因为这些规定是由它在内心作为他自己的规定设定起来的，并且是为他所意愿的。主观意志的这种自由的行动上的表现就是行为，它在行为的外在性上只承认它曾对之有所知和有所意愿的东西是它自己的东西，并让自己对此负责。"② 道德是自为地存在的自由，因为人的价值应按他的内部行为予以评估，所以道德的观点从它的形态上看就是主观意志的法。

在《精神现象学》论精神的部分，是从伦理到教化再到道德的，而且法只是作为伦理的一个环节。《精神哲学》和展开其客观精神的《法哲学原理》，则将法作为第一阶段，并把伦理放在道德之后论述。这既是思想成熟的体现，也是概念运动从抽象到具体与从具体到抽

---

① 黑格尔：《法哲学原理》，商务印书馆1961年版，第110页。
② 黑格尔：《精神哲学》，人民出版社2006年版，第323页。

象两个阶段的差别所在。

道德作为主观意志的法与抽象法的区别在于：抽象法以禁令为内容，法的行为对他人的意志说只具有否定规定，而在道德领域我的意志的规定在对他人意志的关系上是肯定的。道德的概念是意志对它本身的内部关系，自在地存在的普遍意志是作为内在的东西体现于主观意志的实现的东西中。在抽象法中，当我的意志在所有权中给自己以定在时，他人的意志在与我的意志的相关中愿意做些什么，是无足轻重的，而在道德领域，则会涉及他人的幸福。道德的意志表现为行为，包括三个环节：故意、意图和福利、善和恶（《法哲学原理》中为"良心和恶"）。

故意与责任是相关的。故意是道德行为在我的主观意志中内在的规定的原则，它具有目的的含义，"尽管由主体的活动所造成的一切变化作为这样的变化都是主体的行动；然而主体并不因此就承认这个行动是他的行为，而是只承认行动中曾经包含在他的知晓和意愿中的、即曾经是他的故意的那个定在是他自己的东西，也就是他的责任。"① 凡是出于我的故意的事情，都可归责于我，但责任并不等于犯罪，我对某事负责，不等于说这件事可归罪于我。而我的所有物，外在地处于各种关系中，并发生作用；如果对他人造成损害，虽然不是我的行为，我也应负一定责任，因为这些物是我的，并受我的支配和注意的。

意图是故意的扩展，"行为的外部定在是一种复杂的综合体，得被视为无限地分成各个单一性，因之行为可认为首先只是与其中一个单一性相接触。但是单一物的真理是普遍物，行为的规定性自身并不是限于外在单一性而孤立的内容，而是在自身中含有复杂联系的普遍内容。出自一个能思维的人的故意，不仅含有单一性，而且

---

① 黑格尔：《精神哲学》，人民出版社2006年版，第324页。

实质上含有上述行为的普遍方面,即意图。"① 意图的法在于,行为的普遍性质不仅自在地存在,而且是行为人所知道并包含在他的主观意志中,因此意图也"可以叫做行为的客观性的法,就是行为的法,以肯定自己是作为思维者的主体所认识和希求的东西。"② 意图包括主体目的和动机,行为具有主观价值,并考察对我的利害关系。行为是目的的实现,是手段,但目的作为有限的东西,它又可成为再一个意图的手段。故意只涉及直接的定在,而意图则涉及定在的实体性东西和目的。主体有权要求行为中内容的特殊性就质料而言不是外在的而是主体自己的特殊性,包含着他的种种需要、利益和目的,"这些东西同样综合在一个惟一的目的里,如在幸福里那样,就构成他的福利;——这就是福利的法。"③ 福利从抽象意义上说包括我和他人的主观意志,也可以说是一切人的福利,但这样说是一种空虚的规定,每个人的特殊福利又有可能与普遍规定不符合,出现这种不符合情况,或者某人为谋取福利而侵害他人福利时,就需要由伦理的国家从总体上加以调节控制,不能以特殊性的理由为不法行为辩解。但当生命遇到极度危险而与他人的所有权发生冲突时,如偷窃一片面包就能保全生命,虽然侵害了被偷窃者的所有权,但如果将此行为看作寻常的盗窃,就是不公平的。"生命,作为各种目的的总和,具有与抽象法相对抗的权利。"④ 由此黑格尔主张"紧急避难权",给债务人一定财产免于扣押的利益,包括债务人在归债权人所有财物中,应取出手工用具、农具、衣服等留给债务人。

福利是属于特定主体的,因而是某种特殊性的东西,"这些特殊

---

① 黑格尔:《法哲学原理》,商务印书馆1961年版,第122页。
② 同上书,第123页。
③ 黑格尔:《精神哲学》,人民出版社2006年版,第325页。
④ 黑格尔:《法哲学原理》,商务印书馆1961年版,第130页。

性的真理和它们的形式性的具体东西是普遍的、自在自为地存在着的意志的内容，即一切规定性的法则和实体，——自在自为的善，因而即世界的绝对的最后目的，而且是主体的义务，这个主体应当拥有对善的洞见，应当使善成为自己的意图，并通过自己的活动把它产生出来。"① 道德是从抽象到具体的演进过程，在前的阶段相对在后的阶段是比较抽象的，"善就是进一步被规定了的理念，也就是意志概念和特殊意志的统一。善不是某种抽象法的东西，而是某种其实质由法和福利所构成的、内容充实的东西。"② 在善中，福利不是作为单个特殊意志的定在，而只是作为普遍福利，是本质上作为自在地普遍的、即根据自由的东西。善是主观意志的本质，而善只有通过主观意志这个中介，才进入到现实。善的发展包括三个阶段：（一）善对我作为一个希求者来说是特殊意志，对此我是应该知道的；（二）我自己应该说出什么是善的，并发展善的特殊规定；（三）规定善本身，即把作为无限的自为地存在的主观性的善特殊化，而这内部规定的活动就是良心。

善是特殊主体意志的本质，由于特殊性跟善是有区别的并属于主观意志，所以善最初被规定为普遍抽象的本质性，即义务。义务，在法学中往往是与权利对应的，康德将义务分为法律义务和道德伦理义务两种，黑格尔则明确地将义务归入道德范畴。在《精神现象学》中论道德的第一个环节就是义务，《精神哲学》中将义务作为善的一个环节，"对于在其自由的定在中本质上作为一个特殊东西的主体来说，由于他的这个自由的定在他的利益和福利应当是本质的目的并因而是义务。"③ 但受篇幅限制并未多加论证。《法哲学原理》

---

① 黑格尔：《精神哲学》，人民出版社2006年版，第326页。
② 黑格尔：《法哲学原理》，商务印书馆1961年版，第132页。
③ 黑格尔：《精神哲学》，人民出版社2006年版，第326—327页。

不仅更加突出了义务的地位，而且进行了充分论证。我们这里也着重探讨《法哲学原理》中的义务概念。"善对特殊主体的关系是成为他的意志的本质，从而他的意志简单明了地在这种关系中负有责务。由于特殊性跟善是有区别的，而且是属于主观意志之列，所以善最初被规定为普遍抽象的本质性，即义务；正因为这种普遍抽象的规定的缘故，所以就应当为义务而尽义务。"① 如果只是知道善是我的义务，我就还是停留在抽象的义务上，我应该为义务本身而尽义务，在我尽义务时，我正在实现真实意义上的我自己的客观性，在尽义务时我心安理得地是自由的。黑格尔给义务作了这样简单明确的定义："行法之所是，并关怀福利，——不仅自己的福利，而且普遍性质的福利，即他人的福利。"② 义务构成道德的自我意识中的本质和普遍的东西，而且这种自我意识在它内部只是与自己相关，所以义务保留的只是抽象普遍性，为尽义务而尽义务只是抽象肯定的东西，是无内容的同一和无规定的东西。为了不使道德学说成为关于为义务而尽义务的修辞，义务就要向下一环节即良心转化，并进入伦理领域。

由于善的抽象性，所以理念的另一环节特殊性是属于主观性的，当这一主观性达到了在自身被反思着的普遍性时，"就是它内部的绝对自我确信，是特殊性的设定者，规定者和决定者，也就是他的良心。"③ 真实的良心是希求自在自为善的心境，良心已不再受特殊性目的的束缚，是自己同自己相处的最深奥的内部孤独，在其中权利、义务和定在等外在的东西和限制都消失了、蒸发了，它是自为的、无限的、形式的自我确信。这是对权利和义务的确信和肯定。"良心

---

① 黑格尔：《法哲学原理》，商务印书馆1961年版，第136页。
② 同上。
③ 同上书，第139页。

是希求自在自为的善和义务这种自我规定。"① 良心的客观内容则包含在伦理的情绪环节。"它既是作出判断的力量，只根据自身来对内容规定什么是善的，同时又是最初只是被观念着的、应然的善借以成为现实的一种力量。"② 主观性既可以把一切内容在自身中蒸发，即将一切被认为权利或义务的东西判断为虚无的、局限的和完全不是绝对的东西，又可使它重新从自身中发展起来，即根据主体的个体性来认定义务和权利，主导行为。

由于主体性知道自己是选择者和决定者，当其上升到其顶点的纯粹自身确定性时，就有可能在把自在自为的普遍义务和权利作为原则的同时，把任性即自己的特殊性提升到普遍性之上，以此为行为原则并实现它，也就是恶，是为非作歹。"这种上升到其顶点的纯粹的自身确定性，表现在两种彼此直接转化的形式中：良心和恶。前者是善的意志，但这善在纯粹的主观性中是非客观的东西，非普遍的东西，不可言说的东西，对于这样的东西，主体知道自己在其个别性中是能决定的。而恶是同样的知，知道其个别性是能决定的东西，只要这个别性不停留在这种抽象性里，而是逆着善给予自己一种主观利益的内容。"③ 善和恶有着共同的根源，即自由的神秘性或思辨方面，唯有人是善的，只因为他也可能是恶的。意志的普遍性与特殊性的分裂是恶形成的根源，特殊性总是两面的，这就是意志的自然性和内在性的对立，纯粹的自然性并无善恶之分，但与自然性对立的内在性却是人所特有的，是相对的、形式的自为存在，它只能从情欲、冲动和倾向等自然意志的规定中汲取其内容，因而可能是善的，也可能是恶的。也就是说，自由的神秘性或其思辨从

---

① 黑格尔：《法哲学原理》，商务印书馆1961年版，第141页。

② 同上。

③ 黑格尔：《精神哲学》，人民出版社2006年版，第328页。

意志的自然性走出来，但又以意志自然性为内容，只要违背了意志的普遍性，任由其特殊性行为，就会产生恶。也正因为恶与善同源，因而就有将恶曲解为善，善曲解为恶的意识或哲学。黑格尔以伪善为例说明了这种意识的诡辩性，伪善是视自己为绝对者并将恶曲解为善，它是针对别人的，而对他自己来说则是"最高度矫作"。从对伪善的分析中，黑格尔认为，如果只停留在道德领域，因为恶与善都处于道德这个意志现象的制高点，"意志一直被蒸发到的这种绝对的浮夸、一种非客观的而仅对它自己有把握的善性和一种在普遍东西无效的范围内的自身确定性，就直接在自身中崩溃了。恶作为主体性最内在的自身内映现，与在他看来只不过是假象的客观东西和普遍东西对立起来，是和给主体保留着善的规定的那个抽象的善的善良意向一样的东西；——完全抽象的映现、它自身的直接的颠倒和消灭。"① 善的普遍性不可能在道德范围内解决它与特殊性的矛盾，只有在普遍性与客观性统一中克服其抽象的虚无性。在主观性、偶然性中不能真正实现和发展的主观意志，只有通过与客观性统一的主观意志，才能在自由地自知的实体中具有现实性。而这就是突破个人的主体性而进入社会的总体性，道德由此转入伦理。

七　实体性的意志及其现实性：伦理

伦理是客观精神的完成，是主观精神和客观精神本身的真理。客观精神的片面性在于，它部分地直接在实在里，因而在外部东西、即事物里，部分地在作为一种抽象普遍东西的善里具有其自由；主观精神的片面性在于，它同样与普遍东西抽象地对立而在其内在的个别性里是自我决定

---

① 黑格尔：《精神哲学》，人民出版社2006年版，第328页。

的。这两个片面性被扬弃了,那么主观的自由就是作为自在自为地普遍的理性的意志,这个意志在个别主体性的意识里具有关于自己的知和意向,以及它的活动和同时作为风尚的直接而普遍的现实,这就是自我意识的自由成为了自然。①

代替抽象的善的客观伦理,通过无限形式的主观性成为具体实体,并在具体实体内设定了差别,这些差别使伦理有了固定内容,它是自为地必然的,并且超出主观意见和偏好而存在。这些差别就是自在自为地存在的规章制度。伦理性的东西是理念规定的体系,并以此构成了伦理的东西的合理性。"因此,伦理性的东西就是自由,或自在自为地存在的意志,并且表现为客观的东西,必然性的圆圈。这个必然性的圆圈的各个环节就是调整个人生活的那些伦理力量。个人对这些力量的关系乃是偶性对实体的关系,正是在个人中,这些力量才被观念着,而具有显现的形态和现实性。"② 伦理的实体,它的法律和权力,是主体的对象,并且是独立地存在着,它们是绝对的权威和力量。法律和权力对主体来说并非陌生的东西,主体的精神证明它们是它特有的本质,在这种本质中主体感觉到自己的价值,并且像在自己的、同自己没有区别的要素中一样地生活着。法律和义务,这些伦理实体性的规定对个人来说是一些义务,并拘束着他的意志。在义务中个人摆脱了对自然冲动的依附,摆脱了作为主观特殊性所陷入的困境,摆脱了没有规定性的主观性,由此得到解放而达到实体性的自由。义务仅仅限制主观性的任性或自由的抽象,从而获得肯定的自由。与道德的主观性义务不同,伦理中的义

---

① 黑格尔:《精神哲学》,人民出版社2006年版,第329页。
② 黑格尔:《法哲学原理》,商务印书馆1961年版,第165页。

务则侧重客观性，即法律和权力所制约的义务，是个人的伦理性规定。道德主观性义务只有与伦理客观性义务相统一，才能克服其空洞的抽象性；而主体内在自觉地将伦理义务作为自我规定的内容，即从主观性上确认并履行伦理义务，就是德，这种德如果仅仅表现为个人单纯地适合按其地位而应尽的义务，就是正直。当合乎伦理的行为方式成为一个人性格中的固定要素时，他才是有德的，因此，德可以说是一种伦理上的造诣。就外在直接性、某种命运来看，德是一种在自己本身内的平静稳定态度；就实体性的伦理现实的全体看，德是信赖和有意为现实工作和献身；就与他人关系看，德是公式、仁爱的倾向。进而伦理性表现为风尚、教育和习惯，在习惯中自然意志和主观意志之间的对立消失了，主体内部的斗争也平息了。由此伦理实体性就达到它的法，法也获得了实效，个人的自我意志和他自身的良心在伦理实体性中消失了。当他成为伦理性的性格时，就认识到他的目的就是普遍物，他的尊严和特殊目的的全部稳定性都建立在这普遍物中，并且在其中确实达到了尊严和目的。

在普遍意志与特殊意志的同一中，义务和权利也就合而为一。"通过伦理性的东西，一个人负有多少义务，就享有多少权利；他享有多少权利，也就负有多少义务。"① 黑格尔认为，权利和义务体现在客观精神三个阶段上都有其不同的关系。在抽象法的阶段，权利和义务是由不同的主体承担的，我有权利，别一个人则负有相应的义务；在道德的阶段，还没有对我自己的知识和意志的权利，以及对我自己福利的权利，但是都应当同义务一致起来成为客观的。只有到伦理阶段，权利和义务才达到实在的统一。

"伦理性的实体包含着同自己概念合一的自为地存在的自我意

---

① 黑格尔：《法哲学原理》，商务印书馆1961年版，第172—173页。

识，它是家庭和民族的现实精神。"① 伦理是现实的，只有从实体性的家庭和民族出发，才能认知其中的精神，而个人是偶性的，从个人出发的考察只能做到将单一的东西集合并列，但不能把握精神。为此，对伦理精神的考察要经历三个实体性（社会性）环节或阶段：（一）直接的或自然的伦理精神——家庭；（二）市民社会、各个成员作为单个人的联合，即在形式普遍性中的联合，这种联合基于成员的需要，通过保障人身和财产的法律和维护他们特殊利益和公共利益的外部秩序而建立；（三）这个外部秩序的国家，在实体性的普遍物中，在致力于公共生活的目的和现实的国家制度中返回自身，并在其中统一起来。

"由于实体是自由的个别性和普遍性的绝对统一，所以每个个别人的现实和活动都是自为的和自顾的，既受到他只存在在其相互联系中的那个预先假定的全体的制约，也是向一个普遍的产物的过渡。"② 奉行知性方法论的研究者往往是从单个的、孤立的个人出发去探讨社会矛盾，这样社会就只是众多单个人的拼合，自然法的倡导者们关于个人自然权利及其通过协议让渡部分权利集合为总体权利，以建立维护其共同利益、协调相互关系的国家的观点，就是这种方法论的突出表现。经济学中的从孤岛上的鲁滨孙来设定"经济人"的思路，也是如此。黑格尔并不否认个人利益和自由，但他认为每个现实中的个体人都是以社会为前提的，都是社会的产儿。社会的伦理实体和精神对每个人来说都是预先设定的，而且也是他们生命和自由的必要条件。伦理精神首先就体现于含有自然因素，与自然精神直接统一的家庭。"作为精神的直接实体性的家庭，以爱为其规定，而爱是精神对自身统一的感觉。因此，在家庭中，人们的

---

① 黑格尔：《法哲学原理》，商务印书馆1961年版，第173页。
② 黑格尔：《精神哲学》，人民出版社2006年版，第330页。

情绪就是意识到自己是在这种统一中、即在自在自为地存在的实质中的个体性，从而使自己在其中不是一个独立的人，而成为一个成员。"① 爱是意识到我与别一个人的统一，并从这种统一中获得我的自我意识。爱作为感觉，是具有自然形式的伦理。个人在家庭中的权利，首先是他在家庭中的生活，只有当家庭解体，家庭成员开始成为独立的人时，才表现出来。家庭的第一个环节是婚姻；进而是财产和地产，即外在的定在；最后是子女的教育和家庭的解体。

婚姻作为直接伦理关系首先包括自然生活的环节，性别的统一是内在或自在地存在的，这种外在的统一在自我意识中转变为精神的统一。黑格尔反对康德将婚姻视为民事契约关系的观点，强调"婚姻是具有法的意义的伦理性的爱"②，他也考虑到除当事人双方的特殊爱慕还有出于父母的事先考虑和安排等等导致的婚姻，但不论怎样的婚姻，其出发点都是当事人双方"自愿组成为一个人"，并抛弃自己的自然的和单个的人格。"实体性的真挚性使婚姻成为个人之间的一种不可分割的纽带，即成为一夫一妻制的婚姻；身体上的结合是伦理上被连接起来的联系的后果。进一步的后果则是个人的和特殊的利益的共同体。"③ 家庭是法律上的人格在所有物中具有它的外在实在性，它只有在作为财富的所有物中才具有实体性人格的定在。家庭成员个人的特殊需要和欲望的自私心，转变为伦理性的对一种共同体的关怀和增益。家庭的法律人格在对他人关系上，以身为家长的男子为代表。家庭财产是共同所有物，任何一个成员都没有特殊所有权。家庭相对于宗族和家族来说是一个自为的独立体，个人所有物同婚姻关系有本质联系，而同宗族或家族的联系则较为

---

① 黑格尔：《法哲学精神》，商务印书馆1961年版，第175页。
② 同上书，第177页。
③ 黑格尔：《精神哲学》，人民出版社2006年版，第331页。

疏远。实体上婚姻的统一在子女身上成为自为地存在的实存和对象。子女有被扶养和受教育的权利,其花费由家庭共同财产来负担,"婚姻缔结中所设定的伦理,在孩子的第二次的、精神上的诞生中,即在使孩子成为独立的个人的教育中实现了。"① 子女是自在地自由的,他们不是物体,不属于包括父母的任何人,教育就是使子女达到独立的自由的人格,具有脱离家庭的自然统一体的能力。子女经教养成为自由的人格,被承认为有法律人格,有能力拥有自由的财产和组成自己的家庭,并经婚姻而成为新家庭时,旧的家庭在伦理上就解体了。而家庭的自然解体则因父母特别是父亲的死亡引起,这样就有了财产的继承问题。这个问题在当时欧洲是很复杂的,黑格尔从维护家庭基本关系出发,提出了自己的见解,强调以家庭的实体性为原则,不能以死亡者赤裸裸的直接任性为立遗嘱权的原则,不能让这种任性违反家庭的实体性的法。家庭的扩大和解体通过人格原则而分成许多家庭,从而形成民族。但这只是民族形成的一种方式,还有出于暴力或自愿而集合等方式,由这些方式形成的民族是市民社会②,并有了市民社会的伦理精神。

"市民社会,这是各个成员作为独立的单个人的联合,因而也就是在形式普遍性中的联合,这种联合是通过成员的需要,通过保障人身和财产的法律制度,和通过维护他们特殊利益和公共利益的外部秩序而建立起来的。"③ 在市民社会中,每个人都以自身为目的,但如果不同他人发生关系,他就不能达到他的全部目的,因此他人

---

① 黑格尔:《精神哲学》,人民出版社2006年版,第332页。
② 黑格尔对民族的形成并没有系统研究,他所说的"民族"实为国家民族,而对从家族到民族之间的一系列历史环节:氏族、氏族联合体、部族、部族联盟等并未加以区分(也可能与翻译有关),统称之为"民族",这在历史哲学中尤为突出。
③ 黑格尔:《法哲学原理》,商务印书馆1961年版,第174页。

就成为特殊的人达到目的的手段。但是特殊目的通过他的关系就取得了普遍性的形式，并在满足他人福利的同时满足自己。利己的目的在受普遍性制约的实现中，建立起一切方面的相互依赖的制度，个人的生活和福利以及它们权利的定在，都同众人的生活、福利和权利交织在一起。个人作为市民社会的私人，都是以自身利益作为自己的目的，这个目的是以普遍性的制度为中介和手段的，但同时又只能按普遍方式规定他们的知识、意志和活动，并使自己成为社会联系的锁链中的一个环节。"在这种情况下，理念的利益——这是市民社会的这些成员本身所意识不到的——就存在于把他们的单一性和自然性通过自然必然性和需要的任性提高到知识和意志的形式的自由和形式的普遍性的这一过程中，存在于把特殊性教养成为主观性的这一过程中。"①

市民社会有三个环节：（一）需要的体系；（二）司法对所有权的保护；（三）警察和同业公会。

市民社会的第一个环节是需要的体系。"各个人的特殊性首先在自身内包含有他们的需要。这些需要满足的可能性在这里是包含在社会的联系中的，而这种联系是一切人从中获得他们的满足的普遍财富。在这种中介性的观点已在那里得到实现的状态里，直接地占有外部东西作为满足需要的手段不再会或几乎不会发生；这些东西都是所有物了。获得它们，一方面为所有者的意志所制约和中介，而所有者的意志作为特殊的意志以满足多种多样的需要为目的，另方面则为通过自己的劳动永远重新产生可交换的手段这种情况所制约和中介；借助于一切人的劳动以满足需要的这种中介就构成普遍的财富。"② 说得如此复杂的道理，其实只是：在市民社会中，个人

---

① 黑格尔：《法哲学原理》，商务印书馆 1961 年版，第 201 页。
② 黑格尔：《精神哲学》，人民出版社 2006 年版，第 333 页。

的大部分需要只能通过社会联系得到满足，而他人的财富是有所有权保护的，要取得它们，必须以相应价值的自己所有的财富与之交换，而他人又应有自己的特殊需要而将其所有物拿出来交换。为了以交换获取自己需要的财富，就要以劳动来生产可满足他人需要的财富。这是斯密政治经济学的基本观点，黑格尔用来构筑他市民社会学说的基础。黑格尔准确地理解了市民社会中需要的性质，在人与人互为手段，以需要和劳动彼此满足的条件下，"需要并不是直接从具有需要的人那里产生出来的，它倒是那些企图从中获得利润的人所制造出来的。"① 为特异化了的需要服务的手段和满足这些需要的方法，越来越细分和繁复，它们本身变成了相对的目的和抽象的需要。获取利润成了本质性的需要，是主导劳动和需要的需要。进而，他对劳动方式和财富进行了哲学意义上的概括。他指出，不用加工就可以直接满足需要的物质越来越少，而特异化的需要日益增加，社会状况趋向于需要和享受无穷尽的殊多化和细致化，劳动是满足这些需要的手段。劳动通过各色各样的过程，加工自然物质以合乎殊多目的，因而具有价值和实（效）用。人的消费正是人努力的成果。而劳动并非人的本能，必须经过教育使人获得知识并使思想灵活敏捷。理论或理智教育是语文教育，② 在语文教育的基础上是通过劳动的实践教育，以形成勤劳习惯并限制人的活动，使之适应物质的性质和别人任性的需要，通过训练具备普遍有效的技能。劳动中普遍的和客观的东西存在于抽象化过程中，从而引起手段和需要的细致化，并产生了分工。分工使个人劳动变得更加简单，提高

---

① 黑格尔：《法哲学原理》，商务印书馆1961年版，第206—207页。

② 黑格尔关于学校教育的观点，比起现在中国以死记硬背知识的所谓"素质（分数）教育"来说不知高明多少倍！其区别的实质就在理性方法和知性方法。

了抽象的技能和生产量。技能的抽象化使人们在满足其需要的依赖性和相互关系中成为一种必然性。

在劳动和满足需要的依赖性和相互关系中，主观的利己心转化为对满足其他一切人的需要是有帮助的东西，即通过普遍物而转化为特殊物的中介。"在一切人相互依赖全面交织中所含有的必然性，现在对每个人说来，就是普遍而持久的财富。这种财富对他说来包含着一种可能性，使他通过教育和技能分享到其中的一份，以保证他的生活；另一方面他的劳动所得又保持和增加了普遍财富。"[①] 分享财富要受到资本和技能的制约，而技能又受到资本和偶然情况的制约，从而导致各个人的财富和技能的不平等。这里黑格尔已看到资本在财富生产和占有中对技能的主导作用，而这正是资本雇佣劳动制的本质所在。无限多样化的手段及其在生产和交换中无限交叉的运动，由于其内容中的普遍性而集合并区分为各种普遍的集团，形成等级的差别。等级分为实体性的、反思的和形式的、普遍的三种。实体性的等级以耕种土地的产物为财富，即从事农业的等级；反思和形式的等级是产业（工业）等级，以对自然物的加工制造为职业；普遍等级以社会的普遍利益为职业，从事国家和公共事务管理的等级，它或者拥有私有财产，或者由国家给予待遇。这是对魁奈《经济表》中三个等级划分的哲学表述，其中实体性等级是《经济表》中的生产等级，反思和形式等级是不生产等级，普遍等级为领主、地主和官僚等级。黑格尔和魁奈一样，按职业分等级，但未按照财产所有权对等级中的阶级进行划分。他认为，个人属于哪个等级受天赋才能、出生和环境的影响，而决定因素在于主观意见和特殊任性。而个人只有成为定在，成为特定的特殊性，把自己限制于某一特殊领域或等级，才能达到现实性，在等级制度中伦理性的

---

① 黑格尔：《法哲学原理》，商务印书馆1961年版，第210—211页。

情绪就是正直和等级荣誉,"出于自己的决定并通过本身的活动、勤劳和技能,使自己成为市民社会中某一个环节的成员,使自己保持这一成员的地位,并且只是通过普通物的中介来照料自己的生活,以及通过同样的办法使他的意见和别人的意见都得到承认。"① 为此,道德就在等级关系中具有独特地位和作用。这是黑格尔在德国刚步入市民社会,封建和教会势力还很强大的情况下良好的理性愿望,而对于等级制度中的阶级矛盾并未涉及。这个理性愿望贯穿于他的全部伦理观念。

市民社会的第二个环节是司法。黑格尔并不否认市民社会的矛盾,但认为这里的矛盾仅为个人之间在所有权上的矛盾,这个矛盾应由司法来处理。司法由法律、法律的定在法院构成。法的现实性,一方面要为意识所知道,另一方面要有效力,从而被人们知道为普遍有效的东西。"法律是自在地是法的东西而被设定在它的客观定在中,这就是说,为了提供于意识,思想把它明确规定,并作为法的东西和有效的东西予以公布。通过这种规定,法就成为一般的实定法。"② 实定法除适用于特殊物外,还适用于个别的场合。法律既是一个系统,又继续不断地需要新的法律规定。在市民社会中所有权和人格都得到法律承认并具有法律效力,犯罪就是对法律规定的所有权和人格的侵害,因而必须依法律予以刑罚,但这里也存在刑罚量的差异。法院是决定刑罚的,法院不应带有对特殊利益的主观感情,而应依循法的精神和实定法来行使其公共权力。市民社会的成员有权利向法院起诉,也有义务到庭陈述,由法院解决其权利争执。法院应有一系列法律程序,使当事人有机会主张他们的证据和法律理由,使法官洞悉案情,并奉行审判公开的原则。黑格尔对法律和

---

① 黑格尔:《法哲学原理》,商务印书馆1961年版,第216页。
② 同上书,第218页。

法院的论证,在细节上并没有更多新意,他更多的是在主张要以法的精神来制定法律,依法律调节,以至建立市民社会的秩序。

> 在有些人看来法律甚至是一种祸害和亵渎,而把出自天然的爱的世袭神权和贵族的统治和被统治看作是纯真的状态,却把法律的统治看作是腐败的和不公正的状态,这些人忽视了这个情况:星球等等,和牲畜一样,是按照规律被统治的,而且被统治得很好,可是这种规律在这些东西那里只是内在的,不是为它们自身的,不是作为被建立起来的法律,然而人却是这个知道他的法律的东西,人因而能够真正地只服从这样被知道的法律,正如他的法律只有作为被知道的法律才能够是公正的法律,但在别的方面按主要内容来说确实必定是偶然性和任意性,或至少是和这些东西混合在一起而受到污染的。[①]

法律是规律——绝对精神在人的世界中的体现,以法律规范市民社会,消除与之不适应的封建领主制,是绝对精神的要求,因而也是必然的、合理的。对法律的论证,充分展示了黑格尔的反对封建领主制,主张资本主义制度的变革理念。

在市民社会中,正义是一件大事,好的法律可以使国家昌盛,自由所有制是国家繁荣的基本条件。个体人完全交织在特殊性中,有权要求保证所有权和增进福利,这是通过警察和同业公会实现的。黑格尔在这里所说的警察,是指广义的行政,即公共权力或"外部国家"。市民社会的日常需要是无限繁复和交叉的,无论从生产和交换,或是从尽可能减省这方面的调查和洽商工作,都会产生共同利

---

① 黑格尔:《精神哲学》,人民出版社2006年版,第336页。

益，也有供共同使用的手段和设施，因此要求公共权力予以监督和管理。与此同时，生产者和消费者之间也会发生利益冲突，需要一种凌驾于双方之上的、有意识的调整工作。市民社会犹如一个普通家庭，其中每个人都是它的子女，为此市民社会有义务和权利监督和教育它的子女，这项工作也应由公共权力机构来完成。对于挥霍成性并因此毁灭自身和家庭的人，公共权力应把他们置于监护之下。对于贫困的个人，应提供援助，但更应探明贫困的原因，即市民社会的雇佣劳动制及资本主导的追求利润的生产导致的财富过剩，因此市民社会总是不够富足的，不能杜绝贫困和贱民的发生。因此，对利润的追求又会向外部民族寻求消费者，以至建立殖民地。对此，也都要求公共权力发挥作用。"警察的措施首先在使包含在市民社会特殊性中的普遍物得以实现和维持，它采取了外部秩序和设施的方式，以保护和保全大量的特殊目的和特殊利益，因为这些目的和利益是存在于普遍物中的。其次，作为最高指导，警察的措施又负责照顾超出这个社会范围以外的利益。"①

市民社会的第三个环节是警察和同业公会。警察是作为公共权力维护和保证外部普遍性的关系，而同业公会则主要维护特殊的部门和利益。"在这个特殊性的范围内，实体性的普遍性的目的及其实现始终局限于特殊的部门和利益的事务。这就是同业公会，在同业公会中特殊的市民作为私人找到其财富的保证，他同样在那里面从其个人的私利中摆脱出来，而有一种为相对普遍目的的有意识的活动，正如在法和国家的义务中有其伦理一样。"② 同业公会是继行会之后的工厂主、手工业者、商人等同行业者的组织，它在当时的德国还有生命力，但在资本主义经济发达的英国基本上已废除。同业

---

① 黑格尔：《法哲学原理》，商务印书馆1961年版，第248页。
② 黑格尔：《精神哲学》，人民出版社2006年版，第340页。

公会主要形成于产业等级。农业等级由于其家庭生活和自然生活的实体性，普遍等级由于它的规定中就具有普遍物，并自为地以普遍物作为活动目的和基地，因而这两个等级中不会形成同业公会。

市民社会的劳动组织按照它特殊性的本性，分为各种部门，市民社会的成员依据他的特殊技能成为某同业公会的成员，所以同业公会的普遍目的的完全是具体的，其范围也不超过产业和它独特的业务和利益所含有的目的。"同业公会在公共权力监督之下享有下列各种权利：照顾它内部的本身利益；接纳会员，但以他们的技能和正直等客观特质为根据，其人数则按社会的普遍结构来决定；关心所属成员，以防止特殊偶然性，并负责给予教育培养，使获得必要的能力。"[①] 因此，同业公会也可以说是其成员的"第二个家庭"。在同业公会中，家庭具有它的稳定基础，它的生活按能力而得到了保证，它在其中具有稳定的财富，同业公会的成员不必用其他外部表示来证明他的技巧以及他的经营收入和生活，就能证明他是某种人物的社会地位，他属于一个整体，他在这个整体中有他的尊严。同业公会中对贫困的救济丧失了它的偶然性，同时也不会使被救济者感到不当的耻辱，财富要履行它对团体的义务，也就不能引起所有者的骄傲和别人的嫉妒。在同业公会中，个人发挥自己技能谋求利益的自然权利受到的限制，仅以在其中被规定为合乎理性为限，同时被提升为对一个共同目的的自觉活动。同业公会的尊严性与婚姻的神圣性一样，是市民社会个人所围绕着转的两个环节。人作为伦理性的实体，除了私人目的外，有必要参加普遍活动，在同业公会中个人在照顾他自己的同时，也在为别人工作，从而达到自觉和能思考的伦理。同业公会必须处于国家的监督之下，否则就会僵化、固步自封而衰退为可怜的行会制度。

[①] 黑格尔：《法哲学原理》，商务印书馆1961年版，第249页。

同业公会作为资本主义工商业发展初期的组织，具有其历史的意义，同时也有其局限，这种局限不是黑格尔所设想的在国家监督下就可以克服的，而是随着资本主义的发展而消亡。从对同业公会的论述中，我们也可以看到黑格尔的理想化受其对象的局限而表现出的局限性，这一点在对国家的论证中同样表现出来。

　　国家是伦理的第三个阶段，从逻辑上说国家是家庭和市民社会演化的结果，而"在现实中国家本身倒是最初的东西，在国家内部家庭才发展成为市民社会。而且也正是国家的理念本身才划分自身为这两个环节的。在市民社会的发展中，伦理性的实体达到了它的无限形式，这个形式在自身中包含着两个环节：（1）无限区分，一直到自我意识的独立的自身内心的存在，（2）教养中所含有的普遍性的形式，即思想形式，通过这种形式，精神在法律和制度中，即在它的被思考的意志中，作为有机的整体而对自身成为客观的和现实的。"①国家在现实中是先于市民社会和家庭的，黑格尔的这种认识不仅符合历史，更说明了国家在社会变革中的主导作用。市民社会是资本主义出现之后形成的，是资本主义的社会形式，而法哲学中所论的家庭，也是在市民社会中才形成的，与此前封建制、奴隶制的家庭有本质区别。而市民社会及其家庭，都是在国家层面变革的产物。明确了这一点，也就能理解黑格尔关于国家是市民社会的概括的思想了。

　　黑格尔的国家概念，受到后人诸多指责，或者说他为普鲁士国王的专制进行辩护，或者说他脱离市民社会的基础来论说国家。这种种指责，有一个共同点，就是没有弄懂黑格尔国家概念的定位与内涵。黑格尔之前的资本主义者所批判的国家，是指未经彻底改造的旧的封建、专制政权，他们从尚未形成成熟阶级的资本家个人角

---

① 黑格尔：《法哲学原理》，商务印书馆1961年版，第252页。

度来论说国家，或是批判，或是提出革命主张。而黑格尔的国家概念，则是从资产阶级总体阶级意识的规定，是资产阶级的阶级意识中的国家。虽然这样的国家在现实中还未完成，但他在概念上却完成了对它的规定，因此是理想性的。这种理想性的资本主义国家与现实是有明显差距的，但却是黑格尔伦理观及客观精神的必要环节。

黑格尔认为，国家是表现为特殊意志的自由独立性的自由，既是普遍的又是客观的自由。这个现实有机的精神是关于一个民族的，通过特殊民族精神的相互联系，进而在世界历史实现自己并显示为普遍世界精神。国家是有自我意识的伦理实体，是家庭原则和市民社会原则的结合。因而国家是自由精神实现的目的，与市民社会和家庭是有机统一的。家庭中作为爱的情感的这同一个统一性就是国家的本质，这个本质通过能知的和自行发动的意志获得了被知道的普遍性形式。国家直接存在于风俗习惯中，间接存在于单个人的自我意识和他的知识和活动中。而个人的自我意识由于它具有政治情绪而在国家中，即在自己的实质中，在自己活动的目的和成果中获得了实体性的自由。"国家是绝对自在自为的理性东西，因为它是实体性意志的现实，它在被提升到普遍性的特殊自我意识中具有这种现实性。这个实体性的统一是绝对的不受推动的自身目的，在这个自身目的中自由达到它的最高权利，正如这个最终目的对单个人具有最高权利一样，成为国家成员是单个人的最高义务。"① 国家是客观精神，个人只有成为国家成员才具有客观性。

国家的理念包括三个环节，一是国家法或国家制度，二是国际法，三是世界历史。

国家法是国家制度的法的规定，国家不是外在的对个人的限制，而是具体自由的现实。具体自由在于：个人的单一性和特殊利益不

---

① 黑格尔：《法哲学原理》，商务印书馆1961年版，第253页。

但获得完全发展，权利获得明白承认，而且通过自身过渡到普遍的利益，并认识和希求普遍物，以普遍物为自己的实体性精神。对于私权的家庭和私人福利的市民社会来说，国家一方面是外在必然性和它们的最高权力，另一方面又是它们的内在目的，国家的力量在于它的普遍的最终目的和个人特殊利益的统一。"个人对国家尽多少义务，同时也就享有多少权利。"① 国家是现实的，它的现实性在于整体的利益是在特殊目的中成为实在的，并始终是普遍性与特殊性的统一。政治制度首先是国家组织和国家内部关系中的有机生命过程，并把自己区分为几个环节，发展它们，使它们巩固地存在。

在《精神哲学》中对国家法的论证是以宪法为核心的，国家首先"就是内部国家法或宪法；"② 而到了《法哲学原理》中几乎未提宪法，此外关于政治自由、平等的淡化，对王权的突出等被人视为"保守"的做法，或许是受政治环境的影响而做的修改，但其基本理念依然保持。但《法哲学原理》中的"国家法"部分，由于不谈宪法，因而只是上面我们提到的关于国家和市民社会、家庭，以及个人的关系。这里我们着重探讨《精神哲学》中对宪法的论证。黑格尔认为，法律（包括宪法）表达客观自由的内容规定，是绝对的最后目的和共同的作品，是通过各等级代表们的作用和各个人的全部活动、私人操心而产生出来的。"宪法是国家权力的有组织的划分。它包含有种种规定，理性意志，就它在个体里只自在地是普遍意志而言，就是以这种方式，一方面达到对它自身的意识和理解并且被发现，另一方面通过政府及其各特殊部门的作用而被转变为现实，并在这现实里保存起来和得到保护，以避免来自政府及其各特殊部门与同样来自各个人的偶然主观性的侵害。宪法是实存着的正义，

---

① 黑格尔：《法哲学原理》，商务印书馆1961年版，第261页。
② 黑格尔：《精神哲学》，人民出版社2006年版，第341页。

即自由在其一切合理规定的发展中的实现。"① 在黑格尔看来，宪法与民族精神是统一的，宪法的保证，即法律是合理的和法律的实现是可靠的这种必然性，在于集中起来的民族精神，即民族据以拥有对其理性的自我意识的规定性。这是一个相当深刻的观点。什么人和怎样组织起来的权威有权制定宪法，与谁有权制定一个民族的精神是同一个问题。"宪法是从精神中、只与精神自己的发展相一致地发展的，并且和精神一起经历着由概念决定的种种必然的形成阶段和变更。"②

国家制度由内部国家制度和对外主权两个环节构成，内部国家制度或政治国家包括立法权、行政权、王权，它们分别为规定和确立普遍物的权力；各个特殊领域和个别事件从属于普遍物的权力；作为意志最后决断的主观性的权力，它把被区分出来的各种权力集中于统一的个人，因而它是君主立宪制的顶峰和起点。在《法哲学原理》中，对君主立宪制的主张得到系统论证，并在国家制度的权力顺序上将王权放在首位，他的理由是，之所以从王权开始，即从单一性开始，是因为单一性包含着作为整体的国家所具有的三个环节，即国家制度和法律的普遍性、作为特殊对普遍的关系的咨议、作为自我规定的最后决断。这样的排列和论述也与《精神哲学》有明显不同。行政权是执行和实施国王的决定，贯彻和维护已经决定了的东西，即现行的法律、制度和公益设施等，并包括审判权和警察权。而立法权所涉及的是法律的进一步规定，以及具有普遍性的国内事务，"立法权本身是国家制度的一部分，国家制度是立法权的前提，因此，它本身是不由立法权直接规定的，但是它通过法律的不断完善、通过普遍行政事务所固有的前进运动的性质，得到进一

---

① 黑格尔：《精神哲学》，人民出版社2006年版，第342—343页。
② 同上书，第346页。

步的发展。"① 立法权是一个整体,在其中起作用的首先是王权,其次是行政权,第三是等级,其代表为议员,市民社会各等级选派议员,等级议会分为两个议院。议院的职能是咨议和审议,并将等级议会议事公布于舆论。《法哲学原理》中关于内部国家制度的论证,明显地与《精神哲学》有差异,其原因大体上是由外部环境造成的,是黑格尔在政治上的妥协性的表现。虽然如此,但他的基本理念仍然维持着。

对内主权或内部国家制度的理想性在于精神及其现实性,国家的各个环节按其必然性获得发展,并作为国家肢体稳固地存在着,国家具有个体性,现实的直接个人就是国君,由他代表国家或为国家标志。这种个体性作为排他性的自为的存在,表现为它对别国的关系,每个国家都是独立自主的。在国际关系中对内主权表现为对外主权,独立自主是一个民族最基本的自由和最高的荣誉。国与国的矛盾使国家的独立自主受到威胁,其常备军这个特殊等级首先担负起应付争论的责任,全体公民都有义务响应号召捍卫自己的国家,以至动员全国力量全力对外作战。国家的对外关系属于王权的范围,只有王权有权直接统率武装力量,通过外交、宣战、媾和以及缔结条约等方式保卫国家主权。在国家关系中产生出国际法,"国际法中自在自为的东西保存着应然的形式,因为它的现实性是以享有主权的各个不同意志为依据的。"② 国际间存在各色各样的关系,它们由发生关系的双方独立的任性来规定,具有一般契约形式的性质,但又与市民社会中的契约有明显区别。国际法的基本原则在于,条约作为国家彼此间义务的根据,应予遵守。但在国与国的主权关系之上,并没有超国家权力的普遍意志制约,条约应由缔约双方的特殊

---

① 黑格尔:《法哲学原理》,商务印书馆1961年版,第315页。
② 同上书,第346页。

意志来实现。如果特殊意志之间不能达成协议，国际争端只有通过战争来解决。由于各个国家都是以作为特殊意志的独立主体相互对待，又由于整体的特殊意志完全以它自身的福利为内容，所以福利是国家在对别国关系中的最高法律。而国家在相关关系中的矛盾和冲突，使各民族的精神得以展示并相互制约辩证发展。"从这种辩证法产生出普遍精神，即世界精神，它既不受限制，同时又创造着自己；正是这种精神，在作为世界法庭的世界历史中，对这些有限精神行使着它的权利，它的高于一切的权利。"①

世界历史是国家，从而也是伦理的最后一个环节，对此，黑格尔后来在《历史哲学》中系统论证。在《精神哲学》中这部分内容以世界历史法为题初步形成，到《法哲学原理》中又加以引申。我们在这里仅限于探讨上述两书的相关内容，对《历史哲学》则在后面专门探讨。

黑格尔认为，历史是精神的形态，它的发展阶段是作为直接的自然原则而存在的，是相互外在的多元性，并由一个民族体现着。"这种环节作为自然原则所归属的那个民族，在世界精神的自我意识的自我发展进程中，有执行这种环节的使命。"② 这个民族在世界历史的这个时期就是统治的民族，它创立了新纪元，但只能是一次。它有绝对权利成为世界历史特定阶段的担当者，其他民族的精神则都是无权的，在世界历史中"都已不算数了"。而统治世界历史某一阶段的民族中的个别人，其作为民族精神的代表和体现者，是世界精神实体性事业的活的工具，他们的事业是与世界历史性行动同一的。国家是从家庭、游牧民、部落、群体等过渡而来，这是理念采取民族形式的实在化。"在一个民族的定在里，实体性的目的就是成

---

① 黑格尔：《法哲学原理》，商务印书馆1961年版，第351页。
② 同上书，第354页。

为一个国家和保存自己为国家；没有国家组织的民族（一个民族本身）实际上就没有历史，就像在其他国家形成之前实存过的那些民族和其他一些现在都还作为野蛮民族而实存着的民族一样。"① 各种民族精神在作为绝对的普遍的具体理念的世界精神中，具有它们的真理和规定，它们围绕着世界精神，作为它的现实化的执行者、见证者和饰物出现。作为精神它是积极运动以求绝对知道自己，使它的自我意识从自然直接性的形式中解放出来而达到它本身。精神解放所体现的世界历史原则有四个：一是以实体性精神的形态为原则；二是善的伦理性和个体性；三是能认识的自为的存在在自身中的深入；四是从无限对立那里返回的精神。根据这四个原则，世界历史可分为四个王国或阶段：东方的、希腊的、罗马的、日耳曼的。

黑格尔对国家的论证受其政治环境的制约，明显地具有言不由衷和自相矛盾处。这是任何一个在专制条件下追求自由的思想家都会遇到的问题。黑格尔虽然不得不向王权做某些妥协，但他的自由精神却依然坚持，并努力贯注于国家概念中。

八　自在的绝对精神的具体直观和表象：艺术

经过自然精神、主观精神和客观精神的演化，"绝对精神领悟到了是它自己在设定着存在，是它自己在产生着它的他物，即自然和有限精神，所以这个他物就失去了任何与它对立的独立性的外观，完全中止其为精神的一种限制，而且只是作为手段出现，精神借助于这个手段达到绝对的自为存在，达到它的自在存在和它的自为存在、它的概念和它的现实性的绝对统一。"② 在《精神现象学》里，

---

① 黑格尔：《精神哲学》，人民出版社2006年版，第357页。
② 同上书，第26页。

绝对精神是在最后一个环节"绝对知识"中加以论证的，而艺术还包括于宗教之中，以"艺术宗教"为题加以论证。到《精神哲学》，将《精神现象学》中的"精神"分为"主观精神"和"客观精神"，加上灵魂这一环节作为出发点。并把意识（含自我意识和理性）和精神都纳入主观精神。在客观精神的论述中，又将伦理与道德的位次对调。这样在论证伦理的最后范畴"国家"之后，就转入"绝对精神"，绝对精神不仅是《精神现象学》所论证的"绝对知识"，即哲学的内容，而且是作为一个大的阶段，是主观精神和客观精神的统一，并把艺术从宗教中剥离，成为绝对精神的第一环节。这样，绝对精神就包括艺术、宗教和哲学三个环节。我们这里的探讨，也就依这三个环节展开。

艺术作为绝对精神的第一环节，是宗教的前提，是对绝对精神的知的直接形态，"一方面是分解成为一个有关外部通常定在的作品，成为产生着这个作品的主体和直观着与崇拜着的主体；另一方面这个形态是对于作为理想的自在的绝对精神的具体直观和表象，在这个理想、即从主观精神中所产生的具体形象里，自然的直接性只是理念的符号，这个自然的直接性为想像着的精神所神化而成为理念的表达，以至于形象在它身上就不显示其他别的什么东西，这就是美的形象。"[1] 在《精神哲学》中关于艺术的概念性论证基础上，黑格尔于19世纪20到30年代在海德堡大学和柏林大学讲授"美学"（"正当名称是'艺术哲学'，或则更确切一点说，美的艺术的哲学"[2]），黑格尔去世后，他的学生霍托根据他的有关讲义提纲和几个听课者的笔记以《美学》为名编辑出版。我们这里对绝对精神第一环节艺术的探讨，也就将《美学》作为必要资料。

---

[1] 黑格尔：《精神哲学》，人民出版社2006年版，第372页。
[2] 黑格尔：《美学》第一卷，商务印书馆1997年版，第3页。

《精神哲学》中论"艺术"的内容是提要性的，它重点说明了艺术作为绝对精神第一环节的特殊性与作用，并简要论证了艺术的理念及其三种类型。而在《美学》中，则将这些内容充分展开，与《精神现象学》中对艺术的论述相呼应，系统探讨了艺术的发展史，并对各门艺术做了具体研究。

"艺术从事于真实的事物，即意识的绝对对象，所以它也属于心灵的绝对领域，因此它在内容上和专门意义的宗教以及和哲学都处在同一基础上。"① 艺术的特征是感性观照的形式，是用感情形象化的方式把真实呈现于意识，这种感性形象化在它的这种呈现里有一种较高深的意义，但不是超越这感性体现使概念以其普遍性成为可知觉的，"正是这概念与个别现象的统一才是美的本质和通过艺术所进行的美的创造的本质。"② 在艺术中这种统一的实现不仅靠感性到的外在事物，也靠观念的因素。艺术既然以真实、心灵为其特有对象，它就不能简单地以个别的自然事物来与其对象心灵相观照。也正是在这种意义上，可以说"美的东西身上的感性外在性、即直接性本身的形式，同时是内容规定性，而〔艺术之〕神在拥有其精神的规定的同时在它里面还具有某种自然成分或定在的规定。"③ 美是一种理念，而且应该理解为一种确定形式的理念，理念是概念与其所代表的实在的统一，只有出现于实在而且与这种实在结成统一体的概念才是理念。但这种统一并不是单纯的中和，其中概念仍是统治的因素。"概念并不是一种抽象的统一，和实在中各种差异相对立，而是本身已包含各种差异的内在统一，因此它是一种具体的整

---

① 黑格尔：《美学》第一卷，商务印书馆1997年版，第129页。
② 同上书，第130页。
③ 黑格尔：《精神哲学》，人民出版社2006年版，第373页。

体。"① 但概念与理念还是有差异的，概念里的规定性还是包含在统一和观念性的普遍性之中，因而概念还有其片面性。这种片面性不符合概念的本质，所以概念要依照其本质取消、否定这种片面性，使原来禁闭在观念性的主体性里的东西解放出来，转化为独立的客观存在，即体现概念的实在。概念在分散的客观存在里并不抛开或丧失它的普遍，而是通过实在并且就在实在里，把它的这种统一显示出来。概念的本质就在于它能在它的实在中保持它与它本身的统一，只有这样，概念才是真正的实在的整体。这种整体就是理念。理念不仅是概念的观念性的统一和主体性，同时也是体现概念的客体，这客体并不是与概念对立的，在这客体里概念是自己与自己发生关系。从主体概念和客体概念两方面看，理念都是一个整体，是这两方面的整体的永远趋于完满，而且永远达到完满的协调一致和经过调和的统一，只有这样，理念才是真实而且是全部的真实。只有符合概念的实在才是真正的实在，即理念使它自己达到了存在。

所以，美作为理念，应当这样理解，美与真就是一回事，或者说，美必须是真的。但美与真还是有区别的。说美是真的，是说它作为概念，是符合它的自在本质与普遍性的，并且是作为自在本质与普遍性的东西来思考的。所以作为思考对象的不是理念的感性的外在的存在，而是这种外在存在里面的普遍性的理念。这个理念也要在外在界实现自己，得到确定的现实的存在，即自然的或心灵的客观存在，真即存在其中。"当真在它的这种外在存在中是直接呈现于意识，而且它的概念是直接和它的外在现象处于统一体时，理念就不仅是真的，而且是美的了。美因此可以下这样的定义：美就是

---

① 黑格尔：《美学》第一卷，商务印书馆1997年版，第137页。

理念的感性显现。"① 而艺术就是以可被感性感知的理念，或以可被感性感知的形式显现理念。为此，"艺术为着必须由它加以创造的直观，不仅一方面需要一种外在的、给予的材料，——主观的意象和表象也都属于这类材料之列，——而且为着精神内蕴的表达，还需要从艺术所必须预感到和掌握到的意义方面来看的种种给予的自然形式。在这些形象中，人的形象是最高的和最真实的，因为精神只有在人的形象里才能具有它的形体性，并因而具有其可直观的表达。"② 艺术的特性是了解事物所显现的作为真实的东西，即根据概念来了解事物，并以适当的艺术形式来表现其理念。艺术的真实不只是"模仿自然"，而是外在因素与内在因素协调一致，而且内在因素也和它本身协调一致，因而可以把自己如实地显现于外在事物。为此，艺术就要清洗被偶然性和外在形状玷污的事物，将其与它的概念相和谐。只有通过清洗，艺术才能表现理想，艺术理想的本质就在于使外在的事物还原到具有心灵性的事物，使外在的现象符合心灵，表现心灵。自然也有美，因为自然也是绝对精神的概念的外化，自然美是抽象形式的美，是自然生命的美，如整齐一律，平衡对称等。之所以有自然美是因为自然符合规律并表现出和谐。但自然美是有缺陷的，即其直接个别客观存在的依存性和局限性。艺术美是从模仿自然美开始的，是艺术家依据理想对美的创造。

艺术家是艺术品的创造主体，艺术家以其才能和天才创造艺术。艺术创造的一般才能，首先是掌握现实及其形象的资禀和敏感，即通过听觉和视觉把现实世界的图形印入心灵里，并以记忆力记住这些图形。这个过程是从肤浅的理想转入现实，但艺术创造不同于哲学思辨，它创造的材料不是思想而是现实的外在形象，因此艺术家

---

① 黑格尔：《美学》第一卷，商务印书馆1997年版，第142页。
② 黑格尔：《精神哲学》，人民出版社2006年版，第373页。

首先要有掌握现实形象的资禀、兴趣和记忆力。其次是思考和分辨能力，以驾驭所需表现的内容或意蕴，使其作品能表现事物的真实性和理性。最后是渗透作品而且灌注生气于作品全体的情感，由此体现艺术家自我主体的内在特性。天才是真正能创造艺术作品的一般本领以及在培养和运用这种本领中所表现的活力，天才有天生自然方面，也与其所在民族的民族性等有关。想象的活动和完成作品中技巧的运用，作为艺术家的一种能力，就是灵感，即完全沉浸于主题里，不到把它表现为完满的艺术形象时绝不罢休。作为艺术家，不仅要有内在的主观条件，还要体现外在的客观性，包括尚未展开的内心生活，二者统一，才能形成自己的主观作风、风格和独创性。

> 主体是活动的形式东西，而艺术品之为神的表达，只是在这个时候：在它里面孕育和产生出来的不是任何主观特殊性的符号，而是毫无杂质、未受偶然性玷污的内在精神的内蕴。但是，由于自由只一直进展到思维，那用这种内在的内蕴所充满的活动，即艺术家的兴奋鼓舞，就像一种他身外的强制力一样，是一种不自由的激昂振奋；创造就它自身而言具有自然的直接性的形式，属于作为这个特殊主体的天才，并且同时是一种用技巧方面的智能和力学上的种种外在性所从事的劳作。因此，艺术品正是一种自由任性的作品，而艺术家则是神的宗匠。①

黑格尔将艺术分为三种类型：象征型、古典型、浪漫型，这种划分既是逻辑的，也是历史的。

象征型艺术无论从概念来说，还是从历史上出现的次序来说，

---

① 黑格尔：《精神哲学》，人民出版社2006年版，第374页。

都是开始，应看作艺术前的艺术或"艺术的准备阶段"，主要起源于东方。象征首先是一种符号，但是一种特殊的符号，它与所要象征的意义有部分的协调，也有部分的不协调，并且有暧昧性。象征性艺术作为艺术的第一个阶段，理念本身还是"漫无边际的、未受定性的"，不能由它本身产生出一种适合的表现方式，而是要在它本身以外的自然界事物和人类事迹中找表现方式。理念要隐约暗示它的概念或把尚无定性的普遍意义勉强纳入一个具体事物里，它对所找到的形象不免有所损坏或歪曲，只能达到一种抽象的协调。象征性艺术在东方世界经历了一个漫长的演进过程，大体上可分为三个环节或阶段。其一是不自觉的象征，这是象征艺术的起始，包括意义和形象的直接统一，主要体现于古波斯教；幻想的象征，主要体现于印度人对梵天的理解，把绝对——梵天这位最高的神——看成完全无差别，因而没有得到定性的普遍性的意识，是不可感觉、不可认识、永远不可思议的对象，而自我与梵天的同一即达到冥顽空无境界，人至此变成婆罗门，因而其艺术表达是幻想的象征；真正的象征，要体现于埃及人的金字塔、动物崇拜和动物面具，以狮身人首兽为代表的完整的象征。其二是崇高的象征方式，包括艺术中的泛神主义，以印度诗、伊斯兰教诗、基督教的神秘主义为典型；崇高的艺术，主要体现于《旧约》的"诗篇"，表达神作为创世主和世界主宰，而被神创造的世界是有限的，只是为显示神的光荣而存在着，人的个体正是从对万物虚无的承认和对神的崇敬赞扬里，寻求自己的光荣、安慰和满足。其三是比喻的艺术形成，自觉的象征表现在公元前小亚细亚、希腊的寓言（代表作为《伊索寓言》）和隐射语、格言、宣教故事和变形记，以及谜语、寓言、隐喻、比譬、显喻、教科诗、描绘诗、箴铭等体现着。象征型艺术的突出代表是建筑，其中有对当时的民族（应为部族）联合具有重要意义的高塔、庙宇区和城市，还有介乎建筑和雕刻之间的作品，如男性生殖器形石柱、方尖形石坊、麦姆嫩像、狮身人面像、埃及庙宇，以及印度和埃及的地下建筑、金字塔等。

古典型艺术是内容和适合内容的形式达到完整统一的艺术类型，它主要体现于古希腊时期。黑格尔认为，古希腊人生活在自觉的主体自由和伦理实体的中间地带，古希腊艺术和古希腊神话都体现着内容与形式的对应，艺术在希腊变成了绝对精神的最高表现方式，古希腊宗教实际上是艺术的宗教。古典型艺术产生于理念本身作为一种自由的无限的主体性，是对象征艺术的抽象不确的普泛思想的突破，精神作为自由的主体，是自己确定自己的，它在自身概念里就已具有符合它的外在形象，它可以把这个形象作为自在自为地适合于它的实际存在而与它融成一体。内容与形式的完全适合的统一是古典型艺术的基础。古典艺术表现的自由主体固然显出本质的普遍性，摆脱了内心世界和对外世界的一切偶然性和单纯的特殊性，同时也显出它是由普遍性分化出来的。古典型艺术达到它所特有的概念，能够把理念作为精神的个性完满地纳入它的实际存在里，内在的东西在它的形象里也只显示它自己，肯定它自己。古典型艺术的特点在独立自足性，即精神意义与自然形象互相渗透。古典型艺术是古典理想的实现，它的内容和形式的自由只能来自精神的自由，是理智清醒的人自由的创作。艺术家既知道自己所想做的事，也能做到自己所想做的事。与象征型艺术对某种动物的崇拜不同，古典型艺术则贬低动物性的东西，并以新神与旧神之间的斗争来体现精神在人世中的演进。由于古典型艺术的理想起源于自由的艺术创造，因而其塑造的神是个别的、多样化的，多神体系显示着诸神各别的个性，在维护伦理基础的同时展现了神的秀美和悦人魔力。古典型艺术在向基督教的过渡中逐步解体，其标志是讽刺，这在罗马世界得到充分体现。罗马世界的精神特点是抽象概念和死板法律的统治，讽刺是在这特殊条件下产生的，也是向浪漫型艺术转化的必需环节。

古典型艺术的代表一是建筑,二是雕刻,以雕刻为最突出。古典型建筑与象征型建筑以象征方式表现绝对和真实的东西不同,精神性的意义已经独立存在,建筑是为精神性的东西服务,精神性的东西是建筑的意义和目的。希腊建筑艺术的主要对象是公共建筑、庙宇、石柱廊和门廊,以及雅典城堡前的林荫大道等,而私人住宅却很简单;罗马则相反,私人的房屋,特别是别墅,都很豪华,皇帝的宫殿、公共澡堂、剧场、马戏场、露天剧场、水渠和喷水池也是如此,这类建筑以实用为原则,美只占装饰地位。这个领域最自由的目的是宗教的目的,体现于庙宇,以及雕刻的神像。希腊建筑风格的差异突出地表现于柱子上面,其代表作为道芮斯、伊俄尼亚和科林特三种柱式。罗马建筑的特点表现于拱形和圆顶结构,是希腊建筑和基督教建筑的中间形式。古典型艺术的中心和最突出代表是雕刻,古典理想通过雕刻达到最适合于它的实际存在的方式。"雕刻不象建筑那样把与精神对立的无机物质改造成为由精神创造的符合目的的环境,而改造成的形式所要达到的目的却不是这些形式本身所固有的而是外在的;雕刻则把精神本身(这种自觉的目的性和独立自足性)表现于在本质上适宜于表现精神个性的肉体形象,而且使精神和肉体这两方面作为一个不可分割的整体而呈现于观照者的眼前。"[①] 雕刻的本质性内容为客观的精神性和在肉体中自为存在的精神性,雕刻作为古典型理想的艺术突出善的形象,排除现象中的个别特殊细节和面相表情,具有实体性的个性。理想的雕刻形象注重一些个别特殊因素,如希腊人的面部轮廓、身体的姿势和运动、服装等,理想的雕刻形象的个性表现于符号、兵器、装饰等,以及年龄、性别和形象差异等方面,再就是对个别的神的塑造。其表现方式有单独的雕像、雕像群和浮雕,所用材料包括木料、象牙、黄

[①] 黑格尔:《美学》第三卷上册,商务印书馆1997年版,第110页。

金、青铜、大理石、宝石和玻璃。

浪漫型艺术是艺术的第三阶段,在这个阶段,"艺术的对象就是自由的具体的心灵生活,它应该作为心灵生活向心灵的内心世界显现出来。从一方面来说,艺术要符合这种对象,就不能专为感性观照,就必须诉诸简直与对象契合成为一体的内心世界,诉诸主体的内心生活,诉诸情绪和情感,这些既然是心灵性的,所以就在本身上希求自由,只有在内在心灵里才能找到它的和解。就是这种内心世界组成了浪漫型艺术的内容,所以必须作为这种内心生活,而且通过这种内心生活的显现,才能得到表现。"[1] 浪漫型艺术的形式是精神的主体性,亦即主体对自己的独立自由的认识。"浪漫的艺术就放弃了在外在的形象中和通过美去显示神本身;它把神表现为只不过是屈尊于形象,把神性东西表现为外在性中而同时又使自己本身从它里面脱离出来的内心情感,因而这种外在性在这里对于它的意义来说就只能作为偶然性出现。"[2] 古典的造型艺术(如雕刻)所造神的形象并不能表现精神的运动和活动,它们缺乏的是自为存在的主体性的实际存在,即关于神的知识和意志。浪漫型艺术则与基督所宣称的神是心灵的原则是一致的,基督教从感性表象退隐到心灵的内在生活,人性与神的统一也成为一种可意识的统一。因此,浪漫型艺术的第一阶段就是宗教范围的浪漫型艺术,包括基督的赎罪史、宗教的爱和宗教团体的精神。第二阶段是骑士风,是骑士这个特殊社会阶层心灵生活的艺术表达,包括荣誉、爱情和忠贞。第三阶段是个别人物特殊内容的形式上的独立性,包括个别人物性格的独立性、投机冒险、浪漫型艺术的解体。

浪漫型艺术主要体现于建筑和绘画、音乐、诗。浪漫型建筑的

---

[1] 黑格尔:《美学》第一卷,商务印书馆1979年版,第101页。
[2] 黑格尔:《精神哲学》,人民出版社2006年版,第375页。

一般性格是把独立的建筑和应用的建筑统一起来了，突出的是宗教建筑，其基本形式是完全与外界隔开的房屋，即基督教堂，其典型是高惕式建筑艺术和哥特式建筑，而中世纪的民用建筑也有其特点，它沿用教堂建筑，但根据需要加以改造。雕刻在浪漫型艺术里的地位并不突出，《美学》中也只是在论古典雕刻艺术的结束部分提及基督教的雕刻，但它并不像古典雕刻那样成为能造出真正合式的神像的艺术，宗教的浪漫型雕刻比起希腊的雕刻更是建筑的一种装饰。而绘画、音乐和诗才是浪漫型艺术的代表，它们都是从属于基督教会活动的，并由此成为较适合于表现内心生活和由精神渗透的外界特殊事物。浪漫型艺术的主体性原则是神和人两方面所共同的，它成了这两方面重新统一的结合点，神性的东西是作为主体或人格，作为自觉的绝对所具有的无限精神性，作为代表精神和真实的神而由艺术去掌握并表现出来的，与之相对的凡人的主体性既然不再和精神的实体性紧密结成一体，就要按照它的全部凡人的特殊性展现出来，凡人的整个心境和丰富的表现也可以由艺术去处理。从表现的外在方面看，它的特殊细节不但成为独立自主的，而且有权利显示出独立自主性，这里的主体性是自为存在或自觉的主体性，离开了它的实际存在而退回到观念世界，即情感、情绪、心境和观感等内心生活。绘画、音乐和诗就成了这种主体性原则的适当的表现形式。绘画是从古典雕刻转入浪漫型艺术的第一环节，它以画的方式把内容表现于外在的人性和一般自然事物的形状，使它成为可以眼见的，但已不是停留在雕刻的感性和抽象性的内心世界。绘画大体上可分为三个时期：拜占廷绘画、意大利绘画、荷兰和德意志绘画。绘画还是占空间的外在形象，并不完全适合精神主体性的表现，因而艺术就转入不占空间事物的结构而用起伏回旋的声音结构，以获得观念性较强的时间上的存在，根据主体的亲切体会把自己当作情感来掌握的内心生活，把心灵的内在运动的每一种内容意蕴都恰如其分地表达于声音的运动。这就是音乐。音乐的尺度是时间、拍子和节奏，注重和声与旋律。音乐分为伴奏的音乐、独立的音乐和艺术的演奏几种方式。但是艺术所要表现出来供人观照的不仅是内心生活，还要包括内心生活的外在现实中的显现和实际情况，而诗，即语言的艺术就成了精神通过所习用的语言使其他精神了解自己的工具。诗能够把精神的整体按它所含的因素完全展示出来，诗因此也是一种普遍性的艺术，它的原则通用于一切艺术，一切艺术里都有诗。《美学》中对诗的论述占了全书四分之一篇幅，这不仅说明诗在艺术中的地位，也显示出黑格尔对诗的造诣。对诗的论述从诗与散文的区别开始，诗是一种精神活动，它只为提供内心观照而工作。外在事物只有在与人意识中精神因素发生联系时，才成为诗特有的对象。诗的首要任务在于使人认识到精神生活中的各种力量，散文也能起到这种作用，也能教人认识普遍规律，也能区分、整理、理解纷繁的个别现象。二者的区别在于：诗是较为古老的，在诗里普遍性的理性并不表现为抽象的普遍性，也不是用哲学证明和通过知解力来领会各因素之间的联系，这也正是诗的局限和被散文取代的原因，随绝对精神从宗教到哲学的转化，诗这种宗教阶段的主要艺术表达方式也就被散文所取代。散文的观念方式关键不是形象而是用作内容的单纯的意义，它的规范是精确、鲜明和可理解性。而诗的艺术家即诗人并不受其接受的一般知识局限，诗人需要的主要是凭想象力塑造形象的才能。诗的观念方式、语言的表现、音律和韵都是由诗的性质制约并作为诗人特殊才能的内容。诗主要分为史诗、抒情诗、戏剧体诗三类。

黑格尔认为，艺术与宗教是密切联系的，它们的关系既是历史的，更是逻辑的。尤其是浪漫型艺术，它本身就是产生于基督教，并作用于基督教的。"美的艺术只能属于那样一些宗教，在它里面作为原则的是具体的已成为内在自由的、但还不是绝对的精神性，在理念还没有在其自由的规定性里被显示和被知道的那些宗教里,虽然艺术的需要很突出,以便在直观和幻想中意识到本质的表象,甚至艺术是唯一的官能,借助于它那抽象的、自身不清楚的、由自然要素和精神要素混杂起来的内容才能试图使自己得到意识。"① 但艺术是有局限的,它有一个有缺陷的内蕴,其形式也是这样,内蕴的缺陷是由于它不是内在地在它自身里具有形式。虽然有缺陷,但艺术的出现宣告了一种还束缚于感性的宗教的没落,在艺术似乎给宗教以最高的美化、表达和光辉时,它同时使宗教超越了其局限性。美的艺术从自己的角度作出哲学所做成的同样的东西,即使精神摆脱了不自由。美的艺术是解放的一个阶段,而不是最高的解放。艺术是宗教意识的一个方面,在《精神现象学》中,黑格尔还把艺术作为宗教的一个环节或阶段,到《精神哲学》则将二者分列为绝对精神的两个阶段,但二者的联系是密切的。艺术作品以感性方式的真实,即心灵为对象,宗教则在这上面加上虔诚态度,即内心生活所特有的对绝对对象的态度,因而对绝对精神演化的探讨,也就从艺术过渡到宗教。

九 绝对精神在绝对宗教中显示自己本身:启示的宗教

"在真正的宗教,即其内容是绝对精神的宗教的概念里,本质上包含着这样一点:它是被启示的,确切地说是被上帝启示的。因为,既然知——实体借以成为精神的原理——作为无限的自为存在着的形式是自我规定着的东西,它就完全是显示;精神只有就它是为精神的而言才是精神;正是在绝对宗教中的绝对精神,它不再显示它

---

① 黑格尔:《精神哲学》,人民出版社2006年版,第376页。

的抽象的环节,而是显示自己本身。"① 在《精神现象学》里,宗教是被作为精神到绝对知识中规定的绝对精神的一个中间环节,到《精神哲学》中,概念的从抽象到具体运动中,则进一步将艺术和宗教作为绝对精神演化的环节。《精神哲学》关于宗教的论述只是提纲式、原则式的,在此基础上,黑格尔于1821年后在柏林大学多次作关于宗教哲学的讲演,其手稿和讲演记录被后人编辑成《宗教哲学讲演录》,系统而详细地记载了黑格尔的宗教思想。汉译有两个版本:《宗教哲学》据《乔·威·弗·黑格尔全集》斯图加特1928年版;《宗教哲学讲演录》,据《黑格尔20卷著作集》的第16、17卷。我们这里就依《精神哲学》的原则论述,以《宗教哲学讲演录》为主要内容,并参考黑格尔早期宗教著作展开探讨。

基督教是欧洲中世纪的文化核心,是统治的意识形态,从经院哲学到宗教改革、启蒙运动,不论是信仰、拥护,还是批判、反对,如何理解和规定上帝,都是思想界争论的焦点,也是一个无法解开的谜。黑格尔指出:"如果我们考虑到关于上帝作为精神的知识的困难,——这种知识不是有一些信仰的朴素观念就够了,而是要进展到思维,首先进展到反思的知性,不过应该要进展到用概念进行的思维。"② 在黑格尔看来,只有彻底的思维,才能在思想里正确地理解"上帝作为精神是什么"。而那些不具备思辨能力的神学家们,只是被要求论说这些理念的专职人员,但他们却"比较轻松地了事而乐意接受为此提供给他们的东西;而最轻松的就是接受上面陈述的这个结论:人对于上帝一无所知。"③ 中世纪的神学家中以安瑟尔谟和托马斯·阿奎那为代表的一些不满足于仅靠信仰理解上帝的人,

---

① 黑格尔:《精神哲学》,人民出版社2006年版,第377—378页。
② 同上书,第378页。
③ 黑格尔:《精神哲学》,人民出版社2006年版,第378—379页。

试图运用知性逻辑来进一步证明上帝作为世界本体的存在，然而由于上帝是不可感知和经验的，他们只能在逻辑中进行演绎推论。安瑟尔谟是用逻辑演绎的三段论证明上帝是本体，托马斯·阿奎那则以归纳进行上帝存在的宇宙论证明。他们的知性逻辑都脱离了知性所应面对的经验，而从"超越世界"论证上帝，因而这种论证也不可能使人从知性来确认上帝。

而近代以来的哲学家们用知性逻辑对基督教的批判和改造，也进一步证明了这种方法论的局限。先是自然神论者运用知性逻辑归纳的类比，将经验世界的实证逻辑应用到超验世界，他们知道这两个世界的界线，试图用类比去连接两个世界。或是将上帝说成世界的总设计师，当其作品完成后它就消散于其作品之中，或者说自然本身就是上帝，上帝就是自然的规律。斯宾诺莎对自然神论的类比逻辑进行了剖析，指出自然神论将上帝和天国想象为与人类一样，是天真而荒谬的。他认为，实体世界是一个自因世界，它是经验世界的原因，它自身并不需要一个外在原因或设计者。神性就是事物的自身规定性，这种神性就像上帝的神性一样，上帝的神性就被演化到万事万物之中。斯宾诺莎是用比喻和象征的方式来使用上帝这个词，它只不过是存在于实体和自然的神性规定性的另一种说法，因此他的泛神论就是无神论。而法国物质主义的无神论者则进一步以知性逻辑彻底批判、排斥上帝。他们的论证方法简单明了：如果上帝存在，那么他就应当被我们所感知和经验，目睹他的容貌、抚摸他的身体，聆听他的声音，并运用知性方法来反思我们的这些感知和经验材料。做不到这一层，那么上帝就不存在，基督教也就只是传教士们行骗江湖的编造，是"第一个傻子遇见第一个骗子"而产生的荒唐闹剧。然而，无神论者的这种直接了当的知性批判方式只是证明了"上帝对我来说是不存在"，不能说服那些坚持"上帝对我来说是存在"的人，也不能进一步揭示上帝及基督教的真实原因。康德以他的批判哲学对上帝进一步批判，他采取的方法是将上帝从知性逻辑中排除，或者说对知性来说上帝是不可知的，也是不存在的，但上帝又在一些人的观念中存在，这只能从实践理性的特点加以说明，即上帝只是道德存在的根据，公设上帝存在，意义只在维持道德实践公正性和实现至善的需要。

从安瑟尔谟到康德这一千多年的关于上帝的讨论，虽然结论各异，但方法论都局限于知性逻辑，因而也都不能真正证明上帝是什么和上帝是否存在。也正是对这段思想史的深入探究，使黑格尔认识到只用知性方法是不可能彻底解决问题的，"上帝作为精神是什么，在思想里正确地和明确地理解这点，需要彻底的思辨。其中首先包括这样一些命题：上帝只有就其知自己本身而言才是上帝；进而上帝的自知就是上帝在人里面的自我意识和人对于上帝的知，而人对上帝的知则进展到人在上帝中的自知。"①

黑格尔先规定了宗教的概念，进而考察各种宗教的演化历史，再探讨基督教及其上帝作为精神的存在。在《宗教哲学讲演录》中，他继承《精神现象学》的思路，但将艺术从宗教分离出去先行考察，这样，宗教哲学就由宗教的概念、特定的宗教、绝对的宗教三部分构成。特定的宗教包括自然宗教和个体性的宗教两个环节，是绝对宗教——也是宗教历史第三环节的基督教的前提。

在黑格尔的体系中，宗教是绝对精神演化过程的一个阶段，它和艺术与哲学一样，都是人意识的产物和环节，"对于信教的我们来说，何谓上帝，是一种众所周知的事情，是主观意识中现有的内容；但是科学地加以考察，上帝首先是一普遍的抽象名字，这名字尚没有真实

---

① 黑格尔：《精神哲学》，人民出版社2006年版，第379页。

的内容。"① 宗教是一种精神现象,其存在的依据是绝对精神。而上帝作为神圣的初始者,是处于非规定的普遍性中的精神。"只有在这一绝对的基础上,——始而,我们还将此断定为事实,——实则可能出现区分;作为精神的区分,它是意识;只有以此为起点,名副其实的宗教才得以肇始。"② 宗教中的神是以表象存在于意识,而意识以崇拜和信仰接受这个表象,"表象一方面给绝对精神的内容的诸环节以独立性并使它们彼此互为前提,而且成为相互继起的现象和事件依照有限反思规定的联系;另一方面有限表象方式的这种形式则在对于一个精神的信仰中和在崇拜的默祷中扬弃了。"③

宗教的定在是意识,宗教作为意识获得实在性。宗教概念的实在化,就是其内涵决定于它为意识而存在以及如何存在。当我们探考宗教概念时,它是我们的思想,它存在于我们的思想领域,我们对宗教概念有所思,宗教概念在我们的思中有其实在性。宗教的规定是从自然性向概念的运动,几千年来精神致力于确定宗教概念,并使之成为意识的对象。这样形成的宗教历史是依其概念向完善、具体、真、绝对的运动,基督教是其目的和终点,也是绝对的宗教,而其前的特定宗教,即自然宗教和精神个体性的宗教,则是过渡的环节,也是绝对宗教的历史前导。自然宗教是直接的宗教,它是精神与自然的统一,就其直接性而言,人无非是感性的、自然的知和自然的意愿,其形态一是法术,精神是对自然的制驭;二是自在意识的分裂所形成的宗教,精神擢升于自然之上,但开始时并不彻底,在种种精神的和自然的力量的聚集

---

① 黑格尔:《宗教哲学讲演录》I,《黑格尔著作集》第16卷,人民出版社2015年版,第64页。

② 黑格尔:《宗教哲学》(上),中国社会出版社2005年版,第60页。

③ 黑格尔:《精神哲学》,人民出版社2006年版,第379页。

中，包含极大不彻底性，精神的这种特点存在于中国宗教（度的宗教）、印度宗教（幻想的宗教）和佛教（己内存在的宗教）之中。三是向自由的宗教过渡阶段的自然宗教，包括善或光明的宗教，叙利亚宗教和谜的宗教。精神个体性的宗教为犹太宗教（崇高的宗教）、希腊宗教（美的宗教）、罗马宗教（合目的性或知性的宗教）。这是从自然宗教向绝对宗教转化的中间环节，黑格尔将希腊和罗马宗教放在犹太教和基督教之间，这与历史的时间顺序不符，他可能是从逻辑上考虑这种安排的，即犹太教与基督教之间的差异可用希腊和罗马宗教来补充。而这也表明他已发现了古希腊和罗马，尤其是经后人整理的"古希腊思想"在历史上的地位与逻辑演进的矛盾。

绝对的宗教即启示的宗教，这是《精神哲学》论证宗教这一环节的主要内容。《宗教哲学讲演录》在考察了作为历史和逻辑前提的自然宗教和精神个体性宗教之后，以主要的篇幅来探讨基督教，在对基督教做了概括并规定上帝理念的形而上学概念之后，他按基督教的基本逻辑圣父—圣子—圣灵展开论证。

黑格尔认为，基督教是绝对的、完满的宗教，在基督教中，概念对自身来说乃是对象，以此宗教为神的自我意识，它具有对象，并在这一对象中意识自身，这个对象也是意识，是呈现为区别于上帝、区别于绝对者之有限意识的意识，是规定性和有限性的意识。上帝是自我意识，它在区别于它的意识中认知自身，这个意识自在地为上帝的意识，上帝即它的自为意识。

> 上帝就是：将自身与自身相区别，自身就是对象，但在此区别中完全与自身是同一的——精神。此概念现在已实在化了，意识知此内容，并且知自身完全紧密结合在此内容中：在上帝的进程所是的概念中，意识本身就是环节。

有限的意识只有当上帝知自身在它之中时才知道上帝；如此，上帝就是精神，即他的社团之精神，也就是崇敬他的社团之精神。这就是完善的宗教，自身变得客观的概念。上帝之所是者，在此是启示的；他不再是一彼岸者、未知者，因为不仅在一种外在的历史中，而且在意识中，他已告诉人们他是什么。当上帝知自身在有限的精神中时，我们在此就有了上帝显示的宗教。①

基督教是上帝显现展示的宗教，是精神之精神，是精神的宗教。上帝设定他者，并在其永恒的运动中予以扬弃，精神的生命和行为就在于向自身显示自身。上帝的显现和展示也是对人的启示，以使人们认识其精神。绝对的宗教是真理和自由的宗教，真理在于不要将对象性者视为某种异己者，自由也是如此。"上帝（神）的规定在于：他是绝对的理念，亦即他是精神。而精神，绝对的理念，是概念与实在的统一；于是，概念在自身内则是总体，从而亦是实在。而这一实在是启示，自为存在的显示。"② 精神是生动的过程，上帝的自然和人的自然之自在存在达成统一，成为自为者，即绝对的理念。上帝的自然在于成为绝对的精神，因此上帝的自然与人的自然之统一也就是绝对的精神。

从哲学的角度看，基督教的绝对的、永恒的理念包括三个环节或形态：（一）永恒的、创世之前、外在于世界的自在自为存在之上帝；（二）创世，被造者分为物理的自然和有限的精神，这两方面对于上帝来说，是他者、之外者，上帝应与这一异己者、独存者、被

---

① 黑格尔：《宗教哲学讲演录》，《黑格尔著作集》Ⅱ，人民出版社2015年版，第141页。

② 黑格尔：《宗教哲学》（下），中国社会出版社2005年版，第413页。

其设定的隔离者和解；（三）和解的途径、过程，社团精神。"这三种形态为：永恒的己内和在己的存在，普遍性的形态；显现、分离的形态，为他的存在；从显现复返自身的形态，绝对的个别性。"[①] 从主观意识的角度看来，第一种形态是思想，第二种形态是表象，第三种形态是名副其实的主观性。而从所处空间解释，第一种形态发生在世界之外，是自在自为的上帝；第二种形态是神圣的历史，完成于世界之内，是完满的定在中的上帝；第三种形态内在于世间的社团，并臻于天界，作为教会，它是世间的天界。而从时间说，第一种形态在时间之外，第二种形态呈现为过去，第三种形态为现在。

宗教哲学是从哲学对宗教这种精神现象的考察，因此，要将理念作为神之自我启示进行规定，并将这个启示贯彻于对这三种形态的规定中。第一种形态中上帝只是作为思，为有限的精神所呈现，这是理论的意识。这是第一种关系，它是为可思的主体而存在，这一主体只关注纯粹的内容，这是圣父的王国。第二种形态的规定是圣子的王国，也是所谓上帝创世并体现于他所创造的世界的过程。这里上帝为了表象呈现于表象，上帝异化为他者——自己的对象。他者即自然，而与自然相关联的是精神，自然的精神和精神的自然统一构成世界。为了这种统一，即使人认识自然同时也认识精神，圣子来到了世间，这是信仰的开始。对有限的精神来说，不可能有上帝，或者说是不可能认知上帝。有限的精神呈现为与上帝的分离，这个矛盾内在地形成扬弃矛盾的需求，圣子以信仰的精神来解决这个矛盾，他并以上帝之子的身份经验地显现上帝，这样，历史就成为上帝自我显现的历史。而这也就形成了向圣灵的过渡，圣灵这个在教会中被神秘化的精神，不过是这样的意识：人在自然与上帝和

[①] 黑格尔：《宗教哲学》（下），中国社会出版社2005年版，第419页。

解，和解的过程成为崇拜的内容。从圣子阶段的信仰到圣灵阶段的崇拜，是人意识演化的环节，它们分别成为这两个阶段的主导意识。宗教社团即教会，是以崇拜意识聚集的组织，是信徒的有限精神与上帝这个无限精神统一的纽带。

圣父—圣子—圣灵是三个阶段、形态或环节，它们的统一，就构成基督教的"三位一体"。这是基督教的核心，也是从哲学考察基督教所要关注的主题。不论《精神哲学》的提纲式论证，还是《宗教哲学讲演录》的系统、详细的论述，都是围绕这个主题的。

在教会的统治下，基督教的神学家和传教士将上帝编造成人格化的造物主、创世者和主宰者，并以各种仪式强化信仰和崇拜被表象化、人格化的上帝和耶稣，在教会所控制的人群中，弥漫着的神秘气氛不仅严重压抑了人的意识，而且阻止了人的思维进程。上帝作为创造者和主宰者是绝对的，对它只能信仰和崇拜，不能进行知性的反思和理性的思辨。无神论者直接以感性和知性方法对上帝的批判，只能消除对上帝的信仰，但不能根除基督教作为意识形态的存在。黑格尔并不信仰一个人格化的上帝，但他不否认上帝作为一个意识环节的存在。这个已存在了一千多年的上帝，不仅是一个词，而且是所有信徒头脑中的意识。哲学所要做的，并不是消灭上帝这个词，而是以理性的思辨将这个词规定为概念，并由此改造人们的意识。以对上帝的规定为起点，对神秘而神圣的"三位一体"进行思辨的论证。

"上帝是精神；在抽象的规定中，他因而被规定为将自身隔离的、普遍的精神。"[①] 上帝并非人格化的神，对上帝的认知，既不能从感性确定性开始，也不能只是就传说中的表象进行知性反思，而

---

① 黑格尔：《宗教哲学》（下），中国社会出版社2005年版，第424页。

是将它确定为精神，是人意识演化中的一个形态，因而也是一个运动过程。"圣父—圣子—圣灵"这个三位一体，就是精神的展开，是从普遍到特殊到个体的推理。首先是普遍的理念本身，这是自在的理念，在初始的区分中，理念呈现他者，即与普遍相对立的特殊的不同的东西，而这就是其自在自为的整个理念，普遍与特殊呈现为同一。这种差别不仅在自身被扬弃，而且是不设定任何差别，此在彼中则是自身。这就是精神本身，是永恒的爱，圣灵就是永恒的爱。"上帝是爱，也就是这样的差别和这样的差别之毁弃、这样的差别之戏弄。——这样的差别，未予以认真对待，正因为如此，被设定为被扬弃者，即永恒的、单纯的理念。这一永恒的理念，昭示于基督教，并称为神圣的三位一体，——这就是上帝本身，永恒的三位一体者。"①

黑格尔进一步回答了他在《精神现象学》中提出的"上帝作为精神是什么"的问题，"所谓真［真理］，乃是自在自为的精神所是者之显示；人本身是精神，因而对其说来是真；而最初及于他之真，对他说来尚不具有自由的形态，对他说来只不过是某被赋予者、被承受者；然而，他之所以可承受，只是因为他是精神。这一真理，这一理念，称为三位一体说，——上帝是精神、纯粹的知的活动、在己的活动。"② 三位一体的关系，就是普遍—特殊—个别的逻辑关系，上帝作为抽象的圣父是永恒的普遍者，圣子则是无限的特殊性，是圣父的显现，所谓父与子不过是以有机的自然关系形象地说明普遍与特殊，上帝是肇始，他予以完成，同时又是终结，是总体。三位一体是精神的演化过程，将普遍的抽象理念转化为现实的精神，并体现于个别人的意识中。上帝是爱，圣灵也是爱，是总体的具体

---

① 黑格尔：《宗教哲学》（下），中国社会出版社2005年版，第425页。
② 同上书，第425页。

的爱。"爱意味着：成为外在于自身者；我并非在自身，而是在他者中具有自我意识，——而此乃是这样的他者，我只有在其中可得到满足，我在其中可得到自身的和睦；我之所以在，只是由于我中有和睦；倘若我中无此，我则是矛盾，我则分裂；这是他者，既然它正是如此外在于我，只是在我中拥有这一自我意识，两者只不过是这一对其相互外在的存在及其同一之意识；这一对统一的直观、感受、知，乃是爱。"①

作为爱的上帝是普遍的精神，它的创世，也就是把这普遍的精神展现于世界，世界的存在在于从背离、分离向和解的过渡趋于完成，最先见诸理念的，是圣父与圣子的关系，在圣子中，在区分的规定中，规定向进一步的区分发展，并获得区分的可能，因此进入有限的世界，有限的世界又分为自然的世界和有限精神的世界。自然的自在存在是自然的规律，而人作为精神超越自然的范围，他应超越其直接性的界限，但人又是主体的人，而且是作为自然的主体，因此是利己的。利己产生恶，与普遍性所规定的爱与善相悖。恶和善都存在于人，并由意志支配。恶与善的对立趋于和解的契机在于神的自然与人的自然之自在存在的统一被意识，也就是人接受神的普遍性。基督教《圣经》中的圣子降生与受难，不过是神的普遍性在人世中的传播和经历，以及人摆脱其个体自然性的恶和苦难途径的形象描述。在这个过程中，宗教社团意识起到了关键作用，它完成了从人到神人，到神的自然与人的自然的统一和结合的直观、意识、确信之过渡。对社团来说这是上帝显现的历史，也是神圣的历史，社团由此臻于对真理的意识，即圣灵，也是对区分、异在存在的扬弃。实在的社团即教会，其所体现的精神就是圣灵。通过教会的组织与活动，人认知了其自在精神，进入神的普遍性，并以此主

---

① 黑格尔：《宗教哲学》（下），中国社会出版社2005年版，第424页。

导意志和意识，从而达到自为的精神。"个别主体通过在它里面的精神见证，由于其直接本性的缘故，首先自为地把自己规定为微不足道的东西和恶，进而它按照它的真理的范例，借助于对这范例中自在地完成了的普遍本质性和特殊本质性的统一的信仰，也是这样一种运动：放弃它的直接的自然规定性和固有的意志，并在否定性的痛苦里与那个范例和自己的自在相结合，从而认识到自己是与本质结合为一的，这个本质通过这样的中介就使自己成为存在于自我意识中的，并且是作为普遍精神的自在自为地存在着的精神的现实出现。"①

以上是黑格尔宗教哲学的概要，黑格尔以哲学所改造了的基督教，是由爱的普遍精神为核心的爱的宗教，它不再是作为封建领主制意识形态的宗教，而是与市民社会和国家相适应的资本主义的宗教，是哲学的宗教。在对宗教里的绝对精神演化过程考察之后，思辨辩证法又转入对哲学的哲学考察。

十　绝对表象内容和形式的必然性的认识：哲学

"哲学确定自己为关于绝对表象的内容的必然性的认识和关于两种形式和必然性的认识，一方面是直接的直观及其诗歌和预先假定着的表象，即客观的和外在的启示的形式，另一方面是起初主观的进入自身，然后主观的向外运动以及信仰与预先假定的同一化的形式。所以，这种认识是对这种内容及其形式的承认和从形式的片面性中的解放，即这些形式之提高为绝对的形式，这种绝对形式确定自己本身为内容，始终与内容同一，而在这内容里则是对那个自在

---

① 黑格尔：《精神哲学》（下），人民出版社2006年版，第381页。

自为地存在着的必然性的认识。"① 绝对表象的内容是绝对精神，它的两种形式就是艺术和宗教，因此哲学"是艺术和宗教的统一，"② 艺术和宗教也都是以绝对精神为内容的认识过程，但其形式与哲学有所不同。艺术形式是外在的直观方式，艺术是主观创造以及把实体的内容破裂为许多独立形象的活动；宗教是总体性的，它在表象中自我展开着分离活动和对展开了的东西的调解活动里，不仅被绑在一起成为一个全体，而且被统一到单纯的、精神的直观里，从而被提高为有自我意识的思维。哲学"是艺术和宗教的思维着地认识了的概念，在这个概念里内容上有差异的东西被认识到是必然的，而这必然的东西被认识到是自由的。"③

在《精神哲学》里，黑格尔对哲学这一部分的论证主要是针对哲学的概念规定，并从哲学与宗教的关系展开这个规定，进而说明哲学理念的演进。由于黑格尔的整个体系都是哲学，因此这里的论证是带有概括性的总结。"在它最终把握到它自己的概念，即只不过回顾它的知时，就发现自己已经完成了。"④ 对于哲学的演进过程，他在《哲学史讲演录》中有系统论述，对此，我们将在下一章探讨。

黑格尔指出，哲学与宗教都是对绝对表象的认识，它们的区别在形式上，即哲学是以思辨辩证法为形式，宗教则是表象与反思知性为形式。对于这种区别，宗教是不关注的，只有哲学，特别是逻辑的整个进程，不仅要让人知道这种区别，而且评判它，通过评判来阐明自己和校正自己。在对认识形式的探究中，才能确信哲学与宗教的内容是一样的。宗教由于不关注这种形式的区别，因此停留

---

① 黑格尔：《精神哲学》，人民出版社2006年版，第383页。
② 同上。
③ 同上。
④ 同上书，第383—384页。

于其表象与反思知性的形式。"宗教对于一切人都是真理，这个信念是以精神的见证为根据的，而这个作为出来作证的精神就是在人里面的精神。这个自在实体性的见证就其不得不说明自己而言，最初表达在那种作为人的世俗意识和知性的通常教养中。由于这样，这个真理就陷入到一般有限性的规定和关系里去了。"① 宗教认识形式的局限，使其真理的内容陷于有限性和矛盾。黑格尔在这里对宗教认识形式的评判，是与下来反驳那些以这种认识形式对他的宗教观点的指责有关。据美国学者特里·平卡德著《黑格尔传》，黑格尔在柏林大学期间不仅与当时有影响的神学家之间就宗教问题长期争论，更受到一个无俸讲师冯·凯泽尔林克的攻击，此人向校方"提供了一部指责黑格尔哲学是实实在在的泛神论的著作——这在那时的环境下无异于指责黑格尔宣扬无神论，这种指责相当于请求柏林大学解雇黑格尔。"② 虽然因校方的重重保护而未对黑格尔造成职业和人身危害，但此事对黑格尔的刺激是很严重的，在当时的意识形态下，泛神论等于无神论，无神论则是教会和官方严格禁止和打压的。为了保护自己，也为了系统阐述自己的宗教哲学，黑格尔在柏林大学做了关于宗教的系列讲演（《宗教哲学讲演录》），其中对泛神论的说明，就是针对这种指责的。可以想见反复强调自由精神的黑格尔其实也是不自由的，而这也正是他主张自由的动因。为了应对被指责为无神论的言论，黑格尔的策略是：首先肯定宗教的内容与哲学是一样的，区别只在认识形式。在这个前提下他对宗教的评判起码不会被官方和教会视为无神论了。

由于认识形式的局限，宗教甚至在使用感性和思维的有限范畴时违背着这些范畴来抓住自己的内容，从而也就导致形式与内容的

---

① 黑格尔：《精神哲学》，人民出版社2006年版，第384页。
② 特里·平卡德：《黑格尔传》，商务印书馆2015年版，第569页。

不一致,并对这些范畴进行曲解而导致前后不一致。"精神通过这种不一致性来修正这些范畴的缺陷,所以对于知性来说,最轻松容易的事莫过于指出在信仰的阐明中的种种矛盾,并这样地为它的原则,即形式的同一性高奏凯歌作准备。"① 宗教在本质上也是思辨的,如果宗教反对概念式的理性和哲学——其内容和宗教是一样的,只能说明宗教还不能洞察其与哲学认识形式的区别,也就不能认知哲学,因为哲学与宗教是同一内容,不能认知哲学也就不能认知宗教。而这种情况恰恰说明宗教认识形式的局限。也"正是由于形式,哲学受到来自宗教的责难和指控,而反过来说,正是由于其思辨的内容,哲学受到来自一种自称为哲学的和来自无内蕴的虔诚一模一样的责难和指控;对于前者来说哲学在它里面太少上帝,对于后者来说则太多。"② 这里说的"哲学",就是指黑格尔的思辨哲学体系,而"自称为哲学"的在下文中又被称为"空虚的知性哲学",那些以宗教的"虔诚"出现的神学家们,在方法上、教养上却和"空虚的知性哲学"家是相同的。黑格尔以较大的篇幅(约占"哲学"部分三分之二)来回答这种指责,可见这种指责的危险性有多严重。也正是在这种回答中,他阐述了一个重要观点,"不确定的上帝在一切宗教里都能找到;任何一种虔诚的方式——印度人对猴、牛等等的虔诚或对达赖喇嘛的虔诚,这个对象不管其种种荒谬的规定,还是包含着类,即一般上帝的抽象。"③ 只要有虔诚的信仰和崇拜,其对象就是虔诚者意识中的"一般上帝"。这表明黑格尔对宗教的基本观点:宗教是人意识的一种形态,上帝和其他宗教崇拜的对象一样,都是人意识的产物。那些将任何一种哲学都说成泛神论的人,"他们

---

① 黑格尔:《精神哲学》,人民出版社2006年版,第384页。
② 同上书,第385页。
③ 同上书,第386页。

所不愿意的事恰好就是对概念式把握的理解。"① 也正是他们由于排斥而不具备的概念式思维方法，导致其思维的混乱和对人随意的胡乱指责。

在对印度教和伊斯兰教的分析后，黑格尔进一步指出，宗教的信仰是基于共同的表象方式，并从一个共同的需要，即作出关于上帝以及上帝与世界的关系的某种表象，以对表象的虔诚来维持信仰。将某种表象视为绝对，视为唯一，视为上帝，而把世界的事物说成是它的作品，并在将二者对立起来的同时谈其相互关系。这种认识形式就是表象和知性的方法。而哲学中也有一些人采用反思的知性，他们摒弃了宗教中"表达上帝与世界的联系的心情的、幻想的和思辨的表象方式和体系，而为了在信仰和意识中纯粹地拥有上帝，上帝就被当作本质而与现象分开，当作无限东西而与有限东西分开。"② 在做了这种划分之后，就形成了关于现象与本质、有限与无限等等相联系及对这种联系进行反思的问题，也正是反思的知性方法，使那些不想对上帝本性有所知的人把这种联系称之为不可理解的东西。由此，黑格尔进一步阐述了"抽象的统一、单纯的同一性和绝对"与"具体的统一（概念）"的区别，这种区别正是反思知性方法和思辨理性方法的基本分歧。以知性的抽象的统一或单纯的同一为绝对的方法，并不肯费力去探究事物的具体差异和内容，只要一谈到联系，谈到统一，就停留在完全抽象的、无规定性的统一，只会说同一性是哲学的原则和结果等枯燥言语，在坚持单纯同一性的这种无概念的思想的同时，丝毫没有把握具体的统一。而哲学"进展的每一阶段都是这个具体统一的特有的规定，而统一的诸规定

---

① 黑格尔：《精神哲学》，人民出版社2006年版，第386页。
② 同上书，第394页。

的最深刻的和最终的规定就是绝对精神的规定。"① 知性没有教养的人和等级满足于模糊不清的表象，而不是进展到确定的表象，不要进而从事内容的探讨，这是可以理解的，但那些知性有教养并对反思性沉思有兴趣的人却也满足于模糊不清的表象，那只能说明他们的沉思"不是当真的"。而对上帝和同一性的深奥的研究与对认识和概念的研究一样，都是思辨哲学的内容。

  这种哲学的概念就是思维着自己的理念，进行着知的真理，具有这样一种意义的逻辑东西：它是那在具体内容中即是在其现实性中得到了证明的普遍性。科学就以这种方式回到了它的开端，而这样逻辑东西就是科学的结果，即是这样精神性的东西：它从预设的、在那里概念只是自在的、而开端则是一个直接东西的判断中，因而从它在那里面它身上所具有的现象中出来而上升到了它的纯粹原则、同时即是上升到了它的要素。②

  绝对精神从抽象的逻辑的规定经过了一系列的概念运动又回到起点，但这种回归已是对绝对精神的具体论证，它是在具体内容的现实性中得到了证明的普遍性。绝对精神的运动表现为一个推论过程，最初的推论以逻辑作为基础和出发点，以自然为中项，在这个中项把精神和逻辑结合，"逻辑东西向自然生成，而自然则向精神生成。"③ 自然本质上只是被规定为通道点和否定的环节，并且自在地是理念，并通过科学的必然进程而向精神转化。第二个推论，概念运动步入精神

---

  ① 黑格尔：《精神哲学》，人民出版社2006年版，第394页。
  ② 同上书，第397页。
  ③ 同上书，第398页。

的范围，精神又成了过程的中介者，它预先假定着自然并把它与逻辑东西结合起来，科学显现为一种主观的认识，这种认识的目的是自由，而认识本身就是自由产生的道路。"第三个推论是哲学的理念，这个理念以自知着的理性、绝对—普遍东西为其中项，这个中项分裂自己为精神和自然，使前者成为预先假定，作为理念的主观活动的过程，而使后者成为普遍的极端，作为自在地、客观地存在着的理念的过程，理念之自我分割为这两方面的现象就把这两方面的现象规定为它的（自知着的理性的）种种显示，而在它里面结合着如下两个方面：正是事情的本性，即概念自己在向前运动着和发展着，而这个运动同样是认识的活动，即永恒的自在自为地存在着的理念永恒地作为绝对精神实现着自己、产生着自己和享受着自己。"①

绝对精神概念在《精神现象学》的从具体到抽象的运动中得以形成，这是黑格尔哲学体系的第一个大圆圈，第二个大圆圈是《哲学全书》，它从第一个圆圈的终点绝对精神概念的逻辑论证，即抽象的系统规定开始，历经自然精神、客观精神、主观精神，在补充了《精神现象学》中所未涉及的自然和灵魂概念的基础上，按从抽象到具体的概念运动走完了精神现象的全过程，归结于绝对精神。这时的绝对精神概念已不是抽象的逻辑存在，而是其抽象普遍性的展开，是具体的自在自为存在着的理念。但这并不是运动的终结，绝对精神还在实现着自己、产生着自己、享受着自己，并通过世界和哲学的历史，成为实在的世界精神，而黑格尔所理想的，就是世界精神在他的时代贯注于现实，作为新的时代精神导引他所希望的社会变革。

---

① 黑格尔：《精神哲学》，人民出版社2006年版，第398—399页。

第七章
绝对精神在世界历史和哲学史中的实现

　　黑格尔哲学并非某些实证主义者所妄论的只是逻辑推演和臆造，而是以感性确定性为基础的对大量现象材料的理性抽象，这种抽象过程也是实证的过程——不过并非实证主义者的初级知性概括，而是在知性概括之后又进行理性概括，是以理性统率知性的系统抽象。实证主义者因其知性方法论不可能理解黑格尔的系统抽象，就以自己的知性方法论为标尺去评判黑格尔的理性方法论，这样所有他们读不懂的东西就都视为臆造。当然，黑格尔的思辨辩证法绝非完满无缺，一方面是方法论自身的立足点、出发点、过程和结论都不完善，另一方面是所掌握的材料因当时科学和经济社会发展水平，以及黑格尔所处环境的限制尚不能满足系统抽象的需要。虽然有这些局限和缺陷，黑格尔还是努力使他的思辨逻辑与现实和历史相统一，这在前述对自然精神、主观精神、客观精神和绝对精神的探讨中均有体现，更为突出的，是在世界历史和哲学史的研究中系统贯彻了他所创立的逻辑与历史统一原则，从而使从抽象到具体概念运动与人类历史和哲学史统一起来，不仅进一步证明了他的绝对精神概念，更在这个过程中论证了世界精神和时代精神，明确了社会变革的目标和必然性。

一 绝对精神具体化的自由精神是世界历史的原则

在《精神哲学》关于国家的论证的结束部分，黑格尔以"世界历史法"为题概述了他研究世界历史的基本构想，随后于1817年到1831年，写了关于世界历史的三部手稿（现存）和多次讲演。他去世之后，他的学生甘斯将各次讲演的学生课堂笔记汇编整理出《历史哲学》，于1837年出版，后卡尔·黑格尔又于1840年对此书加以修订，增加了一部分学生课堂笔记。此书1936年由王造时据英语版汉译出版，1956年再版，2006年上海世纪出版集团重新整理出版。1917至1920年格奥尔格·拉拉又将黑格尔的相关手稿和其学生课堂笔记加以编整，出版了四卷本黑格尔《世界史哲学讲演录》，后来北莱茵—威斯特伐伦科学院《黑格尔全集》历史考订版又把黑格尔有关手稿与学生课堂笔记分别编入第18卷和27卷，2015年刘立群等人汉译的第27卷，并另有单行本《世界史哲学讲演录 1822—1823》，均由商务印书馆出版。

历史哲学是黑格尔哲学观念和方法论在世界史研究中的集合，黑格尔比之前更为明确地论证了《精神现象学》和《哲学全书》及其相关著作的基本理念，将以绝对精神为核心的概念运动逻辑与世界历史统一，不仅形成了他对历史发展规律的基本观点，更验证了以绝对精神为核心的概念运动逻辑。

历史哲学是《哲学全书》概念运动的展开和继续，是绝对精神概念的进一步具体化。虽然在《哲学全书》的《精神哲学》论客观精神的结束部分提及了世界历史，但《历史哲学》（或《世界史哲学讲演录》）中却不仅是这一部分的展开，它还包括绝对精神部分的艺术、宗教、哲学，因而是绝对精神概念的展开和继续，是以绝对精神概念为前提对人类历史发展规律的探讨和论证。在这个过程中，绝对精神概念具体化为自由精神,并将自由精神作为基本理念和原则贯彻于历史规律的研究中。

黑格尔认为,世界历史的实质是精神,"世界"这个概念包括物理和心理两方面。物质的实体是重力或地心引力,而精神的实体或本质则是自由,精神的一切特性都从自由而成立,而一切又都是实现自由的手段。"'物质'的实体是在它的自身之外,'精神'却是依靠自身的存在,这就是'自由'。"① 世界历史就是精神的自由原则在不同时代的具有代表意义的民族精神中演化的过程。各个民族的精神都是世界精神的体现,也是绝对精神在世界历史中的具体实现。各民族精神都是世界精神发展的阶梯,精神在这些阶梯中把自己完成为自在的总体。以自由精神作为世界历史的原则,这是黑格尔历史观的基本和核心。

> 我们必须在人的精神因素中考察理念,或更确切地说,考察人的自由的理念。真理有各种各样的因素。它所固有的、展现出理念的第一个最纯粹的形式,是纯粹的思维本身,因此理念是从逻辑上加以考察的。另一个形式是理念沉浸于其中的形式,是有形的自然界。最后,第三个形式是精神东西的形式。然而在精神东西的形式中间,应特别突出一个形式,看它如何在人的自由因素和人的意志因素中表现自己,以致人的意志成为自由的抽象基础,而产物则成为一个民族的整个伦理生活。这是较为贴近的土壤;但我们不仅必须抽象地考察伦理世界,而且必须考察这个世界在时间中是如何产生的。然而,自由只是一种方式,它表明伦理世界怎样产生自己所是的东西,从而才使自己

---

① 黑格尔:《历史哲学》,上海世纪出版集团2006年版,第16页。

成为自己依照概念所是的东西。这样的产生过程呈现于一系列伦理形态中，其结果构成历史的进程。①

从逻辑学到自然哲学再到精神哲学这一系列的概念运动，是绝对精神从抽象到具体的演化和展开过程。自由精神就是这一演化过程中绝对精神在人类社会的具体化，它在伦理世界中的作用和演化，不仅是伦理的本质，也构成世界历史。

自由精神具体化于人的意识和意志，人是自由精神的主体，精神是能思维的，是对存在和如何存在的思维，由此认识并规定存在的本质与规律。只有人能够思维，思维使人超脱个体存在而与普遍统一，人的存在是普遍性的，人的对象也是普遍性的，思维使个体人认识到人的普遍性，也认识到对象的普遍性，从而形成目的并按目的行事，以意志阻止或消解冲动。那属于特殊个人的冲动、欲望、热情，是人生命力的体现，也是精神实现的必要手段，但必须约束放纵和任意，这并不是自由的桎梏，而是解放的必要方式。人可以把自由设定为目的，并根据对自己和自己意志的认识来规定目的，人的独立性就在于此。人作为精神不是一个直接的东西，人的活动是超越直接性，否定直接性，达到个体性与普遍性的统一，从而是独立的，是主体，是现实的真的存在。人不是生来就有精神的，而是通过一系列的伦理关系和思维，才达到精神。"人所首先直接是的东西，仅仅是他变得有理性和有自由的可能性，仅仅是规定，仅仅是应当；只有通过管教、教育与陶冶，他才会成为他应当是的人，成为有理性的人。"② 人必须学习，把自己培养成为应当成为的人，

---

① 黑格尔：《世界史哲学讲演录 1822—1823》，商务印书馆 2015 年版，第 29 页。

② 同上书，第 34 页。

这是因为人是一种精神的东西，精神是人自身的结果，是依靠自己的存在，是意识到自己的存在，也就是自我意识，在自我意识中贯穿着精神，作为普遍性与他人相关联，并使人在保持独立性的同时实现自由。

自由精神普遍自在地存在于所有人的自我意识中，但不是所有人都能自为地意识到并实现自由。人类社会的发展，实质就是自为的自由精神的实现过程，它分阶段地体现于不同的民族精神中，这些民族精神作为世界精神的代表，是世界历史阶段性的标志。黑格尔批评了西方近代思想家从自然状态或自然秩序论证自由的做法，他强调，自然状态或原始社会虽然是精神的直接状态，却是没有自由的状态，是欲望的支配的感性生活状态。从自然状态论证自由，"是人们对这样［一种］状态通常持有的一种空洞理想，一种在对自然一词的考虑中发生的误解"①，而"精神概念是这样一种东西，这种东西是通过扬弃自己的感性生活的形式存在的，从而将自己设定成了自由的。"② 人并非从本能，从动物的蒙昧状态找到意识和理性，因而精神并非从动物开始，而是动物必须从精神开始。精神的东西只能由理念的认识加以把握。

这里，黑格尔逻辑上有一个大的缺环，他在《自然哲学》的结束部分认识到了人与动物的一般性，并似乎要从动物的演化推论出人的形成。但在这里又将人与动物划了一个明确界限，并强调人的自然状态没有自由。应该肯定，他对那种从自然状态论证自由及"自然权利"做法的批评，是有道理的，但却没有注意到一个关键问题：人既然不能从动物的蒙昧状态发展出来，那又是怎样形成的？

---

① 黑格尔：《世界史哲学讲演录 1822—1823》，商务印书馆 2015 年版，第 36 页。

② 同上。

人的自然状态没有自由,但精神又如何支配人从自然状态走出来进入自由?这个问题正是他将人的本质规定为意识,规定为精神的观念的局限。他已看到,"精神是活力,并非始终是一种直接的东西;精神是运动和活动,这种运动和活动离开最初的东西,转向另一种东西,加工和克服这另一种东西,并且在这里就在从事这项工作,从而在向最初的东西回归时,才真正变成了精神。"① 如果他所说的"加工和克服这另一种东西",是指劳动,他就找到了解决问题的钥匙,但他似乎是在强调"理念自己认识自己,而且是以理念的形式把握了自己。"② 这样就又出现了一个不可解答的难题:理念是如何"自己认识自己"的?既然精神只能归结于人这个主体,那么人又如何从自然状态中自己走出来?

虽然有这个不可克服的难题,但思辨的逻辑却可以轻松地越过缺环,甚至把"古代民族"的习俗、法规、体制、宗教和象征等等都抛开,从理念的形式直接将自由精神转化为民族精神。黑格尔认为,精神原则是由所有特殊视角组成的总体,它体现于各个民族精神,"各个民族在这种精神中完成自身,处于一个必然的发展阶段。各个民族都是精神发展的阶梯,精神在这些阶梯中把自己完成为自在的总体。"③ 民族精神是一种具体的精神,它汇集了文化的各个方面,是它们的联系和统一,起着枢纽作用。但对世界历史的哲学研究并非将所有民族精神都罗列起来,而是从中发现能够代表绝对精神具体化为自由精神的原则进展的民族精神,根据这个原则探讨相应的民族精神,并从该民族精神中规定自由精神原则的发展规律。

---

① 黑格尔:《世界史哲学讲演录 1822—1823》,商务印书馆2015年版,第38页。

② 同上书,第39页。

③ 同上书,第21页。

一个民族在历史的一个阶段曾是原则的代表，但它民族精神的"完成就是它的衰落，而且这是世界史的另一个阶段、另一种精神、另一个时代的出现，然后就出现了世界史上的另一个民族。单个的精神引发了向另一个民族的原则的过渡，从而实现了它自身的思想，这样便引起一些更高原则的形成、各个民族的原则的嬗替和世界向完善状态的迈进。"① 黑格尔以他的自由精神原则为依据，从他所掌握的各国历史资料中找出几个民族，并集中探讨其民族精神，由此构成他的世界历史。黑格尔强调，世界历史可以说是自由精神从自在到自为，从潜在到实在的实现过程，就像一粒种子萌芽时就已含有树木的全部性质和果实的滋味色相，精神在其最初的迹象中已经含有历史的全体。"东方人还不知道，'精神'——人之所以为人的本质——是自由的，因为他们不知道，所以他们不自由。他们只知道一个人是自由的。唯其如此，这一个人的自由只是放纵、粗野、热情的兽性冲动，或者是热情的一种柔和驯服，而这种柔和驯服自身只是自然界的一种偶然现象或者一种放纵恣肆。所以这一个人只是一个专制君主，不是一个自由人。"② 自由意识首先出现在希腊人中间，但他们及后来的罗马人只知道少数人是自由的，因此他们的自由的维持与奴隶制度息息相关。日耳曼民族在基督教的影响下，知道了人之为人是自由的。因此，"世界历史无非是'自由'意识的进展"③，"世界历史表现原则发展的阶程，那个原则的内容就是'自由'的意识。"④

民族与国家是统一的，精神发展的阶段是作为一个民族的自然

---

① 黑格尔：《世界史哲学讲演录 1822—1823》，商务印书馆2015年版，第23页。
② 黑格尔：《历史哲学》，上海世纪出版集团2006年版，第16页。
③ 同上书，第17页。
④ 同上书，第52页。

规定性、自然原则存在的，也就是作为一个国家存在的，"国家就是一个以自然形式存在的民族。"① 作为伦理的最高阶段，国家是民族的界定，是集合法律、政府、道德、宗教等对其中每个成员的总体制约，也是自由精神实现的必要方式。

"普遍的东西"要在"国家"里、在它的法律里、在它的普遍的和合理的许多部署里发现。"国家"是存在于"地球"上的"神圣的观念"。所以，在国家里面，历史的对象就比从前更有了确定的形式。并且，在国家里，"自由"获得了客观性，而且生活在这种客观性的享受之中。因为"法律"是"精神"的客观性，乃是精神真正的意志。只有服从法律，意志才有自由。因为它所服从的是它自己——它是独立的，所以也是自由的。②

自由并非天然的，而是要靠知识和意志的无穷的训练才能找到并获得，社会和国家对人纯属兽性的情感和原始的本能予以限制。这绝不是对自由的限制，而是合理的和依照概念的自由精神所实施的手段。国家的限制还体现于教化，教化体现的是普遍东西的形式，教化是普遍东西的活动，是思维的形式，将思维和普遍东西灌输到一切事物中。"一个民族的教化必然会产生一个结果，即它把自己的普遍东西作为一种伦理东西来认识。"③ 这种普遍的东西必须深入到宗教中去，使宗教成教化的活动，而不止是一种祭拜。

---

① 黑格尔：《世界史哲学讲演录 1822—1823》，商务印书馆2015年版，第55页。
② 黑格尔：《历史哲学》，上海世纪出版集团2006年版，第36页。
③ 黑格尔：《世界史哲学讲演录 1822—1823》，商务印书馆2015年版，第49页。

民族精神是国家的内容，国家是民族精神的形式。民族精神体现于艺术、宗教和哲学，艺术与宗教有同一个内容，不过艺术的元素是感性直观，艺术使宗教成为感性的，成为表象的对象，哲学则以思维形式规定和论述这一内容，而有限的科学则是以有限事物的关系为对象的。国家的本性是伦理生气，即普遍的意志与主观的意志在自身内的统一，这也就是国家的本质。意志的原则是自为存在，意志是活动，在外在世界有其对立面，因而是受限制的，它的原则也是有限的，与此相关的是意志对外在世界的排斥活动。人的认识是无限的，但意志是有限的，唯有理智才使意志摆脱自己受到的限制，深思熟虑的自由意志是普遍的意志，它作为自在自为者被设想与一个外在世界的对立，它自身就是力量，有生命的存在者也要被设想为普遍的力量，这种力量被设想为支配自然界和精神的主人，主人作为主体是针对他方活动的，不仅驾驭他方，而且驾驭主体自身，精神力量在自身得到映现，这种映现就是人格，并上升为自我意识。普遍的自由精神具体化于民族精神，民族精神再通过普遍与个体的统一而达每个人的人格和自我意识。

国家应该是人类自由精神的体现，它的宪法和法律，以及其制约的伦理和道德都应贯彻自由精神，但这只是原则，是历史应依从的普遍规律，历史是这个原则的实现过程。作为阶段代表性的各个国家，在体现自由精神原则时都是有缺陷的，正是这种缺陷导致的局限使其成为阶段性的，而自由精神又会在别的国家的民族精神中体现，这个新的阶段性代表的民族精神对于前一阶段代表的那个民族精神及其国家法律的缺陷有所克服，正是这种克服使它成为新阶段的体现，但它自己还是有缺陷的，因而需要更新阶段代表自由精神的国家民族来克服。世界历史就是这样在不同国家的民族精神的转化中实现自由精神的。

这是一个逻辑上可以说得通的道理，但为什么每一阶段只有一个国家民族能够体现自由精神，它是如何影响其他国家民族，而新阶段代表自由精神的国家民族又如何承续前一阶段代表自由精神的国家民族精神并突破其局限，黑格尔几乎都没有深入细致地分析，他的论述会使人产生误解，似乎绝对精神先于人类历史已选择好它的代表国家，依次将其具体化的自由精神分阶段地贯注于这些国家之中，并制约其作用的时间，然后再贯注于另一国家民族，形成新的阶段。黑格尔并不是这样思考的，他力求将原则和历史的实际进程统一起来，在一些具体环节的论证中，也曾努力以历史的资料来说明民族精神及其中体现的自由精神原则，但由于史料的缺陷（尤其是对中国历史的资料，以及所谓"希腊"历史的资料的真伪），他的论证还是演绎性的，对于几个历史阶段的转化关系，只能是以演绎性的臆断来完成。虽然有这些问题，我们仍要肯定他将人类历史作为统一的世界史，并认为其演进有内在的原则，据原则而划分历史阶段的思路。至于他将历史的原则归结于精神，既是他的基本理念和方法论的体现，也是在论证中出现问题的根本原因。明确人作为世界史的主体，物质条件是服从人这个主体发展的，这是历史研究切实的始点。黑格尔所说的人是一般意义上的人类，而非中国司马迁将历史的主体限于帝王将相。黑格尔也提到天才或伟大人物在历史中的引领作用，但他是将这些人物的伟大归结于对民族精神和自由精神的领悟和为此进行的努力，而非其本人的神异。问题出在他将作为主体人的本质规定为意识，精神既是意识的产物又是意识的主导，虽然他也涉及人的劳动、生产和经济关系，但认为这些都是手段，是精神的表现而非决定精神的因素，在历史阶段的转化中，是被动的、辅助性的，从而不能系统实证地论证历史的规律，这在对世界史的阶段性演化中突出地表现出来。

二 以自由精神原则的实现规定世界史的历程

"世界历史就是使未经管束的天然的意志服从普遍的原则,并且达到主观的自由的训练。东方从古到今知道只有'一个'是自由的;希腊和罗马世界知道'有些'是自由的;日耳曼世界知道'全体'是自由的。所以我们从历史上看到的第一种形式是专制政体,第二种是民主政体和贵族政体,第三种是君主政体。"[①] 黑格尔认为,绝对精神的理念在世界历史中体现于国家,国家是"普遍的精神生活",在这普遍的精神生活中,个体人要实现他们的意志、目的和本质,并通过国家维护自己。国家聚合了个体,使个体形成民族,国家内的个体人作为总体性的民族的成员,其意志、目的和本质都集合于民族精神,因此,世界史所考察的,正是国家和民族精神的演变。国家和民族的发展历程,就是世界史的实质所在。国家是建立在家族关系基础上的一个组织,民族也就是家族的集合。这种观点有其合理性,特别是对家族的规定,不仅扩展了家庭的存在,也在家庭与国家民族之间建立了一个中介,这在历史研究中是必要的,但这还不够,从家族到民族国家之间还经历氏族、氏族联合体(胞族)、部族、部族联盟等人的社会存在形式,黑格尔及其同代人对社会存在形式的研究还是初级的,并没有明确系统地规定这些环节,但他毕竟破除了认为国家民族是直接由家庭,甚至个人集合而成的观点。实际上,他在世界史研究中所论及的"民族",除开始阶段的中国汉民族和欧洲近代形成的民族以外,涉及的印度、波斯、希腊、罗马和早期的日耳曼,还都没有形成民族,而是部族或部族联盟,他所说的国家只是部族或部族联盟的政权机构,尚未达到民族国家

---

① 黑格尔:《历史哲学》,上海世纪出版集团2006年版,第96页。

的程度。黑格尔将这些政权机构统统称为国家，将其控制的部族和部族联盟都称为民族，无疑是有缺陷的，但这对于他的逻辑来说并无大碍，因为他所要论证的是绝对精神的理念在人类总体性社会的存在和演化，至于这种总体性社会存在形式是民族还是部族，似乎并不重要，至于政权机构及其运行的差异，则在统名之为国家的前提下，可以具体探讨。而他将"中华帝国"作为世界史的开始，中华帝国和中国汉民族确已成为国家和民族，这也为他笼统地将非国家民族的其他社会存在形式和政权机构都称为民族和国家，提供了方便。

在世界历史中，国家是绝对精神的演变环节，因而，"首要的问题是，国家采取什么样的形式，这种支持普遍目的的伦理生活是否只有一种作为毫无反思的习俗的社会伦理，这种社会伦理对各个个体而言是否是权威，是否构成作为各个个体的规定性的统一，现实生活是否合乎社会伦理，是否存在于信仰、信赖、习俗中"[①]。黑格尔正是从这个意义上考察不同国家在世界史中地位的。最初的国家多半是直接的伦理生活，是历史的童年，其主体性还不是自为的，没有得到应有的重视，是没有法律的伦理世界，它还没有进展到主体性的个体化阶段。这最初的国家组织建立在父系操纵的基础上，通过处罚、警告、责打来维持整体，这是一个平淡的、持久的王国，一种没有历史的历史，在自身内不具备理想性的对立，它的变化不是来自内部，而是来自外部，但"真正的变化只存在于内部；只有内部发生变化，一种外在东西才能突然来临。这样［一种］国家的形态存在于亚洲背部，主要是中华帝国的形态。"[②]

[①] 黑格尔：《世界史哲学讲演录 1822—1823》，商务印书馆2015年版，第106页。

[②] 同上书，第107页。

黑格尔对作为世界史起点的中国的论证，既有其深刻之处，也有因所掌握资料和方法上的问题所导致的肤浅与缺陷。其深刻，在于从其自由精神的原则指出了中国国家制度的专制实质，以及由这种专制所导致的社会生活的稳定和停滞。他指出，中国是最古老的帝国，但又是最新的帝国，很早就进展到今日的情状，"但是因为它客观的存在和主观运动之间缺少一种对峙，所以无从发生任何变化，一种终古如此的固定的东西代替了一种真正的历史的东西。"① 中国以"家庭的精神"为原则，实体的东西以道德出现，它的统治不是个人的识见，而是君主专制政体。而个人全然没有认识到自己是与这个实体的道德和专制政体的对立，没有自由意识。建立于以家庭关系为基础的道德之上的"家庭孝敬"，是其国家的特性。"中国人把自己看作是属于他们家庭的，而同时又是国家的儿女。在家庭之内，他们不是人格，因为他们在里面生活的那个团结的单位，乃是血统关系和天然义务。在国家之内，他们一样缺少独立的人格；因为国家内大家长的关系最为显著，皇帝犹如严父，为政府的基础，治理国家的一切部门。"② 臣民中没有贵族，只有皇室后裔和公卿儿孙才享有一种特权，其余的人一律平等；只有通过科举证明了才能的人做得行政官吏，国家公职都是由最有才智和学问的人充当。也正因此，欧洲近代一些人常把中国当作理想标准和模范。但中国没有宪法，因而个人和团体都没有独立的权利，中国是在没有宪法的前提下，由皇帝任命官吏和颁布政令治理政事。"中国人既然是一律平等，又没有任何自由，所以政府的形式必然是专制主义。"③ 皇帝是中心，什么事都要由他决断，国家和人民的福利都听命于他，全

---

① 黑格尔：《历史哲学》，上海世纪出版集团2006年版，第110页。
② 同上书，第114页。
③ 同上书，第117页。

部行政机构是按成规办理公事的。皇帝不仅指挥官员，还从上至下进行监督和管束。"中国的国家原则完全建立在宗法关系的基础之上。"① "对这个国家的性质可以进一步这样规定：它是道德的。"② 依照这样规定的原则和性质，黑格尔进一步论述了中国的历史、财产私有权、家庭关系、伦理式法制、科学、学术、艺术、宗教、技术等。

而其肤浅与缺陷则在于，由于片面地以其理想中的自由作为历史的原则和考察标准，并将自"希腊"以来的欧洲视为自由精神生成和演进的场所，因而把中国排斥于世界历史之外，或者停滞于"童年"时期（这两种说法实际上是矛盾的），完全不顾中国在人类发展中制度、经济、文化的先进性。这也说明他所确立的自由精神原则和标准的局限。虽然黑格尔也提到奴隶制、封建制、农奴制、宗法制等，但他并没有对之进行系统规定，也没有据制度来划分历史的阶段。至于将中国的国家原则归结为宗法关系，虽有一定道理，但却没有认识到中国秦以后的集权官僚制的特殊性，而是简单地从表面现象将这一制度说成是皇帝的家长式统治。而他对希腊、罗马、日耳曼世界早期的规定，也没有认识到其社会制度实际上是早在中国确立集权官僚制时已经废除了的奴隶制和封建领主制。而之所以在欧洲近代有那么多思想家和开明国王要效法中国，实则是要以集权官僚制取代封建领主制。从这个意义上说，中国绝非世界历史之外的国家，而是在世界历史大部分时间居领先地位的国家，更不只是世界史的"童年"，而是在两千多年前欧洲还处于部落奴隶制时期就已达到民族国家集权官僚制，虽然自身停滞，但直到黑格尔之前

---

① 黑格尔：《世界史哲学讲演录 1822—1823》，商务印书馆 2015 年版，第 122 页。

② 同上书，第 122 页。

一个世纪依然对欧洲的社会变革起着榜样作用,甚至启蒙运动中仍有人倡导效法中国实行"专制制度"(魁奈),只是法国大革命才明确了比中国先进的资本主义理念。黑格尔依从这个理念评价中国,既是其种族优越感的表现,也是依照资本主义理念反对那种效法中国的观点所必需的,这和他将希腊、罗马都视作自由精神——资本主义理念的核心——生成地一样,都是服从其现实政治理想的,至于将"日耳曼世界"不加区分地都视为"所有人都是自由的",也在于此。而他从自由精神原则对中国哲学和儒家道统的轻视与批评,也在一定程度上说明了其思想体系的片面性与缺陷,对此下面再细谈。由于缺少资料和阅读不足所造成的片面、肤浅,在论中国这部分比比皆是,如只据《易经》就说中国通行二进制算法,以及对汉字的评价等。

被黑格尔视为人类"童年"时期的还有印度、波斯,以及埃及、叙利亚、犹太等,他都将之称为国家和民族,今天在各种世界史著述中也都使用这种说法,这是不准确的,尤其是对印度,除公元前4世纪建立过短暂的孔雀王朝部落联盟之外,其后都处于部族或地区性的部族联盟,直到19世纪英国在此建立殖民地,才使印度有了一个形式上的"统一",第二次世界大战后获得独立,成为民族国家。因此,"印度"在历史上确切的地位应是一个区域,而非国家民族。由于孔雀王朝的部族联盟,使这个区域内形成了比较统一的宗教,黑格尔的论证也侧重于此。"与中国相反,印度仿佛是梦幻的国度、奇迹的国度。在中国,一切都是毫无梦幻的知性、枯燥乏味的生活,甚至连情感都是由外部来规定、设定的,并且由法律来规范的;而在印度则正相反,没有任何对象是被确定下来,与诗和幻想相悖的,而是所有东西都和幻想有关,都被弄得充满神奇。在中国,道德是法律的内容;在印度,尽管也有固定的规矩和法律,甚至有一大堆对行为的规定,但这些规定不是以伦理、情感、道德的东西作为其内容，而是以迷信为其内容。这是些行动，而这些行动无论从形式还是从内容看都毫无精神和情感。"① 印度人根本没有什么历史、编年史或对事实的叙述，对他们来说，一切当下或现实的东西都变成彩色梦幻而烟消云散。印度人不思考普遍的东西，而是把感性材料直接地、生硬地塞到普遍东西当中，其表象世界是一种充实的内在性，但它不是通过理念和概念形成的，而是个别东西与普遍东西相统一的表象。印度的伦理和宗教都与种姓相关，印度人分为五个种姓：婆罗门、刹帝利、吠舍、首陀罗、尼沙达，"每个种姓都有其特定的行业，必须遵守特别的规矩，拥有完全不同的公民权利。"② 这是一个将血缘与阶级、职业乃至生活、行为方式混为一体的社会制度，黑格尔认为种姓制度是印度退化的重要原因。与之相应的印度宗教是把直接的自然对象当作神来崇拜，太阳、星辰、山脉、河流（首先是恒河）、牛、象、猴等都是崇拜的神，与这种崇拜相联系的文化教养是放荡不羁、纵情欢乐。印度也有思辨性的宗教，即将梵天视为太一，它高于一切概念、一切理智，它是永恒的、全能的、无所不在的。梵天是创造神，它和天主教中的上帝一样并没有受到崇拜，其所崇拜的是由派别、部族等原因树立的诸神，重要的是守护神毗湿奴和毁灭神湿婆，据一个婆罗门对一个英国人的介绍，他们有33类神，每类有100组，每组有10万个。宗教崇拜的混乱，也在一定程度上说明印度只是一个有相近文化的众多部族混杂的区域，但黑格尔还将其称为一个国家民族，明显与实际不符。在混乱的宗教崇拜中，佛陀（乔达摩）创立了佛教，这是对印度宗教混乱的否定，"这种否定的提高便是'精神'集中于'无限的东西'，它

----

① 黑格尔：《世界史哲学讲演录 1822—1823》，商务印书馆2015年版，第147页。

② 同上书，第159页。

首先必须出现于宗教的情形之下。它包含在这个基本的信条内：——'无'是万物的原则，——万物都出于'无'，都归于'无'。世界上所有一切色相都是这种过程的变化，假如对于这种种色相试行分析，他们将失却他们的性质；因为万物自身都归于一种不可分的本质，而这个本质便是'无'"①。佛教的确可以扫除印度宗教的混乱，但其混乱的社会关系却不能容纳佛教，它只能在中国及锡兰等地传播。

波斯被黑格尔称为"近亚细亚"的民族，而印度和中国都属"远亚细亚"。波斯和其他近亚细亚民族属于高加索种，是欧罗巴人种，因而欧洲人在这里"还多少有点故乡的感觉"。波斯人是第一个"历史的民族"，是一个逝去的帝国，"我们从波斯世界中看到了一个纯粹的、崇高的'统一'，就是一个已经脱离了附在里面的各种特殊的东西——那就是专事显出物体为自己的'光明'——它是一个统治个人、目的在激动他们，使他们为自己成为强有力、发挥和开展他们的个性的'统一'。"②"光明"是普遍的东西，具有精神意义。在《精神现象学》中就将崇拜"光明之神"的拜火教作为宗教的第一环节。黑格尔论述的波斯帝国包括赞德人、巴比伦人、亚述人、米底人和叙利亚人，是公元前6世纪中到末期所建立的阿契美尼德王朝，其范围西边从保加利亚到东边的巴基斯坦，北边从高加索山脉伸展到南边的约旦努比亚沙漠。这被称为"帝国"的波斯实际上是一个由武力短暂维持的部族联盟——甚至应说是诸多部族的松散的拼合，其时间不过二三百年。黑格尔也认识到"波斯人只不过是一个对其他民族实施统治的核心，这些民族与波斯人截然不同，

---

① 黑格尔：《历史哲学》，上海世纪出版集团2006年版，第156页。
② 同上书，第160—161页。

并不与之相融合，而是保留着自己的统治权"①。它不是一个拥有共同习俗和法律的政治整体，其以武力征服的各个民（部）族都保留其个体性。他又着重论述了属于波斯这个"帝国"中的叙利亚和犹太，特别是对犹太教进行评说，说明了其与基督教的区别。进而考察了埃及，这是一个以崇拜动物为神的区域，但"在埃及那里找不到精神的东西和自由的学术，它们达到意识，受到很大限制，因此不能解开谜底，不能达到自由的意识"②。

由武力强制维持的庞大波斯"帝国"，作为一个历史阶段，被微小的希腊城邦所战胜，并取代了其对大部分区域的统治权。黑格尔认为，波斯人所以败给希腊，在于波斯人没有建立一个具有系统组织的帝国，在政治上没有形成一个精神，他们的军队无纪律、无组织，人数虽多却抵挡不住有组织纪律的希腊军队，"较劣的原则是给较优的原则制胜了。"③ "希腊是这样一个国度，在这个国度里，这些在波斯那里只是无机的、拼凑在一起的元素通过精神在自身的深化，保持了它们的真正的穿透能力，使得各个特殊性相互连接，提升为最高的统一性，因为精神理想化了这些特殊性。一切材料、一切元素都已经存在于波斯这里，所缺少的只是精神的统一性和这些材料在精神中的再生。从这些材料中实现精神的再生是希腊所特有的。"④ 黑格尔和所有文艺复兴以来的思想家一样，也把希腊视为欧洲，从而也是人类精神的起源和根据地。他说，到了希腊人那里，我们马上感觉仿佛"置身于自己的家里一样"。希腊是人类的青年时

---

① 黑格尔：《世界史哲学讲演录 1822—1823》，商务印书馆 2015 年版，第 223 页。
② 同上书，第 253 页。
③ 黑格尔：《历史哲学》，上海世纪出版集团 2006 年版，第 205 页。
④ 黑格尔：《世界史哲学讲演录 1822—1823》，商务印书馆 2015 年版，第 267 页。

代，表现着精神的一种具体新鲜的生命，它所采取的方式是国家、家庭，法律、宗教同时都是个性目的。希腊人的世界发端于神的自然性，但赋予这种神的自然性以精神的内涵。

黑格尔也看到，他和所有近代欧洲思想家所推崇的希腊，实际上并没有可靠的材料，他们所依据的《荷马史诗》不过是一种神话性传说，而且其出处也不确实。在《哲学史讲演录》中，他就承认古代希腊的"原始史料已经不复存在"。在《历史哲学》中，他也遇到这个问题，"这里所说的时期完全属于非历史的、暧昧不明的时期。那时候希腊的主要种族是皮拉斯斋人。关于这个种族，我们所有的记载错杂纷纭，互相抵触，学者们曾经费尽心机要使这种记载可以有条不紊——因为历史上朦胧不明的时期尤其是学者特别的好对象、好刺激。"[①] 据何新判断，古希腊的传说绝大部分是文艺复兴初期以来伪造的。[②] 而我们从所有正面论述古希腊的著述中，也几乎看不到有"原始资料"，因此关于古希腊历史和哲学的"研究"，实际上都违背了实证原则。黑格尔也是如此。但奇怪的是，那些拼尽全力攻击黑格尔的实证主义者们，却从来不指责他的这种做法，而是和黑格尔一样利用这些非"原始资料"来编写他们的希腊史和希腊哲学史。与黑格尔不同的是，实证主义者力求用其知性方法将这些不实的史料做得更实在，而黑格尔则只注重以这些资料为根据来论证他的自由精神。这与孔丘以尧、舜、禹、汤、文、武、周公为依据论说其儒家道统是异曲同工的。

"我们称为希腊民族的群体，是一个由许多外来部落汇集而成的融合体。从这些外来的部落中产生了一些著名的王室，由此形成了

---

① 黑格尔：《历史哲学》，上海世纪出版集团2006年版，第212页。
② 见何新著《希腊伪史考》，同心出版社2013年版；《希腊伪史续考》，中国言实出版社2015年版。

一些比较稳定的统治中心、伟大中心、特定的形态。这些统治部族把一些内部的小群体集合在一起。"① 可见，所谓"古希腊民族"不过是较松散的部族联盟，还未达到国家民族的程度。其中的统治部族也曾有过世袭统治者，但很快就没落，从而在其内部形成所谓"民主政体"，即部族的事务由部族成员选举其官员，但只有男性成员有选举权，妇女、外部族人和奴隶都没有选举权。传说古希腊最多时曾包括近千个部族，大概只有少数较大（如雅典，人口最多时曾达 40 万，其中 90% 为奴隶）的部族实行过选举政务官的制度。而这并没有确切史料证明的"民主"，却被启蒙运动的思想家作为批判集权专制的重要证据。相比之下，黑格尔更注重发掘其中的自由精神，不过他的着眼点首先在神话上，"在我们考察了希腊诸神的本性时，我们在他们那里看到精神是自由的。"② 这是一个奇怪的论断：神是自由的，因而人也是自由的。而这些自由的神都是属于统治部族的成年男性成员的，因而他们的精神也是自由的。希腊的政体是"优美的"，虽然"优美还不是真理，这种优美的中项介于伦理与律法之间，它为自由的个体、自由的个体性所把握和追求，但尚未成为道德性的规定，而是作为一种伦理习俗，作为意志的客观性方面存在的。"③ 黑格尔也不能忽略希腊的奴隶制，按他在《精神现象学》和《精神哲学》论述的观点，只要有不自由的奴隶，奴隶主也就是不自由的，但为什么希腊的奴隶主却是"自由的个体"？在《世界史哲学讲演录 1822—1823》中，他也看到这个矛盾，但却用"普遍自由"和"特殊自由"来化解。"只有当人知道自己不是物，

---

① 黑格尔：《世界史哲学讲演录 1822—1823》，商务印书馆 2015 年版，第 275 页。

② 同上书，第 299 页。

③ 同上书，第 306 页。

而是自主的人，知道自己无限地独立自由的时候，只有当人的概念被理解为自由的人的时候，才不会出现奴隶制。这几个前提还包括主体性的无限内在性。在希腊人眼中，他们拥有自由，只因为他们是希腊人，是这些特殊的公民。所以，我们只看到雅典人、斯巴达人等等是自由的，因为自由还没有被理解为普遍的东西，而是被理解为特殊的东西。只有自由的东西经过思考，人才会成为自由的，因为他是自由的。这种自由以思想回到其自身为前提。因此，奴隶制在希腊出现是必然的。"[1] 这等于说因为希腊人只认识到他本人是自由的，所以他是自由的，而奴隶不能认识自己是自由的，所以是奴隶。可见单纯从思维是不能说明社会制度的，自由要由思维来理解，但仅有理解并不能达到自由。

对于自由和奴隶制的矛盾，黑格尔并不想深究，在他看来，希腊毕竟有少数人理解了自由，虽然是特殊的自由，也比东方世界只有一个人的自由是一个进步，而自由精神也由此而植入世界历史。罗马也是奴隶制，它和希腊一样，也有少数人的自由。与希腊不同的是，罗马创造和发展了抽象人格的法律，这是非感情的理智的表现。罗马人发现权利的原则是不依赖心灵的，而是外在的、形式的。"在罗马，我们发现这种自由的普遍性。这种抽象的自由，在一方面成立了抽象的国家、政治和权力，来凌驾在具体的个体上面；在另一方面，创造了和这种普遍性相对的人格——就是抽象的'自我'本身的自由，这和个体不同，必须分别清楚。因为'人格'构成了权利的基本条件：它主要地在'财产'内出现，但是它对于那个和个体相关的生动'精神'的各种具体特征，漠不关心。这两种因素在一方面构成了罗马——政治的普遍性；另一方面构成了个人抽象

---

[1] 黑格尔：《世界史哲学讲演录 1822—1823》，商务印书馆2015年版，第310页。

的自由，最先出现在'内在性'的形式之内。"① 黑格尔认为，罗马的以法律形式体现的抽象人格是自由的普遍的要求，这也正是对希腊特殊自由的补充，而后来的日耳曼世界就是这二者的统一。罗马的抽象的自由虽然是自由精神的一个方面，但由于它片面坚持这种抽象性，因而不惜用无情感、无心肝的严酷手段去追求赤裸裸的统治，这表现于其法律、奴隶制、贵族政体，以及对妇女的使用、夺取、占有、利用，妻子是丈夫的奴仆，他们所生的子女也是奴仆，"可见罗马人在伦常方面的基本关系是何等地颠倒悖谬和不合道德。他们在私人性格方面这种不道德的主动的严酷性，配合他们的政治的结合上被动的严酷性。"② 也正是这一点造成了个人和国家、法律、命令的统一，从而征服了周边部族，形成了强大的军事帝国统治，而其内部既有部族间的矛盾，也有贵族与平民、奴隶的矛盾，正是这些矛盾的激化导致罗马帝国的衰落与灭亡。

在罗马以抽象的人格为依据的法律的统治下，使自由精神得以发展，这就是基督教的形成。基督教是犹太教的变种，黑格尔是从基督教新教的角度来论基督教的，因而贬抑犹太教对基督教的渊源作用，这与后来的伊斯兰教对待基督教是相似的。抛开这一层不说，黑格尔将基督教视为从罗马帝国的有限特殊性向无限普遍性的日耳曼世界过渡的精神转化或主导，则是深刻理性的。他认为，这种转化在现实中的创始人是凯撒，其作用是在将罗马帝国强化统治后所导致的衰落和分裂，其原因就在罗马的特殊精神不能主导并支撑已经普遍化了的世界。强调外在形式法律对社会制约的罗马，将每个人都视为"原子"，他们拥有对财产和奴隶（及妻子儿女）的所有权，但他们又都属于"唯一"的统治，他们的所有权也属于这"人

---

① 黑格尔：《历史哲学》，上海世纪出版集团2006年版，第261—262页。
② 同上书，第269页。

上人"。这就将特殊精神推向了极致，但还不够，还应普遍化。犹太教是在波斯帝国统治下由犹太人创立的，为了团聚本部族，将耶和华推崇为独一无二的神。这个一神论宗教以其普遍性与波斯、罗马的诸神对抗。神只有一个，即上帝，上帝所创造的众人也就有了普遍性——都是神所造并依神意而生存、活动。犹太教中反罗马帝国运动中的一名传教士耶稣，在乡村穷人中聚集了不断增加的追随者，他被逮捕并处死，但他的教派得以幸存，在保罗的领导下，以记录耶稣布道和教会早期历史的《新约》为依据，用心灵救赎的名义活动，宣称他们的《圣经》是神启，不仅是为犹太人，而是为了所有人。耶稣既是人又是神，他的王国在天堂，在保罗的努力下，犹太先知耶稣转变成全世界的救世主，他的天国是理想化平等的生存共同体，强调同情和合作。耶稣和保罗创立的宗教就是基督教，它作为一种新的意识形态，也就是黑格尔所说的时代精神，为在罗马帝国残酷专制下的部族和下层民众提出了社会变革的思想依据与原则。黑格尔也是在这个意义上将基督教作为罗马世界转向日耳曼世界的必要内容加以论述的。基督教的原则是为人类存在提供内在性，它宣称"上帝将使一切人类都获得拯救"，因而人不仅是平等的，也有不依附在生世或国土的无限价值，它排斥奴隶制，并为人类提供了精神的基地。

希腊的"自由"，乃是"幸运"和"天才"的自由；它仍旧为奴隶和神谕所限制；现在却不同了，"绝对的自由"的原则在上帝中间出现了。人类现在意识到他是参预于"神圣的"生存者，他不再处于"依赖"的关系上，而是处于"爱情"的关系上。在各种特殊目的方面，人类现在自己决定，并且知道他自己是一切有限生存的普遍的力。一切特殊的东西都退出了内在性的精神的基地，这个内在性只向着"神圣的精神"提高自己。神谕和预兆迷信因此一笔勾销;凡是有任何事机必须决定时,人类便是绝对的权力。①

在君士坦丁大帝(公元4世纪初)的统治下,基督教成为罗马帝国的国教,即其权力、帝国和战争的意识形态,它随帝国版图扩展进程不断地扩大势力,虽使众多人口成为基督教徒,却未能维系统一和缓解尖锐的矛盾,到4世纪末狄奥多西大帝将罗马分给他的两个儿子,成为东、西两个罗马,基督教也由此分为东方正教和天主教,"那个高度文明的东罗马帝国——我们可以相信,基督教精神在它的真理和纯粹性中可以明白看出——它的历史表现着一千年连续不断的罪恶、怯懦、卑鄙和无理;一幅最使人厌恶、因此也是最索然无味的图画。"② 因此自由精神的演化就落在取代西罗马的日耳曼。"日耳曼'精神'就是新世界的'精神'。它的目的是要使绝对的'真理'实现为'自由'无限制的自决——那个'自由'以它自己的绝对的形式做自己的内容。日耳曼各民族的使命不是别的,乃是要做基督教原则的使者。"③ 日耳曼是个种族,它以部族联盟的形式推翻西罗马帝国,并分裂成众多部族邦国。罗马教皇保存下来,成为这众多部族形式上的精神领袖,他是侍奉上帝的神职人员中职务最高者,但其权威远不如喇嘛教的达赖。以教皇为首的教会不仅握有神权,还参与世俗的政权和政务,因而不断与诸部族发生冲突,以致引发宗教改革和社会变革。

黑格尔将日耳曼世界分为三个时期:(一)日耳曼人出现到查理

---

① 黑格尔:《历史哲学》,上海世纪出版集团2006年版,第312—313页。
② 同上书,第316页。
③ 同上书,第321页。

曼大帝时期；（二）教会和国家（部族政权）冲突时期；（三）"合理的自由"形成时期，从宗教改革到黑格尔生存的年代。重点在后面两个时期。

黑格尔认为，日耳曼人的特性是心灵和个人自由，这使他们成为基督教原则的"负荷者"。日耳曼人因人格和忠诚而联合，并以英勇作战推翻了西罗马帝国。在日耳曼世界的第一时期穆罕默德改造犹太教和基督教形成伊斯兰教，成为一股强大势力与基督教抗衡，因而也就引发冲突和战争。虽然曾有过法兰克等短暂的"帝国"，但欧洲并没有建立起统一的国家，而是部族联盟的封建领主制。黑格尔认为，随着法兰克帝国的崩溃，欧洲进入其"中世纪"，这是一个对普遍统治权的反动、对法律权威和行政权力的反动时期，而作为欧洲统一标志的教会，也步入反动，即世俗化和堕落、腐化。为了维持教皇和教会的权威，也为了淡化尖锐的社会矛盾，11世纪末，由教皇乌尔班二世所发动的"十字军东征"，动员了几个大的部族组建的十字军展开了对犹太教和伊斯兰教的征战，历经两个世纪，占领了耶路撒冷和君士坦丁堡。黑格尔对"十字军东征"批评道："基督教会经过了这几次的十字军，完成了它的权力：它已经颠倒了宗教和神圣的'精神'；已经歪曲了基督教自由的原则，成为人类灵魂的错误和不道德的奴隶制度；这样，它不仅没有消灭不法的纵恣横暴，相反地，却使种种不法横行作为教会权力的支柱。"[①] "十字军东征"强化了教皇对皇帝和各部族首领的控制，教会的政治权力得以巩固并干预、挤压领主统治。封建制度进一步军事化，"骑士"阶层和僧侣势力大增，并由此导致腐败，从而激发更为普遍的社会矛盾。但它也导致科学技术和手工业商业的发展，火药、印刷术的发明和应用，城市里的相对自由，即市民社会形成。新旧势力的矛

---

① 黑格尔：《历史哲学》，上海世纪出版集团2006年版，第370—371页。

盾日益尖锐,其爆发点就是宗教改革。路德在攻击教会堕落和腐化的同时,提出信徒可以自己阅读《圣经》,不需要服从主教,也不需参与教会的捐款和购买"赎罪券"。宗教改革得到广大信徒和领主们的支持,最终导致世俗政权势力的增长,并在几个大的部族及其联盟中引发封建制向君主集权制的转化。与此同时,以基督教名义的新教也与天主教会脱离并在国王们的支持下成为教派。黑格尔明确地指出从封建制度到君主集权制度转化是历史的进步。"封建主权的原则是个人——诸侯、领主们的外表的力量;这是一种缺少真正的正义的力量。"① 各臣民都是君主或领主的臣属,必须履行各种义务,封建权利是用武力威胁得来的,君主和领主也要不断地运用权力才能使其臣民履行义务。而"君主政体的原则也是一种最高的权威,但是这种权威,行使于并无独立的力量来达到个人的任性的人们;在这个原则下,不再有用任性来对待任性的事情。"② 君主的最高权力本质上是国家权力,具有实体的公平的目的。封建主权是一种多头政体,是少数主人对多数奴隶,而君主政体中只有一个主人而没有奴隶。权利和法律已被承认,"正因为有了一个个人的独断意志,企图伸张来制服全体人民,才能够有一个共同本质的形成。"③ 它也运用暴力,但与封建制每一环节的统治都在使用暴力相比,要少得多。更重要的是由于统治范围的广大,必须形成相应的组织机构的规定,施行政务者,必须服从国家,依规定办事。以前的诸侯变为国家的官吏,他们的职责是行使法律。"个人脱离了他们单独的地位,变做了阶级和社团的分子;诸侯们只在团结为一个阶级之后方才有力,同时还有各城市基于它们的团体生存而成为许多权力。

---

① 黑格尔:《历史哲学》,上海世纪出版集团2006年版,第374页。
② 同上书,第374—375页。
③ 同上书,第375页。

所以君主的权威不再是一种纯粹专制独断的势力。这种势力的保持根本需要各阶级和各社团的同意；而做君主的假如要取得那种同意，他就非主持公道和正义不可。"① 封建政权过渡到君主专制政权有三种方式：（一）势力最大的领主把他属下领主的权力克服，自己成为唯一统治者；（二）各领主脱离封建关系，成为某国的疆吏；（三）最高领主用较和平的方式，把承认他优越地位的诸侯团结在自己的特殊主权下，成为全境主人。②

黑格尔在《历史哲学》中着重探讨了宗教改革与君主专制政权，这在欧洲历史上是相当重要的一个环节，虽然他认为君主政体是启蒙运动和法国大革命后应保留的政体，但对初期的君主专制还应有所改造，以与自由精神的演化相适应。在他看来，"国家体制是建立在宗教上的。宗教就这样构成国家的基础，不是说国家把宗教当作手段加以利用，也不是说国家借助宗教的顺从可以得到效劳，而是说国家仅仅是宗教的真正内容的显现。"③ 作为理想主义的变革思想家，黑格尔坚持认为人类社会是在自由精神的导引下，逐步突破个体思维和存在的局限，不断从特殊思辨普遍，由此理解人本质所需求的自由原则，在体现自由精神的宗教和哲学的国家民族的总体存在中，实现个体的自由。他对国家和宗教关系的论证，是从哲学所

---

① 黑格尔：《历史哲学》，上海世纪出版集团2006年版，第375页。

② 不知道黑格尔这样论说的时候，是否还记得他对中国政治制度的评价？实际上，欧洲到15、16世纪实行的君主专制，相当于中国春秋战国之交几个大国的制度，是秦始皇的集权官僚制的雏形。而他却认为中国的集权官僚制是比欧洲的奴隶制、封建制还落后的，但又说欧洲比中国晚了近两千年的君主制比封建制先进。黑格尔关于中国专制制度与欧洲君主专制的自相矛盾的说法，不仅表明他对中国历史和制度缺乏知识，也证明"欧洲（或日耳曼）中心论"与世界历史规律的相悖性。

③ 黑格尔：《世界史哲学讲演录 1822—1823》，商务印书馆2015年版，第433页。

规定的自由精神的具体化，首先是创立哲学的理性的宗教，进而以这个宗教为内容建立国家。也正是在这个意义上，他充分肯定宗教改革和君主集权政体，同时也指出它们的局限，突破这种局限的努力和进展，就是启蒙运动和法国革命。

启蒙运动是在宗教改革基础上自由精神的进一步演进，黑格尔认为启蒙运动的特点是思想，即"精神的抽象的东西"思想考察普遍性形式下的一切，从而形成普遍的东西。在思想中自我是在场的，它把对象和内容提到普遍性，这是完全绝对的自由，它内在地是自由的，并且自由地以实践和理论的兴趣对待其对象。"'思想'便是'精神'现在发展所到的阶段。它包含着'调和'的最纯粹的本质，同时它向外在的东西要求，要求它在本身中具有'理性'作为主体。"① "经验变成了世界的科学。"② 思想的意识首先是经过笛卡尔的努力，才摆脱了那种使"一切动摇"的思想的诡辩，当人们从理性认识了自己的理性，才对宇宙感到一种真实的趣味。自然规律的发现使人类能够对抗极端荒谬的迷信，并且对抗那种只有魔术才能克服的对于巨大而陌生的权力的观念。人们开始明确个人的独立自主，反对根据权威的信仰，自然规律是现象间唯一联系的东西，人类在自然中感到自我，他认识了自然，所以他自由了。正义和道德的基础在人类现实的意志中，而非在《圣经》中上帝的命令。"这些普遍的概念都是建筑在现实的意识上——就是建筑在'自然的各种法则'和正与善的内容上——我们把它叫做理性。认识这些法则的合法性，我们叫做启蒙。启蒙运动从法兰西输入到日耳曼，创造了一个新思想、新观念的世界。'精神'自己的内容在自由的现实中被理解，便是绝对的标准——代替了宗教信仰和'权利'（特别是

---

① 黑格尔：《历史哲学》，上海世纪出版集团2006年版，第410页。
② 同上书，第411页。

政治'权利')的积极法则的一切权威。"① 经验科学改变了人对自然和自己的认识，启蒙运动以科学来影响人的意识，从而成为新的教养。"真正的教养在本质上是科学的教养。它涉及的方面是国家，而不是教会。教会没有达到宗教自由的顶点，同时也没有达到科学的顶点，不论是在研究思维的经验科学中，还是在研究外部自然的经验科学中。"② 自然科学是从英格兰和法兰西形成的，其方法是知性的，从经验中发现自然中的普遍知识。教会充满敌意地反对科学，宣称科学导致唯物论和无神论，而知性的经验科学，也反对宗教信仰，"知性的原则是连贯、同一和关联的原则，知性借助这个原则转而反对宗教，所以［知性］是启蒙精神。"③

启蒙运动不仅是对宗教的否定，它还用其知性方法来理解国家，"当国家和政府拥有知性，把自己的效用理解为普遍目的，把自己理解为普遍东西时，由此就出现一种作为最高东西、有效东西的普遍国家目的的观念。"④ 启蒙运动对国家的理解成为革命的思想来源。"现代的革命和战争所要实现的目的、达到的结果，是通过自下而上的暴力带来国家体制的改变。"⑤ 革命发生于法国，法国大革命是哲学的产物，哲学所理解的自由精神原则动员民众反抗现行的权利和秩序。虽然在革命前法国削弱了贵族和僧侣的特权，但仍保留着一大堆特权，在经过启蒙运动教养的思想看来，这完全违反了理性，是道德的腐败、精神的堕落，法国已是一个"没有公理"的帝国，人民背负着沉重负担也不能满足朝廷的挥霍，政治逼迫着人们去探

---

① 黑格尔：《历史哲学》，上海世纪出版集团2006年版，第412页。
② 黑格尔：《世界史哲学讲演录 1822—1823》，商务印书馆2015年版，第443页。
③ 同上书，第445页。
④ 同上书，第446页。
⑤ 同上书，第447页。

索改革，而政府对改革的反对又激发了革命。以自由和公理聚合的群众伸展了它的权威，旧制度无力抵抗它的进攻，"一个同'公理'概念相调和的宪法成立了，一切未来的法律都要根据着这个基础。自从太阳站在天空，星辰围绕着它，大家从来没有看见，人类把自己放在他的头脑、放在他的'思想'上面，而且依照思想，建筑现实。亚拿萨哥拉斯第一个说，理性统治世界；但是直到现在，人类才进而认识到这个原则，知道'思想'应该统治精神的现实。"[①] 所以，黑格尔强调法国大革命是人类历史的一个光辉灿烂的黎明，一切有思想的存在，都分享到了这个新纪元的欢欣。法国大革命以一种性质崇高的情绪激动着当时的人心，以一种精神的热诚震撼着整个的世界。这充满激情的从理性对法国大革命的评价，充分表明黑格尔对它的态度，并展示了他以自由精神为原则的历史观。他同时也指出，法国大革命有明显缺陷：只注重以公理改造国家却没有照顾宗教；而立法权和行政权的关系也没有处理好；将皇帝送上断头台。尤其是将德行原则奉为至高无上的罗伯斯庇尔以德行名义所实行的恐怖统治，导致其政权的垮台，代之而起的"五人执政"又也继续了混乱。"拿破仑用军事权力恢复了这种政府权力，接着便作为一种个人意志自立为国家元首；他知道治国的方法，不久就解决了法国内政的纠纷。"[②] 进而他征服了整个欧洲，使他的开明政治散播到四面八方。他取得了伟大胜利，但军事的失败也导致了他个人的悲剧。法国大革命作为历史的一个阶段，体现并发挥了自由精神，也影响了周边的欧洲国家，但其过程中原则与现实的冲突，不仅暴露了革命运动的缺陷，也展示了知性方法的局限。

在《历史哲学》的结束部分，黑格尔写道：法国大革命和英国

---

① 黑格尔：《历史哲学》，上海世纪出版集团2006年版，第417页。
② 同上书，第421页。

工商业的发展，都是自由精神的现代体现，自由原则实现了它自己，"因为'世界历史'不过是'自由的概念'的发展。但是'客观的自由'——真正的'自由'的各种法则——要求征服那偶然的'意志'，因为这种'意志'在本质上是形式的。假如'客观的东西'在本身是合理的话，人类的识见必然会和这种'理性'相称，于是那另一个根本的因素——'主观的自由'的因素——也就实现了。"① 而探讨自由精神在现代精神中的实现，正是黑格尔历史哲学研究的目的。

三 哲学就是哲学史：逻辑与历史统一

1816年黑格尔在海德堡大学任教时，就在写作和讲授《哲学科学全书》的同时，讲授哲学史，以后在柏林大学也讲过此课，后人根据学生课堂笔记编写了《哲学史讲演录》。如果说《世界史哲学讲演录》是对《哲学科学全书》论"国家"部分的延伸，那么《哲学史讲演录》则是对论"哲学"部分的展开，同时又是对《逻辑学》的必要呼应。

> 我认为：历史上的那些哲学系统的次序，与理念里的那些概念规定的逻辑推演的次序是相同的。我认为：如果我们能够对哲学史里面出现的各个系统的基本概念，完全剥掉它们的外在形态和特殊应用，我们就可以得到理念自身发展的各个不同的阶段的逻辑概念了，反之，如果掌握了逻辑的进程，我们亦可从它里面的各主要环节得到历史现象的进程。不过我们当然必须善于从历史形态所包含的

---

① 黑格尔：《历史哲学》，上海世纪出版集团2006年版，第426页。

内容里去认识这些纯粹概念。[也许有人会以为，哲学在理念里发展的阶段与在时间里发展的阶段，其次序应该是不相同的；但大体上两者的次序是同一的。] 此外一方面是历史里面的时间次序，另一方面是概念发展的次序，两者当然是有区别的。①

这就是他所提出的逻辑与历史统一观念。黑格尔的这个观念，是以"哲学史的研究就是哲学本身的研究"②的论点为依据，也是此论点的展开、运用和证明。

在《精神现象学》中，黑格尔就形成了这样的认识：精神现象从最初的感性确定性开始，经历一系列环节达到绝对知识，并规定绝对精神概念这个过程，犹如一个婴儿意识的发展，其主体就是"我"，也可以说是人类总体意识的演进。其中的核心和主干，就是逻辑学所探讨的概念运动，这体现于一个主体"我"的哲学研究进程，也贯穿于作为主体的人类研究哲学的历史。哲学史的性质取决于哲学的目的，"哲学的目的即在于用思维和概念去把握真理，并不是去发现没有东西可以被认识，也不是去发现我们不能认识真正的真理，而只能认识暂时的、有限的真理（这就是说，一种真理同时又是不真的真理）。此外并可以帮助我们认识，在哲学史里我们所研究的就是哲学本身。"③ 哲学史也就是哲学的发展过程，它是由不同历史阶段的哲学家在其历史条件下对绝对真理的相对的阶段性认知，也可以说是对无限真理的有限的认知。他们所认识的相对、有限的

---

① 黑格尔：《哲学史讲演录》第一卷，商务印书馆1959年版，第36—37页。
② 同上书，第37页。
③ 同上书，第25页。

真理，是绝对的、无限的真理的认知。如果将这相对的、有限真理等同于绝对的、无限的真理，并固守它，阻止进一步的认知，就违背了哲学的本质和目的，也就是谬误。但如果将这阶段性相对真理的认知看成是发展的，并随历史的发展而发展，那么这一系列相对的、有限的对真理的认知就构成一个内在联系的链，其内在的逻辑也就是发展的真理，或真理的发展。历史发展的哲学，是以理性为内容和方法的，每个阶段的哲学家并不是异想天开地想出一个东西或另一个东西，他们虽然处于不同时代，但是"在思维精神的运动里有本质上的联系的"①。同样，也不能随便将某个自称或被某些人称作"哲学家"的人都纳入哲学史，而应根据自由精神的运动，根据逻辑的概念运动来选择哲学史所要研究的人和著作。

哲学是理性的自由思想的活动，哲学史是思想兴起和发展的过程。人与禽兽的区别在于有思想，但思想又是多方面的活动，"唯有当思想不去追寻别的东西而只是以它自己——也就是最高尚的东西——为思考的对象时，即当它寻求并发现它自身时，那才是它的最优秀的活动。"② 哲学史就是思想发现自己的历史，因而它只能在思想的过程中发现思想。哲学史是一系列高尚的心灵，是许多理性思维的英雄们的展览。与政治史不同，哲学史上的哲学家的人格和个人性格并不十分渗入的内容与实质"在哲学史里，它归给特殊个人的优点和功绩愈少，而归功于自由的思想或人之所以为人的普遍性性格愈多，这种没有特异性的思想本身愈是创造的主体，则哲学史就写得愈好。"③ 每一时代对科学和精神方面的创造性成绩，是人类积累的遗产，接受和掌握这份遗产，"就构成了每个下一代的灵

---

① 黑格尔：《哲学史讲演录》第一卷，商务印书馆1959年版，第26页。
② 同上书，第10页。
③ 同上书，第7页。

魂，亦即构成下一代习以为常的实质、原则、成见和财产。同时这样接受来的传统，复被降为一种现成的材料，由精神加以转化。"① 研究哲学史，就是在掌握传统的同时，进一步发展。当我们去吸收它，并使它成为我们所有时，我们就使它有了某种不同于它从前所有的特性。在这个吸收转化过程里，我假定一个已有的精神世界，并把它作为自己的一部分，"我们的哲学，只有在本质上与前此的哲学有了联系，才能够有其存在，而且必然地从前此的哲学产生出来。"② 这既是研究哲学史的目的和方法，也是研究哲学的必要途径。

哲学史研究不是各种在时间中产生出来的哲学意见的罗列和陈述，也不是要从这些意见中选出某个哲学是真的，其他哲学是错的。不论哲学各派别有多少分歧，但它们有一个共同点，就是哲学。哲学系统的分歧，并不是真理与错误的抽象对立，而是这门科学的存在和本质——发展的要求。哲学就是从理念的发展来消除知性（理智）的对立。发展是自在（潜在）成为自为（实在）的过程。凡是自在的东西必定要成为人的对象，进入人的意识，人由于有了对象才由自在成为自为。"人是能思维的，他就思维着思想。在思维里，只有思想才是对象；同样，理性产生合理的东西，理性也就是理性的对象。"③ 精神的发展是自身超出、自身分离，同时是自身回复的过程。"精神自己二元化自己，自己乖离自己，但却是为了能够发现自己，为了能回复自己。"④ 只有这样才是自由的，在思想里，一切外在性都透明了、消失了，精神在这里达到自由。哲学研究的是共

---

① 黑格尔：《哲学史讲演录》第一卷，商务印书馆1959年版，第9页。
② 同上。
③ 同上书，第28页。
④ 同上书，第30页

性，从形式上看它是抽象的，但"理念自身本质上是具体的，是不同的规定之统一。"① 与知性将普遍性抽象地分开并对立不同，理性强调具体，即各种普遍性的统一。真理、精神是具体的，它的特性是自由和必然。"精神在它的必然性里是自由的，也只有在必然性里才可以寻得它的自由，一如它的必然性只是建筑在它的自由上面。"② 而没有必然性的"自由"只是任性，是空想的、形式的自由。精神向内反省据以反省的概念就是它自身，重新把它自己与它的概念分离，以这些概念作为对象加以思考。这样的思维活动更加陶铸了以前陶铸过的材料，予以更多的范畴，使它更确定地发挥并更深邃。"这种具体的运动，乃是一系列发展，并非一条直线抽象地向着无穷发展，必须认作像一个圆圈那样，乃是回复自身的发展，这个圆圈又是由许多圆圈所构成；而那整体乃是许多自己回复到自己的发展过程所构成的。"③ 这就是哲学，是历史地发展并发展历史的哲学。

理念的发展即它的进一步明确，精神的内涵愈深，它的外延亦愈广。发展的概念的外延，并不是各自分散，彼此外在，而是一种结合，因而，发展的外延愈广、内容愈丰富，则其结合就愈深而有力。"哲学系统是一个理念的全体和它的一切部分之发挥，好像在一个有生命的个体里，一个生命、一个脉搏跳动贯穿着所有肢体一样。在理念中出现的一切的部分和所有这些部分的系统结合，均由此唯一理念产生。一切特殊部分都只是这唯一生命的反映和摹本。它们只有在理念的统一里，才得到它们的实在性，而它们的区别或不同

---

① 黑格尔：《哲学史讲演录》第一卷，商务印书馆1959年版，第31页
② 同上书，第33页。
③ 同上书，第34页

的特性，也只是理念的表现和包含在理念里的形式。"① 理念是必然性的系统，理念的这种必然性又是它的自由，因此，"哲学是在发展中的系统，哲学史也是在发展中的系统。"② 思想进程的不同阶段，都具有其必然性，就像植物的芽、叶、茎、花、果依次出现一样，内在的理念是哲学发展阶段性的主导。哲学的使命是揭示理念各种形态的演化及各范畴在思想中被认识的必然性。哲学所研究的理念发展的不同阶段、环节，出现在变化的形态中的不同民族，它们各自有其特殊的政治环境和错综复杂的社会关系，哲学史研究要充分考虑这一点。

哲学史是掌握理念系统发展的科学，而非一堆知识的汇编。理念是具体的，是相异者的统一，是自身区别和发展的，它实现自身并外在化于思想领域，是在思维中作为在时间中进展着的存在。这种思想成分是抽象的，是个人意识的活动，但精神并不仅是个人有限的意识，而是普遍的具体的理念。这种具体理念的普遍性包含它发展出来的一切形态和方面，其中精神是符合理念的对象，因而精神对于它自身的思维的认识，就是充满了发展的全部实在的进展。"这种进展并不是通过个人思想，表现在个人意识里面的进展，而乃是具有丰富形态，揭示其自身于世界史中的普遍精神的进展。在这种发展的过程里，理念的某一形式某一阶段在某一民族里得到自觉；而这一民族在这一时间内，只表现这一形式，即在这一形式内它造成它的世界，它造成它的情况。反之，那较高的阶段，在许多世纪以后，又发现在另一民族里。"③

哲学史上有众多派别，不能按知性方法将哲学派别视为固定的、

---

① 黑格尔：《哲学史讲演录》第一卷，商务印书馆1959年版，第35页。
② 同上书，第35页。
③ 同上书，第39—40页。

死板的、彼此互相排斥的，哲学的具体理念是揭示出它所包含的区别或多样性的发展的活动。唯有包含区别在内的东西才是具体的，区别对于理念是本质的，并构成理念的内容。内容展开的多，它就有了形式，这些形式结合起来构成一个总的形式，它们就是理念的各个范畴。每个哲学系统都是一个范畴，它并不与别的范畴相互外在或排斥，这些范畴必然要被结合在一起，成为一个整体的诸环节。"在精神解放自身达到自我意识的途中，须有许多曲折的道路。"[1] 而哲学史就是有必然性的、有次序的进程。这个进程是合乎理性的，是为理念所规定的，偶然性必须在进入哲学领域时排除掉。"概念的发展在哲学里面是必然的，同样概念发展的历史也是必然的。这种发展的主导力量是各种多样性的形态之内在的辩证法则。"[2] 曾经必然地出现的哲学体系，都不会被消灭，而是作为全体的诸环节肯定地保存在哲学里。以前哲学所保存下来的是其特殊原则，最新的哲学则是所有先行原则的结果，所以没有任何哲学是完全被推翻了的，"被推翻的并不是这个哲学的原则，而只不过是这个原则的绝对性、究竟至上性"[3]。历史上的哲学所提出的原则，都是特殊的，虽然当时曾试图解释世界，但其所能解释的还是有限的。如"单一"范畴就不能表达精神的深度，笛卡尔的原则只能适合解释机械性，不适宜解释其他（植物、动物等）。由于历史上各哲学系统的特殊原则都包含在最新的系统中，因而哲学史所研究的并不是已经过去的东西。哲学史的内容是理性的科学成果，哲学史上的英雄们是伟大的灵魂，他们的外在生命一去不复返了，但他们的思想和原则却依然活着。每一个哲学系统在全部过程里都是一特殊的阶段，都是其时代的哲

---

[1] 黑格尔：《哲学史讲演录》第一卷，商务印书馆1959年版，第41页。
[2] 同上书，第43页。
[3] 同上书，第43—44页。

学,是精神发展全部链条中的一环,只能满足适合于它时代的要求,不能超越时代去评判。

哲学史的研究要注重其与历史的关系。哲学史的外表形象由个别人物构成,对哲学史的研究必须依时间次序对这些人物逐一加以陈述,但要排除时间方面外在的历史,而揭示民族和时代的一般性格和一般情况。属于某一时代的一定的哲学是那个时代一般性格的一个方面、一个环节,为此要考察其与历史环境的关系,尤其是政治和宗教的关系。黑格尔强调,哲学与政治、宗教的关系并不是以其各自独立为出发点,也不可用"互相影响"或"相互作用"等说法来表示,"主要的范畴乃是所有这些不同的形态之统一,即认为:只有一个精神显现于或表示在各个不同的环节里"①。也就是说,哲学与政治、宗教等都是同一个绝对精神具体化的时代精神的体现,其相互关系是由时代精神决定的,它们不过是从不同层面表现时代精神而已。

哲学作为时代精神的思维和认识,是在民族的精神从原始自然生活的蒙昧混沌境界挣扎出来,并超出了欲望私利的观点,离开了追求个人目的的时候产生的,"当一个民族脱离了它的具体生活,当阶级地位发生了分化和区别,而整个民族快要接近于没落,内心的要求与外在的现实发生了裂痕,而旧有的宗教形式已不复令人满足,精神对它的现实生活表示漠不关心,或表示厌烦与不满,共同的伦理生活因而解体时,——哲学思想就会开始出现。精神逃避在思想的空旷领域里,它建立一个思想的王国以反抗现实的世界。"② 哲学要对思想所开始破坏的世界予以调和,但"哲学所做的调和工作不是现实的调和而只是在理想世界里的调和。所以希腊哲学家大都逃

---

① 黑格尔:《哲学史讲演录》第一卷,商务印书馆1959年版,第57页。
② 同上书,第58页。

避了国家的事务,而成为一般人民所称的偷闲者,因为他们退避到自己的思想世界里面。"① 黑格尔的这种观点是与他对哲学本质的规定相悖的。哲学本质上是对时代精神的规定,那么也必然要在历史阶段的转化中起作用。在这里,他看到哲学是在社会矛盾尖锐化,旧社会已不能继续的时候产生的,而且是要调和矛盾,虽然带有理想色彩,但毕竟会在现实中有所作用。而他所说的"逃避国家事务"的哲学家们的"理想世界",都与现实无关。这只能在"希腊"出现,其他时期的哲学都不如此。而"希腊哲学"的这种"理想王国",又从一个侧面显示对其是否"现实"的怀疑的必要。

往下的论证又回复到黑格尔正常的逻辑,他认为,一定的哲学形态与作为其基础的一定的民族形态,与这个民族的法制、政体、伦理生活、社会生活、技术、风俗习惯和物质享受是同时并存的,与艺术、科学、宗教、战争、外在境遇,总的说是"与受这一特定原则支配之旧国家的没落和新国家的兴起(在这新国家中一个较高的原则得到了诞生和发展)也是同时并存的"②。一个民族的、时代的哲学,"它是精神的整个形态的概念,它是整个客观环境的自觉和精神本质,它是时代的精神、作为自己正在思维的精神。这多方面的全体都反映在哲学里面,以哲学作为它们单一的焦点,并作为这全体认知其自身的概念。"③ 政治、法制、艺术、宗教与哲学的关系,不在于哪个是原因或根据,而在于它们有一个共同根源——时代精神。"时代精神是一个贯穿着所有各个文化部门的特定的本质或性格,它表现它自身在政治里面以及别的活动里面,把这些方面作

---

① 黑格尔:《哲学史讲演录》第一卷,商务印书馆1959年版,第58—59页。

② 同上书,第60页。

③ 同上。

为它的不同的成分。"① 揭示时代精神如何铸造它的实在和时代的命运，是历史哲学的对象和内容，而哲学与它的时代是不可分的，它就是对它们时代的实质的认识，而个人也只是以自己的特殊形式表现这时代的实质。

虽然哲学与有限科学、艺术、宗教都源于时代精神，但它们也有各自特点，应在明确这些特点的前提下，探讨其关系。黑格尔认为，有限科学或特殊科学是对有限事物的知识，哲学只研究理念中的有限事物或有限事物中的理念。"科学是通过形式的独立的知识一般地与哲学有关联，而宗教虽由于内容与科学相反，却通过内容与哲学相关联。"② 宗教与艺术的内容都是"完全普遍的对象"或"最高的理念"，宗教先于哲学出现，但却是感觉的、直观的、表象的意识方式。"哲学史必须指出那些属于宗教的成分，并把这些成分从它里面排除开，而哲学切不可从宗教开始。"③ 为什么与宗教站在同一基础上，并以普遍的独立自存的理性为对象的哲学史的研究不包括宗教呢？黑格尔认为，就在于形式上的差异。宗教的"默祷只是虔诚地默念着那对象，而哲学便要通过思维的知识实现这种神人和合，因为精神要求回复到它自己的本质。"④ 宗教虽然以普遍精神为对象，但它只是表现于初级的、外在的客观形式里，是外在仪式的崇拜。而哲学则在以思维把握普遍精神的实质内容，从而扬弃其外在性。因此哲学必须将思维与一切民间信仰脱离，克服宗教从外在性对思维的限制，自由地独立进行思维。从希腊哲学摆脱宗教信仰的束缚，反对并思考其信仰的内在核心开始，到近代哲学先是以理性

---

① 黑格尔：《哲学史讲演录》第一卷，商务印书馆1959年版，第60页。
② 同上书，第67页。
③ 同上。
④ 同上书，第69页。

反对基督教，进而对基督教的内容通过思辨的概念予以合理解释，哲学在绝对精神的演化和认识中都是最高层次，它包含并概括、论证与宗教相同的内容，要达到这一目的，概念的形式必须完善到相当高的程度。哲学史就是对概念演进、发展过程的研究，因而它不包括以表象形式出现的宗教。

四 自由思想的历史演进

  思想必须独立，必须达到自由的存在，必须从自然事物里摆脱出来，并且必须从感性直观里超拔出来。思想既是自由的，则它必须深入自身，因而达到自由的意识。哲学真正的起始是从这里出发：即绝对不复是表象，自由思想不仅思维那绝对，而是把握住绝对的理念了：这就是说，思想认识思想这样的存在是事物的本质，是绝对的全体，是一切事物的内在本质。这本质一方面好像是一外在的存在，但另一方面却被认作思想。因此那为犹太人所当作思维对象的上帝（因为一切宗教均包含思维）的单纯的超感官的本质不是哲学的对象。但反之，譬如这样的命题：事物的本质是水、或火、或思想，则是哲学的命题。①

自由思想是对自由精神的意识，它是抽象的，也是具体的，只有自由意识成为一个民族具体的思想形态，才会以自由原则作为它存在的根据，并由此制定法律。哲学史与世界史在这一点上是统一的，"在历史上哲学的发生，只有当自由的政治制度已经形成了的时

---

① 黑格尔：《哲学史讲演录》第一卷，商务印书馆1959年版，第101页。

候。"① 据此，黑格尔认为东方人没有自由的政治制度，因而不属于哲学史，哲学史是从希腊开始的。

以自由思想为哲学的根据，并将哲学史规定为自由思想的历程，这是黑格尔基本哲学观念和政治理想的体现，他在哲学史的研究中，既要贯彻他的观念和理想，也要从哲学史为他的观念和理想寻找根据。逻辑与历史的统一就由这个基本点而生发。他对哲学史的探讨，是从希腊哲学（第一部）开始，而把中国和印度哲学放在导论中并简要说明其不能纳入哲学史的理由。对希腊哲学的论证占《哲学史讲演录》的一半左右，第二部是中世纪哲学，第三部是近代哲学。

与世界史研究一样，黑格尔对哲学史的研究也是先考察"不属于哲学史"的中国的哲学，但这是在导论中谈到的，涉及孔子、易经哲学和道家。从他关于中国哲学的论断中，可以看出他对中国哲学的了解还是很肤浅的，所用材料大体上是传教士们写的关于中国的通俗读物及部分并不准确的译著。其所提到的中国哲学还只是距他两千多年前的，对于两千多年来中国哲学的演进则只字未提，尤其是对朱熹的理学——欧洲人对理性的认知深受朱熹之理学的影响，黑格尔或许不清楚，他的理性思辨本来就是以受到朱熹理学启示的自文艺复兴到启蒙运动以来的思想家为渊源的——压根就没有提到。但我们没必要指责黑格尔对我们祖先的不尊重，起码他对理性的认知和发扬要比今天中国那些声称"弘扬儒家道统"却不知理为何物的人更尊重中国的先哲。而他所强调的包括"中国哲学"和"印度哲学"在内的"东方的哲学不属于哲学史"（这一说法是有语病的：既然不属于"哲学史"，为什么又称之为"哲学"？）的理由，则是今天"弘扬儒家道统"的中国人应好好学习和思考的。

黑格尔认为，哲学史是以精神发展到普遍意志为起始的，精神

---

① 黑格尔:《哲学史讲演录》第一卷，商务印书馆1959年版，第103页。

在其第一阶段意识中,虽有意志和欲求,但其表象和意志的范围是有限的,精神与自然的合一还不是以普遍性为目的。如果志在追求正义和道德就要以普遍性为对象,并以普遍性为根据。"如果一个民族有了一个合乎正义的法律,则它的对象便是有普遍性的;这又以精神的坚强为前提。当它以普遍性为意志的对象时,则它便开始有了自由。"① 民族的意志要求自由,应遵从法律调整欲望。东方人没有认识到意志的普遍性,只有主人与奴隶的关系,是专制的阶段。在这阶段里,恐惧是主要的范畴,思维也还是不自由的,"人或是在恐惧中,或是用恐怖来统治人;二者是处在同一阶段。这差别只在于一方有了较坚强有力的意志,它能够走向前去奴役一切有限的意志使为一个特殊目的而牺牲。"② 尽管黑格尔对中国不很了解,他将印度和中国都归于"东方"范畴,把中国皇帝与民众的关系简单地归结为主人与奴隶的关系,也是缺少分析的表现,但认为中国作为"东方"的一部分在政治上处于专制阶段,并因此没有法律意义上的人格,也没有自由思想,却从总体上抓住了实质。中国的集权官僚制实行文化专制,严禁思想自由,但却把"民生",即民众对物质生活条件的要求作为统治机制的着眼点和重要的手段,这是黑格尔所没有看到的。再者,他所说的禁止自由思想的专制是在秦以后,而之前的春秋战国时代则相对自由(起码比欧洲中世纪自由),从而才产生了黑格尔所提到的并为今天中国人引以为自豪的诸子学说,对此,他也没有认识到。

除了"东方哲学"不属于哲学史,宗教,包括基督教,也不属于哲学史,其理由同样在于不自由。黑格尔认为,与东方的专制相似,"宗教也必然有同样的特性。宗教的主要环节是对于主的畏惧,

---

① 黑格尔:《哲学史讲演录》第一卷,商务印书馆1959年版,第103页。
② 同上书,第104页。

更不能超出这点。"① 只要宗教给信徒的满足是局限于有限事物里，它所寻求的与神和合的方式只是对自然物象的人格化和敬畏。东方人主要的特性是对一个大力的畏惧，这种敬畏与依赖形成两个极端，一是意识的有限对象只能采取与无限隔绝的有限者的形式，二是意识的对象是抽象的无限。从意识的极端被动——被奴役，过渡到意志力的极端主动——武断任性。"同样，在宗教里我们发现有人以沉陷在最深的感性本身里为敬事上帝，也有人以逃避到最空虚的抽象里当作达到了无限。这就是出现在东方人，特别是印度人里面的，屏绝一切的崇高境界；他们自己折磨自己，走进了最深的抽象。"② 这里关于基督教的评说，明显与在《宗教哲学》中将它说成"真理和自由的宗教"③ 有差异。或许在《宗教哲学》中他论证的是理想的、经理性改造了的宗教，是未来的应该，而哲学史所要探讨的是过去的事实。不论怎么说，黑格尔将哲学史限定于欧洲，而除了所谓"希腊哲学"，欧洲都是在基督教统治之下的，包括启蒙运动也是以对基督教的批判为主要目的。而说到"希腊哲学"，又必须说明它是如何从自由的哲学成为不自由的基督教的逻辑和历史前提的。也就是说，基督教是躲不开的问题，黑格尔将基督教排除在哲学史之外，这似乎可以避开许多敏感的意识形态和政治上的麻烦，但不能不使他的哲学史研究陷入一个一个的逻辑困局，对此，他有时避而不谈，有时又以逻辑的推演掩饰，但有一点却是坚持的，这就是自由思想是哲学史的原则和主干内容。

黑格尔认为，哲学史是从希腊开始的，就和真正的世界史从希腊开始一样，而其理由也是一个——自由精神。但他的论证中有一

---

① 黑格尔：《哲学史讲演录》第一卷，商务印书馆1959年版，第104页。
② 同上书，第104—105页。
③ 黑格尔：《宗教哲学》下卷，中国社会出版社2005年版，第412页。

个明显矛盾,他说:"一个民族之所以存在即在于它自己知道自己是自由的,是有普遍性的;自由和普遍性就是一个民族整个伦理生活和其余生活的原则。这一点我们很容易用一个例子来表明:只有当个人的自由是我们的根本条件时,我们才知道我们本质的存在。这时如果有一个王侯想要把他的武断的意志作为法律,并且要施行奴隶制时,则我们便有了这样的意识,说这是不行的。每个人都知道他不能做奴隶。"①"真实意志的目的乃是善、公正,在这里面,我是自由的、普遍的,而别人也是自由的,别人与我同等,我也与普遍的我一致,这样就是自由人与自由人的关系,因而这就建立了基本的法则,普遍意志的规定和合乎正义的政治制度,——我们第一次在希腊人里面发现这种自由,所以哲学应自希腊开始。"② 以上两段引文是在两个相连的自然段中讲的,其前提和结论是一致的。可是,黑格尔似乎也发现了问题,于是紧接着就说:"在希腊我们看见了真正的自由在开花,但同时尚局限在一定的形式下,因为有了奴隶制,国家也受奴隶制的支配。"③ 既然刚刚说过奴隶制没有自由,又如何说希腊的奴隶制有自由呢?而且是"真正的自由"?对此,他用在论说世界历史时同样的办法加以辩解:"在东方只是一个人自由(专制君主),在希腊只有少数人自由,在日耳曼人的生活里,我们可以说,所有的人皆自由,这就是人作为人是自由的。"④ 进而又说东方唯一专制的人也不能自由,那希腊奴隶制中的少数奴隶主又为什么能自由?黑格尔并不回答这个问题,而是说由于只有少数人是

---

① 黑格尔:《哲学史讲演录》第一卷,商务印书馆1959年版,第107页。本注及以下两个注中的着重点是本书作者所加。

② 同上书,第107页。

③ 同上书,第108页。

④ 黑格尔:《哲学史讲演录》第一卷,商务印书馆1959年版,第108页。

自由的，"于是就要去为这少数人的自由寻找根据。"① 难道少数人自由的根据不是"自由的普遍性"？不是"自由人与自由人的关系"？

在希腊哲学的问题上，黑格尔和其他许多研究者一样，遇到的最大麻烦还是原始资料的缺失。他相当清楚：哲学史的研究必须依靠原始史料。政治史的史料来源是历史家，这些史料又以各个个人的言论事迹为其来源，他颇为不屑地说："不从原始史料研究的历史家当然是从第二手史料中去汲取的。历史家业已把事迹写进历史，写成想象的形式；历史这个名词有这么一种双重意义：它一方面指事迹与事象本身，另一方面又指那些通过想象为了想象而写出来的东西。"② 他在研究世界历史时面对的绝大部分都是这些"通过想象为了想象而写出来的东西"，曾为辨别其真伪而苦恼。为了避免哲学史研究也把"想象"作为历史，黑格尔认为，"在哲学史中史料来源并不是历史家，而是我们面前的那些史料：这就是哲学著作本身。这些著作本身就是真实的来源，如果我们要想真诚地研究哲学史，就应该去接触这些史料。"③ 他在这部《哲学史讲演录》的第四卷"近代哲学"和第三卷"中世纪哲学"的大部分，基本上都是以哲学著作为原始资料进行研究的，但第一、二卷的"希腊哲学"就并非如此。他承认"有许多时候，原始史料已经不复存在，譬如古代希腊便是如此，这时我们就必须借重历史家，借重另一些作家了。"④ 也就是说，在哲学史上占有极重要地位，而且黑格尔极度重视的"希腊哲学"，它的史料来源大部分是历史家"通过想象为了

---

① 黑格尔：《哲学史讲演录》第一卷，商务印书馆1959年版，第108页。
② 同上书，第119页。
③ 同上。
④ 同上。

想象而写出来的东西"!① 而且，黑格尔还发现："阿拉伯人之获知亚里士多德的哲学，这件事具有这样的历史意义：最初乃是通过这条道路，西方才知悉了亚里士多德。对亚里士多德作品的评注和亚里士多德的章句的汇编，对于西方各国，成了哲学的源泉。西方人曾在一个长时期里面，除了这些亚里士多德著作的重译本和阿拉伯人的评注的翻译之外，半点也不认识亚里士多德。"② 他大概也考虑到这些据说由阿拉伯人编、译的亚里士多德及其他"希腊哲学家"的著作是否也是"通过想象为了想象而写出来的东西"，但这无关大局，或者说也只能依据这些材料来写他的"希腊哲学"。我们也只能依据他的著作中的"希腊哲学"来理解他的"自由思想"历程的第一个环节。

"希腊哲学"作为哲学史的第一部，包括三篇：分别论证三个时期。（一）从泰利士到亚里士多德，（二）独断主义和怀疑主义，（三）新柏拉图派。其中第一篇包括三个阶段，一是从泰利士到阿那克萨戈拉，从直接被规定的抽象思想到自由规定的思想；二是智者派、苏格拉底和苏格拉底派，自身规定的思想被了解为呈现在主体面前的具体思想；三是柏拉图和亚里士多德，客观思想、理念自己形成为整体。

第一时期的第一阶段从泰利士到阿那克萨戈拉，这一阶段的史料来源主要是柏拉图和亚里士多德，以及西塞罗、塞克斯都·恩披里可、第欧根尼·拉尔修、辛普里丘等第三阶段人物的由阿拉伯人编、译的著作中关于第一阶段的论说。第一阶段的起始人物是泰利

---

① 比黑格尔更了不起的还是我们中国同胞中的几位哲学史家，他们根本不考虑这些"原始史料"的来源，竟能写出厚厚四大本达四百多万字的"希腊哲学史"！

② 黑格尔：《哲学史讲演录》第三卷，商务印书馆1959年版，第286页。

士，据《亚里士多德著作》中所述，泰利士提出水为万物根本的观点，要点是本质是无形式的，形式的本质是同一存在的量的差别，形式不可认作本质。黑格尔认为泰利士的哲学，一是把自然概括为单纯的感性实体，二是建立了根据这一概念，水是思想的规定的本质。泰利士与阿那克西曼德、阿那克西美尼构成第一阶段的第一期"伊奥尼亚哲学"，阿那克西曼德的特点是对"无限"的初步规定，阿那克西美尼认为空气是本原。第二期为毕泰戈拉派，毕泰戈拉及以他名义的学派主要提出：数的系统及数之应用于宇宙，以及实践哲学。第三期为爱利亚学派，包括塞诺芬尼、巴门尼德、麦里梭、芝诺、赫拉克利特以及恩培多克勒、留基波、德谟克里特、阿那克萨戈拉等。其中比较突出的，是赫拉克利特的辩证法及其对逻辑的探讨，对实在的形态、过程之为普遍及其与意识的关系的论说；阿那克萨戈拉提出的普遍的思想原理，关于"有"、物质（一般的多），以及心灵与物质的单纯思辨关系的思想。

第二阶段是从智者派到苏格拉底派。"[在智者派看来，内容是我的，是主观的。苏格拉底把握住了自在自为的内容，]苏格拉底的门徒们和他有直接关系，只是进一步规定了这内容。"① 阿那克萨戈拉所发现并认为本质的概念，是简单的否定。一切特定性、一切存在和个别的东西，都消逝在这个否定里。在概念面前，没有任何东西能够存在，概念是无任何宾词的绝对，对概念来说，一切东西毫无例外地只是运动的一个环节。智者派因以"诡辩"反对苏格拉底和柏拉图而名声不佳，但从科学方面看，智者也有其积极意义，其一是把简单概念运用到社会，深入到一切人事关系中去，概念成了一般教育的内容，有了一批教授辩证术的教师，智者作为教师以智

---

① 黑格尔：《哲学史讲演录》第二卷，商务印书馆1959年版，第4—5页。

慧、科学、音乐、数学等教人，周游各个城市教导青年。智者就是以智慧教导人的有智慧的人。智者们与苏格拉底和柏拉图是对立的，苏格拉底把美、善、真、公正说成个人的目的和使命，智者们则认为最后目的要由任意来决定。智者注重有教养的形式的推理，而苏格拉底和柏拉图则通过普遍的规定（理念），通过精神永恒地在自身中发现的东西来规定思想。关于智者的资料主要来自柏拉图以及亚里士多德的著作。智者中两个代表人物，一是普罗泰戈拉，他提出一个命题："'人是万物的尺度；合乎这个尺度的就是存在的，不合乎这个尺度的就是不存在的。'这是一个伟大的命题。"[1] 对这一命题，苏格拉底和柏拉图做了进一步规定，"在他们那里，人是尺度，是就人是思维的、人给自己提供一个普遍的内容而言。"[2] 这是哲学的一大进步，它表明理性是一切事物的目的，一切内容，一切客观的东西，只是在与意识的关联中存在，因此思维在一切真理中被宣布为基本环节，并采取了思维着的主观性的形式，这一形式在苏格拉底那里突出地表现出来。"人是万物的尺度，——人，因此也就是一般的主体；因此事物的存在并不是孤立的，而是对我们的认识而存在的，——意识本质上乃是客观事物的内容的产生者，于是主观的思维本质上是主动的。"[3] 主体是能动的，是规定者，问题在于怎样规定内容：是限制在意识的特殊性上，还是规定为独立存在的共相？这也是智者派与苏格拉底的基本分歧。智者派往往以诡辩来混淆特殊与普遍，包括高尔吉亚，他虽然对辩证法提出了一些新的看法，却仍未并跳出智者的思维。

苏格拉底是这个阶段希腊哲学的里程碑。黑格尔认为，苏格拉

---

[1] 黑格尔：《哲学史讲演录》第二卷，商务印书馆1959年版，第28页。
[2] 同上书，第29页。
[3] 同上。

底承继了阿那克萨戈拉关于思维和理智是统治的、自身规定的有普遍性的东西的原则，进一步从善来规定普遍的本质，并强调善既然被视为实质的目的，就必须为我所认识，他最初只是从实践的特殊意义了解善，即凡是对我的行为有实质意义的东西，我就必须对它关心，这一点被柏拉图提升为从普遍理解善。苏格拉底的特出贡献就是将伦理加进了哲学，而过去的哲学只考察自然。"他的哲学的主要内容，是把善认作绝对，特别在行为中去认识善。苏格拉底把这个方面提得这样高，因而他自己就把科学，即对自然、精神等的一般原则的观察抛在一旁，而且也以此要求别人。因此可以说，就内容而言，他的哲学有着非常实际的动机。不过主要的方面则在于苏格拉底方法。"① 苏格拉底方法体现于谈话上，其特点是引导人思索自己的责任，并从特殊事例思索普遍的原则。这个方法主要有两方面：（一）从具体的事例发展到普遍的原则，并使潜在于人们意识中的概念明确呈现出来；（二）使一般的东西通过被认定并固定于意识的观念或思想瓦解，并通过对话者自身对具体的事例的解释，使观念发生混乱。这样做，在于人们的思想，在其旧有的信心动摇之后，就引导人们怀疑他们的前提，他们也就自己被推动而去寻求肯定的答案。苏格拉底常以他不知道某事或某个命题、概念的面目去询问人们，让人们从其所肯定的真理中去回答他所提的问题，通过逻辑的引导，使人认识到矛盾，并对曾坚持的真理产生怀疑，进而认识到自己是一无所知——而苏格拉底就是以一无所知的面目和态度与人谈话的。这种方法被称为"讽刺"，以至有人指责他虚伪，"可是细究起来，这就包含着一个意思，即不知道别人对这件事的想法如何。"② 而"苏格拉底讽刺的伟大之处，就在于它能使抽象的观念具

---

① 黑格尔：《哲学史讲演录》第二卷，商务印书馆 1959 年版，第 55 页。
② 同上书，第 57 页。

体化，使抽象观念得到发展。"① 苏格拉底导致世界史的转折："个人精神的证明代替了神谕，主体自己来从事决定。"② 他的辩证方法及其所论证的善的原则，在他生前和死后有很大影响，从而形成了若干苏格拉底派，他们各自依对苏格拉底的理解，提出各色各样的哲学观念。

柏拉图也属于苏格拉底派，他是苏格拉底最著名的门徒和朋友，他把握了苏格拉底的基本原则，即认为本质是在意识里，本质为意识的本质。但柏拉图与其他苏格拉底派不同，他不只是坚持老师的观念，而是进一步充实和发展了它，这也就使希腊哲学进入一个新阶段，即由柏拉图到亚里士多德的希腊哲学第一时期的第三阶段。"哲学之作为科学是从柏拉图开始，而由亚里士多德完成的。"③ 黑格尔从辩证法、自然哲学和精神哲学概论柏拉图的学说。柏拉图的辩证法是思辨的，他在哲学史和世界史上有划时代的贡献，是对理念的明确规定。他的研究完全集中在纯粹思想里，对纯粹思想本身的考察就叫辩证法。这些纯粹思想包括：有与非有、一与多、无限与有限。思想中的辩证运动是对作为共相的理念的规定，是自己规定自己的、自身具体的共相。只有通过辩证的运动，自身具体的共相才进入包含对立、区别的思想里，理念就是这些区别的统一，就是规定了的理念。在柏拉图的辩证法中，概念已作为重要环节，但往往是抽象的，抽象概念也是具体事物的标准和源泉，但对其关系的规定是远远不够的。柏拉图的自然哲学重在阐明自然的本质和世界的生成。他从神来论自然，认为神是物质的整理者，而物质是永恒的、独立的一团混沌。神考虑到理智没有灵魂就不能存在于事物

---

① 黑格尔:《哲学史讲演录》第二卷，商务印书馆1959年版，第58页。
② 同上书，第94页。
③ 同上书，第159页。

之中，为此神就把理念放进灵魂，再把灵魂放进肉体，于是世界就成为一个有灵魂的世界。在看得见的事物范围内，以土和火为两极端，土是坚实的，火是有生命的，并在火与土之间设立了空气和水。按一定比例，使得火与空气相当于空气与水的关系，使空气与水相当于水与土的关系。柏拉图的自然哲学还包括时间、空间、天体及其数的关系，以及物理学、生理学等内容。柏拉图的精神哲学着重论证了人的道德本性，在"国家"篇他阐明了这一点。"在柏拉图看来，精神——就精神之与自然正相反对而言——的实在性是表现在它的最高真理里作为一个国家的组织。他并且认识到道德的本性（合理性的自由意志）只有在一个真正的民族里才得到它的权利，得到实现。"① 正义的实在性和真理性只表现在国家里，并据此提出了一个国家制度的理想，其原则是伦理生活具有实体性的关系，理想国也即伦理有机体，一是有等级，二是伦理生活的各种德性，三是个别主体的意志的经验活动，它有像有机体那样的内在系统性，自身结构的各种功能的运动。这个伦理实体包括三个体系：（一）立法和谋划，（二）保卫共同体安全，（三）供应必需品的人，包括农人和手工匠人。这是一个有机体，它表现为四种美德：（一）智慧和知识，（二）勇敢，（三）节制，（四）正义。柏拉图的理想国排斥主观自由，个人不能选择等级，并取消了一般的私有财产和婚姻。"这就是柏拉图的理想国的基本特征，其主要之点在于压制个性。"②

亚里士多德是柏拉图的学生，经阿拉伯人的编、译，有"一大堆他的著作"。"我们只将特别注意亚里士多德在他的哲学中，在理念的深度及广度这两方面，如何把柏拉图的原理所开始了的东西向

---

① 黑格尔：《哲学史讲演录》第二卷，商务印书馆1959年版，第256页。
② 同上书，第278页。

前推进一步。"① 黑格尔也注意到亚里士多德著作的真伪问题，但只能就所见到的来研究，他从形而上学、自然哲学、精神哲学、逻辑学几个环节考察了亚里士多德的学说。"亚里士多德毫不含糊地把纯粹哲学或形而上学与其他的科学区别开来，认为它是一种'研究存在之为存在以及存在的自在自为的性质的科学。'亚里士多德所最注意的，就是规定这个存在是什么，——就是认识实体。在这个本体论或者用我们的话来说这个逻辑学里面，他详细地研究和区分了四个原则：（一）一物之为一物的特性或质的本身；（二）质料；（三）运动的原则；（四）目的或善的原则。"② 亚里士多德的自然哲学或物理学，包含在一系列著作中，其要点：（一）关于自然的普遍概念规定，包括目的性概念和必然性概念；（二）关于自然的各种对象的概念，包括运动、空间和时间；（三）关于物理的过程，即实现了的运动和变化的论证。亚里士多德的精神哲学，包括心理学和实践哲学两部分。心理学，先论及灵魂，从质料、形式和共相规定灵魂的本质，然后论证肉体和灵魂的关系，进而论证营养的灵魂、感觉的灵魂、思维的灵魂，其中，对思维的灵魂，即人特有的思维、理性的论证，是相当深刻的，黑格尔对此高度重视，"他关于思维所说的话，却显然是绝对富于思辨的，并且不是和别的东西例如感觉平列的，因为感觉对于思维只是可能性。这一点还包含在下面这层意思里：理性乃是一切，它潜在地是一个总体，是真理一般，——按其潜在性而言，乃是思想，而当其为真实时，则又是自在自为的思维，这个既是自在的存在又是自为的存在的活动性，乃是思维的思维，它虽是抽象地被规定，但本身却构成绝对精神的本性。"③ 亚里士多

---

① 黑格尔：《哲学史讲演录》第二卷，商务印书馆1959年版，第283页。
② 同上书，第303页。
③ 同上书，第374页。

德的实践哲学包括伦理学和政治学。伦理学论证对作为道德原理的意志和美德的规定。政治学论国家及国家内在环节和各种法制类型，但他并未像柏拉图那样提出理想国家的设想。逻辑学是亚里士多德哲学的又一重要组成部分，"它千百年以来备受尊崇，正如它今天极受轻蔑一样。"① 亚里士多德逻辑学是对概念、判断、推理的形式的规定，"这些形式被后人加以引申，因而变得更加形式化。"②

论希腊哲学的第二篇考察希腊哲学第二时期"独断主义和怀疑主义"，包括斯多葛派、伊壁鸠鲁、新学园派、怀疑派。希腊哲学演化到这个时期，"柏拉图和亚里士多德的思辨的卓越性已经没有了；这乃是一种理智的哲学思考"。③ 哲学的任务被规定为寻求一个真理的标准。虽然这几派哲学人物还是希腊人，但处于罗马统治时期，因而是"罗马世界的哲学"。黑格尔认为，扼杀各族人民个性的罗马世界，虽然产生了一种形式的爱国主义道德和相当发展的法律体系，却不可能产生出思辨的哲学，因此在罗马统治下的希腊哲学家只能适应环境而延续着。斯多葛派哲学主要包括物理学、逻辑学、道德学。黑格尔认为，斯多葛派总是停留在一般表象里，对每个个体都是根据一个概念加以理解，而这个概念又根据宇宙这个普遍概念去理解。"由于斯多葛派把逻辑的概念认作一般自然的能动原则，因此他们把自然现象中的个别事物当作神的表现。"④ 这一点不仅体现于对自然的解释，还体现于对思维形式和社会意识的论证中。伊壁鸠鲁自称"自学者"，深受他学生爱戴。"与斯多葛派哲学相反，伊壁鸠鲁把感性存在、感觉当作真理的基础和准则。进一步规定感觉怎

---

① 黑格尔：《哲学史讲演录》第二卷，商务印书馆1959年版，第384页。
② 同上书，第385页。
③ 黑格尔：《哲学史讲演录》第三卷，商务印书馆1959年版，第4页。
④ 同上书，第21页。

样是真理的准则,他在他的所谓'准则学'中有所说明。"① 进而从准则学论形而上学、自然哲学和道德学的有关内容。新学园派是柏拉图的学园的继续,是与斯多葛派和伊壁鸠鲁派的独断论对立的。他们把真理说成自我意识的一种主观信念,一切事物只是以同样的方式与意识发生关系。代表人物为阿尔克劳西和卡尔内亚德。新学园派的观点过渡为怀疑论,并形成了怀疑派哲学,他们只主张有现象,只主张有主观地被假想为真实的东西,否定一般的客观真理。黑格尔认为,自古而今怀疑论都被认为是哲学的最可怕的敌人,但必须承认怀疑论对哲学发展的意义,作为"一切确定的东西的辩证法",怀疑对于发现矛盾、认识矛盾都是必要的环节,怀疑论对这个环节的关注和执着是有其意义的。

希腊哲学第三时期是新柏拉图学派。这是基督教产生之后希腊哲学的继续,是以柏拉图的观点和方法对基督教教义的论说,其要点是对上帝的逻辑解释。包括犹太人费洛、卡巴拉派与诺斯替派,进而是亚历山大里亚派。"基督教的观念,我们已经由新柏拉图派哲学十分熟识了。因为这个哲学的基本原理就是:绝对者、神乃是精神,神不单纯是一个表象,神应该以具体的方式规定为精神。只有具体的东西才是真理,抽象的东西不是真理;虽然绝对者仍是思维,但为了具有真理性,它就必须本身就是具体的;而这才是绝对者、自在自为的精神。"② 黑格尔认为,哲学与宗教是密切相关的,希腊哲学产生于基督教之前,因而存在于希腊人的宗教之内,而从公元6世纪到16世纪,哲学是在基督教世界中,即经院哲学。新柏拉图学派存在于希腊哲学到经院哲学的转折点,有人将它归入经院哲学,也有人称其为罗马哲学(因处罗马帝国统治下),黑格尔将它归入希

---

① 黑格尔:《哲学史讲演录》第三卷,商务印书馆1959年版,第56页。
② 同上书,第255页。

腊哲学,是希腊哲学最后一个派系,其根据是哲学观念的传承,而不是以外在政治条件和研究者的地域(他们大都不是希腊人,而政治上的希腊也早不存在)。

这里的问题,也是西方哲学史研究中的一个关键:那个昌盛、宏大但又没有原始资料的"希腊哲学"是什么时候出现的?按近代以来西方思想家和历史家的一致说法,在罗马帝国之前有一个四五百年的"希腊世界",那么"希腊哲学"出现在这个时期是完全合乎逻辑的。但是,不论考古还是文献资料都不足以证明"希腊世界"的存在,而"希腊哲学"的"原始资料"又是来自一千多年后阿拉伯人的编译(对此,黑格尔注意到并有所疑虑,但为了"体系"和"理念"的需要,只能承认其是可用的)和欧洲人的整理。但这只能证明"希腊哲学"作为一个哲学范畴是存在的,但它存在于哪个历史阶段,其思想主体是否阿拉伯人编、译资料中所标注的那些人,则是无从证明的。我们中国人是没有条件从史料考证这一点的,但又必须承认"希腊哲学"这一范畴,承认它自文艺复兴以来对欧洲,也是对世界人类思想进步的作用。我们所能做的,是从逻辑与历史统一的原则考察思想范畴的关系及其历史的进展。黑格尔的《哲学史讲演录》在这方面进行了有益的尝试,但由于他的目的在于论证自由精神在他那个时代,在德意志民族的实现,因而必须以文艺复兴以来欧洲思想界主流观念为依托,承认"希腊哲学"存在先于基督教的"希腊世界",而这种历史上的"在先"本身就是对"在后"的一种优势,也是自由精神逻辑必然性的根据。但如果不从这个角度,而是从实证的历史研究来思考,则很难据那些只是第二手的"历史家"的描述,特别是时隔千余年,已被"虫蛀和腐烂"并经若干人之手才由不知是谁的"阿拉伯人"修补、编、译的以亚里士多德之名为主要内容的"希腊哲学"的"原始资料"(!)——这些都是依某些商人和学者自己的说法——就确切地弄出跨度几百年的庞大"希腊哲学"！而为了使自己的"希腊哲学"更为系统、可信，更适合自己的目的，黑格尔还进一步将这一历史拉长为一千年，"从公元前五五〇年的泰利士到死于公元四八五年的普罗克洛"[①]，而传说中的"希腊世界"早已在公元前338年被马其顿军队所摧毁，也就是说千年"希腊哲学"有八百多年是在"希腊世界"之后存在的，其思想主体也大都不是希腊人，而是犹太、罗马和其他部族的学者，"希腊哲学"的第二和第三时期大都如此。黑格尔这样做，一是强调"希腊哲学"理念的伟大深远，二也是要用比较有可信材料的第二、三期，尤其是第三期来证明第一期是可信的。支持他这种做法的，不是史料，而是逻辑，即有相对可信材料的第三期哲学的观点和方法是源自第一期的柏拉图的，于是就提出了"新柏拉图学派"。但是，即使是在这部《哲学史讲演录》中，我们也很难看到这些"在基督教世界中"，以"崇拜仪式的现实性"使神性和人性统一于人意识的学者们的言论，是如何承继了柏拉图的哲学理念。如果从黑格尔所规定的自由精神的演进逻辑看，柏拉图的理念和方法是远高于这些初期的"神学婢女"们的，它又是如何退化至此？

"新柏拉图学派"随西罗马帝国的崩溃而结束，哲学史进入第二个一千年，即公元529年到16世纪，即"中世纪哲学"，也是新柏图学派的继续。对中世纪哲学的考察从阿拉伯哲学开始，主要部分是经院哲学，进而论文艺复兴和宗教改革。

黑格尔之所以把"阿拉伯哲学"作为中世纪哲学的开篇，并不是将阿拉伯人的哲学作为哲学史的一部分，而是为了希腊哲学的传承。"关于阿拉伯人，我们可以这样说：他们的哲学并不构成哲学发展中的一个有特性的阶段；他们没有把哲学的原理推进一步。在这种哲学中，正如在较后的哲学中一样，主要的问题是：世界是不是

[①] 黑格尔：《哲学史讲演录》第三卷，商务印书馆1959年版，第255页。

永恒的；以及证明神的统一性。但是其中最大的考虑之一，乃是辩护回教的教义，因此，哲学思考就被限制在教义之中；阿拉伯人正像西方的基督徒一样，被教会（如果人们可以这样称它的话）的教条所限制住，如果说，阿拉伯人所有的教条要比较少些，——那么，他们也就更自由些。"① 阿拉伯人在哲学观念和方法上是取自希腊哲学的，他们用它来"辩护回教的教义"，在这一点上与欧洲的经院哲学是相同的。而之所以在经院哲学之前考察阿拉伯哲学，一个重要理由是阿拉伯人编译了亚里士多德的著作，而依亚里士多德哲学为基督教辩护，则是经院哲学的重要内容。

经院哲学并不是一个国家的学派，这个名称概括了差不多一千年基督教的哲学活动。按黑格尔的自由精神原则，哲学史是不应包括宗教的，但为什么又把经院哲学纳入哲学史？他很清楚，经院哲学只有抽象概念构成的理智，"这种抽象理智不能超出其自身达到自由，也不能把握住理性的自由。"② "它并不是思维的理念的自由活动，而是为一种外在性的形式或前提所拘束着。"③ 为了摆脱这种自相矛盾，他费了不少逻辑的周折。他说"经院哲学在本质上就是神学，而这个神学直接地就是哲学。"④ 为什么神学直接地就是哲学呢？就在于它是思辨的，"神学，作为关于上帝的学说，其主要的唯一的对象是上帝的本性；而这种内容按其性质来说本质上是思辨的，因此这样的神学家只能是哲学家。"⑤ 自由精神需要思辨来把握，但思辨并不等于自由精神。黑格尔为了将经院哲学纳入哲学史，不得不把自己所规定的原则"稍微"做些修改，以方法的思辨代替理念

---

① 黑格尔：《哲学史讲演录》第三卷，商务印书馆1959年版，第280页。
② 同上书，第308页。
③ 同上书，第305页。
④ 同上书，第306页。
⑤ 同上。

的自由精神，由此就可以在哲学史中讲经院哲学了。但他也是有分寸的，只是考察经院哲学的思辨方法，并不承认它的理念是自由精神。——关于经院哲学的论说，可能是他全部哲学史研究中最需要"思辨"的。

"由于预先假定了直接存在的和被接受的真理，思维就失去了它的自由，真理就失去了它在能理解的意识中的存在；哲学思考沉降到一种抽象理智的形而上学里面和形式的辩证法里面去了。"① 这是黑格尔对经院哲学本质的概括，也是对一切以预设真理为前提的"哲学研究"本质的概括。在基督教的统治下，知识只限于教会之内，由于它以"一个积极的权威"——即上帝的不容怀疑、不可动摇的权威为基础，以服从并论证这个权威为首要特征的经院哲学也就必然缺乏自由。经院哲学家只是采取了亚里士多德的逻辑学，进行"正规呆板的三段论式的形式推论。"② 其一般推论形式是：提出一个命题，把反对这个命题的理由也提出来，并用三段论法和概念分辨反驳反面的理由。他们的思维为这个绝对的前提所束缚，这个前提就是教义，因而思维不是自由地从自身出发，也不是以自身为根据，而是依赖一个被给予的内容，思维服从这个前提，推论成为形式的逻辑的进展方式。"这差不多一千年的历史是建立在同一观点、同一原则上面的，即：教会的信仰和形式主义，这只是一种无穷的自问自答和在自身内绕圈子。"③ 因此，黑格尔认为，经院哲学的历史应该说是一些人物的历史，但不能算哲学科学的历史。这些人物有将教义建筑在形而上学基础上的安瑟尔谟和阿柏拉尔，对教会教义系统阐述的比塔尔·隆巴德、托马斯·

---

① 黑格尔：《哲学史讲演录》第三卷，商务印书馆1959年版，第274—275页。
② 同上书，第308页。
③ 同上书，第314页。

阿奎那、约翰·邓斯·斯各脱，唯实论、唯名论对立中的罗瑟林、蒙泰格纳的瓦尔特、威廉·奥康、布里丹，只求形式的辩证法研究者犹利安、帕沙修·拉德柏特，神秘主义者约翰·查理尔、雷蒙、罗吉尔·培根、雷蒙·鲁路斯。黑格尔认为，"经院哲学家所特有的主要思想和思维的兴趣在于：第一，唯名论与唯实论的争执；第二，对于上帝存在的证明。"①

黑格尔指出，经院哲学家"用哲学的方式研究教义，但也只是发展了形式逻辑的思想，对自在自为地存在着的、绝对的内容予以世俗化。同样，那实际的教会，即所谓存在于地上的天国，却又和世俗的东西妥协了。它（教会）同时令人起反感地堕落腐化了、被世俗化了。"② 教会已成为争权夺利并享有财富和土地所有权的机构了，这是"世间最凶狠、最野蛮的现实。"③ 教会的世俗化和堕落也就使基督教弱化，乃至丧失了对个体精神的控制，而"世俗的成分便自在地精神化起来；换言之，它自在地确立起来，甚至采取通过精神以辩护其自身的方式。"④ 在封建制度和农奴制度中随商业发展演化出"市民社会"，而依然保持的封建制度也逐渐出现权利、社会秩序、法律。于是时代精神放弃了神明的世界，直接观看这当前的世界，它的此岸。商业和艺术结合起来了，艺术中包含着人从他自身创造的神圣的东西，与之相应，个人发挥其积极性于工商业方面，他本人就是自己的证实者和创造者。"于是人们就来到了这样一个阶段，自己知道自己是自由的，并争取他们的自由得到承认，并且具有充分的力量为了自己的利益和目的而活动。"⑤ 精神的重新觉醒使

---

① 黑格尔：《哲学史讲演录》第三卷，商务印书馆1959年版，第316页。
② 同上书，第361页。
③ 同上书，第362页。
④ 同上书，第363页。
⑤ 同上书，第365页。

它能够深入看见自己的理性,就像看见自己的手掌一样。精神的觉醒和再生的标志是科学与艺术的复兴,这是一种向理念的上升。这就是文艺复兴运动。而对希腊及其哲学的研究是其中重要一环,人们寻求柏拉图哲学和新柏拉图派哲学的本来面目,亚里士多德等人的哲学首先得到强调,并与经院哲学相对立。但是,文艺复兴运动在哲学上并没有什么新东西,"它们只是与文学史和文化史有关。"[1]黑格尔对文艺复兴的考察,包括"对古代思想家的研究",涉及谤波那齐、费其诺、伽桑第、李普修、诺伊希林、西塞罗等人;"一些独特的哲学的尝试",涉及卡尔丹、康帕内拉、布鲁诺、梵尼尼、比埃尔·拉梅,其中布鲁诺的泛神论和理性以认识形式和物质统一性为目标的思想是比较突出的,由于他反对教义而被教会烧死,黑格尔尊称他(以及同样被烧死的梵尼尼)为"哲学的烈士"。

考察文艺复兴的第三部分是论"宗教改革"。"伟大的革命是在路德的宗教改革中才出现的,出现在这个时候:从无休止的冲突里面、从顽强的日耳曼性格经受过并不得不经受的那种可怕的管教里面,精神解放出来了,意识达到了与自身和解,并且这种和解是采取了这种不得不在精神里面来完成的形式的。人从'彼岸'被召回到精神面前;大地和它的物体,人的美德和伦常,他自己的心灵和自己的良知,开始成为对他有价值的东西。"[2]宗教改革在哲学史上的意义,不在于提出了新的哲学观点,而在为哲学从教会的束缚下认知并发展自由精神创造了必要条件。依照路德的原则,在与上帝发生绝对关系的地方,一切外在性都消失了,一切奴性服从也随这种外在性、这种自我异化的消失而消失了。而他把《圣经》译成德语出版,也是主观自由的必要条件。由此精神深入自身和自由的环

---

[1] 黑格尔:《哲学史讲演录》第三卷,商务印书馆1959年版,第369页。
[2] 同上书,第409页。

节,"自由正意味着:在某一特定的内容中自己对自己发生关系,——精神的生命,就在于在显得是他物的东西里面回归于自身中。"①

文艺复兴运动虽然没有提出新的哲学理念,但它为哲学自由精神的形成——严格意义上说,自由精神是由文艺复兴起始的,包括"希腊哲学"中的"自由"也是在文艺复兴中被发掘甚至制造出来的——和发展开启了大门。黑格尔虽然对"希腊哲学"的原始史料有所怀疑,但他也愿意,而且必须依从已成主流的观念——文艺复兴是以恢复希腊文化而使自由理念主导欧洲思想和社会变革的。作为哲学家,他更重视自由精神的作用,虽然也认识到自然科学和工商业的作用,但他认为这是由于自由精神的感召促成人思想的变化而导致的,是属于"手段"、"条件"层次的,核心还是自由精神原则在突破束缚后的迅速演进。

黑格尔所界定的哲学史,第一部,也即第一大阶段是希腊哲学,第二部是中世纪哲学,虽然时间很长,但只是连接第一部与第三部近代哲学的中介,也可以说第二阶段是对第一阶段的否定,而第三阶段则是否定的否定。近代哲学也包括三篇:第一篇论培根和波墨,第二篇论思维理智时期,第三篇论最近德国哲学。

黑格尔认为,力求掌握真理的哲学,是在16、17世纪才重新出现的。"哲学的真正的出现,在于在思维中自由地把握自己和自然,从而思维和理解那合理的现实,即本质,亦即普遍规律本身。因为这是我们的东西,是主观性。主观性自由地、独立地思维着,是不承认任何权威的。"② 精神与自然、思维与存在是理念的两个无限的方面,近代哲学意识到了思维与存在的对立,必须通过思维克服这

---

① 黑格尔:《哲学史讲演录》第三卷,商务印书馆1959年版,第418页。
② 黑格尔:《哲学史讲演录》第四卷,商务印书馆1959年版,第7页。

一对立，也就是把握其统一，而揭示、思维、理解这个统一的途径有两条，并分成两个流派，一是经验派，二是从思维，从内心出发的哲学。"也就是说，一派认为思想的客观性和内容产生于感觉，另一派则从思维的独立性出发寻求真理。"① 这两派的起始人物分别是培根和波墨。

黑格尔认为，人们往往把依据经验的知识和推理与依据概念和思辨的知识的对立理解得太尖锐，但实际上这二者是相关联的。"经验并不是单纯的看、听、摸等等，并非只是对于个别事物的知觉，主要是由此出发，找出类、共相、规律来。经验找出了这些东西，就碰到了概念的领域；它搞出了那样一种东西，那种东西是属于理念、概念领域的；它为概念准备下经验材料，然后概念才能安安稳稳地采用这份材料。"② 而当科学臻于完备时，理念就必定从自身出发，但为了使科学臻于完备、取得存在，"必须经过从个别到一般、从特殊到普遍的过程，必须采取主动的行动，反作用于经验的东西、给予的材料，对它加工改造。"③ "经验方面的发展是理念的很重要的条件，随着经验的发展，理念才能得到发展，得到规定。"④ 黑格尔是依据他的哲学观念和辩证法来规定经验与理性关系的，这是相当深刻和统一、包容的，他的思辨辩证法绝非实证主义者所指责的臆造和片面抽象，而是以经验为依据的。这在《精神现象学》中就已体现。但培根及他后来的经验派和实证主义者，远未达到这种认识。培根作为经验派哲学的创始人，他在哲学史中的作用，就在于对经验的强调：（一）经验是认识的唯一真正来源，再用思维对经验

---

① 黑格尔：《哲学史讲演录》第四卷，商务印书馆1959年版，第8页。
② 同上书，第22页。
③ 同上。
④ 同上书，第22—23页。

加工整理；（二）提出以"新工具"为名的新的认识方法，即归纳法；（三）以具体的事物为哲学对象，包括延年益寿、改变身长、改变容貌、此物体转化为他物体、创造新物种、影响大气、激起风雨、增进感官快乐的办法，以及炼金术。黑格尔认为，培根的一个主要特点是注重考察的形式，另一个特点是反对按照目的因考察自然。而波墨则正与培根相对立，波墨是第一个德国哲学家，他的根本思想，是努力使一切事物保持在一个绝对统一体中，这就是绝对的神圣的统一，在共相中把握神圣的三位一体，把万物看成神圣三位一体的显现和表露。波墨严格说来是宗教改革以后的经院哲学家，黑格尔大概因为他是德国人，才把他与培根并列。

思想理智时期是真正的"新世界的哲学"，它是从笛卡尔开始的。"从笛卡尔起，我们踏进了一种独立的哲学。这种哲学明白：它自己是独立地从理性而来的，自我意识是真理的主要环节。"[①] 黑格尔将这个时期又分为：（一）理智的形而上学时期，包括三个阶段，第一阶段有笛卡尔、斯宾诺莎、马勒伯朗士，第二阶段有洛克、格老秀斯、霍布斯、库得华斯、普芬多夫、牛顿，第三阶段有莱布尼茨、沃尔夫和通俗哲学。（二）过渡时期，考察唯心论和怀疑论、苏格兰哲学、法国哲学。这是一个思想活跃、观点和方法不断更新的时期，也是距黑格尔较近的时期，他对这个时期的考察，充分地展示了自由精神原则和辩证法。

黑格尔指出，笛卡尔开创了一个全新的方向，首先从思维本身开始，寻求既确定又真实的东西，尤其是"我思维，所以我存在"使哲学找到了基地，并由这种确定性过渡到真理，对神启示给我们的，必须相信，不管是否理解。神是宇宙的原因，但否认神的广延，神只是原因，而物质即广延实体。进而从广延论运动规律和物理学、

---

① 黑格尔：《哲学史讲演录》第四卷，商务印书馆1959年版，第65页。

机械学。从灵魂是思维的，意志是不受限制的来证明自由。笛卡尔哲学还有许多非思辨的说法，而斯宾诺莎则做到了彻底的一惯性。"斯宾诺莎的哲学，是笛卡尔哲学的客观化，采取着绝对真理的形式。"① 他的基本思想是：只有唯一的实体是真的，实体属性是思维和广延（自然），只有这个绝对的统一是实在的，只有它是神。这是对笛卡尔思维与存在统一的坚持和进一步明确。斯宾诺莎的方法同笛卡尔一样，是几何学的方法，从定义出发，推出定理、命题。他认为神就是自然、世界、人的精神，个体人就是神以特殊方式的显现。马勒伯朗士也是笛卡尔学说的延续，但他以虔诚的神学形式出现，因而未像斯宾诺莎那样被指斥为无神论。

理智的形而上学时期第二阶段的首要人物是洛克。"洛克对于整个经验主义思维方式作了系统的表述，因为他曾经对培根的思想加以进一步的发挥。"② 他认为真理、知识是建立在经验上的，并论证了如何从经验获得共相、真理，其要点是从经验的具体事物中分析出普遍，但他的方法不是辩证的，而是知性的。思维就是知性，概念以经验为基础。这个阶段的其他人物都不是系统的哲学家，如格老秀斯和霍布斯研究法和国家，牛顿则是应用洛克哲学的物理学家。黑格尔指出，英国人并没有对哲学的明确概念界定，实验科学叫哲学，数学和物理学被称为"牛顿哲学"，政治经济学也叫作哲学，化学、物理学、理性国家学，凡是经验之上的普遍原则，英国人都叫作哲学，这可以说是培根传统的继续。

理智的形而上学时期第三阶段考察莱布尼茨和沃尔夫。这两个德国人的哲学是直接连接的，因而也被称为"莱布尼茨—沃尔夫哲学"。莱布尼茨反对洛克，也反对斯宾诺莎，他主张思维，反对"英

---

① 黑格尔：《哲学史讲演录》第四卷，商务印书馆1959年版，第108页。
② 同上书，第152页。

国式的感觉",强调思维的对象是真理的本质。他重视个体性,个体性是自为的存在,是原子,但没有把思维对象看成"我",看成绝对概念。沃尔夫的作用一是在逻辑上清除了经院作风,形成系统的理智逻辑,二是对本体论、宇宙论、理性灵魂等等的探讨,并论述了自然法、道德、政治学、经济学。

过渡时期的第一阶段考察唯心论和怀疑论,包括巴克莱和休谟。巴克莱认为一切存在物及其各种规定都是被感觉的东西,都是自我意识造成的东西。而"休谟的出发点是洛克和培根的哲学观点,即经验哲学。这种哲学所抓住的,是外部直观或内心感受所提供的材料;法律、伦理、宗教方面的东西都属于这个范畴。休谟抛弃了天赋观念。经验是由知觉组成的。"① 他明确了感性物与普遍者的对立,把感性物定义为没有普遍性,抛弃了各种思想规定的客观性,抛弃了它们的自在自为的存在。

过渡时期第二阶段论苏格兰哲学。这是一批反对休谟哲学的苏格兰人,他们以"内心源泉",即一些具体的、常识的原则来反对休谟的怀疑论。同时注重伦理、政治的研究,并以"健全的理性"或者个人常识作为真理的根据。

过渡时期第三阶段考察法国哲学。"法国的无神论、唯物论和自然主义,从一方面说,是怀着深恶痛绝的感情反对各种毫无思想性的前提,反对宗教里的各种硬性规定的准则,这种硬性规定是通过各种法律规定和伦理规定以及民事设施而社会化了的;同时它也是拿着健全的常识和一种富于机智的认真精神来反对,并不是用一些支离破碎的空话来反对的。"② 它是绝对的概念,反对一切现存观念和固定思想,摧毁一切固定的东西,自命为纯粹自由的意识。这种

---

① 黑格尔:《哲学史讲演录》第四卷,商务印书馆1959年版,第227页。
② 同上书,第243页。

理想主义的基础是确信，凡是存在和被当成自在的东西，全部都是属于自我意识的，美善恶、权力与财富的概念，关于对神的信仰、神与世界的关系、神的统治，自我意识对神的义务等固定观念，都不是什么在自我意识以外的真理。"这一切形式，以及现实世界的实在本体，超感性世界的本体，就在这种自觉的精神里面被扬弃了。"①这种自觉的精神采取一种机智的方式，"让自我意识通过自己的活动从那些观念里引出另外一个意义，与人们给予那些观念的意义正好相反。"② 对于精神只有用机智的办法通过自我意识的作用和活动，才是有效的，凡是被这个洞察一切、理解一切的自我意识认作本质的，就是有效的。"他们把绝对本体规定为物质，规定为空洞的对象性，是由于他们的概念摧毁一切内容和规定，仅仅以那普遍的东西为对象。这种概念只知道一棍打个稀巴烂，不知道再从物质里、从纯粹思维里、从纯粹实体性里重新发展出来。"③ 这是对法国物质主义哲学观念和方法的肯定，也是对它局限性的明确规定。以物质概念打烂旧的神学观念，只是一次性否定，它否定了自然界的目的和生命概念，否定了精神界的精神和自由概念，所做到的仅是抽象的无自身规定的自然，以及感觉、机械作用和效用。对于哲学发展来说，更重要的是从物质、纯粹思维和纯粹实体性再系统论证一套体系，法国哲学家没有做到这一点，但给哲学留下了发展的课题，德国哲学特别是黑格尔的哲学就是对这一课题的探讨。

近代哲学的第三期是最近德国哲学，从耶可比到康德、费希特和谢林，这是黑格尔哲学产生的前提，也是他所亲历的哲学上的德

---

① 黑格尔：《哲学史讲演录》第四卷，商务印书馆1959年版，第239—240页。

② 同上书，第240页。

③ 同上书，第241—242页。

国革命，因而所用篇幅占"近代哲学"的一半左右，论证也最为近切。

对于英、法、德三国的哲学，黑格尔做了这样的概括："属于英国人的，是那种经验的、完全有限的概念；属于法国人的，是那种作为对一切进行尝试的、肯定自己的实在性的、扬弃一切规定的、因而具有普遍性的无限纯粹自我意识的概念；属于德国人的，则是这种内在的东西深入自身，即绝对概念的思维。"① 这三国哲学的特点，既是由其特殊条件造成的，是其民族精神的集中表现，也是哲学史的逻辑演进的必然，它们构成了自由精神发展的三个环节。

黑格尔论德国最近哲学从耶可比开始，耶可比的出发点大半是法国哲学和德国形而上学，他着眼和考察的大半是认识方式的客观方面。他坚持认为，真理只能为精神所理解，人之所以为人只是由于有理性，而理性就是对于上帝的知识，理性即直接知识和信仰。必定有一个无限的理智，这无限的理智就是上帝。上帝是不可以加以论证的，因此每一种论证方法都会导致宿命论、无神论、斯宾诺莎主义，都会认为上帝是一个派生的、以某种东西为根据的东西。所谓理解和论证一个东西就是指出它的依赖性。黑格尔认为，耶可比关于"人的精神直接知道上帝这个观点的伟大之处即在于承认人的精神的自由。"② 但是这个观点又是片面的，它所说的自由的原则只是抽象的，使自由的原则重新达到纯粹的客观性，并不是一切偶然所想到东西都是启示给我的，因而也就都是真的。这个自由的原则还要加以纯化，把特殊的、偶然的东西抛弃掉，才能获得其真实的客观性，必须通过个人自己的精神才能证明上帝是精神。

康德是与耶可比同时出现的，也是德国哲学的重点。康德强调

---

① 黑格尔：《哲学史讲演录》第四卷，商务印书馆1959年版，第217页。
② 同上书，第281页。

思维通过推理达到了自己认识到自己是绝对的、具体的、自由的、至高无上的，除了思维的权威没有外在的权威，一切权威只有通过思维才有效准，所以思维是自己规定自己的，是具体的。具体的思维是某种主观的，这主观性的一面就是形式，说上帝存在并不是自在自为的真理，它的自在自为存在必须基于认识，但上帝据说又是不能被认识的。上帝是我意识中的一个事实，但这个事实又是通过我的意识设定的。由于思维是主观的，所以必然会否认思维有认识自在自为存在的能力。"康德哲学所包含的真理在于把思维理解为本身具体的，自己规定自己的东西；因而它承认了自由。"① 康德把本质性导回到自我意识，但他又不能赋予自我意识的本质或纯自我意识以实在性，不能在自我意识中揭示其存在；他对于理性描写得很好，但却以无思想性的、经验的方式描写理性，反而剥夺了理性的真理性。因此，康德哲学是在理论方面对启蒙运动的系统陈述，认为只有现象可知，此外没有什么真实的东西。康德将人的认识能力分为感性、知性、理性三种，但又将理性与知性分隔，认为理性是具有无限者、无规定者的思想的东西，是不能从经验予以证明的。康德哲学还包括对实践理性和判断力的论证。

黑格尔指出：康德首先从形式方面把哲学的基本观念、思维与存在的统一作为对象，并加以把握，"但其结果只得到理性在自我意识中的抽象的绝对性，一方面，在他的批判的、消极的态度里总带有一种空疏性和软弱性，把意识的事实和主观的揣测当成某种积极的东西，这就放弃了思想而退回到感觉；另一方面，从这里发展出费希特的哲学，它把自我意识的本质思辨地理解为具体的自我，但他却没有超出绝对者的这种主观的形式。谢林的哲学是从费希特哲学出发，后来又把它抛弃，并且提出了绝对者的理念、自在自为的

---

① 黑格尔：《哲学史讲演录》第四卷，商务印书馆1959年版，第284页。

真理。"① 这段话概要地说明了康德、费希特、谢林三者的关系。费希特克服了康德哲学中缺乏思想性和一贯性的缺点，他认为绝对形式就是绝对的自为存在，是个别性的概念，因而就是现实性的概念。费希特指出哲学必须是从最高原则出发，从必然性推演出一切规定的科学。他从自我意识的先验统一性开始，强调自我的存在是具体的存在，即思维。自我是最高原则，一切都应从自我推演出来，凡是在自我里的东西，我是知道的，这就是纯粹的、抽象的知识。他力求从自我推出、构成各种思维规定。费希特哲学的缺点：一是自我一直保有个别的、现实的自我意识的意义，与共相、绝对或精神相反对，二是没有达到理性的理念或主体与客体的完备、真实的统一，三是他的知识学全部进程是从自我这一极端出发，是一些规定性到另一些规定性的进展，却不能返回到统一。如果说黑格尔对费希特还可以比较放开评议的话，那么对前密友，后来因黑格尔的成就和名声都高于他并引发敌意的谢林的评议就小心得多，基本是对谢林的著作简单地概述一番。谢林从康德哲学和费希特哲学出发，以耶可比的思维和存在统一的原则为基础，但对这一原则做了进一步规定。具体的统一只是一种过程，是一个命题里有生命的运动，这种不可分离性只存在于上帝那里，有限的东西就是包含这种可分离性在内的东西。谢林的哲学从直接知识、理智的直观开始，第二步是具体的绝对。谢林认为，理性是主体与客体的绝对无差别，即同一，理智的直观或理性的概念是一个未经阐明的前提。"在谢林那里着重提出来的是理念本身，即真理是具体的，是客观和主观的统一。每一阶段在体系里都有自己的形式；最后的阶段就是各个形式的全体。谢林的第二个优点就是在自然哲学里，他曾经指出了自然

---

① 黑格尔：《哲学史讲演录》第四卷，商务印书馆 1959 年版，第 266—267 页。

界里的精神形式：电、磁都被他看成只是理念、概念的外在方式。"① 黑格尔也指出谢林的缺点，即缺乏逻辑发展的形式和进展的必然性。

因为不能将自己写进哲学史，黑格尔对哲学史的论述到谢林为止。在全书的结论中，他这样概括哲学史："哲学史一般的结论是：（1）在一切时代里只存在着一个哲学，它的同时代的不同表现构成一个原则的诸必然方面。（2）哲学体系的递相接连的次序不是偶然的，而是表明了这门科学发展阶段的次序。（3）一个时代的最后一种哲学是哲学发展的成果，是精神的自我意识可以提供的最高形态的真理。因此那最后的哲学包含着前此的哲学、包括所有前此各阶段在自身内，是一切先行的哲学的产物和成果。"② 这"最后的哲学"，就是黑格尔的哲学，它是新的时代精神的概括。

五 哲学史和世界史的演进——现代精神的证明与必然

对哲学史和世界史的系统研究，是黑格尔哲学理念和方法论的运用和证明。自从人类在历史的轨道上演化以来，关于历史的著述层出不穷，但用一个基本理念与统一的方法将世界史和哲学史系统地论证，并能给人以明确的概念性认识的，大概只有黑格尔的这两部"讲演录"（可以想见，如果他有时间专门写作的话效果必定更好）。虽然有诸多缺陷，虽然我们不同意他的基本理念，但必须承认他的思辨辩证法在历史和哲学史研究上的高明与深刻。

黑格尔并不是为了研究历史而研究历史的，他对世界史和哲学史的研究，在验证自己理念和方法论的同时，还有一个现实目的，

---

① 黑格尔：《哲学史讲演录》第四卷，商务印书馆1959年版，第413页。
② 同上书，第421页。

通过对世界史和哲学史的演进规律的论证，揭示现代社会和思想的变革，也即现代精神的证明和必然。

在《哲学史讲演录》的结论部分，黑格尔指出："到了现在，世界精神到达了。那最后的哲学是一切较早的哲学的成果；没有任何东西失掉，一切原则都是保存着的。这个具体的理念是差不多二千五百年来（泰勒斯生于公元前 640 年）精神的劳动的成果，——它是精神为了使自己客观化、为了认识自己而做的最严肃认真的劳动的成果。"[①] 这里说的"最后的哲学"，就是黑格尔本人的哲学，它是以前所有哲学研究，也是最严肃认真的劳动的成果。历史上各阶段的哲学，都是其时代精神的体现和认识，"哲学的历史就是精神在它的历史中所要达到的目的之明白的启示。人类精神在内心思维里的这种工作，是和现实世界的一切阶段相平行的。没有一种哲学能够超出它的时代。哲学的历史是世界的历史的最内在的核心。"[②] 哲学概念是世界精神最简单的启示，世界史就是其具体概念。永恒的生命就是永恒地产生对立并且永恒地调解对立的生命。在统一中认识对立，在对立中认识统一，一切时代的哲学都是其时代精神的要求和规定。现代哲学是对现代精神的概括。"一个新的时代在世界里产生了。看来世界精神现在已经成功地排除了一切异己的、对象性的本质，最后把自己理解为绝对精神，并且任何对于它是对象性的东西都是从自身创造出来，从而以安静的态度把它保持在自身权力支配之下"[③]。世界历史是有限的自我意识同绝对的自我意识斗争的过程，"历史的唯一工作就在于阐述这个斗争。"[④] 哲学

---

① 黑格尔：《哲学史讲演录》第四卷，商务印书馆 1959 年版，第 415 页。
② 同上书，第 416 页。
③ 同上书，第 420 页。
④ 同上。

史的各个时代是统一的绝对精神所具体化的自由精神的阶段性演进，这些阶段是内在统一的，是连贯发展的，在后的阶段是在前阶段的否定和继续。世界历史也是如此，它在各时代的精神的主导下连续否定发展。现代精神，不论从哲学史，还是从世界史来说，都是以前各阶段时代精神演化的必然结果。认识现代精神，不仅要研究现代的人及其社会矛盾，还要认识历史的时代精神演进的规律，并以其中体现的规律——绝对精神及其具体的自由精神为前提。

现实社会"作为全体中的部分，个人就像瞎子一样，他乃是各全体的内在精神驱使着前进的"①。哲学就是对全体中的内在精神的规定，从自在到自为，使人类能够尽可不盲目地生存和发展。哲学史所揭示的各时代精神，是系列的生命过程中跳动着的个别的脉搏，

> 我们必须听取它向前推进的呼声，——就像那内心中的老田鼠不断向前冲进，——并且使它得到实现。它们纯粹是必然性的前进系列，这个前进过程所表达的不是别的东西，只是那在我们全体中生活着的精神自身的本性。我希望这部哲学史对于你们意味着一个号召，号召你们去把握那自然地存在于我们之中的时代精神，并且把时代精神从它的自然状态，亦即从它的闭塞境况和缺乏生命力中带到光天化日之下，并且每个人从自己的地位出发，把它提到意识的光天化日之下。②

这充满激情的话语，就像一个统帅发布的动员令，号召人们去把握现代精神，实践现代精神，——而这就是理性资本主义所导引的社

---

① 黑格尔：《哲学史讲演录》第四卷，商务印书馆1959年版，第421页。
② 同上书，第422页。

会变革。

　　黑格尔认为，哲学史的演进目标，即所要把握的现时代精神，在世界史中已经显现，这就是法国大革命为标志的欧洲的变革。法国大革命从哲学得到第一次推动，革命发生的原因，就是法国的社会矛盾，"当时法兰西的局面是乱七八糟的一大堆特殊权利，完全违犯了'思想'和'理性'——这是一种完全不合理的局面，道德的腐败、'精神'的堕落已经达于极点——这一个'没有公理'的帝国，当它的实在情形被人认识了，它更变为无耻的'没有公理'。"①压在人民肩上可怕的沉重负担，以及政府罗掘俱空，无法供应朝廷的挥霍，导致人们的思考，启蒙运动在新精神的导引下兴起，而朝廷、教会、贵族和国会都不愿放弃特权，阻挠可以缓解矛盾的改革，而矛盾的激化必然导致革命。法国大革命使一个同公理概念相调和的宪法成立了，并成为一切法律的基础，这也是理性统治世界的标志。黑格尔高度肯定和赞扬革命的"合理性"，即体现着自由精神并扫除奴隶制和封建制残余，以法律保证财产自由和生命自由，以及工商业的自由，使个人无拘无束地运用他的能力，以及任何人都可以充任国家官职的自由。但是他也强调在天主教之下是不可能有合理的宪法的，由于没有经历彻底的宗教改革，法国大革命虽然提出了自由精神的原则，但其政府仍是一个王权宪法化的政府，皇帝为元首会同各大臣实施行政的权力，立法机关担任制定法律的事宜。这样就导致宪法及立法机关、行政当局、具体法律之间的不协调和矛盾，虽然拿破仑曾利用他性格上无限伟大的力量征服了整个欧洲，但军事胜利并不能解决上述问题，并使拿破仑这位巨人的统治崩溃。法国的问题依然存在。

　　法国大革命是世界历史性的，它的原则差不多灌输到了一切现

---

①　黑格尔：《历史哲学》，上海世纪出版集团2006年版，第417页。

代国家，特别是将一切罗马天主教国家都纳入"自由主义"的势力范围，但它在各处都宣告破产。这个事实说明抽象"自由主义"本身的偏颇，"这是一个虚伪的原则，以为'公理'和'自由'所受的束缚桎梏能够不经良心解放而打破，以为不经过一番'宗教改革'就能够有一番'革命'"①。也就是说，法国大革命虽然体现了现代精神，但它的自由原则还是抽象的，而其未经改革的天主教依然制约着人们的道德观念，阻抑着"良心的解放"，受其影响而建立的国家机构和法律，都是不完善的，都应当在宗教改革的基础上，依照自由精神原则从理念上进行建构。而这也就是黑格尔法哲学的主要目的，尤其关于国家的观念，是实现现代精神的必要环节。在分析法国大革命的同时，黑格尔还考察了英国。"英国的物质生存建筑在工商业上，英国人担任了伟大的使命，在全世界中作文明的传播者；因为他们的商业精神驱使他们遍历四海五洲，同各野蛮民族相接触，创造新的欲望，提供新的实业，而且是首先使各民族放弃不法横行的生涯，知道私产应当尊重，接待外人应当友善，成立了这些为商业所必要的条件。"②但英国的封建势力依然存在，不仅贵族地位保持着，甚至还有长男继承权。黑格尔认为，英国宪法是"若干纯粹权利的复合物"，政府保护一切特殊阶层和阶级的利益。议会统治着英国，议员选举中存在贿选现象。因此，自由的时代精神在英国的体现也是片面的。

黑格尔在论证法国和英国所进行的社会变革时，已经注意到新旧两种势力的矛盾。旧势力由封建贵族的残余、专制的国家政权，以及教会等构成，它们为了自己的特殊利益和特权反对变革，而体现着自由的现代精神的变革势力，也由于理念上对自由精神理解的

---

① 黑格尔：《历史哲学》，上海世纪出版集团2006年版，第423页。
② 同上书，第425页。

抽象或片面，往往采取偏激的行为，或者对旧势力进行妥协、让步，从而使社会变革表现出曲折、复杂。但他坚信以自由为原则的现代精神必然能够主导世界。世界历史的实质就是自由概念、自由精神的发展。

对于他的祖国德国，由于旧势力依然严重，黑格尔不敢说违禁的话，但他强调宗教改革——这是专制者和教会都认可的——对德国变革的基础作用。宗教改革使德意志有了新教会，有了精神的自由。而国家的体制是建立在宗教上的，宗教是国家构成的基础而非手段，或者说国家是宗教真正内容的显现。也正是由于宗教改革，德国具备了认识并实现现代精神的基础条件。但德国并未发生政治革命，而是在法国大革命的扩张中被动地进行改变的。"法兰西的大军曾经踏遍了日耳曼，但是日耳曼的民族性摆脱了这种历史。日耳曼政局的一个主要因素就是权利的法律，那当然是法兰西的压迫所造成的，特别是因为这种压迫暴露了旧制度的许多缺点。向来名不副实的一个'帝国'这时完全消灭了，它已经分裂为若干主权国家。各种封建的义务都被废除，财产和生命自由的原则被认为是基本的原则，国家各种公职开放给了一切人民，但是自然要以才能适合与否为必要的条件。"① 至于国家政体，黑格尔认为，关键在于确实规定的法律和有条不紊的国家组织，至于是否保留君主制并无关紧要。

黑格尔认为，从法国、英国和德国及其他欧洲国家已经以各种方式进行了的社会变革中，已经显现出现代精神，或者说现代精神正在导引着社会的变革。"'客观的自由'——真正的'自由'的各种法则——要求征服那偶然的'意志'，因为这种'意志'在本质上是形式的。假如'客观的东西'在本身是合理的话，人类的识见必然会和这种'理性'相称，于是那另一个根本的因素——'主观

---

① 黑格尔：《历史哲学》，上海世纪出版集团2006年版，第425页。

的自由'的因素——也就实现了。"① 对自由的现代的认识以及它对人们意识的影响，进而在社会、法律、国家、民族中的实现，是哲学的历史使命。"真的东西必须一方面在纯粹的思想中，另一方面也在现实中作为客观的、得到发展的体系存在。"②

---

① 黑格尔：《历史哲学》，上海世纪出版集团2006年版，第426页。
② 黑格尔：《世界史哲学讲演录 1822—1823》，商务印书馆2015年版，第449页。

第八章
黑格尔哲学的价值与启示

　　黑格尔哲学是资产阶级启蒙运动哲学的集大成，他以思辨辩证法论证了资本的精神和理性的资本主义制度的原则，虽然取得并要固守统治地位的资产阶级因他以辩证法规定了社会变革一般性规律，而冷漠并抛弃了黑格尔，但他的辩证法却为变革资本制度的新的变革势力提供了方法论的前提。而这正是黑格尔哲学的价值所在。19世纪中期以来以劳动者阶级为主体的社会主义，从理论到实践都贯彻着辩证精神，马克思、毛泽东也就因此而创建了新的辩证法。总结一个多世纪以来劳动者为主体的社会主义理论、运动、制度的经验教训，进一步丰富发展辩证法，是现时代精神的要求，也正是在这个过程中，黑格尔哲学能够给我们提供必要的启示。

一　资本的精神，理性的资本

　　启蒙运动是变革封建主义、专制主义意识形态和社会制度的思想运动，伴随这场思想运动的是经济和政治的革命。有一种观点认为启蒙运动仅限于法国，这是片面的。实际上，早于法国启蒙学者的英国霍布斯、洛克，以及后来的休谟、斯密等人，也都是以变革社会为目的的启蒙学者，他们不用法国学者那样激烈的方式从哲学、自然科学、社会科学对封建主义和专制主义进行抨击，但其基本理念的反封建反专制的性质是明确的，更为重要的是他们的思想促进了经济资本主义的发展，这本身就是一场革命。法国启蒙运动的功用主要体现于政治革命，这是法国特殊历史条件决定的。与英、法两国相比，仍处于封建割据状态的德国明显落后，在法国大革命和英国资本主义工商业的冲击下，少数学者展开其变革，这种变革集中于最为抽象的哲学上。日耳曼人的思辨传统和宗教改革所创造的宽松文化环境，在英、法两国先进思想和先进的经济、政治变革促动下，由康德开创了德国的启蒙运动，在不到半个世纪的时间，以康德、费希特、谢林和黑格尔为代表的思想家，展开了一场哲学革命，不仅否定了旧的封建文化，而且使人类思维能力和方法提升到一个前所未有的新阶段。这是一场不流血的战争，其兵员和武器就是一系列的概念及其体现的思想，在统帅者的组织和指挥下，系统地攻占了意识形态的各个阵地。德国的启蒙运动在当时的影响虽然不如法国启蒙运动那样直接与明显，但其深远的历史影响却是法国启蒙学者可望而不可即的。也正是从这个意义上，我们才能明确黑格尔哲学的价值。

黑格尔哲学的价值集中于对他的时代精神的概括性规定，即从思辨辩证法揭示并论证了资本的精神，以及从理性论证资本制度化的基本原则和框架。

黑格尔并没提过资本主义，也很少论到资本，但他从理念上自觉地将自己的思想纳入社会变革大潮，从代表这个变革大潮的资产阶级主体地位出发，从资产阶级的阶级意识规定了理性的资本主义，以探讨社会变革的理念自由精神和时代精神为主题，主张实现新时代精神资本主义。他的思辨哲学体系似乎一个神秘王国，所论都是玄奥、抽象的概念，似乎与人世无关。一些对黑格尔哲学的论评，也往往只针对他的概念体系形式，忽视其社会内容。这种做法是黑格尔所反对的，他十分注重其哲学概念体系的内容，反复强调形式与内容的统一。作为他概念体系的基本和核心概念的绝对精神，并不是那些孤立地从旧本体论进行论评者所说的"世界本原"、"本体"，而是他作为哲学主题的自由精神和时代精神的基础，是主观精神与客观精神的统一，也是人类理性认识所达到的最基本、最抽象的概念。绝对精神与基督教所信仰的人格化的上帝截然是两码事，但却是黑格尔改造基督教，将上帝概念化、理想化的依据。认为黑格尔是在把上帝包装成绝对精神，从绝对精神来宣扬新的"创世说"，不过是对黑格尔哲学连一知半解也未达到的肤浅的、初级的知性认识的体现。

从《精神现象学》中以人的认识进程为根据规定绝对精神概念，到《哲学全书》逐层展开绝对精神概念，形成了黑格尔从具体到抽象又从抽象到具体概念运动的大圆圈，黑格尔的一生就是随着这个大圆圈的运行而思想的。这个圆圈得以形成的根据和基础，是黑格尔所生存时代激烈动荡的变革，他的思想就是要认识这变革的时代，并探究其规律与趋势。为此，他将研究的对象集中于主体的人，从人的感性确定性出发，在主体与客体、个体与总体的统一中规定人的意识和社会矛盾的演进，从探究思维规律的逻辑学，经过研究人存在基础和对象的自然哲学（正是这两个环节，使初读者认为黑格尔是脱离社会的），绝对精神概念达到精神哲学，进入人的主观精神和客观精神，论证了个体灵魂、意识到精神的转化，探究了人的社会意识和存在，从法到道德到伦理，具体规定了家庭、市民社会和国家，再从艺术、宗教和哲学总体上规定了绝对精神。他对时代精神的论证，集中于客观精神及其展开的法哲学、历史哲学，进而在绝对精神部分关于宗教和哲学及其展开论述宗教哲学和哲学史中加以概括。经过一系列概念的演化，绝对精神已具体化为自由精神、时代精神、民族精神，进而是他所存在时代的精神。这也就是资本的精神。

资本精神的实质，是自由精神。在黑格尔的理念里，自由是人的本质的集中体现，人作为主体，不仅是存在的，也是意识的主体，自由就是要在意识和社会关系中确立个体人的主体地位，要明确并保证他的生命（人身）权和财产所有权，这两个权利既是人存在的基本条件，也是意识的依据，是主体与客体统一的体现。他在《精神现象学》和《逻辑学》论证感性、知性和理性的认识过程中，就反复强调主体与客体的统一，而这种认识中的主客体统一，也就是意识中自由的根据，同时也是人社会存在中自由的前提。强调财产的个人所有权，是资产阶级思想家的共同点，资本主义就是以个人财产所有权为基本，并围绕这个所有权的自由竞争和法律保证的理念，而资本主义制度就是以财产所有权为基础和核心的一系列权利体系，以及维护这个权利体系的体制和机制的总和。《精神哲学》的客观精神部分，首要环节就是法，而法的基本内容就是财产，《法哲学原理》中更为明确地规定了财产所有权。而契约和不法，则是所有权的展开，是就财产所有权发生的社会关系及违背，甚至侵害财产所有权的行为，法律在保证所有权的同时还要惩处、纠正各种不法行为。道德作为自为存在的自由，是意志的自我规定，其要点也是对自己和他人财产所有权的确认和保证。伦理则是财产所有权和人身权的社会存在形式，从家庭到市民社会到国家，贯穿着财产所有权和人身权这个基本权利，也是资本主义制度得以建构和作用的必要环节。虽然黑格尔未使用资本主义这个术语，但他关于法、道德、伦理各环节的概念规定，实际上就是资本主义及其基本制度的规定。而他从资产阶级总体阶级意识关于国家与市民社会有机统一的认识，尤其是国家要从总体上协调、控制市民社会关系的观念，虽被主张自由竞争的人所指责，但却在一个多世纪后的"罗斯福新政"和"凯恩斯革命"中得以体现,成为资本主义市场经济体制的必要内容。

客观精神的法、道德和伦理,是资本精神的实在,是作为人类历史演化原则的自由精神在现代精神中的体现。黑格尔在历史哲学中按自由精神的实现程度论证了主导世界历史阶段的时代精神,现代精神是自由精神的充分具体化,因而也是必然的。进而他又依自由精神原则考察了哲学史,论证了时代精神及现代精神的理性内容。与那些单纯从个体、从知性来论资本主义的思想家不同,黑格尔从总体、从理性来论证资本主义,即理性资本主义。

关于黑格尔哲学的价值,人们往往注重其辩证法,这并不错,辩证法的确是黑格尔哲学的特点。但黑格尔之所以形成系统的思辨辩证法,根本还在其哲学观念。受苏联教科书关于唯心主义与唯物主义两大阵营说的影响,简单地将黑格尔的哲学观念归入唯心主义,而唯心主义就等于错误,就是宣扬"创世说",但又不能不承认黑格尔辩证法有"科学成分"。这就使论者陷入自相矛盾的境地:既然哲学观念是错误的,那么形成和论证错误哲学观念的方法又怎么能是科学?反过来说,方法既然有科学成分,又怎么能形成和论证出错误的哲学观念?

任何一个成形的哲学体系,它的基本观念和方法论,也即其道、法两个层次,都是统一的;如果这两个层次不统一,那么这个哲学体系也就不可能成立。黑格尔哲学体系的价值也在其基本观念和方法论的统一中,不能贴标签式地将基本观念说成错误,又将方法论说成科学的。黑格尔并不否认自然界的物质存在,他也不是像贝克莱那样反对物质主义,而是承认物质主义在哲学史上的地位,但他认为物质主义将物质与精神相脱离、分立、对立的观念,是有局限的,是知性方法的体现。他所要做的,是强调在物质的存在中有其内在的精神,即其存在和演化的规律,而人所说的物质,都是经人的感性和知性纳入意识中的存在，在这样的存在中，已经包含人的意识，是意识所规定了的物质。也就是说，黑格尔的哲学观念并不是否认物质存在的唯心主义，而是以理性规定、包容的物质主义或物质的理性主义、精神主义。他所说的精神，是主体与客体的统一，是规定包容物质的理性，是对存在与意识内在规律的规定。虽然他尚未跳出物质主义的大框架，但毕竟在英、法物质主义基础上向前迈进了一大步。这一大步的标志就是以主体取代本体，人不仅是意识的主体，也是存在的主体，在主体人意识的进程中认知、规定存在，以主体的理性探讨自然和人社会存在、社会意识的内在规律——精神，再从精神论证自然和人的社会存在、社会意识。这个过程，往往被他说成是精神主导的过程，也被坚持知性方法的实证主义者和苏联教科书的编写者指责为"创世说"。有了这种判决书式的评价，对黑格尔就可以弃之不顾，或者肆意地曲解。

之所以会对黑格尔做出这样的判决，方法上的原因就是局限于知性认识的非此即彼和分而不合，这种方法不仅不能理解物质与精神、存在与意识的统一，也不能理解抽象与具体的统一，它总是将抽象与具体视为两个各自独立的"领域"，虽有联系，但只是形式上外在的联系。用这样的方法，根本不能理解黑格尔关于绝对精神的抽象规定实则是具体的时代精神、现代精神一般性的规定，其抽象是对具体的抽象，也是论证具体的必要前提和环节。黑格尔的目的，绝非像经院哲学家那样论证抽象的本体，而是揭示和规定现代社会——首先是他的祖国德意志的矛盾，探讨其发展的趋势和规律。而要达到这一目的，就要探寻人类历史，乃至自然界的一般规律。时代规律展示为时代精神，时代精神在现代就是现代精神，并具体化为各民族的精神，社会的变革、国家的建构、民族的发展都要依从现代精神和民族精神。民族精神、现代精神经时代精神、自由精神的中介而与抽象的绝对精神内在统一。这就是黑格尔思辨辩证法所构筑的哲学体系，它的价值是抽象的、一般的、历史的，也是具体的、特殊的、时代的、民族的。

黑格尔所规定的现代精神就是资本精神，他并努力从现代精神来论说德意志的民族精神，即与英吉利、法兰西民族精神在同一现代精神中的差异。也正是在这种差异中，体现着黑格尔哲学的特殊性和局限性。当我们比较同是资本精神主导的英国、法国与德国的差异时，不仅可以发现德国经济和政治上的落后，又能发现其在思辨能力和方法上的优势，正是这种优势造就了康德到黑格尔的哲学，也造成德国在资本主义发展过程中的特殊性。评价黑格尔哲学，必须关注这种特殊性，由于这个特殊性中所包含的优势，导致黑格尔在规定现代精神——资本精神中的高远和精深，英、法两国哲学家所探讨的，也是同一个时代精神，但由于思维能力和限于知性的方法，他们的认识远不如黑格尔，具体而言，黑格尔是从理性规定了资产阶级总体的阶级意识，他的资本主义是资产阶级总体的、理性的资本主义，这是他注重并强调国家地位与作用的原由，从这个意义上也可以说他的资本主义是"国家资本主义"，他所说的国家并非英、法启蒙学者从个体资本家角度批判的专制的旧国家，而是以资产阶级总体意识为依据的新国家。同样，黑格尔在市民社会中的同业公会与国家建构的规定上明显逊于英、法哲学家，其根源也在于此。而他关于国家概括并主导市民社会及其经济发展的观念，也因对资本精神的深刻理解，而具有高远性，这个道理在受知性方法制约的美、英两国，是在一百年后的经济大危机严重的经验教训中才认识到，并改变其资本主义自由竞争体制为市场经济体制的。

二 哲学研究应当顺应和导引社会变革

黑格尔哲学是他那个时代精神的概括，是新兴的资产阶级意识的集中体现。它具有明确的时代和民族的特殊性，也正是在这特殊性中，体现着哲学，尤其是辩证法的一般性。如何评价黑格尔哲学，如何从中接受应有的启示，关键就在处理其一般性与特殊性的关系。有一种做法是只从一般性来评判黑格尔哲学，其基本观点是将哲学直接视为与具体科学脱离的抽象的一般性科学，不仅对黑格尔，对其他哲学体系也是如此，进而以某一哲学体系（或本人的哲学体系）为依据和标准，衡量黑格尔哲学的对与错。再一种做法是只从特殊性评论黑格尔哲学，而把其自己或所依据的哲学作为一般。这两种做法都有其片面性，既不能正确评判黑格尔哲学的价值，也不能从中接受必要的启示。

黑格尔哲学对我们的启示，在于它的一般性，但这一般性并不是直接表达的，而是需要从其特殊性加以概括。作为接受启示者的我们也是特殊性的思想者，如何规定哲学的一般性，也有一个方法问题，不能将自己的观点和方法视为一般，并以此为标准来接受启示。应在明确黑格尔哲学（及其他哲学）特殊性的同时，明确自己的特殊性，进而规定哲学的一般性。我们的特殊性，一是时代，与二百年前黑格尔的时代相比，资本主义已成为地球人类的主导精神，而其曾有的先进性基本消失，变成思想和社会发展的主要障碍。如果说黑格尔时代的主题是资本制度否定旧的封建和专制制度，那么现今时代的主题则是资本制度被新制度所否定。二是主体的差别，黑格尔时代先进的社会势力是新兴资产阶级，而现今这个阶级已经没落，成为人类进步的障碍，哲学发展的主体已不是资产阶级，而是体现并要求社会变革的劳动者阶级。在明确特殊性差别的同时，探讨哲学的一般性，并从这个意义上接受黑格尔哲学的启示，首要一点，就是哲学研究要顺应和导引社会变革。

黑格尔绝非抽象、片面的学究式哲学家，他的哲学有明确的时代感和现实性、目的性。他指出："每一哲学都是它的时代的哲学，它是精神发展的全部锁链里面的一环，因此它只能满足那适合于它的时代的要求或兴趣。"① 哲学家个人是他的民族、他的世界的产儿，不能超越他的时代。而哲学"是精神的整个形态的概念，它是整个客观环境的自觉和精神本质，它是时代的精神、作为自己正在思维的精神。这多方面的全体都反映在哲学里面，以哲学作为它们单一的焦点，并作为这全体认知其自身的概念。"② 时代精神是贯穿所有各个文化环节的特定本质，它表现于政治以及别的活动里，一个时代的精神依据它的原则去铸造时代的命运，是世界历史的内容，对世界历史的哲学研究，就是将这个内容上升为概念，以揭示其规律。而哲学史上各阶段的代表人物，他们都生存于变革时期，从当时政治社会和文化矛盾中探讨其本质和规律，并以概念加以规定。虽然他们尚未明确是在探讨时代精神，但他们顺应社会变革而得出的观念，正是其时代精神的概括。哲学家们没有，也不可能创造时代精神，但他们顺应社会变革而对社会、文化矛盾的研究，就是认知时代精神。这种认识过程，又是哲学观念和方法论的变革，它依从绝对精神具体化于人类社会的自由精神发展的逻辑，依次提升着，阶段性地展示为时代精神和民族精神。因此，哲学研究不仅要顺应社会变革，也能为社会变革提供导引。这种导引作用，在近代哲学中表现得相当明显，其突出的例证，就是法国大革命。黑格尔同意这个说法：法国大革命是启蒙思想家的哲学的产物，"法国大革命从'哲学'得到第一次的推动"③。因为哲学所揭示的真理，是社会存在的本质，它在世俗中的作用，就是社会变革。而顺应与导引社会变革，是哲学史发展的规律。

---

① 黑格尔：《哲学史讲演录》第一卷，商务印书馆1959年版，第52页。
② 同上书，第60页。
③ 黑格尔：《历史哲学》，上海世纪出版集团2006年版，第417页。

黑格尔明确地以他在哲学史中发现的这一规律为自己研究的原则。黑格尔的哲学是一个系统，不仅其具体研究人的精神和社会存在、社会关系，以及历史和哲学史的部分贯彻着这一原则，就是抽象地研究意识和逻辑的演化，甚至自然规律的部分，也都统一地依循着这一原则。因此，可以说黑格尔哲学体系就是他那个时代精神的理论概括，是从哲学的角度对社会变革的必然性和必要性的论证，而这是以抽象的关于绝对精神的规定为起点，经过一系列的概念运动而实现的。黑格尔以他一生的哲学研究及其体系，为我们提供了这一启示。

我们是在一个新的时代进行哲学研究的，除了时代特殊性的差异，我们与黑格尔还有一个差异，就是民族的区别，有两千多年历史的汉民族和以它为主干的中华民族，与正在形成中的德意志民族的差异是明显的，但这并不是阻碍我们接受黑格尔哲学启示的理由。某些固守儒家道统的人将这个具有历史特殊性和局限性的思想体系，说成是中国人的民族性，甚至种族性，不仅以此排斥外来哲学，更要求今天的中国人固守其原则和相应的制度、社会关系。黑格尔说中国始终处于"历史的幼年时期"，"一种终古如此的固定的东西代替了一种真正的历史的东西。"[1] 正是两千年来中国集权统治固执儒家道统的表现。他将"中国哲学"排斥于哲学史之外，这种做法不免偏颇，但他的基本思想却值得我们思考。黑格尔将自由精神的发展作为历史和哲学史的根据，他之所以如此评价中国，一是中国未能体现自由精神，二是没有发展，即没有制度和思想的变革。但中国已在黑格尔去世一百年后，在他所启示的马克思、毛泽东的辩证法指导下，形成了制度和思想的大变革，这场变革的实质就是广大劳动群众争取自由发展的权利和社会条件，是历史辩证法的大演练。

---

[1] 黑格尔：《历史哲学》，上海世纪出版集团2006年版，第110页。

保守势力为固守既得利益全方位抵制变革，其主要思想武器就是儒家道统，把它装扮成"种文化"，宣扬"种不变，道亦不变"，努力要把中国拉回"终古如此"的专制制度中去。

　　黑格尔关于社会变革的观点，经马克思的改造，已成为以劳动者为主体的社会革命论，这是理论上的提升，也是辩证法的发展。毛泽东继承和发扬马克思的社会革命论，并将辩证法实践化，不仅使中国摆脱了西方资本主义者的蔑视、欺凌，也使中国成为世界历史的重要组成部分。假如两千年后还有人以黑格尔的观点和方法写世界历史和哲学史，肯定会把20世纪的中国革命和毛泽东作为这个阶段的主要内容。中国革命尚未完成，旧势力依然顽强抵抗，中国的变革发展仍需要辩证法，而且是发展了的辩证法，黑格尔哲学对我们的启示仍是必要的，但我们决不能局限于接受启示，而是在接受黑格尔一般性启示的同时，顺应中国社会变革的进程，理性地探讨比黑格尔面对的德国复杂万倍的中国社会矛盾，充实和发展辩证法，为完成中国革命，为十多亿中国人的自由发展，为现代人类进步提供必要思想导引。

　　黑格尔哲学的启示当然不止对中国，对今天的世界和哲学都有其启示意义。黑格尔哲学是资本主义及其制度化初级阶段的产物，以知性方法为支撑的英国及后来美国的资本主义，从本质上就是排斥理性，排斥辩证法的。对于产自落后的德国的黑格尔哲学，既不理解又因不理解而蔑视。而黑格尔的理性和思辨辩证法，也的确超越了资本主义的本质所容许和需要的范围，其中所包含的不断否定和变革的精神与原则，更不为已取得统治地位的资产阶级所容忍。至于黑格尔去世百年后罗斯福和凯恩斯从国家调控来改造自由竞争体制为市场经济体制，也并非受黑格尔理性和思辨辩证法的启示，而是借鉴德国和苏联的统制经济体制，不得不采取缓解矛盾的方式。至于资产阶级主流哲学实证主义，一百多年来不仅固守知性方法，而且将这种方法在启蒙运动中曾有的变革精神消除,从道、法层次退至术、技层次,既反对变革,将资本制度论说为"自然规律"的体现,是不可更易,甚至是不可认知的,人们只能顺应它,实证而实用地谋取个人私利。此外,就是某些人充当"自然科学跟班"的必备工具。

  人类正在遭受的经济大危机说明现行资本主义及其制度的没落,而各国领导人不约而同采取的货币和财政政策,不过套用罗斯福和凯恩斯八十多年前的老办法,而且思维能力显得相当低劣。危机爆发已经八年,丝毫没有解决的希望,只是由于劳动者未能联合成强大变革势力,资本统治才得以延续。现在的资产阶级更不能从黑格尔哲学中接受启示以解决其面临的危机和矛盾,因为黑格尔哲学所能给今人的启示只有一点:以社会变革解决矛盾,促进历史发展。而乐于"历史的终结"的资产阶级是绝然不会接受这一启示的——现在的社会变革就是变资本统治制度为劳动者为主体的民主劳动制度。与资产阶级和专制统治者相反,只有通过社会变革才能争得社会主体地位和自由发展的劳动者阶级,却需要,也能够从黑格尔哲学,从思辨辩证法接受必要启示,以从一般意义上进一步理解马克思的社会主义革命和无产阶级专政学说,探求现代社会变革之道、法。现代社会变革是全世界劳动者阶级共同的事业,而首先要变革的,就是变革者的理念和方法,如果仍以苏联教科书的知性教条主义来思考变革,其所能做到的,或是粗陋的蛮干,或是空喊口号,或是祥林嫂式的怨声,结果一事无成。以辩证法克服苏联教科书的知性教条主义,既要坚持马克思的革命精神和毛泽东的实践原则,也要从黑格尔思辨辩证法接受其理性统率认识全过程的启示。现代社会变革是比历史上任何变革都伟大而深刻的变革,因此也需要比黑格尔思辨辩证法更为深刻、系统的实践辩证法。对于我们中国的劳动思想者来说,中国的社会变革和世界的变革是统一的,正确处理中国社会变革和世界变革的特殊与一般的关系，正是实践辩证法的必要内容，在这一点上，也需要从黑格尔哲学接受必要的启示。

三 理性统率认识全过程

强调自由，并为自由而展开社会变革，并不是黑格尔的创造，这是启蒙运动的共同理念，法国大革命就以"自由、平等、博爱"为口号，黑格尔继承了这一理念，他的创造，他的哲学的特殊性，在于将英、法两国启蒙学者从知性方法对自由和社会变革的论证上升到理性，以理性统率知性，以思辨辩证法系统论证了这一理念。以知性方法对自由和社会变革的论证，是"就事论事"的，只是针对当前的社会矛盾，未能将当前的社会变革与历史发展相统一，而其所论自由的根据，也只是对"自然状态"、"自然秩序"的理想性描述，并没有充分的说服力。黑格尔理性的思辨辩证法则将当前的社会变革纳入历史发展进程，是历史的一个阶段，此前的历史已经历了若干阶段的变革，当前的变革不过是历史社会变革的继续，是否定的否定。而自由的根据在于人，在于人所特有的意识，在于意识从感性到知性到理性到精神的演进，自由是人本质的体现，自由精神是人类总体性存在和发展的特殊性本质。自由精神在人类历史的演进中逐步扩展、充实，历史就是自由精神阶段性发展的进程。物质的自然是人生命的基础，是意识的对象和来源，也是自由所要认知利用的条件，但自然界并没有自由，人之外的所有动物，都是依从自然本性和本能适应自然，但自然的规律，或人类理性所能规定的自然精神，又是人类自由精神的前提，自由精神是对自然精神的否定，自由精神的发展包含着对自然精神的认知和利用。

黑格尔从自由精神对历史发展规律的论证，是他论证当前社会变革的普遍性根据，其说服力是知性方法的论证不可比的。而这种论证中又包括另一层含义：既然当前的社会变革是历史发展的一个阶段，是以前曾进行的社会变革形成的社会制度的否定，那么历史的发展也会否定当前社会变革所建立的社会制度，还会有新的变革和新的制度。这是理性思辨辩证法的必然结论，也是取得统治地位，以巩固资本制度为根本利益的资产阶级不能容忍黑格尔哲学的原因。也是这一点，成为以通过社会变革实现自己利益并自由发展的劳动者阶级思想代表接受黑格尔理性思辨辩证法启示的理由。正是在这个意义上，马克思接受、改造、发展了黑格尔的辩证法，对资本主义制度进行了系统的批判和否定，并提出了新制度的本质和基本原则的规定；毛泽东则进一步将辩证法实践化，并提出在社会变革所建立的制度中继续革命的辩证理念。

人类的思维能力和社会存在都是不断发展的，与社会变革相对应，思维能力和方法也在变革。黑格尔的思辨辩证法是否定前人思维方法而形成的，是人类思维能力和方法的一个重要阶段，但不是终结，马克思、毛泽东在接受黑格尔思辨辩证法的启示的同时，又开始了对辩证法的创造性探索。这是人类思维能力和方法新阶段的开始，这个阶段的演进，是以对资本主义及其制度的否定为主题的，围绕这个主题发展辩证法，是以对现实社会矛盾的辩证规定和解决为主线的，而研究黑格尔思辨辩证法，接受其理性统率认识全过程的启示，也是必要环节。

将人类认识能力分为感性、知性和理性，是康德的功劳。康德之前的哲学，所能规定的认识能力只是感性和知性，这在休谟那里得到系统论证。虽然有人将知性称为"理性"（也有汉语翻译的问题），但实际上还是知性。康德虽然规定了理性，并把理性与知性做了明显的界定，但却将理性与知性从内容上分隔，只探讨了形式上的联系，即理性对知性的形式研究。他认为，对感性所感知的对象事物以先验的概念、判断、推理的规定，终止于知性，理性不能涉及感性所感知的对象事物，因而也只是形式的思维，它得出的结论，是不能被知性和感性所验证的，所以是"二论背反"。虽然他以此将上帝归入不可验证的理性思维的产物，是二论背反中的一论，从而使对上帝的否定提升了一步，但在认识论上将理性与知性隔离，不仅使他所发现的理性这个高级思维能力成为无本之木，又制造了一个新的矛盾和问题：如何探讨理性与知性的矛盾，使思维成为一个内在统一而不是分隔的认识过程。

  黑格尔解决了这个矛盾，回答了理性与知性的关系及思维系统的内在统一问题。他在《精神现象学》《逻辑学》《精神哲学》中都论述了这个问题，虽然繁琐，但思路是明晰的，我把它概括成一句话：理性统率认识全过程。这里的关键，是认识的个体性和总体性关系。康德虽然规定了理性这个环节，但他认为理性与知性一样，是个体思维能力，不仅导致理性与知性的分隔，更导致意识与存在、主观与客观、主体与客体的分隔。这样的个体理性思维，无异于个人冥思空想。黑格尔则将理性看成个体与总体统一的思维过程，虽然理性思维是个人大脑的活动，但思维的内容与形式都是总体性的。理性思维的对象，不只是个体知性对感性所感觉的事物的概括，还是人类总体已达到的概念性认识和一般性判断、推理等思维形式的运用。康德及其前所有哲学家都认为概念是先验的、既定的，但并未明确它是人类已有认识的概括，个体人只是运用概念、判断、推理等形式，对感性所感觉的现象材料进行加工，但不会，也不可能改变这些先验的思维形式。黑格尔则明确，正是概念体现了思维中个体与总体的统一，个体在运用概念、判断和推理思维时，不仅要依循总体共同的思维规律，而且承续了概念中所包含的总体性认识成果，还要将自己思维的成果充实于概念，当他以各种方式将自己的思维成果表述出来时，也就又将个体思维纳入总体认识。而且，任何个体人的思维都是以他个体生命和社会存在为基础的，包括他的知性认识，甚至感性认识都离不开总体性。正是理性思维的个体性与总体性的统一，使理性与知性、感性，使被认为是分隔的主体与客体、主观与客观、有限与无限统一起来，理性不仅是个体认识的一个层次，还是认识过程的主导。其中包含的个体认识与总体认识的统一，使理性统率着认识全过程，主导着知性乃至感性。其核心就是概念运动，概念作为个体与总体思维的集合，不仅在理性阶段，在知性和感性阶段也都主导着认识的内容与形式。知性所运用的概念，不再是先验的，而是由理性所规定、充实的，是对感性所认知的现象材料的加工，这种加工还要上升到理性再概括，从而理性、知性、感性三环节也就内在地统一起来。理性的统率并不是发号施令，而是将其原则贯穿于认识的全过程，形成统一的目的，达致系统的认识。

理性统率认识全过程，是黑格尔思辨辩证法得以成立的关键，也是思辨辩证法的基本内容，它展示于黑格尔的全部哲学体系，也是留给后人重要的启示。而坚持知性方法的实证主义者和苏联教科书派，其知性形式逻辑和教条主义方法是不可能理解这一点的，因此对他们没有丝毫启示作用。只有从辩证法的一般性才能发现思辨辩证法特殊之中的意义。黑格尔的理性统率认识全过程，虽然是以从意识规定人的本质为出发点的，这与我们以劳动为人本质核心的观念是不同的，但他将人规定为主体，客体不仅是主体的对象，而且是经认识过程而纳入主体，成为主体所认知、规定了的客体，理性统率的认识全过程，就是主体与客体统一的过程。这些内容经过概括，都有其一般性，也都为我们以劳动为基本，以实践为依据探讨辩证法及其认识规律，具有启发意义。其要点：一是个体认识与总体认识的统一，个体认识具有总体性，理性是总体与个体统一，并在个体思维中展现的认识环节，以理性统率认识全过程，既是认识总体性对个体认识的制约，也是个体认识展现其总体性，只有切实贯彻认识总体性与个体性的统一原则，才能达到认识的自由。二是认识过程的连续性和阶段性的统一，康德以个体思维为对象，并将知性和理性两个阶段分隔，不仅是片面的，也是与实际思维进程不符的。黑格尔以理性统率认识全过程，实际上已将知性纳入理性，形成了统一的、连续的思维规定，虽然他并未明确这一点，但其所论知性已是理性的内在因素。黑格尔的这种做法，为我们进一步从理性的阶段性统一规定思维规律，提供了必要的启示和历史前提。三是主体与客体的统一，以主体为本，将对客体的认识形成的现象、概念纳入主体意识，思维过程就是主体运用其知性、理性对已包含在意识中的客体现象、概念的进一步规定，并不是在主体之外还有一个绝对的、无限的客体存在，而它随时都在告诫思维它是独立的、也是你永远不能完全认识的。由于黑格尔只从意识规定人的本质，因而它关于主体和客体统一的认识还是有限的，当我们从劳动规定人本质的核心，将劳动与意识、交往、需要统一起来规定人本质和人的主体性时，可以在黑格尔已有认识基础上充分地规定主体与客体的统一。四是认识中有限与无限、相对真理与绝对真理的统一，在将主体与客体、知性与理性分隔的情况下，主体认识与客体存在是一个不可解决的有限与无限的矛盾，这在休谟、康德那里突出表现着。黑格尔以理性统率认识全过程，明确个体与总体、主体与客体的统一，也就解决了这个矛盾。认识中的有限与无限，并不是由客体（即外在本体）规定的，而是由主体界定的，认识在其不断发展中，总是要突破既成的有限，但在此阶段所达到的有限认识，也就是此阶段的无限，必须肯定对它的规定的真理性，或真理的绝对性，即主体与其认识到的客体存在的统一，但要明确认识还会发展，已达到的真理还要被否定，因而又是相对的，还要进一步规定。我在这里强调一点，相对真理和绝对真理的提法，不如改为真理的相对性和绝对性更为准确。明确并接受黑格尔的这一启示，对于进一步充实发展辩证法是相当重要的。

四 以概念运动为核心和主干

理性统率认识全过程，集中体现为以概念运动为核心和主干，对于黑格尔哲学这一特点的启示，我是深有体会的。41年前我写《矛盾，然而是事实——黑格尔逻辑学批判》，虽然许多论点是不正确的，但对黑格尔逻辑学的以概念运动为核心和主干这一特点，还是认识到了，接着写作《资本论的逻辑》，进一步发现马克思对黑格尔这一特点的继承和发展，而以概念运动为核心和主干，也就成为《资本论的逻辑》的基本内容。之后研究政治经济学方法论，就以概念运动为核心和主干展开，进而贯彻于我关于中国政治经济学的研究中。

本书的写作，从黑格尔的《逻辑学》扩展到他的全部哲学体系，对他以概念运动为核心和主干这一特点理解得更为全面了，所得启示也更深刻。

黑格尔之前的哲学，一直将概念视为既定的，是用以比照、界定、论说现象的"工具"，这在亚里士多德的《工具篇》和培根的《新工具》中都有表述，康德仍将概念作为知性中先验的用以解释、规定现象的工具。这种将概念作为先验工具的观点，是知性形式逻辑的共性，因而其逻辑学并不涉及概念的规定，各个概念也都是各自独立，有自己特定对象并解释相应现象，它们既无生成，也无运动，因而也互不统属，没有层次之分，并不构成系统。黑格尔从理性统率认识全过程的观点，发现了知性形式逻辑概念工具论的局限和缺陷，他认为概念绝非先验的，而是理性统率的认识从感性确定性开始的全过程的核心和主干，是从对现象的具体规定逐层抽象的认识各环节的集中概括，也是从抽象概括逐层具体化对现象的说明。

概念并不是先验的、外在的、现成的工具，而是认识过程主体对客体对象的规定，是有生命的、生成的，在否定之否定中发展、演化的。

黑格尔哲学就是一个运动着的概念体系，是他继承哲学史已达到的全部认识成果，在规定新的概念的同时，改造旧的概念，并依自己的理念加以整理、排序，按从抽象到具体的概念运动过程而建构的。在从抽象到具体的概念运动体系建构之前，则是反复的从具体到抽象的概念运动，因此而形成自己的抽象核心概念，然后才有从抽象核心概念到具体概念的运动和体系。这个抽象概念就是绝对精神，它也是黑格尔自己规定的集中体现他哲学理念的概念。

绝对精神概念是在《精神现象学》的结束部分规定的，是从感性确定性开始的一系列从具体到抽象概念运动的概括。而作为起始的感性确定性概念，也是黑格尔规定的，它在整个概念运动中的地位，不仅是起点，也是基本性质和原则的界定，黑格尔以感性确定性确立了认识的主体性及其意识的基础，并形成了主体与客体的初步统一，这与绝对精神中的主观精神与客观精神的统一是相呼应的，也由此说明了绝对精神不是先验的，而是认识第一环节感性确定性中主体与客体统一经历一系列意识形态演化的集中体现。而在从抽象到具体的概念运动中，黑格尔在展开绝对精神概念的进程，又规定了自然精神、主观精神、客观精神、自由精神、时代精神、民族精神等主干概念。与此同时，以绝对精神为基本观念，改造了灵魂、意识、现象、经验、知性、理性、精神、道德、伦理、法、权利、市民社会、国家、历史等概念，并将它们与自己规定的概念按从抽象到具体的顺序依次展开论证。在规定和改造主干概念的进程中，黑格尔还根据概念运动的需要，规定和改造了若干辅助概念。这些辅助概念作为核心概念和主干概念的必要补充与连接环节，是他的哲学体系必不可少的组成部分。

以绝对精神为抽象核心概念，通过一系列的从抽象到具体的主干概念和辅助概念所构建的庞大体系，是黑格尔思辨辩证法的总体展现。这个体系及其在概念运动中的构建，是哲学史上的伟大创举，虽然其中有这样那样的缺陷，并受其时代和阶级主体性的限制，但这个体系已是人类永远值得骄傲的思想作品。然而，正是由于它的伟大而高深，并有所缺陷和局限，因而，那些不能理解思辨辩证法并且以知性方法对待黑格尔的人，不可能看到这个体系及其概念运动的生命力和价值。在他们以自己的不理解判定黑格尔的"荒谬"的同时，又以其知性方法构筑平面的、分格式的哲学体系。贬低黑格尔的方法与体系成了他们自我欣赏的必要环节，人类几千年思维积累而发展出来的成果，就这样被知性方法的惰性所冷遇和误解。幸运的是，当已经占据统治地位的资产阶级因为固守其利益而反对制度的变革，并轻车熟路地使用知性方法为既成资本制度辩护时，曾积极参与对封建、专制制度变革的劳动者，却仍然处于被统治、被奴役的境地，启蒙运动和对封建、专制制度的变革中的口号——自由，对他们来说只是以劳动力使用权的"自由"出售而换取新的更严格束缚的必要形式。但他们的意识也与资产阶级一样在曾经的变革中得以提升，人格、权利、平等、自由也是他们追求的目标。由此形成新的社会变革势力和运动，其思想家最初也是以知性方法批判资本制度，设想新制度，不仅批判不彻底，设想也陷入空想。而马克思这位德国思想家因受黑格尔思辨辩证法的启示，将对资本制度的批判深化并系统，提出了实在的变革原则。马克思的代表作《资本论》，充分体现了他受黑格尔以概念运动为核心和主干的方法论启示，并在对资本制度矛盾系统的论证中，完善和发展了概念运动的核心与主干。也正是这方法论上的提升，使马克思不仅系统地揭示了资本制度的矛盾，让那些以知性方法为资本制度矛盾的辩护相形见绌，更聚合了新的变革势力"理直气壮"地展开运动。而在新的以社会主义为旗号的变革运动中走在前列的苏联，却在与资本势力的较量中败下阵来，个中原因很多，但不可否认的一条就是：苏联的领导人并没有领会马克思的辩证法，却用知性方法将马克思学说教条化，这又与他们将黑格尔视为"唯心主义哲学家"，因此不去理解黑格尔辩证法，而是用自己的知性方法去批判、矮化黑格尔以证明自己高明有关。至于欧美诸国的社会主义政党，虽然在组织社会主义运动中也取得重要进展，但因方法上缺乏辩证法，而陷入议会斗争，忽略、淡化制度变革。

苏联解体和西方社会主义政党的机会主义使社会主义对资本主义的变革运动跌入低谷，但绝对没有终止变革——变革的根源在于资本制度的矛盾，这个矛盾并不因变革运动暂时的低潮而消除，反而更加深刻、普遍地体现出来。近十年的全球经济危机就是这个矛盾的必然，而要解决这个矛盾，唯一的出路就是制度变革。资本统治者是不会自我变革的，更不会自动放弃统治，只有劳动者组成的变革势力才能进行变革。继续马克思的思路和事业，对资本制度进行批判，是变革的必要，甚至是首要环节。继续马克思的思路绝非一个口号，而是像马克思那样，以新的现代辩证法系统地研究和论证矛盾。在这个过程中，进一步接受黑格尔思辨辩证法所能给我们的启示，是重要而且必要的，而以概念运动为核心和主干，又是形成新的现代辩证法的必不可少的因素，从黑格尔那里接受必要启示，同时也要依据新时代的条件，认清黑格尔的局限和缺陷，在对现代社会矛盾的系统研究中，形成以劳动者为主体的变革的辩证法。

劳动者为主体的辩证法，是总体的社会变革之大法，社会变革不仅包括制度变革，还包括文化变革、思想变革、科学变革，其中哲学的变革是首要也是基本的变革。以概念运动为核心和主干既体现于变革的哲学方法论，也体现于各具体科学的方法论上。对此，我有切实的体会，如果没有对以概念运动核心和主干的认识，我也会随苏联和中国一些学者的思路,用知性方法来界定《资本论》的逻辑,那么也就永远不知其中奥妙。在此基础上,我对政治经济学方法论和辩证法的研究,以及对中国政治经济学、劳动社会主义、民主政治的研究,对官文化的批判,尤其是对儒家道统概念体系的规定,都贯彻着概念运动的核心和主干。

五 精神的历史,历史的精神

黑格尔虽然以思辨辩证法系统论证了资本的理性,但已居统治地位的资本所有者阶级却既不领情也不买账,依附于这个阶级的实证主义哲学家基本上对他不屑一顾,而另外一些虽对资本制度有所不满却又不敢倡导制度变革的学者,为了表明其不同于实证主义者但也有其价值,就提出所谓的"现象学"或"存在主义",强调现象的多样性和存在的个体性,这样做,对弥补哲学发展中的一些缺陷,以及反对专制方面是有必要的,但这些学者在强调其必要性时,却又都找到一个共同的反证,即黑格尔哲学。他们指责黑格尔只重本质忽视现象,或只讲精神不讲存在,他们则否认本质只认现象,否认精神或规律只研究存在。虽然他们与实证主义者的关注点不同,而且其对具体现象和个体存在的重视都是哲学应解决的问题,但他们也是以知性方法来研究问题,对黑格尔哲学的批判尤为如此。黑格尔强调本质,但他并不否认现象,而是认为现象是本质规定的前提;黑格尔注重总体精神,但他并不否认个体存在,而是将个体存在与为了这种存在所进行的努力看成精神实现的必要手段和方式,是精神的具体存在。这里,我们不想对现象学和存在主义进行评论,只是针对其对黑格尔的指责,探讨黑格尔关于精神和历史关系所给我们的启示。

精神是黑格尔哲学得以确立的基本概念,虽然他在规定精神概念之后又规定了绝对精神,并以它为体系的核心概念,但绝对精神不过是精神概念内涵的进一步明确,即以"绝对"来突出并强调精神主体与客体的统一,此外并没有比精神概念更多的内容。但"绝对精神"概念却造成人们对精神概念的诸多误解,以致有人将它等同于"上帝",并将黑格尔哲学体系说成是精神通过一系列概念运动来创造世界,是一种"创世说",历史不过是精神创世和支配人类行为的过程。当这种判决书式的结论成了一种既简单又明确的定式,它为所有应突破知性方法的局限而提升为理性,但因以知性方法难以理解黑格尔理性思辨辩证方法而陷于困境的人提供了止步的理由和自我宽慰,他们可以没有遗憾地认为人类只应有、只能有知性方法(甚至说这就是理性,如英美经济学的基本范畴"理性经济人"),黑格尔将知性提升至理性,再由理性规定精神的观念和方法,不过是一种新的宗教迷信,完全可以弃之不顾。如此一来,他们就可以坦然地恢复在初读黑格尔著作时因读不懂而遭受打击的自尊心,——不是我的理解力弱,而是他本来就错——心安理得地依惰性进行知性思维了。

黑格尔的精神概念,并不是单指人的主观意识,而是主观意识与客体对象的内在统一,是意识的理性阶段所达到的个体与总体统一的思维对客体对象内在规律的规定。

> 精神既然是实体,而且是普遍的、自身同一的、永恒不变的本质,那么它就是一切个人的行动的不可动摇和不可消除的根据地和出发点,——而且是一切个人的目的和目标,因为它是一切自我意识所思维的自在物。——这个实体又是一切个人和每一个人通过他们的行动而创造出来作为他们的同一性和统一性的那种普遍业绩或作品,因为它是自为存在,它是自我,它是行动。作为实体,精神是

坚定的正当的自身同一性；但实体即是自为存在，它就是已经解体了的、正在自我牺牲的善良本质，每一个人都分裂这个善良本质的普遍存在，从中分得他自己的一份，从而成全其自己的业绩。本质的这种解体和分化，正是［形成］一切个人的行动和自我的环节；这个环节是实体的运动和灵魂，是被实现出来的普遍本质。①

精神是个体与总体意识的统一，真实的精神产生于、作用于人的伦理，"活的伦理世界就是在其真理性中的精神"②。精神经过自身的异化，即教化过程而上升至道德，成为自身具有确定性的精神。这个过程是不断反复的，道德也可以再体现于伦理，并由此构成人类发展的历史。历史是总体的进程，但又是所有个体人参与的社会实践活动，精神的作用也在总体与个体的统一中，即每个人从自己的分散着的意识理解法、伦理和道德中的精神，精神又从总体上导引着每个人的意识与行为。精神的变化过程，体现于历史，"历史，是认识着的、自身中介着的变化过程——在时间里外在化了的精神；"③ 人类的历史，意识形态的演化过程，都是由精神主导的。因而把握了精神，也就理解了历史和意识形态的演化。

但精神不是先验的，而是在人类历史和意识形态演化中逐步规定并发挥其作用的。这一点尤为重要，指责黑格尔是主张精神创世说的人，就是只看到了精神主导历史，没有看到精神是产生于历史和演化的意识形态，没有看到精神也是历史的发展过程。从《精神现象学》开始，黑格尔就在探讨精神形成的历史过程，与坚持知性

---

① 黑格尔：《精神现象学》下卷，商务印书馆1979年版，第3页。
② 同上书，第5页。
③ 同上书，第310页。

方法只从个体人规定认识过程不同，黑格尔强调理性对认识过程的统率，其要旨是总体与个体认识的统一。在感性确定性基础上的思维虽然是个体大脑的活动，但从知性开始，总体就是个体思维的前提和要素，不仅概念是总体认识的结晶，判断、推理等思维形式及其运用的方法，也都是总体性的规律，是个体在依循总体性思维成果和规律来思考，这种思考又会通过交往等融入总体，充实总体的认识成果，验证和完善思维的规律。从意识到自我意识再到理性的进程，既是个体人认识提升的各环节，也是历史发展的阶段，是人类交往的扩展与密切的体现，也是意识形态演进的内容，它集中体现于世界史和哲学史中。世界史和哲学史的主导都是精神或绝对精神所具体化的自由精神，但黑格尔并不认为自由精神在世界史和哲学史之前就先验地、充分地、完整地形成，并像上帝那样孤零零地存在，为了摆脱孤独的寂寞，才去创造自然物、人类及其历史，并支使某些哲学家逐次地认识自由精神，而是强调自由精神是在人类社会的历史演进中逐步形成并发挥主导作用，进而在哲学史中逐步被认知。

黑格尔用精神的历史，历史的精神这个基本理念和主线规定了人类历史和思想史的规律与系统，这是一大创举，以前的人类最多只是在中国春秋战国时提出的圜道论，以及基督教的上帝创世说中得以对历史有一个模糊的总体认识，此外就是具体的如司马迁提出的以帝王将相为主线的"史记"，或所谓"荷马史诗"类传说、编年史等记载，并没有关于历史的总体性概括。黑格尔将人类历史统一于精神，从历史进程探讨精神的发展，对历史过程进行规律性、阶段性的规定，更重要的是他在历史阶段的否定中揭示了精神向前、向上发展的趋势，这就是作为主体的人的自由。人类自由的程度是历史的进步，也是精神的本质所在。尽管他这种将人的本质界定为意识，再从意识的发展规定精神和历史的观念是有缺陷的，但毕竟提出了一种历史观和方法论，也为后人提供了继续研究，并否定其历史观的课题与启示。

对于黑格尔关于精神的历史和历史的精神的论证，坚持知性方法论的实证主义、现象学和存在主义一直在攻击，这在他们或许是真诚的，因为他们的方法论使他们不可能认知只有理性才能达到的规律和趋势。而继承了社会变革事业的劳动者阶级的代表马克思却敏锐准确地接受了其启示，并以劳动为人的本质核心，强调经济的基础性，提出了新历史观的基本观点和原则。马克思认为，"人们在自己生活的社会生产中发生一定的、必然的、不以他们的意志为转移的关系，即同他们的物质生产力的一定发展阶段相适应的生产关系。这些生产关系的总和构成社会的经济结构，即有法律的和政治的上层建筑树立其上并有一定的社会意识形态与之相适应的现实基础。物质生活的生产方式制约着整个社会生活、政治生活和精神生活的过程。不是人们的意识决定人们的存在，相反，是人们的社会存在决定人们的意识。社会的物质生产力发展到一定阶段，便同它们一直在其中运动的现存生产关系或财产关系（这只是生产关系的法律用语）发生矛盾。于是这些关系便由生产力的发展形式变成生产力的桎梏。那时社会革命的时代就到来了。"[①] 关于社会历史，马克思曾在《1857—1858年经济学手稿》以"亚细亚的"、"古代的"、"日耳曼的"三个阶段来界定，这明显是受了黑格尔《历史哲学》的启示，后来又分为"亚细亚的、古代的、封建的和现代资产阶级的生产方式"[②] 四个阶段，这样的划分仍带有黑格尔《历史哲学》和《哲学史讲演录》的传统，区别在于马克思不是以自由精神的实

[①] 马克思：《〈政治经济学批判〉序言》，《马克思恩格斯选集》第2卷，人民出版社1995年版，第32—33页。

[②] 同上书，第33页。

现程度，而是以生产力和生产关系的矛盾为依据，并且明确地说这是"经济的社会形态演进的几个时代。"①

马克思对历史的经济阶段的规定，与黑格尔对历史的精神演化阶段的规定在特殊性上是有本质区别的，但在方法上却有一般性，这表示马克思受黑格尔的启示并由此展开创造性思维。需要澄清的是，马克思在做这种规定时并没有说他所规定的是"唯物主义历史观"或"历史唯物主义"，而且他始终没有这两个提法。这两个提法是恩格斯和第二国际理论家，以及斯大林和他指定的苏联教科书编写者们提出并加于"马克思主义哲学"的。这样做，不仅将马克思归入恩格斯所界定的自古以来就存在的唯物主义与唯心主义"两大阵营"对立中的唯物主义阵营，还将马克思从政治经济学所规定的基本经济观点和"经济的社会形态演进的几个时代"，完全等同于人类历史的基本观点和阶段，从而也就忽视了政治和文化在历史发展中的作用。对此，恩格斯晚年曾有所反思，但并没能辩证地规定经济、政治、文化的统一。更重要的是切断了马克思思想与黑格尔的内在联系，以知性方法来解读并界定马克思的相关论述，而且越来越教条化。这样做的直接结果，就是忽视甚至否认了人在历史中的主体性，把主体人的劳动素质发挥所集合的社会生产力归结为"物质生产力"，劳动者成了与物质资料同样的生产要素，人的意识和精神在经济和社会中也就不起主导作用。将"唯物主义历史观"与黑格尔"唯心主义历史观"截然对立起来，马克思在历史规律认识上所受黑格尔辩证法的启示就完全被清除了。理论和方法上的知性教条化，导致苏联模式建构中的基本缺陷，进而扩展至全世界的社会主义运动，以致轰轰烈烈的社会大变革因内在缺陷而失败。

---

① 马克思：《〈政治经济学批判〉序言》，《马克思恩格斯选集》第2卷，人民出版社1995年版，第33页。

历史的教训是沉痛的，但历史并没有终结，人类争取自由发展的内在精神和动因、动力，因资本统治的僵化、保守、反动所导致的社会矛盾的激化而逐步凝聚成新的变革势力。为了克服苏联教科书派在理论上的缺陷，承继马克思的思路，辩证而切实地接受黑格尔关于精神的历史和历史的精神观念的启示，根据现实，揭示矛盾，探讨适合新的时代变革，以结束马克思所说的"人类社会的史前时期"，创建新的人类社会联合体，"在那里，每个人的自由发展是一切人的自由发展的条件"[①]。正是以人的自由发展为目的的历史变革，要求哲学的变革，变革的哲学在变革的历史中诞生，并导引新时代的变革。

[①] 马克思恩格斯：《共产党宣言》，《马克思恩格斯选集》第1卷，人民出版社1995年版，第294页。

跋

此书初稿成于今年五月，几次校改后于八月在承德坝上召集七八个毕业和未毕业的博士生、硕士生开了一周研讨会，又再次修改。二十年来我带研究生，都把黑格尔哲学（先是《逻辑学》，后为《哲学全书》）作为一门主课，算来也有五六百人。教经济学研究生，以黑格尔哲学为主课，似乎"偏科"了，但经济学研究不是用前人教条演绎现实经济问题，而是要使研究者具有自己的理念和方法，作为一个自由思想的主体人去研究现实矛盾。怎样使研究生成为知道明法的主体思想者，是我考虑的基本，教授和引导他们读黑格尔哲学，并不是要求他们从中学到并依据某些教条，再找一些事例、数据，编造政策条陈。之所以选黑格尔哲学，就在于其中体现着丰富而系统的辩证法，掌握其基本原则，是成为现代经济学主体研究者的必要条件。当然，在中国今天的教育体制下，只靠研究生这个环节，很难达致这个目的，又因学生各自条件和兴趣的差异，学习效果也不一样，但毕竟能对学习者的思想方法有所裨益，可以知道什么是思想，什么是研究。

人类已有关于社会道法的思想体系，在形成时，都是变革势力的意识集合，因而也都是先进的，其创始者也是将个人价值与社会发展相统一的，并未以思想谋取私利。孔丘、耶稣、马克思、毛泽东等导引社会大变革的思想家都是如此。而老聃创道学，乔达摩创佛教，也是如此，虽然他们的思想并未成为后来新制度的意识形态，但都因其思辨之深刻，成为人类进步的必要因素。然而，几乎所有促进社会变革的思想体系，又都被后来坐享其成的权势者作为统治社会或教派的手段，而其思想目的和真实内容也完全被忽略或歪曲。孔丘的儒学思想被扩展成儒家道统，乃至官文化，中国两千多年的统治者都以此为倚仗，除了不断给他加封官爵和在他坟上添土外，谁还在乎他活着时的伟大理想？耶稣创基督教本意是使下层平民、奴隶成为平等的社会成员，但欧洲的封建领主和教皇、主教们，却把它变成统治压迫平民、农奴的工具。马克思从劳动者主体出发，创建变革资本统治的思想体系，在他的思想导引下的革命夺取政权后，也被工具化，不代表劳动者的利益集团在以"马克思主义者"名义贯彻自己意志的同时，不断强化以权谋私，将刚建立的民主劳动制毁于一旦，而马克思所理想的主义早就被扔进北冰洋了。所幸马克思早有预见，明确宣布"我不是马克思主义者！"从而给那些至今还以"马克思主义者"自居的人以明确对照。至于老聃、乔达摩，虽然没有变革社会的志向，却也以其对道和佛的深入探求，为人之成为人提供了思想要素。也正因此，以"道教"、"佛教"为名义的人看到了其可以利用的价值，肆意歪曲、神化他们的思想，更以鬼、仙和轮回、地狱吓唬民众，宣称道教可使人长生不老，佛教可使人改变轮回，甚至死后进入"西方净土"。道教、佛教的首领们以各种方式结交统治者，使之认识到他们的"教"在"稳定"其统治地位中的作用，由此取得营业执照，以道教、佛教为商品，提供欺骗与心理安慰的服务，交换信众的布施、供养，乃至建造观、寺，不劳而获，骗财骗色，享受奢华。大概只有慧能识破佛教机密，明确提出佛性乃人性之要素，见性成佛，强调自悟修行，公然宣称信众布施、供养并非功德，靠供养、布施僧侣根本不能见性成佛，更不能改变本不存在的轮回。他的言论，几乎会断绝僧侣们的活路，故后世禅师几乎一方面称颂"六祖"（这也是将慧能矮化、环节化的重要手法），另一方面则矮化其禅，使之困于佛教只为一宗。慧能思想，已超过乔达摩，其禅学绝非佛教之宗派，但慧能思想也依然被其后世弟子们肆意佛化、神化，以便用它交换布施、供养。

人类思想家系列中，大概只有两个人尚未被作为统治工具和商品，就是黑格尔和毛泽东。黑格尔的理性资本主义，概括了刚形成的资产阶级总体利益，从思辨辩证法论证了资本主义的制度建构。然而资本家的个人主义却极力排斥黑格尔关于资本主义道、法的思想，甚至将他视为一条"死狗"而不去理会。虽然20世纪30年代以来的市场经济体制在很大程度上是依循了黑格尔的思想，但至今仍没有任何一个资本主义思想家承认这一点。如果不是马克思对黑格尔辩证法的继续和发展，也许到今天黑格尔早就被人忘记了。正是黑格尔哲学的价值，确立了他在人类历史上一流思想家的地位。他关于社会变革道、法的丰厚系统的思想，使他在新的社会变革中具有一般性的价值和借鉴意义，也是我们要深入探讨的目的所在。

与上述所有思想家不同，毛泽东的思想是在革命实践中形成的，是中国革命主体劳动者总体利益的概括。作为革命领袖，他建立了所有历史人物不可企及的军事、政治功绩，并在生前受到空前绝后的拥戴和崇拜。他是新时代中国的"圣人"和最高领袖，在"万岁"的呼喊声中，他冷静深刻地意识到自己思想的主体性和他理想事业的艰巨性，为此发动了针对自己领导建立的制度和政权的变革。正是由于这场变革损害了曾"忠于"他的那些部下们的既得利益，因而在他去世后，既得和欲得利益集团对他的思想进行了全面攻击和歪曲。然而，毛泽东思想的阶级主体依然存在，他们准确地理解了毛泽东思想与他们切身利益的统一性，自发地、顽固地，甚至像佛教徒供奉乔达摩或道教徒信奉老聃那样被佛化、仙化。这样的崇拜并不值得倡导，但民间的毛泽东崇拜却表明他的思想之深远，他所理想的革命远未完成，也就是说毛泽东思想的价值和效用还会继续发挥。当然，也要警觉在以后某个时段，毛泽东思想也会被工具化和商品化，能否避免这一点，就要看中国变革的进展和程度了。

刘永佶

2016 年 12 月 26 日